普通高等学校运动训练专业教材

iCourse · 教材

U0863436

运动训练学

国家体育总局科教司　组编

余　银　胡亦海　主编

CSEA 体教联盟
CHINA SPORT EDUCATION ALLIANCE

中国教育出版传媒集团
高等教育出版社 · 北京

内容简介

本书为国家体育总局科教司组织编写的运动员文化教育统编教材，也是普通高等学校运动训练专业系列教材之一，同时也是国家体育总局“体育专业教材建设与在线学习平台项目”建设的“运动训练学”在线课程的配套教材。全书共十二章，主要内容包括绪论，运动训练基本原则，运动素质及其训练，运动技术及其训练，运动战术及其训练，运动训练方法手段，负荷、恢复与安排，分期、计划与实施，运动训练过程监控，重大赛事赛间训练，少儿训练及其特征，教练员的职业素养。本教材与在线课程一体化研发、设计，线上线下相结合，内容相辅相成、互为补充。

本教材为新形态教材，根据优秀运动员和普通高等学校运动训练专业学生的学习需求编写，同时也适用于体育院校各专业的学生使用，还可作为教练员、健身指导者的参考书。

图书在版编目（CIP）数据

运动训练学 / 余银，胡亦海主编 ； 国家体育总局科教司组编. -- 北京 ： 高等教育出版社， 2019.10（2024.7重印）
ISBN 978-7-04-052138-2

Ⅰ. ①运… Ⅱ. ①余… ②胡… ③国… Ⅲ. ①运动训练-高等学校-教材 Ⅳ. ①G808.1

中国版本图书馆CIP数据核字(2019)第116235号

运动训练学
Yundong Xunlianxue

策划编辑 易星辛　责任编辑 郭 恒　封面设计 李小璐　版式设计 童 丹
插图绘制 于 博　责任校对 刘 莉　责任印制 刘思涵

出版发行 高等教育出版社
社　　址 北京市西城区德外大街4号
邮政编码 100120
印　　刷 武汉市新华印刷有限责任公司
开　　本 787mm×960mm 1/16
印　　张 24.5
字　　数 450 千字
购书热线 010-58581118
咨询电话 400-810-0598
网　　址 http://www.hep.edu.cn
　　　　 http://www.hep.com.cn
网上订购 http://www.hepmall.com.cn
　　　　 http://www.hepmall.com
　　　　 http://www.hepmall.cn
版　　次 2019年10月第1版
印　　次 2024年7月第7次印刷
定　　价 48.00 元

物 料 号 52138-00

本书编委会

主　编：

余　银　胡亦海

顾　问：

田麦久

编　委（以姓氏笔画为序）**：**

马海峰　王凯军　王博清　石　磊　田麦久
许志娟　杨志华　吴　瑛　余　银　张国政
陈　亮　胡亦海　柳鸣毅　钟亚平　高　平
谢　云　管健民　熊　焰

前言

现代竞技运动正以其独特的价值取向、功能效应和文化形态，潜移默化地影响着人类社会的精神面貌和物质生活。当我们站在历史角度，全面审视现代竞技运动的发展历程时，不难发现其是人类现代社会发展中最为绚丽多彩的一种文明现象；当我们站在科学角度，系统透析现代竞技运动的进步动因时，不难看出推动全球竞技运动迅猛发展的理论基础，当属正在发展与进步中的“运动训练学”学科。

“运动训练学”又称“运动训练理论与方法”，是一门主要阐述竞技运动领域中运动训练的基本知识、基本理论和基本方法的应用性理论学科。其中，竞技运动的本质与属性、价值与功能、类型与特征和运动训练的规律与原则、系统与要素、过程与分期、方法与手段、监控与评价等内容，始终是“运动训练学”学科的研究领域。正因如此，运动训练学始终是国际著名体育院校的核心课程。

我国的运动训练学是20世纪80年代初，通过积极“引进与吸收”的路径而创建的一门本源性应用学科。运动训练学教材在我国历经近40年的不断探索与发展，已经建立起具有中国特色的理论体系框架。期间，田麦久教授2000年主编的《运动训练学》统编教材，开创了获得国家教育部体育类全国优秀教材一等奖的先河。我国运动训练学的学科建设，至今仍然处于蓬勃发展的阶段。

本版《运动训练学》是武汉体育学院2018年通过国家体育总局和高等教育出版社的全国招标，所取得的第一批运动训练专业教材与在线课程建设资格的项目。主要作者是由北京体育大学、武汉体育学院、上海体育学院、山东体育学院、广州大学、福建师范大学、天津体育学院、浙江体育职业技术学院的学者和部分国家级教练组成。旨在从人员组成结构上，凸显理论与实践、学术与技术的高度结合。

本版《运动训练学》编写组的院校学者，多为从事运动训练领域的教学训练与科研工作达10年以上经历，且具有副教授以上职称及博士学位或博导身份的教师。其中，6位是博士生导师，3位获得海外博士学位，4位为教育部运动训练学教学相关教材编委。另有4位培养过奥运或世界冠军的教练员加盟本版《运动训练学》的编写组。旨在彰显运动训练学学科的国际视野、学科传承和实践应用。

本版《运动训练学》编写组创立伊始，坚持“职业引导专业、岗位引领学位、学科引致学术、理论引擎实践”的理念，多次深入竞技运动不同层次的训练一线听取建议；秉承着“遵循历史脉络、尊敬经典理论、遵行科学原理、尊重成功经验”的观念，多次参加田麦久教授等组织的教材研讨会、学科发展研讨会和运动训练相关论坛。应该说，本版教材筛选的内容，着力反映了“继承与创新”的思想。

本教材最后由余银和胡亦海统稿。使用对象主要是全国运动训练专业的运动员本科生。毋庸置疑，指望一部本科教材，辩证科学地解释训练实践的所有问题，既不可能也不实际。但我们还是如履薄冰、谨慎求证地完成了各自章节的编写。科学无止境，真理无禁区。运动训练的理论研究和知识体系的发展，永远在途中。本教材难免存在某些不足和缺陷，真诚希望广大师生和读者提出宝贵意见。

本书主编：余银、胡亦海

本书顾问：田麦久

第一章　绪论	胡亦海
第二章　运动训练基本原则	高平、吴瑛
第三章　运动素质及其训练	余银、许志娟
第四章　运动技术及其训练	胡亦海、谢云
第五章　运动战术及其训练	余银、马海峰
第六章　运动训练方法手段	胡亦海、余银
第七章　负荷、恢复与安排	高平、管健民
第八章　分期、计划与实施	陈亮、熊焰
第九章　运动训练过程监控	钟亚平、胡亦海
第十章　重大赛事赛间训练	胡亦海、杨志华
第十一章　少儿训练及其特征	柳鸣毅、张国政
第十二章　教练员的职业素养	石磊、王博清

编　者

2019 年 5 月 24 日

目录

第一章 绪论

本章导语

本章是认识竞技运动概念、本质、价值、功能和特点与运动训练概念、内容和特点的理论平台，是学习竞技运动项目分类和项群训练理论的重要途径，是了解运动训练学理论体系的重要窗口。本章内容主要包括：竞技运动与运动训练、项目分类与项群训练和运动训练学理论体系三个不同板块。本章旨在全景性地构建运动训练学的理论框架。

学习目标

本章学习的基本目标是促使学生能够掌握竞技运动、运动训练、运动项群基本概念；深刻认识竞技运动的本质、功能、特点和运动训练的内容与特点；基本了解运动项目的分类体系，基本掌握运动训练学理论框架和各章理论范畴。

第一节 竞技运动与运动训练

一、竞技运动基本概述

（一）竞技运动释义

竞技运动是指具有较为规范和严格的比赛规则并可促使运动员充分发挥身心潜力的竞争性运动项目的统称。我国《辞海》对竞技运动的解释是：“具有竞赛特点和较高技术要求的运动项目的通称。有田径、游泳、足球、篮球、排球、网球、乒乓球……。”由此可见，竞技运动是一类由身体竞技行为表现的社会文化现象，它是以具体的众多竞技项目作为发展平台，以这些项目的比赛规则作为竞技依据，以充分挖掘身心潜力的运动方式作为活动形态，以追求优异的运动成绩作为竞技目标的体育活动的统称。我国体育管理领域，往往鉴于竞技运动与竞技体育都有竞技性的本质属性，故将两者视为同义，即，竞技运动亦称为竞技体育。本教材基于竞技运动的本质属性及其功能，主要阐述运动训练过程中的基本规律、基本理论和基本方法。有关竞技运动的起源与变迁，可参阅《竞技运动起源辨识、历程断想、功能启迪》。

《运动训练学》编写组成员简介

《运动训练学》主要参考著作

根据《欧洲体育运动宪章》的分类，人类体育运动的主要形态共分 4 种，即竞技运动、表演运动、户外运动和健身运动（图 1–1）。其中，竞技运动可分职业、业余和校园竞技运动三个层次。一般认为，职业竞技运动的发展水平决定着竞技运动的前沿尖端水平，业余竞技运动的发展水平代表着竞技运动的整体进步状况，校园竞技运动的发展水平代表着竞技运动的基础普及程度。职业竞技运动的代表性项目当属北美四大职业联盟的比赛项目：NFL 橄榄球、MLB 棒球、NHL 冰球、NBA 篮球；业余竞技运动的代表性项目当属国际奥委会（IOC）主办的夏季奥运会和冬季奥运会项目，国际世界运动会协会（IWGA）主办的“世界运动会”所属项目等；校园竞技运动的代表性项目当属国际大学生体育联合会（IUSF）和国际中学生体育联合会（ISF）分管的世界大学生运动会、世界中学生运动会所属各个竞技运动的项目。

尽管将竞技运动分为三个层次，但是某些国际体育组织为了提高竞赛的观赏性和商业性，积极主动地通过与国际单项运动联合会或国际单项职业运动协会的合作，吸收一些项目的职业运动员参加由其组织的国际性重大赛事，例如，国际奥林匹克委员会主办的夏季奥运会和冬季奥运会，就允许从事篮球、冰球、网球、排球等项目的职业运动员参加奥运会。当然，并不是所有竞技运

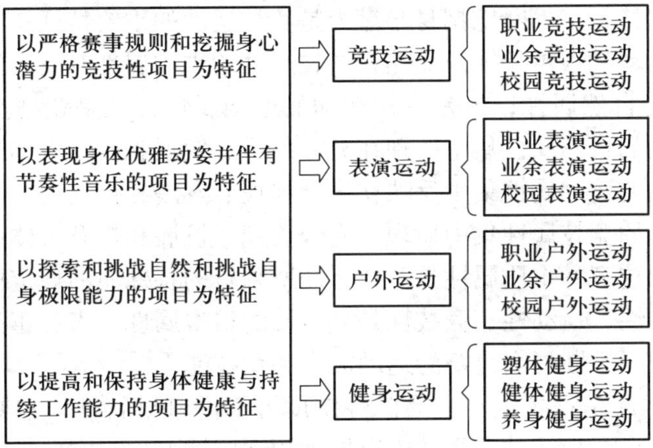

图 1-1 人类体育运动的基本类型与层次

（根据欧洲体育运动宪章整理）

竞技运动形态

表演运动形态

户外运动形态

健身运动形态

动项目的职业运动员可以参加夏季或冬季奥运会比赛，例如，拳击、足球（有年龄限制）等项目。由此可见，从事业余竞技运动的一些国际性组织主办的部分项目的重大赛事，同样具有显著的职业竞技运动的水平，即高水平的竞技运动特征。显然，深刻理解类似夏季、冬季奥运会赛事举办的目的，就是为了深刻认识职业、业余和校园竞技运动之间既互为独立又相互联系的关系，就是为了更好地促进三个不同层次的竞技运动，能够和谐地发展和科学地进步。

竞技运动作为一个统一的概念体系，是以“竞技性身体活动”为形态，以“严格性的竞赛规则”为准则，以“追求优异的运动成绩”为目标。为此，将“充分挖掘自身身心潜力”作为运动训练过程的主要内容。竞技运动作为人类文明发展的一种社会现象，逐渐发展成为三个层次的运动形态，并成为竞技体育、社会体育、学校体育三类管理机构的主要载体，不仅共同体现着竞技运动的核心价值，而且联合发挥着竞技运动的社会功能。虽然说发展校园竞技运动是促进学生身体发育、掌握运动基本技能和提高校园教育质量的重要手段；发展业余竞技运动是促进人际交往、增强身体机能水平和提高人类生活质量的重要工具；发展职业竞技运动是推动体育文化产业、形成社会文化形态和创造身体文化产品的重要途径。但是，三个层次的竞技运动却共同体现和充分发挥着竞技运动的核心价值及其功能。

（二）竞技运动的本质

竞技运动的本质是指竞技运动本身所固有的根本的属性。从竞技运动的定义可见：制定严格竞赛规则是竞技运动的前置条件；直接显示人体运动是竞技运动的基础特征；不断挖掘身心潜力是竞技运动的重要特征；充分展示竞技能力是竞技运动的根本特征。显然，竞技运动的本质属性有三个鲜明特征：一是竞技运动的自然属性；二是竞技运动的运动属性；三是竞技运动的竞技属性。竞技运动的自然属性集中体现在充分展示、发展和改善人体运动的机能能力；竞技运动的运动属性集中反映在充分体现、发展和提高人体运动的运动方式；竞技运动的竞技属性集中显现在充分表现、发展和提升人体运动的竞技能力。竞技运动这三种本质属性是竞技运动所独具的特殊质的规定性。可见，竞技运动的自然性、运动性、竞技性是其本质的根本属性。人类正是通过竞技运动形态或方式，不断提高自身的运动能力和竞技能力。

（1）自然性是竞技运动本质隐性维度方面的基础特征，主要是指运动员的机体机能，在竞技运动的活动中所发生的适应性变化。它包括改善人体运动的生物、运动、心智过程。竞技运动不仅创造了人的运动形式，而且挖掘了人的潜在能力。正因竞技运动的活动过程就是充分挖掘运动员身心潜力的过程，因此长期的系统科学训练，必然导致运动员身体机能发生一系列与竞技运动专项相适应的结构性或功能性变化，例如，举重项目的训练会导致肌纤维增粗，长跑项目的训练会导致线粒体增多，跳远项目的训练会导致骨密度增强，游泳项目的训练会导致左心室增容。显然，系统地从事专项训练会导致人体细胞、组织、器官和系统发生自然性地适应性变化。因此，必须依据运动适应、超量恢复、运动应激等原理科学训练，依据训练分期、适度负荷、实时恢复等理论系统训练。唯有如此才能有效地促进人体机能发展。

（2）运动性是竞技运动本质显性维度方面的重要特征，主要是指运动员的运动方式，在竞技运动的活动中所发生的适应性变化。竞技运动是以专项运动技术的显现，反映它的运动性本质特征的。换言之，竞技运动所表现出来的复杂动作、多样技能、娴熟技术、精湛技艺、灵敏技巧就是竞技运动的运动性特征。这种运动性特征，是竞技运动区别于其他人体运动的重要标志。没有专项运动特征的运动不属于竞技运动。竞技运动的运动性属性是以阶梯性的发展方式逐渐显现的。其中，专项素质是能力、专项动作是基础，专项技术是工具，专项战术是谋略。由此可见，竞技运动与其他人体运动具有本质的不同。竞技运动的运动性属性伴随着自然性属性，竞技运动的自然性属性关系着运动性属性。两者相互依存、相伴相生地发展。因此，必须高度重视竞技运动的运动性属性。唯有如此才能有效地促进人体技能的发展。

（3）竞技性是竞技运动本质本源维度方面的根本特征。如果说，自然性是竞技运动本质的基础特征，运动性是竞技运动本质的外在特征，那么竞技性则是竞技运动本质的根本特征。竞技运动本质的竞技性属性，不仅表现在运动员之间直接或间接的竞技能力的相互较量，同时还体现在人对自身、人对自然的挑战过程之中。竞技运动本质的竞技性属性体现，就是需要通过公开、公正、公平的比赛和赛事成绩反映出来。例如，奥运赛事的举办，就是公开搭建公平的竞技舞台；竞赛制度的制定，就是倡导公平、公正的竞争规则；金牌奖牌的设置，就是激励选手刻苦奋斗的奖励举措。显然，竞技运动的竞技性本源属性，就是倡导公平竞争、追求积极进取和力求争冠的终极奋斗目标。我们不能因为赛场中的违例现象或竞技中的不良行为，而漠视竞技运动的这一根本属性。唯有如此才能有效地促进竞技运动发展。

竞技运动本质的三种属性

（三）竞技运动的价值

哲学意义上的价值是指事物对主体的积极意义，即事物所具有的能够满足主体需要的属性和功能。价值的终极本原只能是运动着的物质世界和劳动着的人类社会。根据价值哲学理论观点，价值具有客观存在和主观反映的两面性，主观价值可分价值观与情感观两种形式。其中，价值观是人对绝对价值的认识，或者说是人对价值绝对性的认识；情感观是人对相对价值的认识，或者说是人对价值相对性的认识。价值观和情感观与价值的关系，在本质上就是主观与客观的关系：一方面，客观价值决定和制约着主观价值，主观价值是对客观价值的反映，是以客观价值为基础，并围绕客观价值上下波动；另一方面，主观价值具有一定的相对独立性，并对客观价值具有一定程度的反作用，这种反作用表现为对客观价值的诱导、强化或限制。例如，黄金有价，但是有人视金如土，可见价值是具有客观存在和主观反映的两种形式。

竞技运动价值主要来源于竞技运动本身。竞技运动的价值包含两个部分，即竞技运动的本质属性和所属功能（图 1–2）。竞技运动本质的自然属性，客观上满足和促使了人的机体机能得到多方位发展；竞技运动本质的运动属性，客观上满足和促进了人的活动方式得到多元化提升；竞技运动本质的竞技属性，客观上满足和促使人的竞技能力得到多维度提高。由于竞技运动已成为一种社会现象，因此竞技运动价值呈现着诸多功能。由于价值具有一定的主观反映形式，因此竞技运动的价值必然融入强烈的文化元素、国家意志、社会情感和民族精神之中；必然具有鲜明的历史烙印、思想意识、社会痕迹和

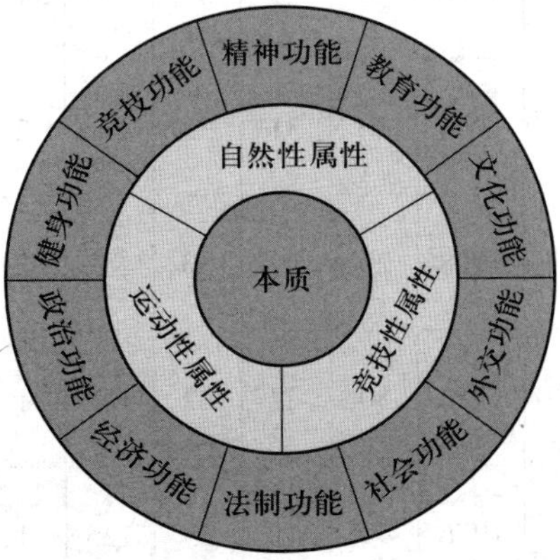

图 1–2　竞技运动价值结构图

种族文化的色彩。这是由于竞技运动的价值独特，因而不难理解许多发达的国家将其作为促进社会和谐和提高国民素养的主要平台；因而不难发现许多发展中的国家，将其作为凝聚民族团结和振兴国家声誉的主要手段。

竞技运动的价值是竞技运动本质与功能的总和。自竞技运动诞生以来，世界历史的发展进程始终伴有竞技运动的痕迹。世界许多国家积极地将开展竞技运动作为振邦强国、民族强种、国家复兴的重要途径。例如，苏联立国伊始就十分重视竞技运动，1931 年苏联颁布了“劳卫制”并设立了体育节。这一制度的建立不仅为第二次世界大战期间苏联军队提供了强壮的兵源，同时为苏联参加奥运会奠定了坚实的基础。苏联从 1952 年到 1991 年，共参加过 9 届夏奥会和 9 届冬奥会（表 1-1、表 1-2）。期间，不仅创造了奥运史上无与伦比的战绩，还为国际体育界培养了大批专家。目前移居到欧美各国的苏联和东欧的体育科学家，如移居在意大利的 Yuri Verkhoshansky、移居在以色列的 Vladimir Issurin、移居在加拿大的 Tudor Bompa 和 Anatoliy Pavlovych Bondarchuk 等人就是目前具有国际影响的体育学者。

► **表 1-1 苏联参加夏奥会和冬奥会的成绩与排名**

举办地	时间	金牌	银牌	铜牌	总数	排名	举办地	时间	金牌	银牌	铜牌	总数	排名
芬兰，赫尔辛基	1952	22	30	19	71	2	意大利，科蒂纳丹佩佐	1956	7	3	6	16	1
澳大利亚，墨尔本	1956	37	29	32	98	1	美国，斯阔谷	1960	7	5	9	21	1
意大利，罗马	1960	43	29	31	103	1	奥地利，因斯布鲁克	1964	11	8	6	25	1
日本，东京	1964	30	31	35	96	2	法国，格勒诺布尔	1968	5	5	3	13	2
墨西哥，墨西哥城	1968	29	32	30	92	2	日本，札幌	1972	8	5	3	16	1
德国，慕尼黑	1972	50	27	22	99	1	奥地利，因斯布鲁克	1976	13	6	8	27	1
加拿大，蒙特利尔	1976	49	41	35	125	1	美国，普莱西德湖	1980	10	6	6	22	1

续表

举办地	时间	金牌	银牌	铜牌	总数	排名	举办地	时间	金牌	银牌	铜牌	总数	排名
苏联，莫斯科	1980	80	69	46	195	1	南斯拉夫，萨拉热窝	1984	6	10	9	25	2
美国，洛杉矶	1984						加拿大，卡尔加里	1988	11	9	9	29	1
韩国，汉城（首尔）	1988	55	31	46	132	1							

▶　**表 1-2　苏联最后一届参加夏奥会和冬奥会的成绩与排名**

1988 年夏季奥运会成绩金牌榜						1988 年冬季奥运会成绩金牌榜					
排名	国家	金牌	银牌	铜牌	总数	排名	国家	金牌	银牌	铜牌	总数
1	苏联	55	31	46	132	1	苏联	11	9	9	29
2	东德	37	35	30	102	2	东德	9	10	6	25
3	美国	36	31	27	94	3	瑞士	5	5	5	15
4	韩国	12	10	11	33	4	芬兰	4	1	2	7
5	西德	11	14	15	40	5	瑞典	4	0	2	6
6	匈牙利	11	6	6	23	6	奥地利	3	5	2	10
7	保加利亚	10	12	13	35	7	荷兰	3	2	2	7
8	罗马尼亚	7	11	6	24	8	西德	2	4	2	8
9	法国	6	4	6	16	9	美国	2	1	3	6
10	意大利	6	4	4	14	10	意大利	2	1	2	5
11	中国	5	10	9	24	11	法国	1	0	1	2

美国是推动竞技运动发展的一个具有代表性的国家，尤其在推动职业竞技运动和校园竞技运动发展方面，更是做出了杰出贡献。其中，美国四大职业体育联盟（即橄榄球、棒球、篮球和冰球联盟）不仅推动着北美职业竞技运动的快速发展，而且引导着世界职业竞技运动的发展方向，同时还带动着世界体

《全球视野下的竞技运动与外交策略》

育产业经济的迅速发展。2005 年 11 月，美国政府根据苏联奥林匹克运动发展的经验、东欧体育科学家所提供的理论和美国奥林匹克运动发展的需要，首次颁布了近 90 页的《全球视野下的竞技运动与外交策略》(Sports and Diplomacy in the Global Arena) 白皮书。全书不仅总结出竞技运动多种功能并提出未来发展的基本思路，而且建议将白皮书附带的奥运视频作为美国校园教育的历史读物。显然，从国际关系角度，美国政府已深刻认识到必须发展奥林匹克运动的重要价值。

(四) 竞技运动功能

竞技运动功能是指竞技运动所能发挥的有利作用或效能。竞技运动的主要功能分为健身功能、竞技功能、精神功能、教育功能、文化功能、政治功能、社会功能、经济功能、外交功能、法制功能等。其中，健身功能、竞技功能、精神功能、教育功能、文化功能是竞技运动的基本功能；政治功能、社会功能、经济功能、外交功能、法制功能则是竞技运动的衍生功能。竞技运动的基本功能是指竞技运动所独有的本质功能和基本作用，是区别于其他社会现象和事物对人和人类社会所产生的功能和作用的根本点，并且具有独特性和不可替代性的基本特征。竞技运动的衍生功能是指不是竞技运动所独有的，但是竞技运动和其他的社会现象或活动一样也能产生类似的甚至较大的功能和作用。将竞技运动功能分为基本功能和衍生功能两类，是为了更好地阐述竞技运动的各个功能及其内容。

竞技运动基本功能

（1）竞技运动基本功能。通过竞技运动，可以有效提高个人素质水平乃至引领全民体质发展；通过竞技运动，可以有效提高个人竞技技艺乃至推动竞技运动发展；通过竞技运动，可以有效提高个人竞争意识乃至提升民族拼搏精神；通过竞技运动，可以有效拓宽个人体育领域乃至提升国民终身体育技能；通过竞技运动，可以有效丰富个人文化生活乃至拓展社会文化形态。显然，竞技运动的基本功能集中表现在：是一种强国、强种、强民的重要手段；是一种展示人类运动能力的重要平台；是一种提升人类拼搏精神的重要途径；是一种拓展人类教育技能的重要领域；是一种表现人类悠久文化的重要形态。竞技运动的基本功能表明：竞技运动与其他行业不同，它有着独特的功效。因此，提高竞技运动的水平就是为了充分发挥竞技运动的健身、竞技、精神、教育和文化功能。

竞技运动衍生功能

（2）竞技运动衍生功能。通过竞技运动，可以有效提高国家的国际地位乃至提升国家管理能力，有效提高个人社会形象乃至提升国家民族自信；有效激发国家经济活力乃至拓展民族企业领域；有效拓宽国家外交途径乃至影响国际政治发展走向；有效规范个人行为准则乃至拓展社会法制生态。显然，竞技运动的衍生功能集中表现在：是一种提升国家民族声誉的重要手段；是一种提升国家民族自信的重要平台；是一种促进国家经济建设的重要领域；是一种拓展国家国际交往的重要途径；是一种教育国民遵纪守法的重要工具。竞技运动的衍生功能表明：竞技运动也有一些其他行业的类似或近似功能。因此，提高竞技运动的水平就是为了充分发挥竞技运动的政治、社会、经济、外交、法制功能。

竞技运动在上述领域的影响已经遍及全球，有关范例可谓不胜枚举。应该说，导致竞技运动影响之大的一个重要原因，就是现代科技的渗入与驱动。鹰眼技术、遥感技术、捕捉技术、图像技术等信息检测技术的引入，使技术、战术的分析与训练有了准确依据；血检技术、尿检技术、气检技术、毛检技术等生化检测技术的介入，使机能、素质的分析与训练有了可靠依据；气动技术、液压技术、震动技术、传感技术等设备制造技术的介入，使训练手段与方法有了创新空间。竞技运动赛事和运动训练实践，也为现代科技的应用与普及搭建了充分展示和有效传播的舞台。现代科技驱动着竞技运动的发展，竞技运动推动着现代科技的普及。正是现代竞技运动和现代科学技术相互依托、互相驱动、互惠互利、相得益彰地共同促进着人类发展和社会进步。由此可见，竞技运动领域应高度重视现代科技的应用与发展。

（五）竞技运动特点

竞技运动的基本特点主要包括：项目的多样性、规则的严谨性、执裁的严格性、赛程的规范性、对抗的激烈性、负荷的极限性、技艺的难美性、环境的复杂性、竞争的博弈性和结果的难测性十个特点（图 1–3）。

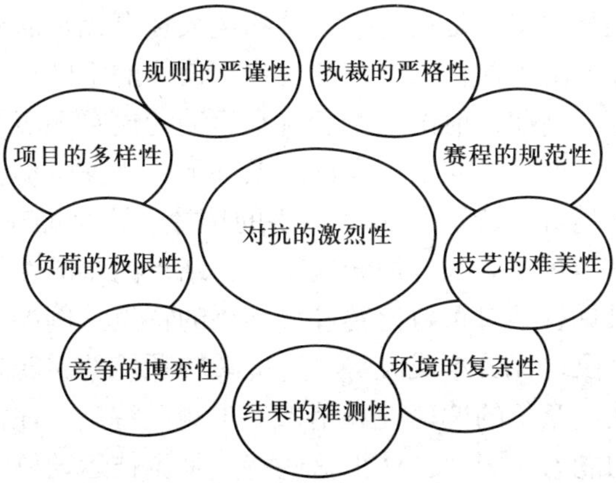

图 1–3　竞技运动主要特点

（1）项目的多样性 规则的严谨性、执裁的严格性、赛程的规范性特点是竞技运动的基本特点。其中，项目的多样性特点是指竞技运动所涵盖的运动项目多种多样，从而造成了竞技运动的复杂性现象，因此需要分类分层地深入研究；规则的严谨性特点是指竞技运动的比赛规则只能是单一涵义且不能出现歧义；执裁的严格性特点是指所有参赛人员必须严格遵守比赛的规则；赛程的规范性特点是指比赛的赛事赛程应该是预定且不能随意变动的。项目的多样性、规则的严谨性、执裁的严格性、赛程的规范性等特点提示我们：必须深刻理解不同项目的运动特征、比赛规则涵义、临场执裁尺度和赛程安排特点；必须根据项目特征、规则涵义、执裁尺度和赛程安排科学系统地训练。显然，认识这些特点是竞技运动健康发展的前提。

（2）对抗的激烈性、负荷的极限性、技艺的难美性特点是竞技运动的重要特点。对抗的激烈性特点是指比赛过程中，运动员之间的竞技具有十分激烈的对抗特点，例如职业橄榄球运动项目；负荷的极限性特点是指比赛过程中，运动员之间的竞争具有强高量大的负荷特点，例如奥运会 800 米跑项目；技艺的难美性特点是指比赛过程中，运动员之间的比赛具有精湛技艺的表演特点，例如冬奥会花样滑冰项目。应该说，对抗的激烈性、负荷的极限性、技艺的难美性三种特点始终贯穿在竞技运动的赛事之中。但是三者在不同项目中表现出来的影响权重并不相同。有的运动项目对抗的激烈性较大，例如，拳击运动；有的运动项目负荷的极限性较大，例如 5 000 m 跑；有的运动项目技艺的难美性较高，例如跳水项目。尽管不同竞技项目对抗的激烈性、负荷的极限性、技艺的难美性影响权重不同，但是，认识这些特点是竞技运动有序发展的关键。

（3）环境的复杂性、竞争的博弈性和结果的难测性特点是竞技运动的突出特点。环境的复杂性特点是指竞技运动的重大赛事经常需要异地参赛，加之举办重大赛事的各国由于饮食、交通、文化、信仰的不同，赛场的比赛环境具有较为复杂的特点，例如，射击运动、跳水运动的比赛环境具有趋向嘈杂的趋势；竞争的博弈性特点是指在规则允许的条件下，优秀运动员为获取优异成绩而采取的对策具有博弈特点，例如，对手的选择、阵型的布局、战术的变换、替补的换人、比赛的暂停等都有博弈的特点；结果的难测性特点是指竞技运动的竞赛过程和结果具有难以预料比赛胜负结果的特点。例如，国际重大赛事的比赛过程，经常会出现优势难成胜势、逆境瞬转顺境的逆转现象。竞技运动的这种环境的复杂性、竞争的博弈性和结果的难测性特点，往往影响着优秀运动员获取优异成绩的能力。因此，认识这些特点是竞技运动科学发展的基础。

二、运动训练基本概述

（一）运动训练释义

运动训练是指在教练员的科学指导下，运动员通过积极努力，不断挖掘自身潜力并不断提高运动成绩的一种专门组织的活动过程。这一解释具有两层涵义：一是指运动训练是一个旨在不断挖掘自身潜力、提高竞技能力或保持运动成绩的适应过程。二是指运动训练是一个有组织、有计划、有实施、有监控的专门培养过程。实践中，运动训练实际上是一个“训”与“练”的过程，即，教练员和运动员“教”与“练”的双边过程。这里所指的教练员通常是指从事不同层次竞技运动项目的教练员或执教团队成员，即职业竞技运动项目的教练员、业余竞技运动项目的教练员和校园竞技运动的教练员；这里所指的运动员通常是指从事不同层次运动项目的运动员。由此可见，运动训练主要是指与教练员指导和运动员操练有关，旨在提高各种竞技能力的身体实践过程。显然，运动训练是一个内容复杂、结构系统、过程较长的过程。

（1）运动训练概念第一层含义是说，运动训练是一个旨在不断挖掘自身潜力、提高竞技能力或保持运动成绩的适应过程。这里所讲的适应是指运动适应，即运动员通过科学训练，其机体的细胞、组织、器官、系统、整体运动行为，会发生结构性和功能性的相应改变，使其有利于提高竞技能力的各个因素或提高竞技运动成绩。例如，优秀长跑运动员肌细胞内的线粒体容量增大、密度提高，肌肉组织可以储存较多的氧气，血浆容量和红细胞总数增加，心脏的左心室容积增大、心肌变薄、每搏输出量增大、心率降低，能量节省化提高、各种氧化酶的活性增强，体内乳酸的清除效率加快，有氧代谢能力提高，肌肉协同工作的效率提高。这些细胞、组织、器官、系统乃至人体运动行为的变化特征，就是运动训练的适应现象。因此，从人体科学的角度上看，运动训练就是一个不断地产生能与竞技能力和优异成绩相适应的过程。

（2）运动训练概念第二层含义是说，运动训练是一个有组织、有计划、有实施和有监控的专门培养过程。这里所讲的培养过程，实际上包含着科学制定优秀选手培养目标、科学规划运动训练过程、科学采用运动训练方法、科学监控运动训练进程等环节。然而，实现这一专门培养过程的前提就是必须深刻地认识和辩证地掌握运动训练原理、运动训练原则、竞技能力要素、运动负荷要素、运动训练方法、运动训练分期、训练计划格式、训练质量监控等运动训练知识。显然，运动训练是一个复杂的系统工程。从宏观上看，这一系统工程是由运动训练计划、运动训练实施、运动训练监控三个相关系统组成；从微观上看，这一系统工程是由起始状态诊断、建立训练目标、制定训练计划、组织训练实施、监督检查评定和实现训练目标六大基本环节组成。因此，从系统工程的角度看，运动训练具有任何完整系统工程的显著特点。

（二）运动训练内容

运动训练内容分为广义和狭义两类。广义的运动训练内容是指运动训练过程涉及的各个部分（可参阅本章第三节）。狭义的运动训练内容就是竞技能力。竞技能力是指运动员的参赛能力，是由不同表现形式和作用的素质、技术、战术、心理、智力、知识等要素构成，并综合性地表现在专项训练或比赛之中。竞技能力分为显性和隐性要素。显性要素是由运动素质、运动技术和运动战术组成；隐性要素是由运动机能、运动心理、运动智力组成。其中，运动素质是指运动员表现出来的各种运动能力，它可分为基本和复合运动素质。基本运动素质是指具有一种运动机能特征或某一方面运动机能起主导作用的素质，它由速度、力量、耐力和柔韧等素质组成；复合运动素质是指具有两种或两种以上运动机能特征的素质，主要是指灵敏素质。不同专项的运动素质具有明显的专项特征。例如，短跑项目具有显著的速度素质特征；举重项目具有明显的力量素质特征；长跑项目具有鲜明的有氧耐力的素质特征。

运动技术是指在比赛中或在模拟真实对抗的环境中，运动员能合理、有效地充分发挥身体运动能力的动作方法。运动技术的构成要素主要是由身体姿势、动作轨迹、动作时间、动作速度、动作速率、动作力量、动作节奏构成。其中，身体姿势是指在动作过程中，身体或身体各部分所处的状态及身体各部位在空间所处的位置关系，可分为开始姿势、动作进行过程中的姿势和结束姿势；动作轨迹是指在做动作时，身体或身体某部分所移动的路线；动作时间是指完成动作所需要的时间；动作速率是指在单位时间内同一动作重复的次数；动作速度是指单位时间内身体或身体某部分移动的距离。动作速度包括平均和瞬时速度、初速度、末速度、角速度和加速度等。动作力量是指完成动作时，身体或身体某部分克服阻力所用力的大小；动作节奏是指在完成动作过程中的时间特征，包括用力大小、动作节律、动作幅度与动作变化等要素。

运动战术是指根据专项运动竞赛规则，为战胜对手或取得理想成绩而采取的各种谋略和行动的总称。这里，“谋略”是指比赛策略的谋划。“行动”是指临场应变的行为。这一概念表述了战术内容包括赛前预谋、临场应变两大方面。通常，运动战术是由战术观念、战术原则、战术意识、战术知识、战术形式和战术行动等内容组成。其中，战术观念是指教练员、运动员通过战术训练和比赛实践所形成的有关战术理论、战术应用及其变化的战术理念；战术原则是制订具体战术方案、实施战术计划的思想与行为的准则；战术意识是指运动员临场解读比赛进程和瞬间应变的思维过程；战术知识是指关于比赛战术理论与实践运用的经验和信息的总和。战术形式是指战术活动中具有相对稳定形态的行动方式，例如，篮球战术中的掩护、盯人、联防等形式；战术行动是指为达到特定目的而采用的运动技术、组合技术或相应技术动作。

（三）运动训练特点

运动训练的基本特点主要包括：要素的关联性、过程的分期性、质量的监控性、任务的专门性、内容的全面性、素质的迁移性、方法的多样性、负荷的极限性和科技的助力性（图 1–4）。

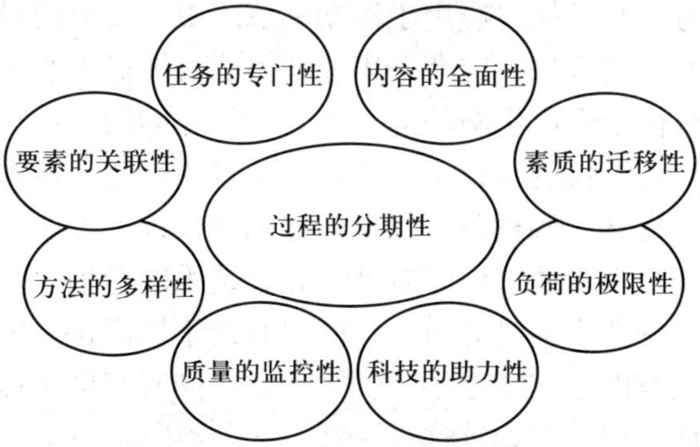

图 1–4　运动训练主要特点

（1）要素的关联性、过程的分期性、质量的监控性特点是运动训练的显著特点。要素的关联性特点是指运动训练各个要素不仅具有完整的结构且高度相关；过程的分期性特点是指运动训练完整过程可以划分相互关联的若干过程；质量的监控性特点是指运动训练的不同过程都有相应的质量监控标准伴随着训练进度。结构的系统性、过程的分期性、质量的监控性特点提示我们：必须深刻理解结构的系统性，以便全面掌握运动训练的结构体系；必须深刻理解过程的分期性，以便科学划分训练过程和分期训练；必须深刻理解质量的监控性，以便合理应用质量监控的体系。显然，深刻地认识运动训练这三个特点，是科学设计运动训练的前提。

（2）任务的专门性、内容的全面性、素质的迁移性特点是运动训练的重要特点。任务的专门性特点是指在运动训练的不同训练阶段或训练课上，都有具体的明确的专项训练任务，并与训练进度有机关联；内容的全面性特点是指在运动训练的基础阶段或准备期阶段，应强化全面素质和能力的训练，并在此基础上逐渐进行专项化训练；素质的迁移性特点是指训练内容和运动负荷的安排，应有利于专项运动相关素质之间的良性转移。毋庸置疑，运动素质迁移理论是跨项训练提出的依据。任务的专门性、内容的全面性、素质的迁移性特点提示我们：训练任务和训练目标应该保持一致性和连贯性，以便突出任务的专门性特点；训练内容和训练要素应该保持整体性和专项性，以便体现内容的全面性特点；运动素质和运动负荷应该保持有机性和关联性，以便强化素质的迁移性特点。显然，深刻地认识运动训练这三个特点，是科学驾驭运动训练的关键。

（3）方法的多样性、负荷的极限性和科技的助力性特点是运动训练的突出特点。方法的多样性特点是指运动训练中所采用的训练方法不仅多种多样，手段更是层出不穷，并且始终应用于运动训练之中；负荷的极限性特点是指为了达到提高竞技能力的效果，定期采用能够挑战身体极限水平的运动负荷刺激机体，进而促进机体全面产生新的运动适应；科技的助力性特点是指在运动训练中，往往采用现代科技创新设备，不断强化专项素质、技术、战术的训练质量，例如，信息捕捉器、各种测功仪、光电测速仪等。方法的多样性特点不仅有助于提高选手的全面素质，同时有助于提升选手的专项水平；负荷的极限性特点不仅有助于挖掘选手的身心潜力，同时有助于提高选手的适应能力；科技的助力性特点不仅有助于丰富选手的训练手段，同时有助于提高选手的成功概率。显然，深刻地认识运动训练这三个特点，是科学进行运动训练的条件。

第二节 项目分类与项群训练

一、项目分类基本概述

（一）项目分类释义

项目分类是指将竞技运动众多项目，按照具有相似竞技运动外部特征或内在特性进行分门归类。将一组具有相似竞技特征及训练要求的竞技项目称为一个项群。分类是逻辑思维中发现新事物或提出新理论的一种重要科学方法。通常，事物的分类必须遵循的基本原则依次是：同一标准原则；层级分明原则；子项不容原则；子项之和等于母项原则。竞技运动项目的分类研究就是依据这些分类原则。国际上，最早提出的项目分类是马特维也夫教授等人提出的 5 种分类。1984 年，普拉托诺夫（B. H. Platonov）教授等人提出了另外 7 种分类。1992 年扎哈诺娃（Zakharova）也提出了 9 种分类。2016 年，奥斯特比（Stuart A.Ostby）提出了另外 9 种不同的分类。我国最早提出项目分类的是田麦久教授等人 1983 年提出的按竞技能力主导因素、运动项目动作结构和运动成绩评定方法 3 种分类。项目分类至今仍是训练理论的研究热点。

竞技项目分类的研究对于科学建立运动训练理论体系的意义十分重大。主要具有如下几点意义：一是有利于运动训练理论体系的建立和发展。人们可以从不同类型或不同项群的角度，科学地分析某一同类项群的运动特征和训练规律，进而指导同类项群中各个运动项目的具体实践；二是有利于探索各运动项目之间的异同关系。人们可以根据不同分类的标准，通过分析不同类型的运动项目的各个要素，更加深刻地认识各运动项目的个性和共性，以便在运动训练各个阶段根据需要合理地进行项目转移、技能迁移、战术植移；三是有利于揭示各运动项目的本质属性特点。由于各个运动项目发展的广度、深度具有极大的差异性，人们通过研究同类项群优势项目的发展经历，能够积极揭示弱势项目的现实训练结症，科学选取提高训练水平的有效方法。因此，项目分类的研究对于提高竞技运动水平具有重要理论意义。

竞技项目分类的研究对于科学构建运动训练管理体系的意义十分重大。主要具有如下几点意义：一是有利于科学制定竞技运动发展战略规划。人们可以根据地区、省市乃至国家层面，结合不同项群的发展水平，提出适合自己未来发展的竞技运动战略规划，这样有利于宏观把握竞技运动发展中的重点和共性问题，进而引导不同项群的各个运动项目的科学规划；二是有利于构建竞技运动项目的管理体系。人们可以根据竞技运动项群的个性和共性、特点与规律，选拔和培养、任用适合同类项群的管理人员和服务人员，这样便于同类项群的管理人员有效提高项目的管理质量；三是有利于竞技运动的跨项选材和跨项训练。近些年来，由于奥运项目的增设和户外运动的拓展，许多教练员特别注意将同类项群优势项目中的后备人才和训练理念转入新兴项目。显然，项目分类的研究对于提高竞技管理质量具有重要的现实意义。

（二）项目分类简述

多年来，国际上许多学者曾相继展开过竞技项目分类的研究。这里主要简述代表性的研究成果。其中，最具代表性的就是 1977 年马特维也夫教授等人提出的 5 种分类体系：① 最大限度发挥运动员的体力和意志力的项目，如田径、体操、格斗、游泳、球类、击剑等；② 通过操作特殊移动器械的项目，如摩托车、汽车、帆船等；③ 使用器械（武器）瞄准目标的项目，如射击、射箭、弓弩等；④ 比较模型 - 设计活动结果的项目，如航空模型、汽车模型、航海模型等；⑤ 用抽象理论和智力战胜对手的项目，如国际象棋、围棋等。尽管马特维也夫教授等人提出的这 5 种分类体系中，④与⑤类别已经超过了本书有关竞技运动的定义范畴，但是马特维也夫教授等人提出这 5 种分类体系的基本思路和分类标准，应该说提供了竞技运动项目分类的理论基础和分类依据。

1992 年扎哈诺娃（Zakharova）提出 9 种分类体系：① 纯粹体现身体最大力量的竞技项目，如举重等；② 复杂的协调性竞技项目，如花样滑冰、花样游泳、艺术体操等；③ 速度力量性竞技项目，如田径运动的投掷（标枪）、跳跃（跳高）项目等；④ 使用器械（武器）瞄准目标的竞技项目，如射击、射箭、弓弩等；⑤ 驾驭工具的竞技项目，如马术、摩托车、摩托艇等；⑥ 周期性的竞技项目，如游泳、划船、马拉松跑、自行车、中长跑等；⑦ 游戏性的竞技项目，如篮球、足球、排球等；⑧ 格斗性的竞技项目，如跆拳道、拳击、摔跤等；⑨ 综合性的竞技项目，如铁人三项、田径女子七项全能、田径男子十项全能和军事五项等。这种分类，较之前人更加符合竞技运动的分类需要。扎哈诺娃（Zakharova）提出的这 9 种分类体系尽管不够严谨，但是仍在西方体育界有一定影响。欧美学者研究竞技运动理论时通常介绍这种项目分类形式。

2016 年，奥斯特比（Stuart A.Ostby）根据最大耗氧量和最大肌力强度的关系提出 9 种分类体系。这种竞技运动项目分类最大的意义在于，将以往分类方式着重从运动形态、运动结构和运动能力等宏观显性特征，转入从生理生化的微观隐性角度进行分类，即从竞技运动不同的项目机能特征的角度，对竞技运动项目进行了深入的分类（图 1–5）。由图可见，奥斯特比（Stuart A.Ostby）的分类方式是：首先，主要从肌力强度和有氧强度两个维度分别划分低、中、高三个强度区间；其次，根据二维的平面几何图形画 9 个格式；再次，根据不同运动项目在肌力强度和有氧强度方面表现的强度等级，将其划归入相应的几何格式之中；最后，将所有竞技运动项目按此方式归为 9 种项目类型。显然，这种分类对于深入了解竞技项目的机能特征、负荷性质、本质特点具有重要的启示意义，同时对于合理地安排运动训练中的运动负荷具有重要的科学依据。

各个项群的代表性项目

	低 ($<40\%\dot{V}O_2max$)	中 ($40\%\sim70\%\dot{V}O_2max$)	高 ($>70\%\dot{V}O_2max$)
高 (70%MCV)	田径的投掷项目 体操项目 帆船项目 十项、七项全能 举重	高山滑雪 自由式滑雪 单板滑雪 自由式摔跤 古典式摔跤	拳击 皮划艇 赛艇 速度滑冰 水球
中 (20%~50%MCV)	射箭 摩托车 摩托艇 赛车	田径撑杆跳高 花样滑冰 柔道 田径短跑	篮球 五人制足球 中距离跑、游泳 手球、网球
低 (20%MCV)	高尔夫 射击	棒球、垒球 击剑 乒乓球 排球	越野滑雪 曲棍球 竞走 长跑 足球

注：“%MCV”为最大肌力强度百分比；“$\%\dot{V}O_2max$”为最大有氧强度百分比。

图 1-5 Stuart A.Ostby 的运动项目分类

（三）运动项群分类

在我国，1983 年田麦久教授等人根据竞技运动项目的基本特征，对奥运项目进行类属聚合后，将一组特征相似的项目称之为“项群”，并提出了项群分类体系。“项群”概念和分类体系一经提出，立即引起我国训练理论和实践界的高度重视，并引发我国不少学者展开类似的研究。迄今为止最有影响的项群分类体系，当属田麦久教授提出的按竞技能力主导因素、按竞技运动动作结构、按运动成绩评定方法的三种项群分类体系。据陈亮等人研究，截至 2014 年我国学者所发表的，并经中国知网收集的与田麦久教授项群理论有关的研究文献多达 1 463 篇。由此可见，田麦久教授等人的项群分类体系影响之大。项群理论和分类体系的重要价值，在于搭建了专项训练与一般训练理论之间的桥梁，构筑了项群分类体系与项群训练理论的研究平台，拓展了竞技运动训练的研究视野。

1. 按竞技能力主导因素分类

按竞技能力的主导因素将奥运项目分为体能主导类、技能主导类、技心能主导类和技战能主导类 4 种项群。将各个项目体能或技能的主要表现形式或特征作为二级分类标准，从而把体能主导类项目分为快速力量性、速度性和耐力性 3 个亚类；技能主导类项目由难美性项目组成；技心能主导类由准确性项目组成；技战能主导类分成隔网对抗性、同场对抗性、格斗对抗性和轮换对抗性4种亚类（表1-3）。其中，体能主导类意指运动素质因素发挥主导作用；技能主导类意指技术技巧因素发挥主导作用；技心能主导类意指技术心理因素发挥主导作用；技战能主导类意指技术和战术因素发挥主导作用。按竞技能力的主导因素将奥运项目分成4个项群的目的，是为了更好地寻找某一项群内部相似项目的共性规律和个性特征，更好地解析整个竞技运动的训练理论。因此，必须辩证地认识各个项群之间的主导因素的作用。

► 表1-3 按竞技能力的主导因素对竞技项目的分类

大类	亚类	运动项目举例
体能主导类	快速力量性	跳跃、投掷、举重、跳跃滑雪
	速度性	短距离跑（100 m、200 m、400 m）、短游（100 m）、短距离速度滑冰（500 m）、短距离赛场自行车、雪橇
	耐力性	中长距离走、跑、速滑；中长距离游泳；越野滑雪；长距离自行车；划船、铁人三项
技能主导类	难美性	体操、艺术体操、技巧、跳水、花样滑冰、花样游泳、冰舞、武术（套路）、自由式滑雪空中技巧、单板滑雪
技心能主导类	准确性	射击、射箭、弓弩、高尔夫球、台球
技战能主导	隔网对抗性	乒乓球、羽毛球、网球、排球、毽球、藤球
	同场对抗性	足球、手球、冰球、水球、曲棍球、篮球、橄榄球
	格斗对抗性	摔跤、柔道、拳击、击剑、武术（散打）、空手道
	轮换攻防对抗性	棒球、垒球、板球、冰壶、台球

（田麦久，2017）

2. 按运动项目动作结构分类

按运动项目的动作结构分类。是田麦久教授提出的第二种项群分类体系。这种将奥运项目进行分类的依据，就是动作结构的结构特征。据此，田麦久教授将所有的竞技项目划分为单一动作结构、多元动作结构及多项组合结构三大类。然后，根据三种结构体系的特点，分别采取不同的标准作为二级分类标准，例如，将单一动作结构类，根据动作结构的形态表现，再分为非周期性、周期性及混合性三个亚类；将多元动作结构类，根据动作结构的组合方式，再分为固定组合和变异组合两个亚类；将多项组合结构类，根据运动项目的从属特点，再分为同属多项组合和异属多项组合两个亚类（表 1–4）。按运动项目动作结构将奥运项目分成三个项群的意义，是从表象特征揭示了奥运项目具有不同动作结构特征，揭示了球类、格斗类项群技术之间变异组合的特点。此点，对于确定不同项群技战术的训练重点意义十分重大。

▶　**表 1–4　按运动项目的动作结构对竞技项目的分类**

大类	亚类	运动项目举例
单一动作结构	非周期性	铁饼、铅球、链球、举重、跳跃滑雪
	周期性	跑、竞走、游泳、自行车赛、射击、射箭、长距离滑雪、速度滑冰、划船
单一动作结构	混合性	跳高、跳远、标枪、三级跳远、撑竿跳高
多元动作结构	固定组合	体操单项、武术单项、艺术体操单项、技巧、花样滑冰、马术、回旋滑雪、自由式滑雪、单板滑雪
	变异组合	篮球、手球、足球、水球、曲棍球、冰球、乒乓球、羽毛球、网球、排球、拳击、摔跤、柔道、棒球、垒球
多元组合结构	同属多项组合	田径男十项和女七项全能、体操全能、艺术体操全能、速滑全能、短道速滑全能、武术全能
	异属多项组合	现代五项、冬季两项、铁人三项

（田麦久，2017）

3. 按运动成绩评定方法分类

按照项目比赛成绩的评定方法，可将竞技项目分为测量、评分、命中、得分和制胜类 5 大项群（表 1–5）。测量类项群是指那些需要计算高度、远度、重量和时间为成绩的竞技项目，如跳高；评分类项群是指那些需要裁判员按照规则对技术和艺术质量给予评分的竞技项目，如花样滑冰；命中类项群可分无防和有防两种亚类。前者是指需要通过累计计算命中目标的次数或环数决定成绩的竞技项目，如射击；后者是指在攻防对抗情况下，通过命中特定目标计算成绩的竞技项目，如篮球；得分类项群是指那些通过局、盘比赛，按照规则以得分多者作为取胜依据的竞技项目，如网球；制胜类项群是指那些需要通过格斗取得绝对胜利或依靠得分成绩取胜的竞技项目，如拳击。可见，测量类项群和命中类无防性项群的成绩获得具有显著的客观性特点，评分类项群的成绩获得具有较高的主观性特点，其余的各类特点介乎两者之间。

表 1-5 按运动成绩的评定方法对竞技项目的分类

大类	亚类	运动项目举例
测量类	竞速	田径径赛、游泳、自行车、速度滑冰、赛艇
	竞距	跳高、跳远、三级跳远、撑竿跳高、标枪、铁饼
	竞重	抓举、挺举等
评分类	体操、技巧、蹦床、跳水、花样游泳、花样滑冰、武术套路	
得分类	乒乓球、羽毛球、网球、排球、棒球、垒球	
命中类	无防	射击、射箭、高尔夫
	有防	篮球、手球、足球、水球、曲棍球、冰球、橄榄球
制胜－命中类	摔跤、拳击、柔道	

（田麦久，2017）

二、项群训练基本概述

（一）项群训练释义

项群训练是指教练员和运动员根据不同项群分类体系，探索、揭示和应用某一项群内部的共性规律和个性特征，科学、辩证和动态地不断挖掘该项群运动员身心潜力的身体活动过程。深入揭示不同项群间的竞技特点、训练规律与高度概括不同项群间的实践特点、参赛经验的理论称为项群训练理论。由此可见，项群训练与运动训练的概念有所相同亦有所不同。相同之处：① 无论某一项群训练还是一般运动训练，都是一个充分挖掘自身潜力的身体活动的过程或是不断出现新的适应过程；② 这一过程仍然属于教练员和运动员双边活动的过程，即教练员起主导作用，运动员起主体作用。不同之处：① 项群训练的概念突出了项群训练的具体依据，即竞技主导因素、动作结构、负荷性质或运动成绩等关键要素；② 项群训练的概念更加贴近专项训练实践。

项群训练概念的第一层涵义是说，竞技运动各个项群的运动特征和竞技规律并不相同，甚至某些项群之间的运动特征和竞技规律，具有显著的差异性。由此可见，深入地探索和揭示竞技运动项群内部的运动特征和竞技规律，对于全面丰富“运动训练学”的理论学科和内容体系至关重要；对于科学应用“运动训练学”的训练原则和训练方法意义重大。当然，深入地比较和挖掘竞技运动项群之间的运动特征和竞技规律，对于全面把握专项训练学的理论结构和内容细节至关重要；对于科学掌握专项训练学的训练规律和训练手段意义重大。从理论意义上讲，项群训练理论是运动训练理论的延伸和深入，是运动训练理论联系专项运动实践的桥梁与中介；从实践意义上讲，项群训练理论是不同项群运动规律和共性特征的高度概括，是不同项群各自成功经验和实践探索的深度总结。我们应深刻地掌握项群训练理论内涵。

项群训练概念的第二层涵义是说，项群训练的主要重点：一是认识和强化各个项群内部的竞技能力主导因素，以便抓住不同项群的主要矛盾及其主要方面；二是了解和掌握各个项群运动项目的动作结构，以便抓住不同项群的技术特征和链接方式；三是揭示和认识各个项群运动成绩的评定方法，以便掌握不同项群的制胜因素和制胜规律；四是揭示和掌握各个项群的运动负荷主要特征，以便科学安排不同项群的负荷强度和负荷节奏。显然，项群训练概念的这层涵义，为科学地应用项群训练理论、科学地指导专项训练实践，明确了具体的认识思路和实践路径。当然，项群训练概念的提出并不是说可凭某一分类标准就能成功指导具体的专项实践，而是需要根据不同项群具体特点，综合性地应用不同分类体系，动态地应用项群训练理论解决专项实践问题。

（二）项群训练特点

1. 项群训练理论特点

项群训练理论的主要特点集中表现在聚类性特点、延伸性特点和迁移性特点三个方面。

（1）聚类性特点是指将竞技运动项目进行类属聚合之后，在宏观内容方面如竞技能力、训练方法、运动选材、知识体系、专项训练等，为丰富竞技运动的训练理论体系，提出了更有价值的理论观点。由此可见，聚类性特点不仅拓宽了竞技运动训练理论的研究领域，同时创造了竞技运动训练理论的构建体例。例如，李士建等人发表的《我国夏季奥运会优秀运动员成才过程的项群特征研究》研究成果的发现：我国优秀奥运参赛运动员在多年训练过程中，女子项目的转项成才率高于男子；发生转项的运动项目多表现为大类之间转项和同群之间转项，其中，大类之间转项的曾训项目多为田径、游泳等体能主导类项目。陈亮等人根据田麦久教授的分类体系，发表的《不同项群竞技特点与训练要求》，更是详细地提出了不同项群的具体特点。

（2）延伸性特点是指根据项目分类体系和项群训练理论，专门对某一项群进行深入的研究之后，提出的更为深刻和具体的理论观点。由此可见，延伸性特点不仅深化了竞技运动训练理论的研究深度，同时提供了同类项群训练理论应继续深化的理论成果。例如，徐琼、高平等人在《表现难美性项群竞技参赛过程结构特征研究》一文指出：运动员技术表现、裁判比赛打分、运动员赛前心理训练、参赛心理控制、科研服务保障、成绩评定方式、技术状态诊断、心理状态诊断、赛前技术训练、最新规则影响是该项群竞技参赛过程结构的重点要素。从而提出了表现难美性项群赛前训练关注要素和重点。于少华在《同场对抗球类集体项目竞技能力特征研究》一文中指出：与其他项目相比，对抗是同场对抗性项群的本质特征。我国同场对抗性球类项群最薄弱的环节就是对抗性方面。显然，该文一语中的地指出了我国同场对抗性项群的不足。

（3）迁移性特点是指根据项目分类体系和项群训练理论，专门对某一项群内部各个项目深入研究之后，提出了将某一专项成功经验迁移到另一专项领域并获得成功的理论观点。例如，最初担任国家散打主教练，后继担任空手道主教练，2014 年改任国家跆拳道主教练的管健民，均在所任岗位取得过多次世界冠军。2016 年里约奥运会上跆拳道所获得的两块金牌，就是他执教不同项目关键岗位的成功写照。他在《跆拳道精神价值核心要素解析》一文中提出：拼搏精神、自律精神和修行精神构成了跆拳道精神价值的主要核心因素。这一观点不仅直接指出了跆拳道精神价值的核心内容，同时也是他从事散打、空手道项目多年执教理念迁移后的集中反映。我国许多优势项目的成功经验和训练理念，正在迁移成为其他项目的丰硕成果。例如，女排精神不仅成为激励其他项目的精神武器，而且成为中华体育精神的重要成分。

2. 项群训练实践特点

项群训练实践的主要特点集中表现在具体性特点、指导性特点和操作性特点三个方面。

（1）具体性特点是指所提出的各个项群的竞技特点十分明确、具体。这样有助于教练员认识本项群的具体竞技特点，以便有目的地进行训练。例如，陈亮等人在《不同项群的竞技特点与训练要求》一文中明确指出：体能主导类速度性项群的竞技特点是：无氧供能比例高于 50%，比赛成绩的评定方法客观，技术动作为周期性单一动作结构，竞技过程为分道竞速和间接同时对抗，运动员具有爆发力强、反应快速和较强的速度素质等特点；同场对抗性项群的竞技特点是：比赛的双方在限制的场地内直接攻防，多人需要通过时空配合，使球体命中特定区域，在有限时间内取得更多的得分；动作结构属于变异组合，身体接触的对抗程度较为激烈。可见，这两种项群的竞技特点描述得极为具体。显然，这也有利于运动员深刻认识本项群的竞技特点。

（2）指导性特点是指所提出的各个项群的竞技特点十分明确、具体，有利于教练员提出正确的指导思想。例如，陈亮等人在《不同项群的竞技特点与训练要求》一文中根据体能主导类速度性项群的竞技特点明确提出：速度训练要求训练手段相对简练、集中，实效，力争减少不必要的能量消耗；技术训练应高度重视技术和动作的连贯性和节奏性，重视关键技术环节的实效性；心理训练应集中于培养运动员的快速感知觉和顽强的意志品质等；针对同场对抗性项群的竞技特点明确提出：必须提高速度、耐力、力量、灵敏等运动素质，必须提高身体对抗下技术动作变异组合的应变能力，必须提高身体对抗下的攻防转换能力，必须提高各种战术配合的比赛意识，必须提高攻防技术应用的准确率，必须提高运动员的心理自控能力，必须提高运动员解读比赛的智力水平。显然，这些指导建议，对于提高相关项群训练的质量极有价值。

（3）操作性特点是指所提出的正确指导思想和建议，应该能够得到贯彻和执行。换言之，所提建议应有可让运动员能够具体实践的训练方法或训练手段。例如，针对体能主导类快速力量性项群的田径跳跃项目的训练，在明确该类项目的爆发力是其关键的竞技特点之后，必然就会提出提高爆发力的指导性思想，接着就会提出符合指导性思想的可操作性的训练方法或训练手段。例如，采用超等长收缩力量训练，就是提高田径跳跃项目运动员爆发力水平的一种训练思想。实现这一训练思想的训练方法就是各种触地时间在 0.15~0.20 秒之间的各种跳跃手段，其中，跳深练习就是这类方法中的典型手段。项群训练实践中的操作性特点提醒我们，必须开拓因受项目所限的训练视野，应站在所属项群乃至整个竞技运动的顶端，俯瞰所属项群乃至竞技运动采用的训练方法和手段。只有这样，才能设计或选择适合自己的最佳训练方法。

第三节 运动训练学理论体系

一、运动训练学概述

（一）运动训练学研究领域

运动训练学是一门主要阐述运动训练的基本理论和方法的应用性理论学科。欧盟申根国家将其称之为《运动训练理论与方法》。重要的研究和讨论的领域主要集中在 8 个方面：一是研究有关竞技运动的理论框架；二是研究有关运动训练的基本规律；三是研究有关运动训练的系统结构；四是研究有关运动训练的方法手段；五是研究有关竞技运动的竞技能力；六是研究有关运动训练的运动负荷；七是研究有关运动训练的过程安排；八是研究有关运动训练的过程监控（图 1-6）。另外，有关研究运动训练学课程内容体系，也逐渐列入相关研究的视野。当然，有关运动训练的基本原则、重大赛事赛间训练、教练员的职业素养也是研究的重要内容。本书正是基于这一认识，将其相关的研究现状分章进行归纳介绍。

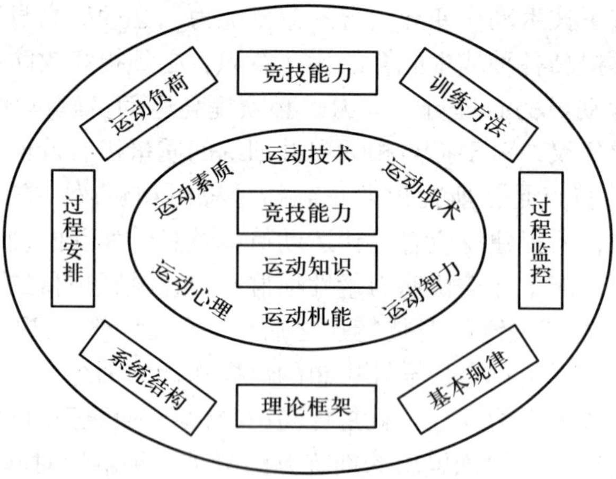

图 1-6 运动训练学的研究领域与内容框架

1. 研究竞技运动的理论框架

研究竞技运动的理论框架是运动训练学的基础领域。竞技运动始终是运动训练理论研究的平台。其中，竞技运动本质、价值、功能和特点研究与运动训练规律、原则、方法及特点研究，始终是运动训练学研究的基础领域。目前，对东西方竞技运动理论研究影响较大的代表性人物及其著作，当属马特维也夫的《运动训练的分期问题》《运动训练原理》《竞技运动理论》等系列著作和论文；普拉托诺夫的《运动训练理论与方法》《竞技运动理论》《奥林匹克运动员训练的理论与方法》等系列著作与论文；博姆帕的《分期：训练理论与方法》等系列著作与论文。国际上类似的专家及其成果很多。这些经典至今对于构建《运动训练理论与方法》体系仍起奠基作用。

2. 研究运动训练的基本规律

研究运动训练的基本规律是运动训练学的支柱领域。这一领域包括研究旨在反映运动训练的基本原理、基本理论等内容。例如，竞技状态形成规律就是通过研究运动适应原理和超量恢复原理所发现的一种基本规律。这一规律说明：竞技状态形成规律具有周期性特点并需经依次递进三个不同阶段，即竞技能力获得阶段、竞技状态形成阶段、竞技状态衰竭阶段。正是这一规律的发现，从而创造了许多训练分期理论，如马特维也夫的经典分期理论、维尔霍曼斯基的板块分期理论、博姆帕的能力分期理论等。目前，据不完全统计，有关训练分期的理论学说共有 12 种。人们从项群分类、竞技能力和比赛规则等多维角度，陆续发现了竞技运动制胜的主要规律，如综合规律、主导规律、突前规律和更迭规律等。显然，这些基本规律都是教练员执教艺术和科研人员秉承原理，且紧密结合所发现的现代运动训练的基本规律。

3. 研究运动训练的系统结构

研究运动训练的系统结构是运动训练学的框架领域。这一领域包括研究运动训练工程结构、运动训练信息结构、运动训练双核结构等。其中，运动训练的工程结构特别强调：运动训练是一项系统工程，构建训练计划、实施和监控融为一体的训练工程，是运动训练得以有效展开的关键；运动训练的信息结构特别强调：运动训练是一种信息系统，构建科学采集信息、有机链接数据、共享分析资源为一体的信息系统，是运动训练得以科学展开的条件；运动训练的双核结构特别强调：科学梳理运动训练与竞技参赛两类过程的构建要素，这是运动训练得以深入展开的基础。简言之，工程结构强化训练过程的计划、实施与监控的板块对接；信息结构强化训练过程的信息采集、分析与共享的科学链接；双核结构强化训练过程的要素梳理、关联和统一的系统衔接。显然，构建要素关联紧密的系统结构是运动训练研究的重要领域。

4. 研究运动训练的方法手段

研究运动训练方法手段是运动训练学的主要领域。应该说，现代训练方法手段是训练原理与执教艺术高度结合的创新产物。例如，20 世纪 60 年代苏联教练员维尔霍曼斯基，创造了“冲击式跳跃”（如跳深练习）手段，就是利用牵张反射原理创造出来的，是在超等长力量训练方法中最具代表性的训练手段，此法后被美国学者迈克尔·耶西斯称之为 explosive plyometrics，中文译为爆发式增强性训练；再例如，20 世纪 50 年代由德国教练员和科研人员，利用人体运动心率 130～180 次 /min 时心血输出量最大的特点，创造出来的一种对于提高有氧代谢强度或混合代谢强度、心脏功能具有极高价值的间歇训练方法。现代运动训练方法和手段的创新是现代运动竞技运动发展的强大动力。任何世界纪录的创新都有创新的训练方法手段作为驱动工具。

5. 研究竞技运动的竞技能力

研究竞技运动的竞技能力是运动训练学的核心领域。竞技能力是由运动机能、运动素质、运动技术、运动战术、运动心理、运动智力和运动知识组成，亦称之为竞技机能、竞技体能、竞技技术、竞技战术、竞技心理、竞技智力和竞技知识。其中，运动素质、运动技术、运动战术是竞技能力的显性要素；运动机能、运动心理、运动智力等是竞技能力的隐性要素。竞技能力的提高和融合，直接关系到竞技状态的形成和发展，进而直接影响运动员重大赛事参赛的水平。有关竞技能力及其训练的研究路径有三：一是针对某一竞技能力构成要素进行纵深研究，例如，有氧耐力及其训练的研究等；二是针对整个竞技能力融合方式进行建模研究，例如，双子模型的构建及其应用研究等；三是针对竞技能力转化为竞技状态的研究；例如，最佳竞技状态及其形成的研究等。有关竞技能力的研究涉及多方学科领域。

6. 研究运动训练的运动负荷

研究运动训练的运动负荷是运动训练学的前沿领域，亦是至今研究的重点、难点和热点问题。运动负荷直接关系着机体的负载能力，进而决定着训练效果，是研究的重点；运动负荷构成要素繁多且不同项目负荷性质有异，因而成为研究难点；正因如此，运动负荷一直是运动训练学研究热点。当前，关于运动负荷的研究主要集中在三个领域：一是构建运动负荷的定义、类别、结构与要素和运动负荷安排的原则、方法、方式与等级的理论研究；二是根据人体运动现象特征，探索人体运动过程的外在表现及其负荷指标，例如，跑动距离、频度、强度、变化等指标；三是根据运动人体机能变化，探索人体运动的机能反映及其负荷指标，例如，血乳酸 BLa、血清睾酮 T、无氧阈、尿蛋白和血红蛋白 HB 等指标。现代运动训练实践证明：只有三个领域相互融合的研究成果，才能对提高训练的质量具有实质功效。

7. 研究运动训练的过程安排

研究运动训练的过程安排是运动训练学的重要领域。这一领域由包括训练过程分期、训练计划制定、训练内容分配、训练方法应用、训练手段遴选、训练负荷安排等内容组成。这一领域集中反映了教练员所掌握的训练原理、所体现的执教经验和所展示的执教艺术。其中，反映训练原理的各个训练原则是执教的理论基础，体现训练经验的各个成功案例是执教的依据，展示训练艺术的各个良好表现是执教的境界。因此，运动训练的组织过程，是执教原理、执教经验和执教艺术高度结合的过程。其中，执教经验和执教艺术是决定科学的训练原理是否真实得到贯彻和执行的关键。任何漠视或淡化执教经验与艺术的重要作用，都是无知或偏见的一种表现。当前，国际上许多著名教练员，例如，鲍曼（Bob Bowman）所著的关于菲尔普斯训练的《黄金法则》，博姆帕（Tudor Bompa）的《分期：训练理论与方法》都是这一领域十分经典的成果。

8. 研究运动训练的过程监控

研究运动训练的过程监控是运动训练学的最新领域。这一领域主要包括运动训练的监控过程、监控指标、监控评价和监控组织等内容。实践中，运动训练的过程安排与过程监督，往往共同构成运动训练的过程组织。两者均以运动训练过程结构作为平台，前者重点集中在训练过程分期、训练计划制定和训练具体实施方面；后者重点集中在过程质量检查、计划质量分析和训练单元质量评价方面。目前的研究方向有四：一是从工程角度，统一构建适合过程安排和过程监控的组织过程；二是从信息角度，辩证设置运动人体和人体运动的两类监控指标；三是从控制角度，科学开发数据分析和适时反映的监控设备；四是从组织角度，科学组建包括监控人员在内的教练团队。可见，有关训练过程监控研究领域，不仅具有广阔空间，而且具有明确内容。

9. 研究运动训练学课程

研究运动训练学课程是运动训练学的本源领域。运动训练学只是运动训练科学中具有核心地位的一门课程。但是，指望运动训练学一门课程回答所有竞技运动的训练问题，既不符合学科门类的界定，也不符合认知规律的进程。应该说，东欧集团国家学者的研究，为国际性运动训练学课程的形成奠定了坚实基础；我国过家兴、田麦久、徐本力等学者的研究，为本土性运动训练学课程的建立构建了完整框架，欧盟申根国家体育专业互认学分的运动训练理论与方法（Theory and methodology of Sports Training），为全球性运动训练学课程的建设注入了新的学理。当前，运动训练学课程的建设途径有三：一是传承经典训练理论的同时，注重引入新的训练理论和方法；二是不断梳理现有训练理论的同时，注重构建新的教材体例和大纲；三是逐渐分化或者整合成新型的课程门类或学科。

（二）运动训练学学科特征

科学地认识运动训练学的学科性质，是掌握运动训练学课程体系的学理基础。为此，首先必须澄清运动训练、运动训练学、运动训练科学三者的区别。前文所述，运动训练是一种专门组织的实践过程；运动训练学则是探索和阐述训练理论和方法的应用性学科；运动训练科学则是旨在发现和阐述训练原理和原理应用的多科性学科。显然，运动训练学是运动训练科学的一个部分，运动训练科学则是汇集了自然科学、社会科学等与运动训练密切相关的学科群的统称。两者以运动训练为研究平台。运动训练学是以高度概括运动训练的成功经验、科学引入运动训练科学的最新成果为主要内容；是以理论指导运动训练的科学实践，宏观阐述运动训练的基本理论与方法为主要任务。

运动训练学的主要学科特征着重表现为本源性、综合性和实践性。

1. 本源性特征

田麦久教授认为：运动训练学理论源于运动训练实践，它没有承接或移植其他领域的某一成熟学科作为构建自己学科的母学科。运动训练学学科直接

本源性特征

产生于竞技运动的活动之中，密切相伴于运动训练的实践之中，紧密相连于各个运动项目的研究之中。竞技运动是运动训练学理论体系起源的基础平台，运动训练是运动训练学理论体系发展的主要支柱，参赛取胜是运动训练学理论体系形成的内在动力。运动训练学正是通过不断总结各个运动项目的成功经验得以发展，正是通过不断探索运动训练的基本规律得以进步。当然，运动训练学也像其他学科那样，需要通过不断借鉴相关学科的原理得以完善。但是，各个专项自身形成的理论与科学的实践，则是运动训练学学科起源、发展和形成的本源。强调运动训练学学科的本源性，就是突出体育学门类下二级学科运动训练学最具特色的学科特征。

2. 综合性特征

综合性特征

运动训练的终极目的是创造理想的运动成绩，运动训练的主导是创造成绩的教练团队，运动训练的主体是创造成绩的精英选手，优异成绩的体现源于科学训练的漫长过程。正因如此，优秀选手的训练实践和比赛成绩，必然受到众多因素的影响，因此与人相关的各个学科都与运动训练学有着千丝万缕的关系。不同的是，不同相关学科的作用会因不同运动项目、不同训练层次、不同训练阶段、不同训练对象而有所不同而已。例如，生物学科的学科群提供了能解释和发展运动员机体水平的学理；心理学科的学科群提供了能解释和发展运动员心理素质的学理；社会学科的学科群提供了能解释和提升运动员哲学认知的学理。显然，运动训练学与之密切相关（图 1–7）。运动训练学的学科内容，正是不同程度地引入自然科学、社会科学、人文科学的知识和成果，进而表现出自身独特的鲜明的综合性特点。

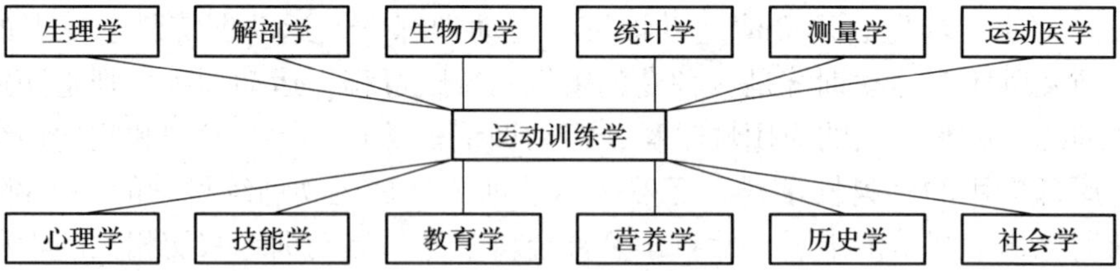

图 1–7 运动训练学与相关学科关系

（Tudor O.Bompa，2009）

3. 实践性特征

实践性特征

运动训练的直接终极目标就是取得优异的运动成绩。运动训练学理论的主要价值，在于能够提供引导教练员科学执教、运动员科学训练的理论依据。由此可见，运动训练学的学科特征具有鲜明的实践性特征，也有学者将其称为操作性特征。当然，专项训练理论、项群训练理论、运动训练理论，都把科学指导运动训练实践作为专项重要的学科任务。其中，专项训练理论紧密联系着专项的训练和参赛活动，是教练员和运动员应用最为直接的训练理论；项群训练理论能够帮助教练员和运动员从同群项目的共同特征与不同区别中加深对于专项的认识，从而借“他山之石”，磨我专项竞技“之玉”；运动训练学所研究与阐释的运动训练规律、理论、特点、结构、过程、计划、监控、方法等普适性的内容，为竞技运动广大的各类从业者不仅提供了系统训练的科学理论，同时还拓展了专项训练的科学视野。

随着科学技术的不断渗入，现代运动训练更加需要包括运动训练学学科在内的整个运动训练科学学科群的协同参与。任何企望某一领域研究或理念就能推动整体竞技运动发展的想法实为天真。在从事运动训练学的学习、研究和实践中，作为运动训练学的研究者，必须注意历史地、唯物地传承经典理论；必须注意动态地、辩证地认识最新理论；必须注意积极地、主动地吸收最新成果；必须注意深入地、紧密地联系具体实践。唯有如此，才能更好地提高学科质量、教学质量、岗培质量和训练质量，进而才能真正体现运动训练学的学科价值。当前，随着国际竞技运动水平的不断提高，随着运动训练科学的协同发展，随着运动训练成功经验的系统凝练，以反映训练理论和方法为己任的运动训练学的理论体系，将在综合性的竞技运动理论领域或在分化性的某一研究领域，不断得到丰富和完善。

二、运动训练学体系

所谓运动训练学体系是指运动训练学构件的组成系统。由于所涉内容极为庞大，因此本书采用模块结构构建运动训练学的理论体系。整个体例依次分为绪论，运动训练基本原则，运动素质及其训练，运动技术及其训练，运动战术及其训练，运动训练方法手段，负荷、恢复与安排，分期、计划与实施，运动训练过程监控，重大赛事赛间训练，少儿训练及其特点，教练员的职业素养 12 章。各章的排序主要按照知识的逻辑关系依次按序成章。其中，绪论为全书的导论，其他各章为全书的骨架。全书内容结构设计较之以往教材不同的是：增添了重大赛事赛间训练、少儿训练及其特点和教练员的职业素养三章。其他各章均保留了以往教材的精华。下图是为了深刻反映和全面认识本书的实践和理论意义而设计的。因此，必须全面学习和掌握运动训练学各章内容之间的内在逻辑关系（图 1–8）。

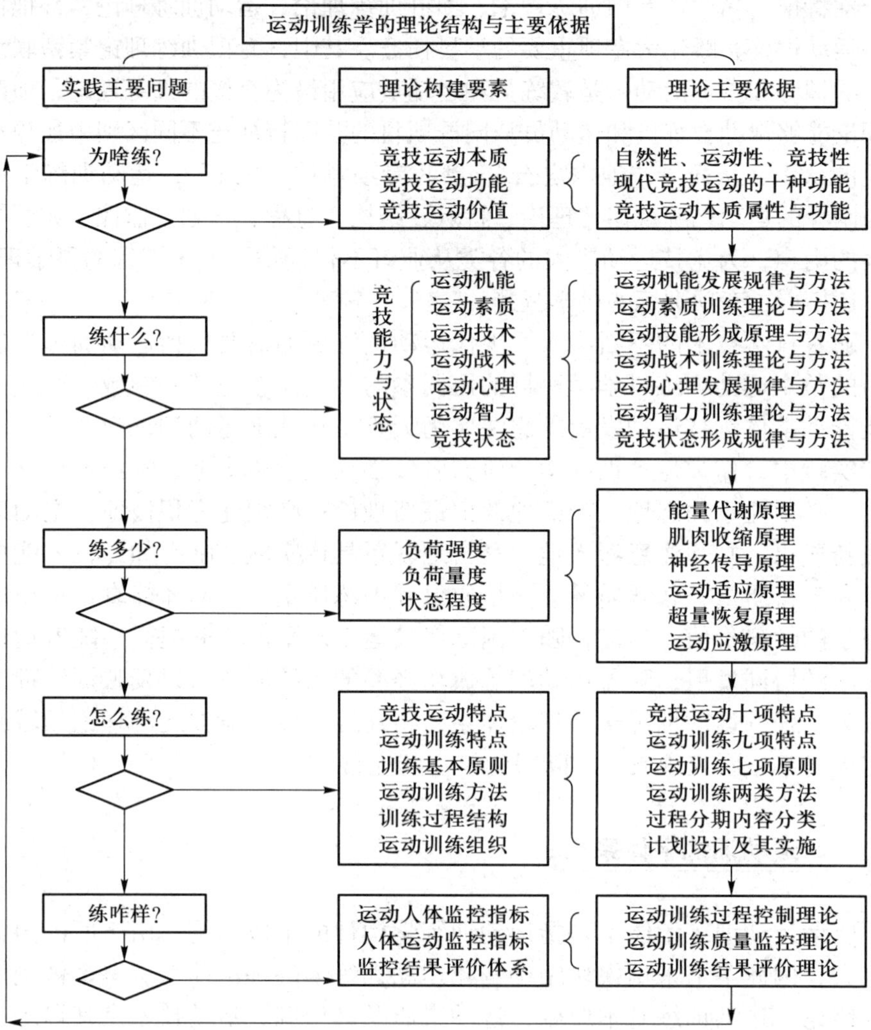

图 1-8 运动训练学理论结构及其依据

运动训练学体系是由各个理论要素组成。这些要素决定了运动训练学的组成部分，整个体系决定了运动训练学的基本框架。教材的编写过程是知识体系构建的过程，教练的执教过程则是知识体系应用的过程；科学研究过程需要系统地分解和共性的抽象，实践应用过程需要个性的具体和体系的综合。教师任务是将完整的体系，科学地分解成若干部分，以便系统传授学科知识；教练职责则是将分解的体系，艺术地综合成有机整体，以便综合提高训练效益。图 1-8 是基于认知规律，将实践问题分门别类地进行专题归类。这样便于我们就

“为啥练”“练什么”“练多少”“怎么练”和“练咋样”的实践问题在相应章节找到答案。当然，为了提高运动训练质量，必须认真掌握运动训练学涉及的运动训练科学所提的相关原理。为此，必须深刻地认识各章知识体系，以便全面地提高教练员的执教理论水平。

第一章为绪论。该章是直接回答“为啥练”问题的理论基础。本章主要阐述竞技运动定义与释义、本质与价值、功能与特点等，同时阐述了运动训练定义与释义、特点与内容、运动项目的分类释义与简述、竞技运动的项群类型与训练特点、运动训练学的主要研究领域、运动训练学的学科特征和运动训练学的内容体系等内容。其中，竞技运动本质、竞技运动价值、竞技运动功能、竞技运动特点、运动训练内容、运动训练特点、运动项目分类、运动项群训练、运动训练学的研究领域、学科特征和内容体系等内容，是绪论中的重要知识。本章内容的选择是从宏观角度，构建运动训练学课程的理论框架和知识体系，目的是促使教练员将运动训练理论与实践指导基础紧密结合，促使运动员科学地遵循运动训练规律。因此，必须深刻、辩证地认识绪论中的各个知识要素，以便全面地掌握和有效地利用运动训练理论思想。

第二章主要阐述运动训练的基本原则。该章是直接回答“怎么练”问题的理论依据。运动训练的基本原则是运动训练客观规律的集中反映，是运动训练成功经验的高度概括，是运动训练过程控制的基本准则。目前，有关运动训练基本原则的研究成果很多，但是对于运动训练原则的认知不同，表述有异。该章出于传承经典的需要和遵循通用的惯例，选取和介绍了运动训练的 7 项基本原则，即动机激励训练原则、专项深化训练原则、系统持续训练原则、周期安排训练原则、适宜负荷训练原则、适时恢复训练原则、区别对待训练原则。这些原则都从不同角度涉及运动训练的客观规律、经验概括和训练准则。运动训练基本原则既是教练员长期执教过程中发现的基本规律，也是教练员执教经验中所凝练出的成功秘诀。因此，必须深刻、辩证地认识运动训练这些基本原则，以便全面地掌握和有效应用运动训练的各类原则。

第三、四、五章分别阐述的是运动素质及其训练、运动技术及其训练、运动战术及其训练。这三章是直接回答“练什么”问题的理论基础。竞技能力构成要素是运动机能、运动素质、运动技术、运动战术、运动心理、运动智力和运动知识等要素。为了突出重点，这三章着重讨论的是竞技能力的显性要素。即运动素质、运动技术和运动战术及其训练。有关竞技能力的隐性要素，即运动机能及其训练、运动心理及其训练等，可以参考《运动生理学》《运动心理学》等有关章节的论述。从狭义角度上看，竞技能力及其要素就是运动训练具体内容，也是运动训练实质内容要素。说到底，运动训练的根本目的就是通过科学系统训练，不断提高运动员的竞技能力，并在重大赛事之前将其转化为竞技状态，进而为取得优异的运动成绩奠定基础。因此，必须深刻、辩证地掌握这三章内容，以便全面地掌握和有效提高竞技能力的发展进度。

第六章主要阐述运动训练方法手段。该章是直接回答"怎么练"问题的方法依据。该章主要包括运动训练控制方法及其应用、运动训练基本方法及其应用、运动训练基本手段及其应用等内容。首先，该章从过程控制角度，着重介绍运动训练控制方法中的两种常用方法，即，模式训练法和程序训练法的结构及其应用；其次，该章从实践操作角度，着重介绍训练实践操作的 8 种常用方法，即，分解训练法及其应用、完整训练法及其应用、重复训练法及其应用、间歇训练法及其应用、持续训练法及其应用、变换训练法及其应用、循环训练法及其应用、比赛训练法及其应用；再次，该章从手段分类角度，着重提出了周期、混合、固定和变异性的手段类型，并提出了将"跑、跳、投、滚、翻、旋、转"7 种基本动作视为身体运动的基本元素。为此，必须深刻、辩证地掌握该章内容，以便全面地掌握和有效提高不同方法的应用效果。

第七章主要阐述负荷、恢复与安排。该章是直接回答"练多少"问题的理论基础。该章主要讨论包括运动负荷释义、训练负荷概念及其释义、训练负荷结构及其类型、训练负荷等级与安排、训练负荷性质与恢复和恢复训练原理与方法等内容。该章的重点是：指出各种负荷的涵义；训练负荷主要构成要素；训练负荷等级及其划分依据；不同训练过程负荷安排特点；不同训练负荷性质与恢复方法的关系。其中，阐述训练负荷类型的目的是奠定认知训练负荷的逻辑起点；了解训练负荷结构的目的是认知负荷要素及其关联；指出训练负荷等级的目的是为了合理安排训练负荷与要素；提出不同训练过程负荷安排的特点是为了有效提升竞技能力的发展水平；揭示不同训练负荷性质与恢复方法的关系是为了更好产生新的运动适应能力。为此，必须深刻、辩证地认识该章内容，以便全面地掌握和合理安排训练过程的运动负荷。

第八章主要阐述分期、计划与实施。该章是直接回答"怎么练"问题的设计基础。该章主要内容是由训练分期理论概述、训练过程基本构架、计划制定及其实施等三节组成。其中，训练分期理论概述主要讨论训练分期主要意义、训练分期理论基础、训练分期多维认识等问题；训练过程基本构架主要讨论训练过程层级体系、训练过程基本程序、训练过程规划要点等问题；计划制订及其实施主要讨论多年、年度、周期、阶段、小周、赛前和课的计划制定及其实施等内容。该章着重分析了训练分期的不同理论、各类训练计划制定和训练计划具体实施等重点内容。阐述分期理论的目的是为了客观认识分期类型功能；讨论计划类型的目的是为了科学地实现训练分期目标；提供不同类型计划内容的目的是为了更好地制定各种类型的训练计划。为此，必须深刻、辩证地认识该章内容，以便全面地掌握和科学设计不同训练过程计划。

第九章主要阐述运动训练过程监控。该章是直接回答“练咋样”问题的理论基础。主要内容包括训练监控基本原理、训练监控指标体系与评价方法、训练监控组织体系等内容，因此意义重大。首先，必须科学掌握运动训练监控的基本原理，这是开展和实施运动训练监控的理论基础；其次，必须建立相应的训练过程监控指标体系，科学的训练监控指标通常分为人体运动和运动人体的两类指标，是开展训练监控的具体依据，是检验训练工程体系科学与否的重要标志；再次，必须明确运动训练监控的组织体系，就是明晰训练监控主体与对象，确定训练监控目标与内容，运用训练监控的具体操作方法，确保实现运动训练监控目的和任务的组织保证。训练监控的直接目的就是监测与调控运动员的竞技能力状态，通过科学诊断运动员的身体机能、技术能力、战术能力、心理能力，为教练员实施有效控制提供准确而详细的客观信息。为此，必须深刻、辩证地认识该章内容，以便全面掌握和科学提高运动训练质量水平。

第十章主要阐述重大赛事赛间训练问题。该章主要内容包括：赛间训练基本概述、竞技状态赛间调控、赛间训练具体实施。其中，赛间训练基本概述主要讨论赛间训练的基本定义、基本意义、基本原则和赛间训练主要特点等问题；竞技状态赛间调控主要讨论赛间调控基本涵义、基本策略、基本内容和基本要素等问题；赛间训练组织安排主要讨论不同赛制赛间训练和不同赛式赛间训练的组织安排。其中，不同赛制赛间训练主要讨论淘汰制、循环制和混合制的赛事赛间训练的组织安排；不同赛式赛间训练主要讨论赛会式和联赛式的赛间训练组织安排。该章的重点内容是第二节和第三节有关竞技状态的调控和训练内容。显然，该章是直接回答重大赛事赛间训练期间“怎么练”问题的组织依据。为此，必须深刻地、辩证地认识该章内容，以便全面地掌握和科学提高大赛赛间训练质量。

第十一章主要阐述少儿训练及其特征问题。该章主要内容包括：少儿运动训练概述、少儿运动训练原则、少儿运动训练规律、少儿运动素质训练、少儿运动技能训练等基本内容。其中，少儿运动训练原则的重点内容是：少儿训练负荷安排原则、少儿训练内容设计原则、少儿训练方法运用原则、少儿训练手段遴选原则等内容；少儿运动训练规律的重点内容是：少儿生长发育规律、少儿心理发展规律、少儿敏感期训练规律等内容；少儿运动素质训练的重点内容是：少儿力量素质训练、少儿速度素质训练、少儿耐力素质训练、少儿柔韧素质训练、少儿灵敏素质训练等内容；少儿运动技能训练的重点内容是：少儿基本动作训练、少儿运动技术训练、少儿运动技能训练、少儿运动技巧训练等内容。显然，该章讨论的是少儿训练的专题问题。为此，必须深刻、辩证地认识该章内容，以便全面地掌握和科学提高少儿运动训练质量。

第十二章主要阐述教练员的职业素养问题。该章主要内容包括：教练职业素养概述、教练员的执教团队、教练员的执教能力等内容。其中，教练职业素养概述讨论了职业素养的基本定义、构成要素、现实意义、执教作用、职业性质任务等问题；教练员的执教团队讨论了内部结构、功能管理和角色培养等问题；教练员的执教能力讨论了基本含义、学科基础和培养路径等问题。该章内容的重点是：教练职业素养形成、职业素养在执教中的作用、教练执教团队组成、执教团队的各自职责、执教团队的凝聚方法和执教能力培养路径。教练员的职业素养与教练员的职业性质、教练员的团队组成、教练员的执教层次、教练员的执教对象、教练员的业务素质和教练员的沟通能力、教练员的学科基础、教练员的心智能力等主要因素始终是紧密关联。为此，必须深刻、辩证地认识该章内容，以便全面地掌握和科学提高教练员的职业素养。

小结

本章特别讨论了竞技运动概念、本质、价值、功能、特点和运动训练概念、内容、特点的基本理论问题；概括说明了竞技运动项目分类和项群训练理论的历史缘由以及现实状况；详细分析了运动训练学的研究领域和主要研究方向。通过本章的学习，旨在促使学生能够基本掌握本章提供的知识体系和理论框架，基本了解“为啥练？练什么？练多少？怎么练？练咋样？”的逻辑关系和内容重点。

思考题

1. 试述竞技运动三个层次之间的辩证关系。
2. 试述竞技运动的本质及其特征。
3. 试述竞技运动的功能与特点。
4. 试述竞技运动与运动训练的概念。
5. 试述项群训练理论与实践特点。
6. 试述运动训练学的主要研究领域。

第二章

运动训练基本原则

本章导语

本章主要包括运动训练原则概述，动机激励训练原则、专项深化训练原则、系统持续训练原则、周期安排训练原则、适宜负荷训练原则、适时恢复训练原则与区别对待训练原则八节内容。其中，训练原则概念、训练原则国内外发展、各项训练原则的科学基础与训练学要点是重点介绍内容。本章旨在系统性地构建运动训练基本原则的知识体系。

学习目标

通过本章学习，学生能够基本掌握运动训练原则的概念、类别及其指导意义，在运动训练实践中，基本理解各项训练原则的科学基础，基本掌握各项训练原则实施的训练学要点；基本建立科学指导训练实践原则的意识与训练理念。

第一节 运动训练原则概述

一、运动训练基本原则释义

运动训练是一个复杂的系统工程，是由教练员的指导与运动员的操练所组成的双边过程。运动训练既是一个特殊的教育和教学过程，也是一个以人体运动实践为表现形式，以不断挖掘自身潜力、提高竞技能力或保持运动成绩为目标的生物适应过程。从教育学与运动训练组织实施的基本规律来看，运动训练原则主要由二类原则组成：第一类原则包括对任何教学和教育过程都适用的一般教学论原则；第二类原则是指运动训练中所特有的原则。一般教学论原则包括科学性原则、自觉性原则、直观性原则、系统性原则、巩固性原则、循序渐进原则、区别对待原则等。运动训练所反映的原则主要包括专项性原则、适应性原则、系统性原则、周期安排原则、递增负荷原则、适时恢复原则、科学监控原则等。这类原则鲜明体现运动训练的专项性、系统性、周期性、操练性与控制性特点，深刻总结了运动训练实践中所包含的各种训练内容、方法、手段、负荷、恢复、监控的基本规律，以及实践应用的成功经验。

运动训练原则是指依据运动训练活动的客观规律而确定的在组织运动训练过程中所必须遵循的基本准则。运动训练原则是随着训练实践的发展而逐渐建立起来的，并随着人们对运动训练客观规律认识的广度和深度的变化而逐步形成的专门体系。这一体系集中反映了训练过程中的客观规律。当前，随着国际竞技运动训练实践和现代科学技术的发展，尤其是运动人体科学的发展，人们对运动项目表象特征与本质特征的认识逐渐全面，对运动训练成功经验与客观规律的总结也逐步深入。纵览国际学者对训练原则的阐释，既存在着普遍的共性认识，也因各国发展竞技运动的体制机制、科技水平的差异，以及学术流派与学者主观认识的不同，而在总结与提炼具体的运动训练原则时，采用的提法不尽相同。本书主要依据苏联、民主德国和我国代表性学者对运动训练原则体系的主流认识，提出了动机激励训练原则、专项深化训练原则、系统持续训练原则、周期安排训练原则、适宜负荷训练原则、适时恢复训练原则、区别对待训练原则七项基本训练原则。

二、运动训练原则在国内外的发展

苏联的学者们认为，运动训练原则体系主要包括：深刻地专项化和个别对待原则、训练过程的不间断性原则、循序渐进和趋向极限负荷的统一原则、负荷的动态和波浪性原则、训练过程的周期性原则。德国学者认为，运动训练原则主要包括：渐进增加负荷原则、全年负荷原则、负荷分级及周期安排原则、自觉性原则、系统性原则、直观性原则、可接受性原则、持续性原则。我国学者，以及各个时期不同版本的《运动训练学》教材，都对运动训练原则进行了专门阐述。例如，田麦久教授在 2017 年版《运动训练学》教材中，提出了统筹兼顾运动训练过程中若干对立矛盾问题的辩证协同训练原则体系。这一原则体系包括动机激励与健康保障原则、竞技需要与区别对待原则、系统持续与周期安排原则、适宜负荷与适时恢复原则(表 2-1)。这些训练原则站在哲学高度，辩证地引导教练员和运动员认知各组原则相互矛盾的 2 个范畴，并使之协同运行，以适宜的“操作力度”来掌控受到多维因素影响、复杂多变的竞技训练行为，为教练员和运动员的训练实践提供了现实的理论指导。

▶ 表 2-1　国内外代表性学者、教材关于训练原则体系的一览表

姓名和时间		科学性原则	最佳化原则	控制类原则	灵活性原则	系统性原则	动机性原则	巩固性原则	直观性原则	区别对待原则	可接受性原则	专项化原则	全面性原则	周期性原则	负荷类原则	恢复类原则	健康性原则
国外	哈雷 1982					▲	▲		▲	▲				▲	▲		
	博姆帕 1990			▲	▲		▲			▲		▲			▲		
	普拉托诺夫 1991	▲				▲	▲	▲	▲	▲	▲	▲	▲	▲	▲		
	马特维也夫 1997					▲	▲			▲		▲	▲	▲	▲		
国内	徐本力 1990		▲	▲		▲	▲		▲	▲			▲	▲	▲		
	田麦久 1997			▲		▲				▲			▲	▲	▲	▲	
	胡亦海 2005					▲	▲			▲		▲		▲	▲		
	本科教材 2000					▲				▲			▲	▲	▲	▲	
	本科教材 2017					▲	▲			▲		▲		▲	▲	▲	▲

三、运动训练原则的指导意义

运动训练原则的指导意义包括理论意义与实践意义两大方面。其中，理论意义主要体现在运动训练原则是对训练实践成功经验的高度总结与概括，并以此揭示运动训练实践的客观规律。竞技运动训练理论主要围绕“为啥练、练什么、怎么练、练多少、练咋样”等基本问题构建其理论体系。因此，在长期训练实践中，针对这些问题而归纳总结的成功经验与客观规律成为运动训练基本原则的实践来源。同时，随着人类对隐藏于竞技运动实践背后的科学原理的深入探索，人体运动的基本规律与运动人体的客观原理逐步被揭示，并在世界范围内的竞技运动实践中得以证实。因此，本章出于传承经典的需要和遵循通用的惯例，并结合中国竞技运动实践发展的经验与教训，提出了动机激励训练原则、专项深化训练原则、系统持续训练原则、周期安排训练原则、适宜负荷训练原则、适时恢复训练原则、区别对待训练原则。旨在从理论传承与实践应用角度阐述运动训练实践所必须遵循的基本准则。

运动训练原则的实践意义主要体现于指导人们正确认识运动员竞技能力变化、提高与表现的规律，并指导训练实践的科学化发展。本章所提出的动机激励、专项深化、系统持续、周期安排、适宜负荷、适时恢复与区别对待七大训练原则，将直接对运动训练工程规划、实施与监控进行指导和规范，并为提高运动员竞技能力，创造优异运动成绩提供保障。21 世纪以来，中国竞技运动飞速发展，连续多届奥运会跻身三甲，并在第 29 届奥运会上居于金牌榜首位。众多学者对此期间中国竞技运动发展的成功经验进行了总结，同时也对竞技运动一般规律与专项特征进行了更加深入的探索。研究表明，正是基于多学科理论知识的交叉融合，以及现代科学技术的广泛应用，人们对运动训练客观规律的认识更加深入，并不断地从认知理论与学科原理角度，深层次地揭示训练原则的科学依据，通过专业教学与学术传播、教练员培训与交流、训练实践应用与实证等途径，使这些原则在训练一线推广应用。

第二节 动机激励训练原则

一、动机激励训练原则基本释义

动机激励训练原则是指从激励运动员训练动机的角度组织训练过程的训

练原则。该原则指出，在运动训练过程中，通过多种有效途径与办法，促使运动员深刻认识参加训练的目的，并自觉、积极、主动地完成训练任务。自觉是对认识、思想的要求，积极是对行动、实践的要求。两者关系为：自觉是积极的前提，积极是自觉的外在表现。积极行动的程度取决于认识上的自觉性和认识水平的高低。训练动机激励主要通过两种途径来实现，其一是来自被激励者本身，属于自觉性激励；其二是来自社会激励。人类从事任何活动，动机都起着重要的作用。积极的动机会激发斗志，振奋精神；消极的动机则使意志松懈、不思进取。运动训练是一个艰苦的过程，运动员只有具备顽强的意志和积极的训练动机，才可能获得最终的成功。另外，社会的普遍认同，以及运动员为国争光的荣誉感，会满足运动员更高层次的精神需求；创造竞技成就而获得的物质奖励则会使运动员享有更好的生活质量。

二、动机激励训练原则的科学基础

（一）社会认知理论

社会认知论（social cognition theory）是社会心理学的重要理论之一，它是一种用来解释社会学习过程的理论，主要关注人的信念、记忆、期望、动机以及自我强化等认知因素。该理论认为，人在社会情境中的认知是行为动机产生的决定因素，是人所具有的完成某种活动的价值期望、目标设置、能力判断与控制感觉等，对人是否选择、产生和坚持某种行为活动有着重要的影响作用。正如第一章所言，在特定社会环境下，正确认识竞技运动的现象、本质、功能与价值，是激发运动员训练动机，激励其刻苦训练不可或缺的重要因素。在我国，因特殊的管理体制和运动员培养机制，运动员参与训练的动机激励显得尤为重要。一方面，奥运争光、社会认同、他人影响等社会认知导向时刻影响着运动员的训练动机；另一方面，自我价值取向，自我心理认知等因素也不断作用于运动员参与训练的积极性中。在训练实践中，教练员与管理人员要充分利用竞技运动价值体系引导运动员树立正确的训练动机（图 2-1）。

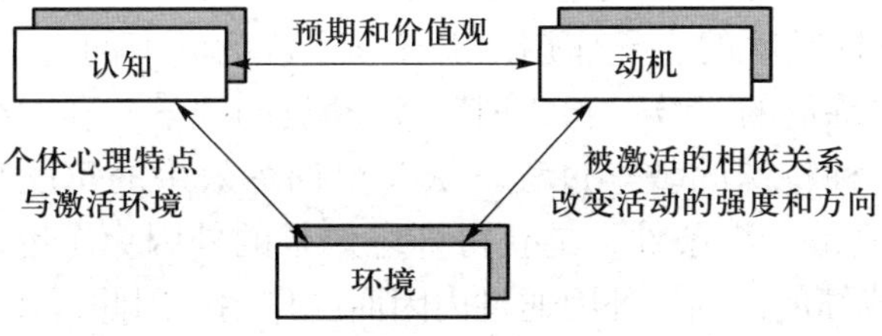

图 2-1　社会认知理论模型

（二）学习动机理论

动机（motivation）是指由特定需要引起的，欲满足各种需要的特殊心理状态和意愿。它是指人们在做某种决定时所产生的念头，是理念实施的组织源头。现代教学论认为，为了有效激发和培养学习者的学习动机，首先必须了解学习行为是如何受学习动机影响的。研究认为，影响学习动机的原因大致分为三类：其一，强调诱因的直接作用，属于行为主义的观点，认为强化能够促进学习动机。例如，在学习过程中，采用各种外部手段，如奖赏、赞扬、评分等，激发学生的学习动机，引起相应的学习行为。其二，强调需要的直接作用，属于人本主义的观点。例如，马斯洛需求层次理论指出，人类需求像阶梯一样从低到高按层次分为五种，分别是：生理需求、安全需求、社交需求、尊重需求和自我实现需求。其三，强调对于需要、诱因以及学习活动本身的相关因素的意识和思考作为中介起到的作用，属于认知观点。其中，成就动机、成败归因与自我效能感都是决定学习行为的重要影响因素（表 2-2）。

▶ 表 2-2 主要学习动机理论一览表

序号	代表性学者	理论类别	主要观点
1	斯金纳	强化理论	强化是引起动机的重要因素
2	马斯洛	需求层次理论	五个层次的需求
3	阿特金斯	成就动机理论	力求成功的动机与避免失败的动机
4	维纳	成败归因理论	三个维度和六个层次
5	班杜拉	自我效能感理论	自我效能感

（三）教学过程理论

教学过程是教学活动的启动、发展、变化和结束在时间上连续展开的程序结构，它是认识过程、心理过程、社会化过程的复合整体。在教与学的关系中，要充分发挥教师的主导作用，引导学生成为学习的主人和发展的主体。运动训练是由教练员的“教”和“训”，运动员的“学”和“练”所组成的双边过程，也是一种特殊的教学过程。从获得训练效果的角度来讲，教练员的“教”和“训”只是一个条件，是获得训练效果的外因。而运动员的“学”与“练”则是取得成绩的内因，外因通过内因而起作用。因此，在训练实践中，既要激发训练主导者指导训练的积极性，亦须激发训练主体，即运动员主动参与训练的积极性。一方面，教练员的思想理念、言行举止时刻影响着运动员；另一方面，运动员主动参与训练、理解训练、接受训练更是决定最终训练效果的关键因素。总之，运动训练作为特殊的教学过程，必须遵循一般教学过程所具有的间接性、双边性、发展性与教育性规律（图 2–2）。

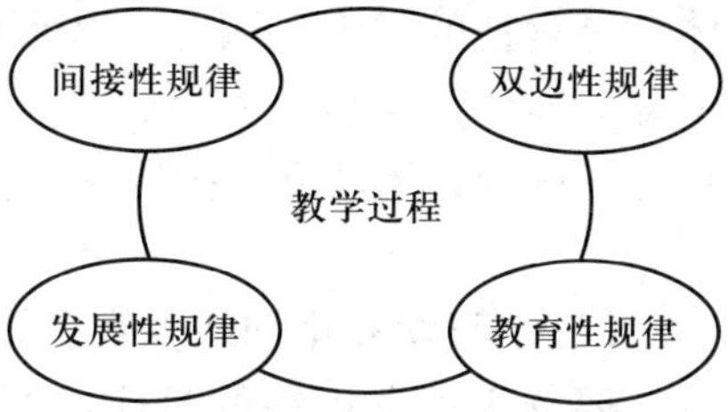

图 2–2　教学过程的基本规律

三、动机激励训练原则实施要点

（一）科学认识训练的目标与任务

在训练的全过程中，必须使运动员深刻认识参加训练的目的，树立起勇攀技术高峰，为国争光的崇高目标，如此才能真正将祖国利益和个人命运紧密相连，才能深刻理解刻苦训练的意义，才能在任何情况下，无论是获胜的顺境，或是失败的逆境，矢志不渝地为实现训练目标而努力奋斗。在我国，运动员投身运动训练的动机各种各样，作为教练员要善于正确引导运动员，结合运动员个人实际情况，利用多种途径与资源，教育和引导运动员形成正确的、积极的训练动机，使其与为国争光的崇高目标保持一致。只有这样，才能唤起运动员巨大的心理能量，从而做到刻苦训练、奋勇争先。另外，在训练实践中，教练员要以身作则，为人师表，不断提高自身执教能力与业务水平，帮助运动员提高思想政治水平和专业基础知识，使其懂得达到训练目的与完成具体训练任务和要求的关系；客观认识项目特点以及自身竞技能力特点，逐步理解与掌握运动训练基本规律，积极对待每项具体练习，完成每项具体任务。

（二）科学发挥主导和主体积极性

教练员是训练过程的组织者、指导者，即训练过程的主导者。新时代对一名教练员的素养提出了新的要求，一名优秀的教练员必须同时具备事业心、责任心与激情。事业心决定了教练员的业务能力，责任心影响着教练员的管理能力，激情则会激发教练员的创新能力。在我国，一名运动员参与训练的动机、目标、投入、效果，以及其个体成长，在很大程度上取决于其教练指导训练的动机、目标、投入与能力。现实中我国教练员扮演着多元化的职业角色，承载着多方面执教任务与职责，影响着运动员最关键时期乃至整个人生的成长。因此，根据新时代对教练员的职业素养的要求，充分发挥教练员多方位的主导作用，是激发运动员训练动机的重要途径。与此同时，运动员是训练的主体，是竞技的主人，因此，必须创造条件，使其主动参与训练工作，以激发、增强其训练责任心。一般来讲，对高水平运动员，教练员可与其共同制订训练目标，设计训练计划，确定训练任务，以此激发其主动训练的责任感。

（三）科学安排训练内容、方法、手段

要善于根据训练的具体目的，运动员的实际情况和训练的现实条件，合理确定训练任务，科学设计训练内容、恰当运用训练方法、创新选用训练手段、科学安排运动负荷、有效控制训练过程。实践证明：在运动训练的过程中，训练任务是否适宜，方法手段是否恰当，负荷安排是否合理，是影响运动员训练的自信心、进取心、积极性的关键因素。任务定得过低且长久如此，训练效益微薄，运动员就会感到无趣，进而会使其失去积极性。倘若任务定得过高，超过运动员的承受能力，运动员就会失去成就感，也会使其失去信心。方法手段运用不妥、单调枯燥，运动员就会失去训练的快乐感，降低积极性。另外，从全程性训练过程来讲，各个不同训练阶段的训练目的与任务不同，教练员需要明确全程性训练规划的阶段性特点，区别对待不同阶段、不同水平和不同个体的差异性，科学制定训练任务，正确选择训练手段，合理安排负荷，让运动员能够切实体会到自身能力发展与教练员训练实施的针对性。

（四）科学运用训练评价反馈功能

训练过程的监控与评价是运动训练过程中的重要一环，现代竞技运动尤其重视训练过程的全方位监控与评价。其中，对运动员训练效果的测评与反馈对引导其形成正确的训练动机极为重要（图 2–3）。

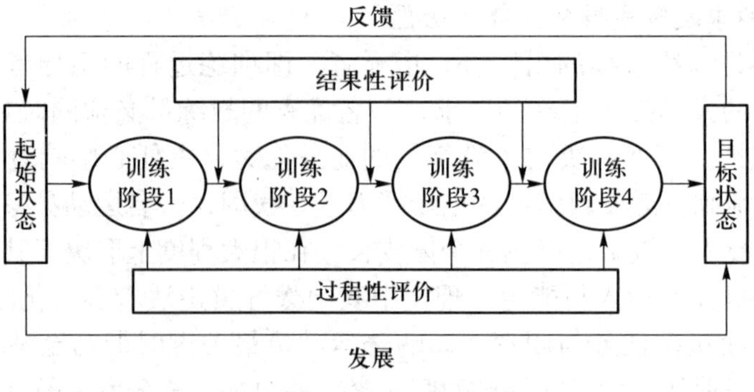

图 2–3　运动训练反馈系统

如图 2–3 所示，对训练效果的评价包括结果性评价与过程性评价，通过评价让管理者、教练员掌握训练质量的实际情况，同时帮助运动员及时了解自己在训练中的进步与不足。教练员和科研人员需及时向运动员反馈训练评价结果，并尽可能向其解释评价的目的与意义，使其深刻认识专项竞技能力的特征与发展规律，并引导其主动参与训练的设计、实施与监控之中，培养其主动训练的自觉性与积极性。另外，运动员及时了解自身训练的进步，会使其产生劳有所获、不断提高的成就感与喜悦心情，并以此建立自信；此外，通过检查与评定反馈的问题，能使运动员清晰认识到自身能力的不足，看到自己与对手的差距，从而更有针对性地纠正训练偏态，在训练中积极配合教练员，做到有的放矢，提高训练效果。

第三节　专项深化训练原则

一、专项深化训练原则基本释义

专项深化训练原则是指逐步深化并合理安排专项训练内容、方法、手段及负荷等因素来制定训练过程的训练原则。在训练实践中，需要根据专项运动的特点，运动员竞技能力的发展规律，以及训练深化时期各个阶段的任务，逐步深化专项训练的比例。专项深化训练原则的重点反映在训练内容、手段、方法、负荷的安排上，即充分肯定一般训练的意义，但更加强调专项训练的作用。这里，一般训练是指在训练中采用多种多样的身体练习与方法手段来提高运动员器官系统的机能、全面发展运动素质，掌握一些非专项的运动技术和理论知识，改善一般心理品质。其目的是为专项训练创造条件，为创造专项运动成绩打好全方位的基础。专项训练是指，在运动训练中，以专项运动本身的动作或以在解剖学、生物力学、生理能量供能特点与专项相似的练习，来提高专项运动所需的各器官系统的机能，发展专项运动素质，掌握专项运动技术、战术、理论知识以及改善专项运动所需的心理与智力能力。

二、专项深化训练原则的科学基础

（一）竞技能力发展规律

竞技能力是指运动员的参赛能力，是由不同表现形式和作用的素质、技术、战术、心理、智力、知识等要素构成，并综合性地表现在专项训练或比赛之中。运动员竞技能力的发展受基因遗传、运动训练和生活环境三方面因素的影响。研究表明，随着生长发育的进程变化，人的竞技潜力逐渐展现。同时，在不同的年龄阶段，运动能力的各项子能力发展的时期与程度各不相同。例如，身体灵敏性与运动技术的形成较早，而身体素质次之，对心智能力与基础知识的掌握需要遵循人类接受教育的进程，以及个人生活经验与人生阅历的发展而逐步获得，相对较晚进入成熟阶段。运动员后天性竞技能力的获得主要是通过系统训练和特殊生活环境的作用而实现的，并伴随训练过程的延续而发展变化。通过系统训练对人体施加适宜的负荷刺激，能够使机体产生积极性适应，并不断在这种“刺激——适应”过程中，使运动员竞技能力表现出“适应——提高，再适应——再提高”的发展规律。

（二）人体生物适应原理

适应性（adaptation）是指生物体与环境表现相适合的现象。生物的适应是指生物的形态结构和生理机能与其赖以生存的一定环境条件相适合的现象。运动适应是生物适应的表现形式之一，是指运动员通过长期不间断训练，机体各项竞技能力不断发生与创造优异运动成绩相匹配的生物适应过程。显然，适应或运动适应是运动训练的重要生理基础。从根本上说，运动训练过程就是生物改造的过程。针对专项深化训练原则来讲，运动适应的具体体现是随着运动员年龄与运动年限的增长，其身体能力、专项技能、专项心智能力、专业基础知识不断积累与发展，以不断适应新的、更高层次或水平训练环境的需求，人体的运动能力始终在潜能范围内遵循“改造——适应”“再改造——再适应”的机制，不断提高与发展。因此，在全程性多年训练过程中，需要根据专项运动的特征，以及运动员竞技能力的发展规律，依次在各个不同的训练阶段逐步增加专项训练比例，以此不断提高运动员的专项竞技能力（图 2–4）。

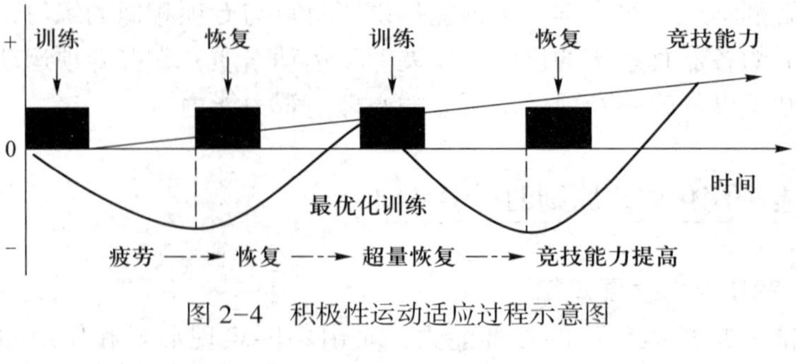

图 2–4 积极性运动适应过程示意图

（三）运动技能形成的规律

运动技能的形成原理是神经传导连接机制。动作技能是在中枢神经系统的统一支配下，建立的一种暂时性神经系统联系。通过一般训练，使运动员运动中枢建立起各类适合专项需要的暂时性神经联系，从而为形成有效而灵敏的专项性神经联系奠定基础；通过不断深化专项训练，调整神经系统的运动性神经联系，使非专项动作技能的暂时性神经联系转向专项化，使泛化的神经联系转向精确化，从而在高级神经中枢内形成最佳化的暂时性神经联系结构。运动技能形成的本质是建立复杂的、连锁的和本体感受性的运动条件反射。这一过程受多种因素的影响，其中遗传基因和多年系统训练是影响运动技能发展的主要因素，通过长期的系统训练，优秀运动员能够把来自外界的信息转变为自我控制的随意行动，从而达到较高的运动水平。在外在表现上，运动技能的发展过程分为泛化、分化、巩固和自动化四个阶段（表 2-3）。

▶　表 2-3　运动技能形成的基本过程与特点

	神经特点	技能表现	训练要求
泛化阶段	大脑皮质的兴奋与抑制呈现扩散状态	动作僵硬、不协调、不放松、多余和错误动作较多	对动作环节进行强化教学与训练，不宜过多强调动作细节
分化阶段	大脑皮质运动中枢的兴奋与抑制趋于集中	初步建立动作定型，但不稳定	对动作细节进行体会与强化训练，注意纠正错误动作
巩固阶段	大脑皮质运动中枢的兴奋与抑制在空间和时间上更加集中、精确	动作定型比较稳定，技能应用准确	进行重复性技术与技能训练，巩固技术能力
自动化阶段	暂时联系达到非常稳固的程度，出现无意识动作	动作定型已牢固建立，技能应用自如	不断强化技术质量与技术应用能力，达到精益求精

三、专项深化训练原则实施要点

（一）科学认识基础训练与专项训练的关系

基础训练的目的是为运动员储备专项训练所需的基本能力，包括基础体能、基本技术、基本战术、基本心理能力和运动智力。运动员竞技能力的发展遵循“金字塔”模型，塔尖的高度取决于塔基的厚实度。换言之，运动员竞技能力水平的高低取决于其竞技能力结构中基础能力的储备量。在我国，较多运动项目存在明显的早期专项化问题，一些教练员在组织指导青少年训练时急功近利，忽视青少年运动员生长发育的基本规律，忽视基础训练的重要作用，过早地安排单一的、大量的、高强度的专项训练内容，导致运动员在基础训练阶段基本功训练不足，基本技能储备不全，灵敏素质较差等问题较为常见。因此，在基础训练阶段，要高度重视运动员运动能力多元化发展，使其获得全面的技术动作与运动技能储备，这是专项运动成绩赖以提高的基础。随着运动员竞技水平的不断发展，专项训练比例逐渐增大，但需要注意的是即使在高级训练阶段，同样要安排一些基础训练内容（图 2-5）。

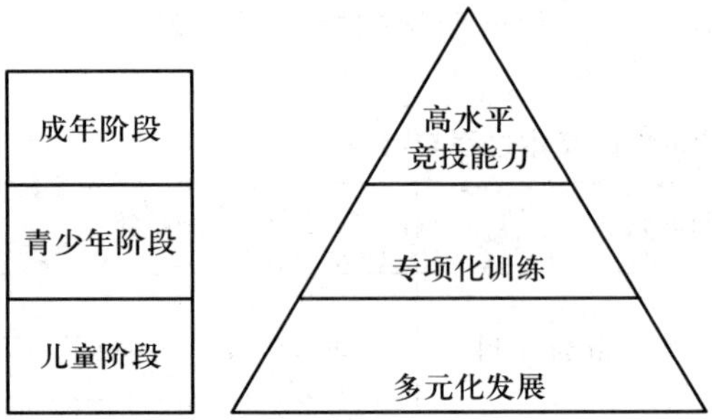

图 2-5 长期运动训练的序列模型

（Tudor O.Bompa，2009）

（二）科学安排不同训练阶段专项训练比例

运动员全程性多年训练过程通常包括基础训练阶段、专项提高阶段、最佳竞技阶段以及高水平保持阶段四个阶段。各个阶段有着不同的训练目标与任务，同时对训练内容和运动负荷也有不同的要求。一般来讲，在基础训练阶段主要以一般训练为主，例如，一般运动素质训练、多样性的基本技术训练等。从专项提高阶段向高水平保持阶段发展的进程中，随着运动员竞技能力发展与专项训练深化时期不同阶段的任务变化，专项训练内容比例应逐渐加大，训练方法与手段也应逐渐体现专项性与针对性，所安排的运动负荷也应更加符合专项比赛负荷的特点。因此，为实现运动训练目标，组织者必须对训练过程进行系统规划。首先，必须科学划分训练过程的各个阶段，重视各个阶段的训练特点，合理规划各个阶段的训练安排。其次，也要合理兼顾基础训练与专项训练的比例，从而既保证训练过程的衔接性，也能保持运动员竞技能力发展的系统性（图 2-6）。

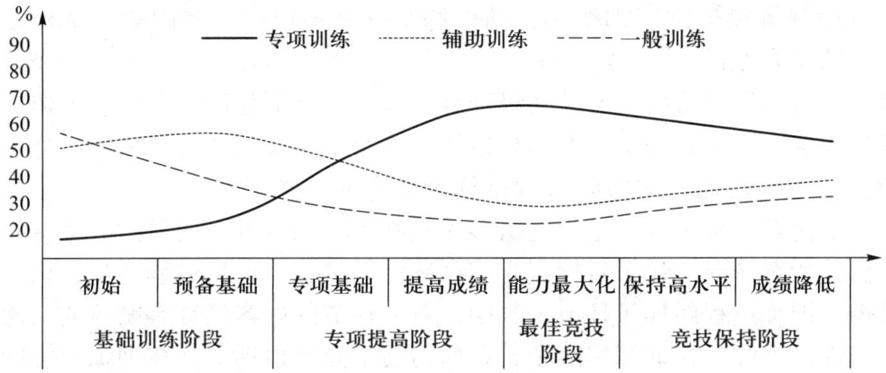

图 2-6　不同阶段专项训练比例安排示意图

（三）科学遵循专项训练与竞赛的基本规律

专项训练的基本规律体现在专项训练的任务、内容、方法、手段与负荷等方面，根据运动训练的过程结构，科学组织训练的工程规划、工程实施与工程监控，明确专项竞技能力结构特征，正确处理专项训练整体与局部的关系，科学安排专项运动的一般、辅助和专项训练的内容，遵循一般训练向专项训练、一般专项训练向专项深化训练的循序渐进的规律，使训练过程不断向纵深发展。同时，竞技参赛学理论指出，赛前参赛准备、赛中实战表现和赛后整理构成了竞技参赛结构框架的主体。参赛信息募集、赛前状态诊断、赛前训练组织、参赛计划制订、参赛物品准备、选手竞技发挥、教练临场指挥、裁判竞赛评判、客观因素影响、赛后恢复训练、参赛结果评价和参赛工作总结 12 个主要参赛环节，清晰地展现了竞技参赛的内部构造，也系统地提出了一个完整训练周期中竞技参赛过程的程序性与目标性，是专项深化训练原则的另一种体现，也是保障运动员取得优异比赛成绩的重要途径。

第四节　系统持续训练原则

一、系统持续训练原则基本释义

系统持续训练原则是指系统地、持续地、循序渐进地组织训练过程的训练原则。该原则强调：从训练初期，到出现优异运动成绩，直至运动寿命的终结，都应根据训练结构中各因素间的内在联系，以及人体运动能力发展规律，有序且持续地进行训练。运动训练是一个多层次、多因素、结构复杂的“人造复合系统”。从纵向看，一名优秀运动员的成长过程大体须经五个阶段：即启蒙训练阶段、专项初级训练阶段、专项深化训练阶段、创造或保持优异成绩阶段、延长运动寿命阶段等。各个阶段层层递进、依次相连、有机衔接。运动员通过这些阶段的持续训练走向竞技巅峰，直至终结运动寿命；从横向看，寓于这一过程的诸多因素互为影响且具有明显的时序性，例如，竞技状态诊断、训练目标制定、训练计划设计、训练过程实施、训练质量监控、训练过程纠偏等环节。其中，每一环节的内容又具有明显的层次性与系统性。因此，在训练实践中，我们需要不间断地训练。在训练内容的安排上，须注意内容间的层次性。

二、系统持续训练原则的科学基础

（一）系统工程理论

运动训练是一项复杂的系统工程。如同其他工程建设一样，运动训练也有自身的结构体系。这一结构体系是为了实现训练目标，由相互联系、相互制约、相互作用的训练工程设计、训练工程施工和训练工程监控三个主体部分所构成。同时，运动训练也是由三维内容系统所组成，即，由时间序列系统、训练内容系统、过程控制系统组成竞技运动训练体系。时间序列系统是由单元训练（课）、日训练、周训练、阶段训练、周期训练、年训练、多年训练等不同时间跨度的训练过程组成；训练内容系统是由生理机能、运动素质、运动技术、运动战术、运动智力、运动心理、文化知识等因素组成；过程控制系统是由诊断起始状态、建立训练目标、制定训练计划、组织训练教学、监督检查评定和实现训练目标六大基本环节组成。在整个运动训练进程的三维体系中，任何一个空间坐标必然有一个特定内容。因此，伴随着训练进程的深化、训练内容的精化、控制结构的细化，运动员竞技水平必然逐渐提高。

（二）生物适应原理

生物适应是运动训练的重要生理基础。针对系统持续训练原则而言，在系统训练的作用下，人体分子、细胞、器官、系统，以及外在形态、机能、素质、技能、心智等都会产生适应性变化。在分子结构层面，运动负荷可以改变肌肉中各种酶的活性（图 2-7），AMP 依赖的蛋白激酶，Ca^{2+} 依赖的蛋白激酶，还可以作用于 PGC-1α 对线粒体生物合成的调控，这些机制最终使人体在运动负荷刺激下，产生 I 型肌纤维数量增多，线粒体数量增加，分解脂肪能力增强，糖原储备能力增强等机能适应。同时，经过长期系统的训练，人体运动能力表现出能量代谢、肌肉收缩、神经支配等机能“节省化”，运动素质普遍增强，技术动作合理规范，动作流畅节奏明快，技术应用得心应手，战术预判合理准确，战术配合娴熟巧妙，能够善于自控情绪，比赛关注能力强，善于解读比赛进程，比赛思维能力较好。反之，如果训练中断或停训，机体会丧失或部分丧失由运动训练所产生的运动能力。

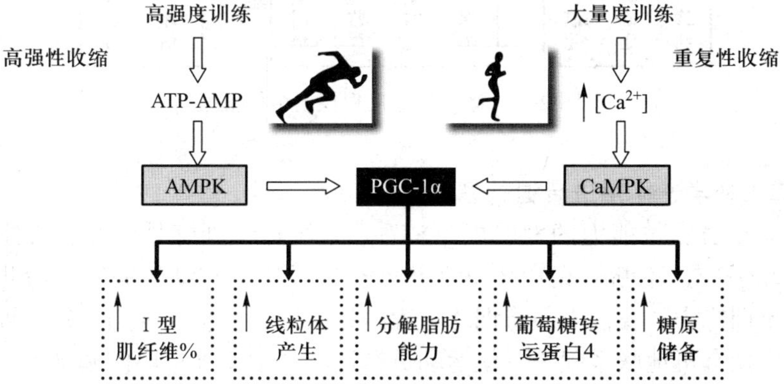

图 2-7　运动负荷引起的生物适应

（Laursen，2010）

三、系统持续训练原则实施要点

（一）科学执行工程控制的基本程序

运动训练工程控制是指训练团队为实现训练目标而对影响训练过程的变量所进行的操控。运动训练工程结构的主体框架由训练工程规划、训练工程实施和训练工程监控构成。这一框架按照运动训练全程发展与过程分期的规律，可持续地循环应用于训练实践之中。训练工程规划包括：竞技状态诊断、训练目标确定和训练计划制订；训练工程实施包括训练条件保障、训练方案实施、训练过程监评和训练方案调整；训练工程监控包括阶段效果评估和阶段赛事评估。显然，运动训练工程结构鲜明地展现了训练过程控制的工程程序与基本要素，只有系统把握运动训练整体结构、深刻认识运动训练的主要环节，科学遵循运动训练的发展方向，才能实现运动训练工程的全面规划、科学实施与有效监控。另外，训练内容的选择和安排以及训练手段的采用，都应充分考虑它们的内在联系和本身的系统结构，要做到由易到难、由简到繁；要根据训练过程的层次性、工作流程的时序性全面控制运动训练的进程与质量（图 2-8）。

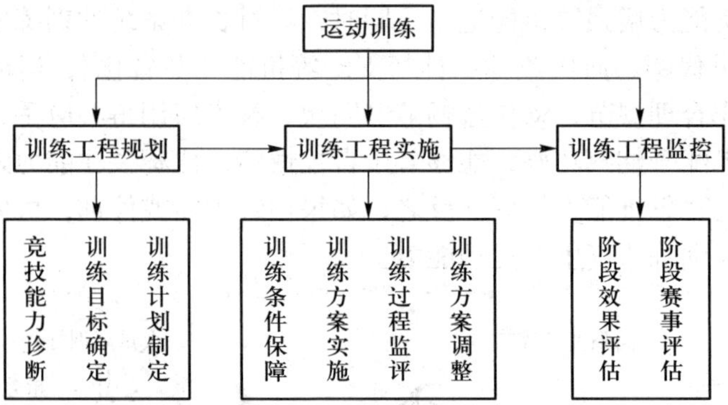

图 2-8 运动训练工程控制结构框架

(二)科学遵循用进废退的基本规律

从运动员竞技能力的发展规律来看，系统持续训练是保证有机体取得显著的运动适应，不断提高竞技水平并创造优异运动成绩的关键。为此，在全年、多年训练中，我们必须将训练过程的每次课、每个训练周、每个训练阶段与训练周期有机地联系起来，使运动员在逐渐产生良性适应的基础上，不断提高运动水平，直至创造优异成绩。与之相反的是，如果由于某些特殊原因导致训练长时间中断或者停训，必然会对运动员竞技能力及其状态发展产生负面的影响，例如，肌肉萎缩、肌力下降、柔韧性消退等。当然，系统持续训练原则并非指在训练过程中不需要安排适宜的间歇和调整时间。恰恰相反，只有科学地安排积极性间歇时间和恢复训练，才能更好地保证持续训练的系统性。例如，一次大力量训练课后，为促使肌肉疲劳快速恢复，保证下一次大力量训练的质量，通常安排 48 小时间歇时间，并采取积极的恢复手段，促进肌肉系统的恢复。

(三)科学贯彻系统训练的管理体制

训练全过程的系统持续训练原则还须体现在系统的训练管理体制上。运动员系统地接受多年训练，必须以健全的多年训练体制作为保证。从世界竞技体育强国来看，尽管不同国家的训练体制特点各异，但都高度重视运动员多年训练的系统性，通过各自系统的训练体制保障青少年时期和成年时期训练的良好衔接，以此促进运动员多年训练的系统可持续性。我国目前现行的是三级训练体制，各自担负着多年训练过程中不同阶段的训练任务，各个训练阶段的组织形式之间要有机地联系与结合，这包括中小学代表队、体育传统学校、业余体校、体育运动学校直至优秀运动队等各级组织（图 2-9）。在训练内容的安排、指标的规划、比赛的要求上都应层层衔接。为此，各级训练组织都须根据各自的任务、内容制订出相应的训练大纲和计划，确定其层次相对应的训练目标，以确保运动水平的逐步提高。

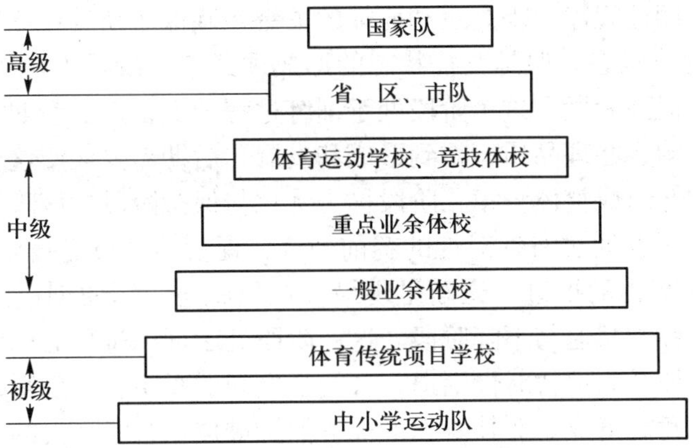

图 2-9　我国竞技体育三级训练网体系

第五节　周期安排训练原则

一、周期安排训练原则基本释义

周期安排训练原则是指根据运动训练周期性结构特点、重大赛事安排规律和运动员竞技状态呈现规律组织训练过程的训练原则。这一原则主要强调训练过程的周期性、赛事安排的计划性和竞技状态发展的规律性。一般来讲，现代世界性重大竞技运动赛事安排的特点多具有周期性规律。例如，四年一次的奥运会就是如此。因此，重大赛事的周期性规律就为提前确定训练过程分期、制定训练与参赛计划、调控运动员竞技状态提供了重要依据。训练周期既是运动训练过程科学安排的一种方式，也是运动训练工程工期划分的基本依据。一般分为超大周期、大周期、中周期、小周期四种基本类型。任何一个周期过程又分为三个既相互独立又紧密衔接的阶段，即准备期、竞赛期、过渡期。正是由于多个训练周期有机衔接，从而组成多年、全年、阶段、小周期的训练过程。实践中，为了有效提高成绩，教练员必须根据这种周期性规律，深刻认识训练周期结构、类型，这对于科学制定训练计划意义重大。

二、周期安排训练原则的科学基础

（一）竞技状态形成规律

竞技状态是运动员参加训练和比赛的准备与现实状态。竞技状态的形成和发展具有周期性规律。提高运动成绩的关键是确保运动员在竞技比赛前呈现出最适宜的竞技状态。但是竞技状态的形成须经三个阶段（表2-4）。第一阶段称为发展与提高阶段。这个阶段处于训练过程的准备期，前期需要促使身体素质、运动技术、心理品质等得到形成和发展，后期需要促使这些条件有机结合、和谐构成并形成整体。第二阶段称为优化与保持阶段。该阶段处于训练过程的竞赛期，需要通过有针对性的赛前训练，促使运动员竞技状态得到优化，并随着比赛前赛程的推进，逐渐呈现最佳竞技状态，以便创造优异的运动成绩。第三阶段称为减退与下降阶段。这一阶段处于训练过程的调整期，运动员竞技状态的特征会出现暂时性消退，各特征之间的联系会出现暂时性紊乱，训练水平会出现暂时下降。竞技状态形成—保持最佳—暂时消失的过程以及这一过程的重新开始，决定了运动训练的周期结构和循环方式。

▶ 表2-4 竞技状态的阶段性发展与训练大周期的时期划分

竞技状态发展过程	生物学基础	训练任务	训练时期
竞技状态发展与提高阶段	适应性机制：机体对外界刺激的适应性现象	提高竞技能力，促进竞技状态的形成	准备期
竞技状态优化与保持阶段	动员性机制：心理/生理能力充分动员，各系统高度协调	发展稳定的竞技状态，参赛创造好成绩	比赛期
竞技状态减退与下降阶段	保护性机制：机体自动停止积极的应激反应	积极恢复，消除心理与生理疲劳	恢复期

（田麦久，2006）

（二）生物适应周期理论

人体生物适应是一个长期的过程，在训练过程中，由于运动员竞技状态的发展规律与运动员个体生物节律性差异，人体对运动负荷的适应过程表现出显著的周期性特点。在运动负荷的刺激下，人体的能量储备会下降。但是，在多次负荷刺激与积极恢复的作用下，人体对这一负荷刺激所产生的应激反应程度会逐渐减小，下降的机能不但可以恢复到负荷前的初始水平，而且能够在短期内超过初始水平，从而达到“超量恢复”的效果。在此过程中，机能状态表现出“疲劳—恢复—超量恢复—稳定”的适应过程。在新的负荷刺激下，人体机能状态会循环产生新的更高层次的适应。训练过程的准备期正是促使运动员通过这种周期性的运动适应，不断发展与提高运动员的竞技状态；竞赛期正是促使运动员生理、心理与竞技能力达到满足比赛负荷的要求，创造优异的运动成绩；而过渡期正是采用积极的恢复方法与手段，帮助运动员竞技状态的恢复，为下一个训练周期奠定基础。

（三）训练过程分期理论

训练过程分期是在运动训练过程开始之前，对训练活动预先做出的时间维度上的理论设计，是指根据优秀运动员竞技能力发展规律和不同时期训练目标的需要，将整个运动训练过程合理地分解成不同的训练时期的操作过程。训练过程分期的目的在于规划运动员竞技能力增强和竞技状态转移的路径，以便于运动训练计划的科学制定。以苏联马特维也夫为代表的经典分期模式，将训练过程分为超大周期、年度周期、大周期、中周期、小周期、训练课等基本周期结构（图 2–10）。该理论的主要特点是，依据运动员竞技状态形成与发展的规律以及参赛日程安排，将全年训练过程分为若干个训练大周期，每个大周期由准备期、比赛期、恢复期三个时期构成，每个训练时期又有若干个中周期，而每个中周期又包含了若干个小周期。以维尔霍山斯基为代表的“板块”分期模式，认为训练板块是指一种高度专项化集中式训练负荷的周期训练模式，即由几个训练因素集合成一种具有专项功能和彼此紧密联系的单元。

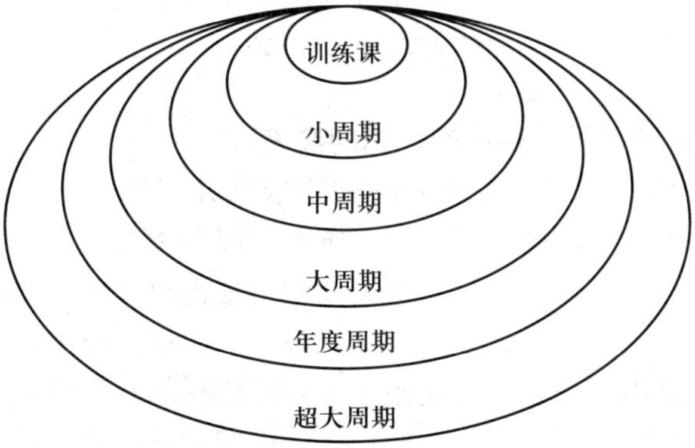

图 2–10　运动训练周期类型

三、周期安排训练原则实施要点

（一）科学安排符合竞赛特点的周期类型

一般根据重大比赛的任务和运动项目的特点来考虑全年训练周期的划分。通常有如下几种典型的周期安排：其一，一年安排一个大周期（称单周期结构）；其二，一年安排两个周期（称双周期结构）；其三，一年安排多个周期（称多周期结构）。下图是多周期安排示例。其中，每一大周期可以按竞技状态发展的三个阶段相对应地划分为准备期、竞赛期、过渡期。另外，确定大周期时间长短的一个依据是必须考虑运动项目的特点。一般来讲，在初级训练阶段与专项提高阶段中，体能类耐力性项目，如田径的中长跑等项目大多安排全年单周期，速度力量型项目和多种技能类项目则多安排双周期。当前，在高级训练阶段中，特别是优秀运动员的训练有向多周期安排发展的趋势（这主要是为了争取参加多次重大比赛机会并希望在竞赛中创造优异成绩）。但无论安排几个周期，总要安排一定的准备时间进行训练，才能参加比赛；比赛后，总要安排一定时间进行调整恢复，这是不可违背的客观规律（图 2-11）。

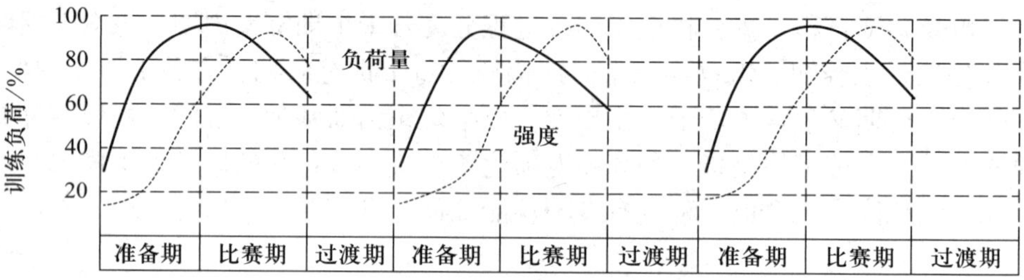

图 2-11　多周期的年度训练的训练安排

（Vladimir Issurin，2008）

（二）科学统筹不同训练周期之间的联系

不同类别的训练周期，其划分的理论依据并不相同。一般而言，超大周期的确定是根据奥运战略和工程规划而定；大周期则是依据赛事安排、竞技能力发展、竞技状态形成规律而定；中周期则是根据阶段任务和目标而定；小周期则是根据负荷性质而定。此外，运动训练作为一项系统工程，从超大周期到训练课，是一个整体与部分、彼此相连、环环相扣的有机整体。运动训练的周期性工作主要是落实大周期训练任务，而大周期训练任务又是各个中、小周期训练任务的高度集合。因此，完成大周期训练任务，实际上是经过不断完成小周期任务而累积落实的。在实践中，小周期的时间段为一个基本单元周。单元周的训练结构，是由周内循环链数、训练课数、休息日数（时数）、训练负荷安排的节奏、各次课的任务、内容、方法、手段及作息制度等因素所构成。由于小周期训练最接近课次训练工作，并具有灵活的调节性，因此，小周期训练任务完成的优劣与否，是完成大周期训练任务的关键。

（三）科学衔接不同训练阶段的周期性任务

任何训练周期的准备、竞赛、过渡时期的长短，是要根据具体情况进行规划。实践证明，不适宜地缩短准备期的训练，或不恰当地参加一些赛事，都会导致竞技状态形成不良后果，甚至会影响运动员重大比赛的竞技状态。例如，国家队自然是以参加国际大赛为主要赛事任务，但某些项目却因为国内选拔赛而干扰整个训练周期的安排，甚至是国内选拔赛的重视程度远远超过国际赛事，故意缩短准备期，打乱了备战国际赛事的进程。同样，也不能过多参加比赛，不适宜地延长比赛期，这样很易造成能量物质的过度消耗，形成厌赛心理，从而有损运动员的身心健康。例如，皮划艇项目每年有多次世界杯系列赛，还有一次世界锦标赛，因此，为了更好地备战世界锦标赛，前期的世界杯赛就要有选择性地参加，遵循运动员竞技状态的发展规律，协调好各个赛事之间的衔接。另外，每个阶段的赛事结束后，应针对前一周期竞技参赛成绩与问题，认真总结经验和教训，为下一周期训练提供科学依据。

第六节　适宜负荷训练原则

一、适宜负荷训练原则基本释义

适宜负荷训练原则是指根据运动员现实可能和人体机能适应性规律，以及提高运动员的竞技能力需要，在训练中给予适宜量度的负荷，以取得理想训练效果的训练原则。运动员承受一定运动负荷后，必然产生相应的应激反应。但并非只要施加负荷，就一定会产生良好的训练效应。因此，合理安排训练负荷意义重大。在制定与实施训练计划时，需要根据具体的训练任务、训练对象及其竞技状态，遵循竞技能力发展规律以及机能适应规律设计适宜的运动负荷。这里，所谓的适宜负荷，是指既不能太低，也不能过高的运动负荷，应该以运动员机体对运动负荷应激的生理临界为标准，在训练初期安排稍微超出生理临界的负荷刺激，以引起机体积极的应激反应。持续一段时间后，机体对这一负荷的应激反应减小，表现出适应状态，就可以继续施加更大的负荷，继而形成新的适应。由此，遵循“加大—适应—再加大—再适应”的规律，逐步且有节奏地加大运动负荷，促进运动员竞技能力的发展。

二、适宜负荷训练原则的科学基础

（一）能量代谢原理

一般将生物体内物质代谢过程中所伴随的能量储存、释放、转移和利用，称为能量代谢。人体能量代谢系统包括：ATP-CP代谢系统、糖酵解代谢系统和有氧氧化代谢系统。ATP-CP代谢系统又称为磷酸原系统。ATP、CP都是高能磷酸化合物，并储藏在肌肉细胞内。其中，ATP是人体肌肉收缩时唯一直接利用的能量，CP是一种最快速可以使ADP迅速再合成ATP的间接能源。因肌肉中存储的磷酸原总量不多，因此，利用此系统所提供的能量极为有限。糖原在缺氧状态下发生无氧酵解产生能量的过程称为糖酵解代谢，缺氧状态下肌糖原的分解代谢产物为乳酸，故又称之为乳酸代谢，是持续最大速率1～3 min运动的主要供能方式。有氧代谢系统是指糖原、脂肪、蛋白质等能源在氧供应充足情况下发生有氧氧化产生ATP的能量代谢系统。研究发现，同等量的糖原，有氧代谢全部分解后的代谢产物是二氧化碳和水，可释放约13倍于糖酵解代谢合成的ATP。有氧代谢系统是长时间耐力运动的基础（表2-5，图2-12）。

▶ 表2-5 三种不同能量代谢系统供能特点

能量代谢过程	肌组织供应量 $/(\mu mol \cdot g^{-1})$	ATP最大生成率 $/(\mu mol \cdot g^{-1} \cdot s^{-1})$	最大功率输出持续时间
CP → ATP+C	20	1.6～3.0	6 s
糖原（葡萄糖）→乳酸	240	1.0	30 s～1 min 30 s
糖原（葡萄糖）→ CO_2+H_2O	3 000	0.5	2～5 min，甚至更久
脂肪酸→ CO_2+H_2O	不受限制	0.24	

（Tudor O.Bompa，2009）

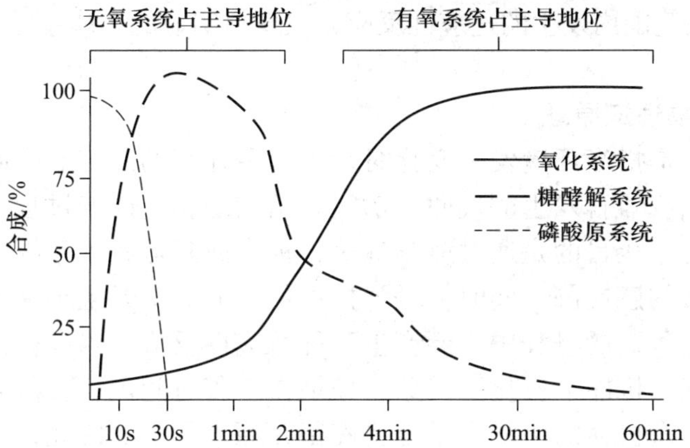

图 2-12 运动中主要能量供应比例与特点示意图

（Tudor O.Bompa，2009）

（二）超量恢复原理

人体在运动负荷刺激下，能量储备、物质代谢以及神经调节机能会出现不同水平下降，负荷刺激结束后，下降的机能不但可以恢复到负荷前的初始水平，而且能够超过初始水平的现象，我们称之为“超量恢复”（super compensation）。科学安排训练负荷，就要处理好负荷刺激的量度与时机。一般来讲，在机体疲劳恢复至产生超量恢复效应期间，安排下一次适宜负荷刺激，可以使“负荷—疲劳—恢复—超量恢复”的过程持续不断地在人体潜能范围内延续，使机体产生更高层次的运动适应，表现出运动能力的不断提高（图 2-13）。

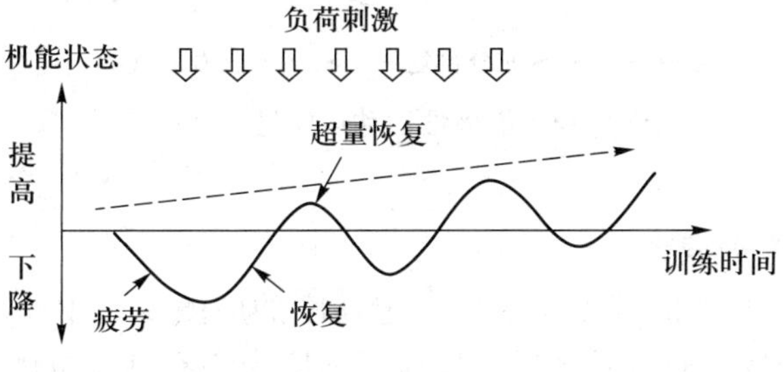

图 2-13 超量恢复示意图

因此，科学认识和掌握训练过程中的“超量恢复”和“运动适应”原理意义重大。这些原理首先揭示了训练负荷的有效性要求，必须对运动员施加有效的负荷，才能引起积极的应激反应；其次，指出了负荷与恢复的关系，不同性质与量度的负荷刺激，必须严格遵循相应的恢复规律；再次，超量恢复是在个体生理极限范围内发生的适应性反应，表现出明显的个体差异。

（三）生物适应原理

生物适应是指当环境发生变化时，为避免环境的改变所引起的损伤，机体细胞、组织或器官发生的代谢、功能和结构的相应改变过程。在体育运动领域，适应的直接目的是通过科学训练，提高或降低各个系统、组织、器官和细胞对刺激的感应阈，同时，增强机体代偿能力。在生理极限范围内，有机体承受一定负荷的过程中，会产生某种适应性反应。当有机体适应这一负荷后，会出现“机能节省化”现象。如果在一段时间内，负荷刺激仍停留在原来水平上，有机体的机能水平也将停留在原水平上。因此，只有在适应的基础上不断通过加大负荷对机体施加更强烈的刺激，使机体不断获得新的适应，才能不断提高运动员竞技能力水平。倘若在训练过程中，不能科学分析运动员承担负荷的生理临界与极限，盲目过大或过快提高负荷，以致超出运动员机体承受能力的最大限度，其后果非但不能引起机体积极的适应性反应，反而会导致过度训练或运动伤病发生（图 2–14）。

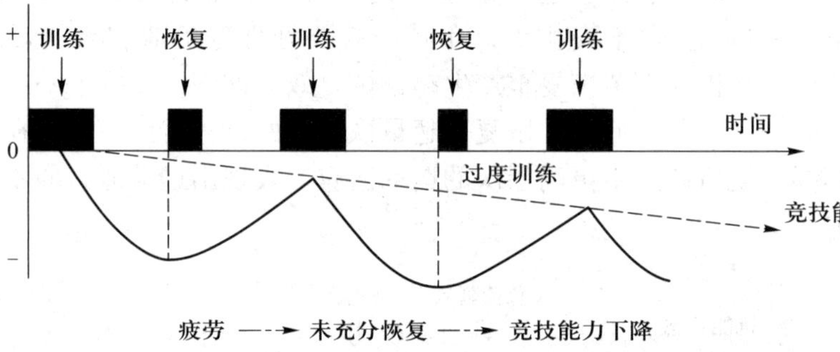

图 2–14 消极性运动适应过程示意图

（四）生物应激原理

应激（stress）是指机体在受到一定强度的应激源（躯体或心理刺激）作用时所出现的全身性非特异性适应反应。适度应激有利于机体在变化的环境中维持自身稳态，提高机体应对不利环境的能力。但是，过度应激则会发生机能、行为和心理不良反应（表 2–6）。适宜的运动应激可以表现出多方面的特点。其中，物质代谢系统表现为分解增强、合成减少、代谢率升高。内分泌的系统表现为：肾上腺素适度增加，可引起心理专注程度升高。应激过度则会引起焦虑、害怕、胆怯与愤怒；应激不足则会引起抑郁、厌食和自残现象等。可见，运动应激具有双重性特点，过度应激或应激不足都是运动训练或运动参赛的不良因素。根据应激源的性质，可将应激分为生理应激和心理应激。生理应激的应激源受理化和生物因素影响。心理应激的应激源受心理和社会因素影响，主要特点是交感—肾上腺髓质系统和下丘脑—垂体—肾上腺皮质系统的强烈兴奋。心理应激的主要反应特点是可以产生积极的心理反应。

▶ 表 2-6 运动项目、交感神经、副交感神经过度训练的症状

	交感神经	副交感神经
运动项目	团队项目、力量和功率项目	耐力项目
心理表现	↓动机 ↑易怒 ↑抑郁	↑精神不振 ↑抑郁 ↑嗜睡
食欲	↓	⟷
心血管参数	↑休息、运动和恢复心率 ↑休息、运动和恢复血压 ↑心电图异常	↑静息心动过缓 ↓⟷运动心率 ↓⟷运动后心率恢复 ↓⟷运动的血压反应
内分泌系统	↑皮质醇浓度 ↓睾酮浓度 ↑儿茶酚胺浓度 ↑运动后激素恢复时间	↓应激性应答反应
其他	↓肌糖原、肝糖原储备 ↓不同的运动性乳酸反应	运动中低血糖 运动中与运动后乳酸浓度
疲劳	慢行	↑
竞技状态	↓⟷	↓⟷

注：↑ = 上升；↓ = 下降；⟷ = 没变化

（Tudor O.Bompa，2009）

三、适宜负荷训练原则实施要点

（一）科学界定负荷刺激的生理临界

运动负荷的大小是相对的，同等的运动负荷，对不同人体的刺激反应是不同的，这是人体存在着个体差异特点所决定的。因此，科学安排运动负荷的前提条件是，必须科学分析与掌握每位运动员所能承受负荷的生理临界及

其变化阈值。在训练实践中，机能状态监控是准确把握运动负荷对运动员机体刺激程度的重要途径，通常在不同阶段的训练中，根据训练计划制定不同频次的生理生化测试。一般准备期测试周期稍长，赛前训练阶段较短，频次较高。教练员与科研人员协作，通过长期的纵向跟踪测试，分析不同个体对负荷刺激的生理临界值及其动态变化规律，才能使负荷安排富有针对性。实践中，一般测量运动员脉搏（HR）、血乳酸（BLa）、血红蛋白（HB）、血清肌酸激酶（CK）、血尿素氮（BUN）、血清睾酮（T）、血清皮质醇（C）等指标来确定运动员对运动负荷的机体反应，评估负荷刺激效果，为训练计划制定与实施提供重要的科学依据。

（二）科学认识负荷刺激的训练效应

运动负荷的训练效应决定于负荷刺激的程度与性质，其中，负荷程度是指负荷量与强度；负荷性质是指不同形式、结构组成的运动负荷的实施，二者都具有促使不同运动机能发展的特点。研究表明，只有大负荷与超负荷训练才能更好地促使机体产生积极适应，提高运动员训练和比赛表现（图 2–15）。此外，不同性质的负荷刺激所导致的运动适应也不相同。单纯离心收缩训练与向心收缩或向心、离心相结合的力量训练相比，导致肌肉肥大和力量增长水平更高。快速离心收缩比慢速离心收缩训练促进肌肉肥大与肌力增长效果更好。在经过系统的有氧训练后，每条肌纤维和每块肌肉横断面积的毛细血管数量增加，这一改变促进肌肉血液灌注，从而提高了血液和肌纤维之间的气体、废物和营养物质交换。骨骼肌线粒体数量和体积增加从而提高了肌肉氧化代谢的能力。运动负荷的不同搭配，将会导致运动机能内部不同因素的发展。例如，力

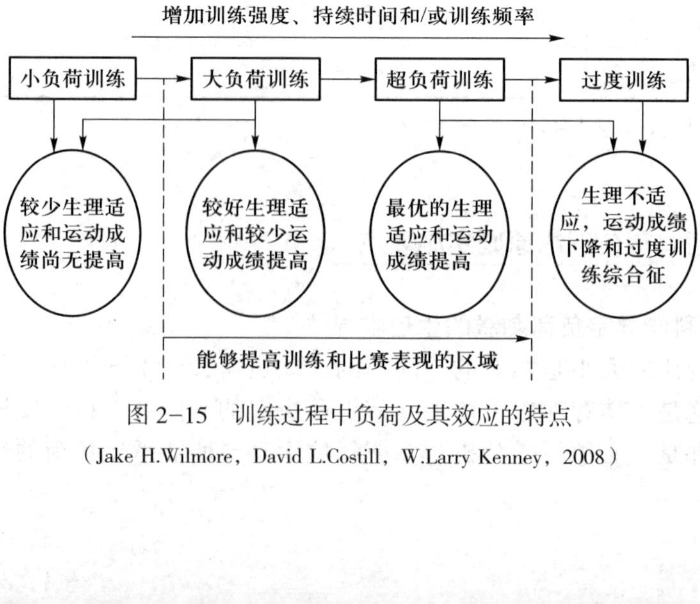

图 2–15 训练过程中负荷及其效应的特点

（Jake H.Wilmore，David L.Costill，W.Larry Kenney，2008）

量性负荷的不同搭配，会促使不同类型力量素质的发展。

（三）科学安排训练负荷的量与强度

运动负荷由负荷量、负荷强度两类因素所构成，处理好负荷量、负荷强度的关系是合理安排运动负荷的又一关键条件。运动负荷的表现形式多种多样，组合方式千变万化，因此，这里仅从宏观角度阐述实践中解决运动负荷中的强度与量度关系的基本方式。从时间上看，影响负荷变化的组合方式共有 9 种，它们受负荷量及与负荷强度的异动变化而制约。但这 9 种变化形式不是随意运用在训练过程中的各个周期和阶段，而是需要针对不同类型的周期及不同训练水平、对象的具体情况而决定的。此外，机体对运动负荷的适应程度根据运动量和运动强度的不同而有所不同，实践中有些教练员认为尽可能的大训练量与高强度的训练就能够获得理想的训练效果，实践证明这种观点不切实际。评估运动负荷是否适宜，其标准是机体对其适应程度。研究表明，超负荷原则（overload training principle）采用适当超出身体承受能力的负荷刺激，并随着运动适应逐渐增加训练负荷刺激，能够取得最优的生理适应与运动成绩提高。相反，运动负荷过低则无法达到理想的训练效果。

第七节　适时恢复训练原则

一、适时恢复训练原则基本释义

适时恢复训练原则是指根据运动负荷的性质，以及疲劳产生的机制，及时消除疲劳，并采用积极的恢复手段提高机体能力的训练原则。疲劳是极其复杂的现象，导致运动疲劳的原因是多方面的，当前阐述疲劳原因和疲劳发生部位的主要焦点是：三大供能系统的能量物质耗竭；大量代谢副产物堆积，如乳酸和 H^+；肌纤维收缩能力减弱；神经系统变化等。前三个原因大多发生在肌肉本身，通常被称为外周性疲劳。神经系统的改变造成的疲劳称为中枢性疲劳。但训练中导致机体疲劳一般是由多个因子作用在多个不同部位上共同引起的。疲劳产生的机制因运动负荷性质、运动强度、收缩肌肉的纤维类型、运动员的训练状态以及他们的饮食而不同。因此，必须掌握负荷性质、负荷强度、负荷量的差异性导致的机能“下降—恢复—适应—提高”过程的异时性特征，以及不同能源物质“消耗—恢复—超量恢复”的异时性特征。在训练后科学安排适宜的恢复时间和方法手段。

二、适时恢复训练原则的科学基础

（一）超量恢复原理

超量恢复理论主要是从运动时某些能源物质的消耗和恢复过程的规律来阐述运动能力提高的机制，至今支撑其理论最有力的实验证据仍然来自负荷刺激后肌糖元的超量恢复。在理论上，超量恢复理论突出了运动训练的能量代谢基础，认为能量代谢水平及其在训练中的变化既是运动训练的目标也是运动训练的依据，使运动训练过程的控制和效果的评价成为可能。在实践中，人们通过“超量恢复”进一步认识到训练负荷和机体恢复是两个对运动训练效果具有同样重要作用的因素，它们之间存在某种关系在很大程度上决定了运动训练的质量和效率，在高度重视训练负荷投入的同时，加强了对训练后各器官和系统恢复的关注。在一定范围内，运动负荷越大，消耗越剧烈，恢复过程就越长，超量恢复程度也越明显。一般来讲，突出量对机体的刺激较缓和，所产生超量恢复的程度稍低，出现时间较晚；而突出强度对机体刺激较激烈，超量恢复水平较高且出现较早，但保持时间较短，容易消退（图 2-16）。

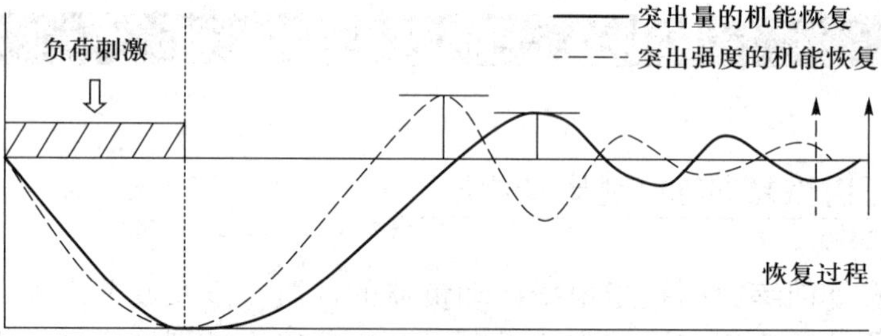

图 2-16 突出量与突出强度的负荷刺激的超量恢复规律
（Vladimir Issurin，2008）

（二）疲劳消除规律

在运动过程中，当机体生理过程不能继续保持在特定水平上进行或不能维持预定的运动强度时称之为运动性疲劳（exercise-induced fatigue）。运动性疲劳是由运动负荷所引起的一种正常的生理现象，主要表现为机体工作能力暂时性下降。运动性疲劳既是机体对负荷成绩的一种必然反应，同时也是进一步引起机体产生适应性变化的有效应激。当然，当运动性疲劳继续发展，身体和心理均达到疲惫程度时，就会出现运动性力竭（exercise-induced exhaustion）

或过度疲劳。过度疲劳是运动疲劳发展到一定程度后的病理反应，可能会造成机体的各种损伤。因此，当机体出现运动性疲劳后，应及时调整，防止出现过度疲劳。此外，机体疲劳产生和消除是有规律可循的。其中，负荷刺激—疲劳产生的效应规律是指在大强度或长时间负荷刺激下，机体必然产生相应程度的疲劳症状；机能下降—机能恢复的异时规律是指在负荷训练和恢复过程中，机体机能的下降或提高过程均有异时变化特点；负荷性质—恢复方法的对应规律是指负荷性质与恢复方法之间存在紧密的对应关系。显然认识这些规律对于延缓疲劳产生、促进机能恢复、消除机体疲劳具有重要意义（图 2-17）。

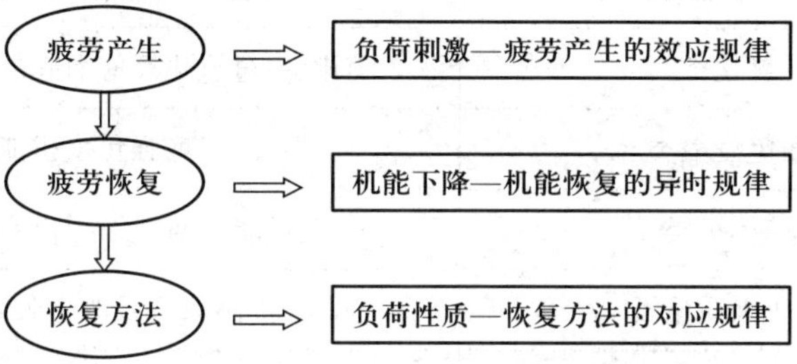

图 2-17　疲劳与恢复的对应规律

（胡亦海，2005，并整理）

（三）营养调控理论

营养是保障健康、维持和提高运动训练效果以及运动能力的主要因素。对于运动员而言，合理营养是指进行大强度训练与运动时需要的液体、营养素以及能量；也是指在不同环境、不同状态下运动时适当补充食物、液体和营养品。良好的营养能够帮助运动员改善运动能力、减少运动后的恢复时间、预防因运动疲劳导致的运动损伤、提供大强度运动时的能量以及控制体重的有效手段。在训练实践中，运动营养品的使用必须在了解训练计划及完成情况的基础上，进行系统的机能评定，并据此制定营养补充计划。只有做到个性化、有针对性的营养补充，才是有实效的科学营养。运动员合理营养是通过合理膳食摄入与科学营养补充两种途径来实现的。合理膳食从保持健康水平和运动能力出发，着眼于补足运动引起的营养素丢失和重建平衡，是维系机体健康、消除疲劳、促进恢复及提升运动能力的基本保障。在合理膳食的基础上，营养补充即是以提高运动能力、促进机能恢复为目的的营养强化手段（表 2-7）。

▶ 表 2-7 运动营养品分类及其功能

序号	类别	使用目的
1	能量补充类	增加体内能量储备和运动能力
2	能量补充与恢复类	消除疲劳、刺激恢复
3	改善内分泌功能类	提升促恢复的代谢调节能力
4	预防关节软骨损伤类	刺激组织细胞修复、更新
5	预防运动性低血红蛋白类	刺激红细胞合成 / 抗溶血
6	抗氧化类	消除由过氧化反应引起的致疲劳因素
7	增强免疫力类	增强免疫机能
8	减控体重类	助推脂肪氧化及提供胃肠饱腹感
9	改善肌肉质量类	提高肌力及改善收缩功能
10	神经调节类	调节中枢、促睡眠

（引自：备战 2016 年里约奥运会《运动员合理营养手册》）

三、适时恢复训练原则实施要点

（一）科学树立负荷与恢复统一观念

必须深刻认识训练过程中负荷训练和恢复训练并存的客观规律，这不仅表现于负荷训练与恢复训练过程相继和同步进行的特征，并且在训练践中，应认真将负荷的强度、时间、方式等与恢复的措施、方法、效果等，放在同等地位上进行考虑。从疲劳发生的先后顺序特点看，我们应注意在负荷训练中采用多种变换的方法延缓神经疲劳的发生；而在恢复训练时，应首先使神经疲劳得以解除，然后再采取措施来消除肌肉疲劳；从导致疲劳的生理机制上看，我们应根据训练负荷的性质，有针对性地消除产生疲劳的内环境障碍，补充体内最缺乏的物质，以满足机体对能源的直接需求；此外，运动负荷是通过作用于人体不同器官与系统，从而对机体机能与运动能力产生影响的，因此，疲劳也往往表现在人体各个器官与系统上，恢复过程也表现在各个器官与系统功能的恢复上，如能量的消耗与恢复；肌肉系统的疲劳与工作能力的恢复；心血管系统、大脑和神经中枢、心理和精神状态的疲劳与功能恢复等。

（二）科学认识不同性质的疲劳特征

速度性质的负荷刺激导致机体因 CP 消耗过多，神经细胞缺氧而产生疲劳；力量性质的负荷刺激导致机体因蛋白质消耗，CP 恢复不足而产生疲劳；乳酸耐力性质的负荷刺激导致机体代谢产物堆积，血液酸度过高而产生疲劳；有氧耐力性质的负荷刺激导致机体因肌糖元消耗，能源补充不足而产生疲劳；负荷性质单一性的负荷刺激导致神经系统的兴奋性降低，内抑制发展而产生疲劳。此外，研究还表明，在不同训练内容的大负荷课训练后，均以在这一训练内容中占主导地位，竞技能力达到超量恢复的时间为最长。但相比之下，有氧能力的恢复时间最长（72 h），其次为无氧能力（48～72 h），速度力量能力最短（48 h）。不同训练内容、手段、负荷及其消耗的能量物质不同所产生的超量恢复的时间不同。一般说，磷酸肌酸最快，约 2～3 min；肌糖原为 1～46 h；蛋白质为 6～48 h；脂肪最慢，需 48 h。科学认识这些疲劳与恢复的特征，有助于有针对性地安排疲劳恢复的方法手段。

（三）科学识别不同程度的疲劳特征

除了识别不同性质的负荷刺激导致不同性质的疲劳以外，还须掌握不同负荷刺激程度引发的疲劳特征。依负荷刺激的强度不同，产生疲劳的特征通常为：中小强度，在持续时间长的负荷刺激下，易出现轻度疲劳，其症状是疲倦，心率加快；在一次极限强度负荷刺激下，容易出现急性疲劳，其症状是面色苍白，心率过速，白血球总量增多，出现尿蛋白；出现急性疲劳后凭意志继续进行负荷训练或连续进行大强度负荷训练，易出现过度疲劳。其症状是情绪低落，厌烦训练，食欲不佳，体重下降，动作不协调，运动水平下降。因此，从不同负荷强度引发的疲劳特征上看，要特别防止因过度训练而导致的过度疲劳。表 2-5 提供了常规的判定过度疲劳的指标及其症状，在训练实践中，一定要树立科学监控意识，从教练员观察、运动员自我判断以及科研人员训练监控等多种途径及时识别与评定运动员疲劳的症状与程度，一旦出现过度疲劳征象，一定要及时调整训练计划安排，并采取措施予以消除。

（四）科学运用疲劳恢复的方法手段

必须掌握负荷性质与恢复方法之间存在的紧密对应关系。例如，因能源物质消耗以及肌纤维的大负荷工作所引起的疲劳，必将导致肌力下降，训练中和训练后应及时通过合理膳食与营养补充能源储备，并采用拉伸、按摩、理疗等方式促使肌肉疲劳恢复。此外，必须掌握不同类型疲劳消除的时间范围。不同能源物质的消耗—恢复—超量恢复具有异时特征。因此，实践中应根据机能恢复的异时规律，安排适宜的恢复时间和方法手段。负荷强度接近极限时，须安排较长的恢复时间，使机体有充分的时间恢复工作能力。在负荷强度为中等或中等以下时（负荷量中等），则不必安排过长的恢复时间，否则会失去运动训练中恢复训练的意义。实践中常用的恢复方法包括训练学、医学、生物学、物理学、心理学、营养学恢复方法；常用的恢复手段包括低强度有氧慢跑、拉伸、按摩、针灸、拔火罐、紫外线照射、红外线照射、水浴、蒸气浴、盐浴、含氧浴等手段，以及心理咨询、催眠、营养品补充等。

第八节 区别对待训练原则

一、区别对待训练原则基本释义

区别对待训练原则是指在运动训练中要根据不同专项、不同运动员，以及不同训练任务、训练阶段、训练环境，有针对性地选择训练内容、确定方法手段，安排运动负荷的训练原则。首先，不同的运动项目有着不同的竞技特点，要求运动员具有不同的竞技能力结构。构成运动员竞技能力的体能、技能、战术能力、心理能力和知识能力，在不同项目竞技能力结构中的重要程度又有所不同，这就要求我们全面、准确地认识和了解自己所从事的运动项目竞技能力结构的特点，进而选择与专项竞技需要相符合的训练内容、手段及制定相对应的运动负荷方案，有效地组织运动训练活动。其次，即使同一个运动项目的运动员，由于运动员思想、健康状况、个体特征、训练水平、阶段任务以及学习、工作、日常生活等情况均不相同，教练员应做到具体情况具体分析，根据运动项目、训练阶段、运动员个体特点等多个要素的变化，注意有区别地组织好运动训练活动，因人而异地在训练中采取区别对待的措施。

二、区别对待训练原则的科学基础

（一）生理遗传规律

区别对待训练原则是根据运动项目特点及其对运动员的遗传特点提出的。一般认为：速度性项群的能量代谢特点主要以磷酸原代谢形式为主，糖的无氧代谢形式为辅。要求神经过程灵活性高、转换速度快，白肌纤维比例大；力量性项群的能量代谢特点主要以磷酸原代谢形式为主；要求神经过程强度高，白肌纤维比例大；耐力性项群的能量代谢特点要求变化形式多，神经过程稳定，心肺功能良好，红肌纤维比例较大；准确性项群的要求是身体动作的稳定性、灵活性高，具有坚毅、冷静的心理品质；表现性项群的身体形态和心理素质的要求更高；隔网对抗性项群突出灵敏性素质，能量代谢特点为有氧与无氧混合供能，情绪稳定，注意力集中，具有思维力强，位感灵敏的心理品质；同场对抗性项群要求体型粗壮高大，骨骼肌结实有力，速度和灵敏素质好，具有性情勇猛、球感敏锐的心理品质；格斗性项群要求骨骼强壮，爆发力、速度和灵敏素质好，具有敢打敢拼、斗志顽强、反应迅速的心理品质。

（二）因材施教理论

因材施教属于一般教学论原则，是指根据教学对象的个性心理特点及知识、能力现状，从实际出发，采取不同的途径、措施和方法进行教育和教学的原则。该原则指出不同的教学对象，受遗传、环境和教育等因素的影响，其个性也互不相同，在知识、能力、情感、意志、性格等方面都表现出不同的特点和发展倾向。因此，在教学实践中，要注意在统一要求的基础上，结合每个教学对象的特点和发展倾向做到因材施教。运动训练是一项特殊的教育活动，即使是同一项目，同一个水平的运动员，也会因遗传、环境和教育等因素表现出竞技能力、个性心理、思想认识、主观能动性等多方面的差异，教练员必须深入了解运动员，根据具体的训练任务与个体特点组织训练过程。其次，要尊重运动员，用赏识的目光，激励的方式对待每一名运动员，利用多种途径发展运动员的独立个性与特长。同时，也要处理好训练分层和统一要求的关系，既要促进运动员全面发展，又要兼顾每名运动员的个体差异。

三、区别对待训练原则实施要点

（一）科学认识个体差异的基本特点

在训练过程中，教练员应深入了解运动员的个体特点，尤其是运动员的生理和心理特点，因人而异地采取区别对待措施。例如，运动员的生理年龄、训练年限与训练经历是其训练耐受力与竞技能力发展潜力的主要影响因素。与运动员的实际年龄相比，生理年龄被认为是体现个体身体运动潜能的更精确指标。一般来说，青少年运动员有更好的抗疲劳能力，能够更好地应对大运动量训练；而对于年长的运动员来讲，他们对增加负荷强度的动机下降，受伤的概率和社会压力增大，导致大龄运动员承受高强度训练的能力下降。其次，训练年限长，特别是早期训练进行的是多元化训练的运动员，因其具有扎实的基础，其专项化发展的潜力更大。此外，性别差异也是影响训练安排的主要因素，在青春期以后，男性和女性身体形态、运动素质的差异开始显现。女性往往有较高的体脂，瘦体重和总体重较轻。从运动能力来讲，男性和女性在肌肉质量、力量，以及最大摄氧量、无氧和有氧能力都明显不同。

（二）科学认识不同项目的基本特点

每个运动项目专项竞技的不同特点，决定了其竞技能力构成因素的差异性。例如，举重选手必须有巨大的力量，射击选手应保持稳定的情绪，乒乓球选手需要快速的反应与机动灵活的战术意识和战术能力，篮球选手则需要与同伴默契配合的合作精神。因此，只有对所从事的运动项目的竞技特点做出正确的分析，才能制定出合理的训练目标，清晰的训练任务，适宜的训练内容与科学的训练方法。与此同时，训练负荷的强度和数量的安排都要考虑专项比赛的特点和需要。例如，马拉松跑、铁人三项运动员的专项训练必须保证有足够的负荷量，大负荷的专项训练课时应不短于比赛持续时间的两倍；而跳远、投掷等比赛中一次试跳、试掷用时很短的项目，运动员的专项训练课就不必一定要求很长的时间，在训练中应更加关注练习的强度；篮球、足球专项训练课既要考虑训练内容的针对性，也要考虑负荷强度的实战性；在体操、跳水等项目专项训练中则特别要注意不断发展和提高动作技术的难度和质量。

（三）科学处理不同水平队员的关系

正确处理重点、非重点队员的关系，这对于加强全队的团结尤为重要。在处理这种关系时，教练员既不能偏袒重点队员，也不能忽视非重点队员。在思想认识上、工作作风上要注意一视同仁，正向引导，否则将对队伍管理与训练不利。区别对待既是一种训练原则，也是一种管理原则，以人为本是落实这一原则的基本指导思想。在训练实践中，管理者既要重视重点运动员的思想动态及其训练情况，也要兼顾一般运动员的训练动态。根据运动员的竞技能力水平、发展潜能以及个体主观能动性等因素，在一定范畴内，采取合理有效的激励措施，以满足各个不同层次运动员的现实需求，形成以点带面，良性竞争、梯队发展的训练局面，从而提高全队整体的训练效果。在运动训练管理的三个要素中，管理者起着主导作用，被管理者起着主体作用，管理是以人为核心。因此，对于一个队伍中不同特点、不同水平的运动员，须考虑队伍发展的整体利益与其个体发展的特殊需求，做到辩证统一与区别对待。

小结

本章着重从理论原理与实践应用双重角度，重点讨论动机激励训练原则、专项深化训练原则、系统持续训练原则、周期安排训练原则、适宜负荷训练原则、适时恢复训练原则与区别对待训练原则的基本含义、科学基础与训练学要点。本章强调：运动训练的基本原则来源于对运动训练实践客观规律的高度总结与概括，是组织运动训练过程所必须遵循的基本准则。

思考题

1. 何为训练原则，简述训练原则的意义。
2. 简述动机激励训练原则的训练学要点。
3. 简述周期安排训练原则的训练学要点。
4. 简述适宜负荷训练原则的科学基础。
5. 简述适时恢复训练原则的科学基础。

第三章

运动素质及其训练

本章导读

本章主要包括竞技体能训练概述、各项运动素质分类及其训练、运动素质多维转移三大部分内容。其中，竞技体能训练发展历史与变迁，力量、速度、耐力、柔韧、灵敏等各项运动素质的内涵及分类，各运动素质的训练方法、特点与要求，运动素质转移的机理、关系与类型等是本章的重点内容。本章旨在介绍运动素质训练知识体系和实践训练特点。

学习目标

通过本章学习，学生能够掌握本章所涉及的有关术语的基本概念，基本掌握各项运动素质的分类、意义与影响因素，不同运动素质的各种训练方法与特点，各种运动素质训练的负荷组织安排与基本要求，运动素质转移关系与类型。

第一节 竞技体能训练概述

一、竞技体能训练意义

竞技体能是运动员机体活动能力的反映，因此在实践中与运动技术、运动战术、运动心理和运动智力及其训练密不可分，对运动员的竞技能力发展和竞技成绩的进步意义重大。竞技体能的高超性和极限性发展是保证竞技运动激烈竞争的身体要求；良好的竞技体能训练是掌握及运用运动技术的基础，是提高技术质量、增加技术难度、增强技术效果的基本条件；优异的竞技体能是保证战术方案的多样性、战术行动的有效性、战术"制敌"的有力性等的重要保障；竞技体能的不断提升也是获得、提高、稳定良好心理能力及状态的基本途径；严格的竞技体能训练是适应现代运动训练高密度、高负荷、高难度的训练及比赛刺激的基本保证；系统的竞技体能训练是促进身体健康、有效预防伤病、延长运动寿命的必要条件。可见，现代运动训练中运动员竞技能力的提升和竞技成绩的获得无不依靠卓越的竞技体能作为支撑和保证。

二、体能词源及其简历

（一）体能术语主要的词源

"体能"一词是我国竞技运动训练理论的独创。与我国这一词汇较为相近的英文词汇是：Physical Fitness 或 Fitness。各国对于 Physical Fitness 的定义认识不一，例如，德国将之称为工作能力，法国称之为身体适性，日本称之为体力，中国香港地区、中国台湾地区的学者将之翻译为"体适能"。目前，Physical Fitness 或 Fitness 翻译成中文为"体适能"，已得到多数海外华语流行国家和地区体育学术界的认可。美国运动医学学会认为：Fitness，即体适能的概念是指人体所具备的有充沛的精力从事日常工作包括学习而不感疲劳，同时有余力享受休闲活动的乐趣，能够适应突发状况的能力。体适能构成的核心主要由两类要素组成：健康体适能和技能体适能。其中，健康体适能是由身体成分、肌力和肌肉耐力、有氧耐力、柔韧素质等因素组成；技能体适能则由灵敏、平衡、协调、速度、爆发力和反应时间等因素组成。

"体能"一词最早正式出现在我国 1984 年版的《体育词典》上，是指人体各器官系统机能在体育活动中表现出来的能力。1992 年版的《教练员训练指南》认为，运动素质又称体能，它是指运动员机体在运动时所表现出来的能力。体能包括力量、速度、耐力、柔韧和灵敏。1999 年版的体育院校函授教材《运动训练学》认为，体能是指运动员为提高运动技战术水平和创造优异运动成绩所必需的各种身体运动能力的综合，包括运动员的身体形态、身体机能、身体健康和运动素质。2000 年版的体育院校通用教材《运动训练学》认为，体能是指运动员机体的基本运动能力，是运动员竞技能力的重要构成部分。体能是由身体形态、身体机能和运动素质组成的。2017 年版的《运动训练学》认为，体能是以三大供能系统的能量代谢活动为基础，通过骨骼肌系统表现出来的基本运动能力，是运动员竞技能力的重要构成要素。

显然，我国竞技运动领域最初所创造的“体能”含义与美国运动医学学会所指的“体适能”的含义具有一定程度的同异性。两者相同的是，均以人体科学基本原理作为研究和发展的理论基础。两者不同的是，一是运动主体的差异性，前者受众主体是竞技运动领域的运动选手，后者受众主体是各行各业领域的普通人群；二是能力表现的差异性，前者表现能力主要是竞技能力，后者表现能力主要是适应能力；三是要素构成的差异，前者主要是由竞技运动所需的力量、速度、耐力、柔韧和灵敏等要素组成，后者主要是日常工作所需的身体成分、肌肉能力、有氧能力等要素组成；四是表现功效的差异性，前者主要体现在机体承载运动负荷的功效上，后者主要体现在机体承受工作强度的功能上；五是表现平台的差异性，前者主要是通过专项运动训练和赛事体现，后者主要是通过工作岗位训练和工作体现。

（二）体能术语内涵的变迁

我国竞技运动领域关于“运动素质”术语及其内涵的研究已有多年历史。类似的术语还有“身体素质”“身体运动能力”“身体能力”等，从而产生了诸如：“素质训练”“身体训练”“能力训练”一类的主谓搭配词组。虽然，不同的学者有关“运动素质”“身体素质”“身体运动能力”“身体能力”的定义略有不同，但是多数基本认同力量、耐力、速度、柔韧、灵敏是其内涵的核心要素。正因如此，我国运动训练的理论工作者基于三点考虑，一是保持术语基本教义与身体训练内涵的一致；二是暂时避开学术争论以便开展实践工作；三是基于语言简化以便实践普及的需要。因此，我国 2000 年版的《运动训练学》借用了 1992 年版《教练员训练指南》中的定义，并适当扩大了外延，即将身体形态、机能、素质统称为体能，将身体训练更名为体能训练。至此“体能”“体能训练”正式成为运动训练中具有中国元素的术语。

在《运动训练学》中“体能”一词的出现，立即引起理论界和实践界的高度重视。截至目前，体能的内涵逐渐由身体形态、身体机能、身体素质简化到只保留“运动素质”的要素。2017年版的《运动训练学》明确地指出：运动员体能水平的高低，是通过速度、力量、耐力、协调、灵敏和柔韧素质表现出来的，从而舍去了身体形态和身体机能的要素。由此可见，此版的《运动训练学》教材采纳了1992年版《教练员训练指南》中的定义，即运动素质又称体能之意。体能一词内涵的凝练，对于竞技运动领域的运动训练理论研究和实践应用具有指导意义。这种意义主要表现在四个方面：一是避免教材撰写与生理学的形态、机能部分重叠；二是强化竞技运动体能训练的主要领域；三是确保体能训练内容与体能内涵外延高度契合；四是便于分述原有的“运动素质”概念下的各个素质及其训练的内容。

回溯“体能”概念的历史演变和“体能”表述的主要内容，我们可以明显看出体能一词内涵的演变大致分为三个阶段：第一阶段的体能内涵指的就是运动素质或运动能力，即力量、耐力、速度、灵敏和柔韧素质。体能训练的内容主要包括五种素质的定义、影响因素、基本类型、训练方法和基本要求等；第二阶段的体能内涵指的是身体形态、身体机能、身体素质。这一阶段体能概念的外延显著地扩大，但是，体能训练的内容还是主要包括五种素质的定义、影响因素、基本类型、训练方法和基本要求等；第三阶段的体能内涵指的就是运动素质，但是运动素质的类型转为六个因素，即力量、耐力、速度、协调、灵敏和柔韧素质，但是体能训练的内容主要包括六种素质的定义、影响因素、基本类型、训练方法和基本要求等；因此可见，尽管竞技运动领域的体能概念曾经发生过变化，但是体能训练内容始终就是运动素质内容。

（三）国际研究的基本梗概

有关体能训练，即身体训练的研究，历来都是竞技运动发达的国家高度重视的内容，也是国际运动训练领域重点研究的内容，更是运动训练学学科有关竞技能力中的主要内容。其中，富有研究基础的当属苏联为代表的东欧集团国家一些专家及其著作。例如，1962年发表的《运动训练方法的研究》（彼特科什杰列夫）、《现代运动训练中的身体训练问题》（柯兹马）、《运动训练的生理学问题》（法尔费里）、《运动训练的生物化学基础》（雅可夫列夫）等，就是早期国际上系统研究的代表性成果；富有前沿功效的当属移居或产自欧美体育强国一些专家。例如，Yuri Verkhoshansky 的《专项力量训练手册》、Vladimir Zatsiorsky 的《力量训练的科学与实践》、Michael Yessis 的《爆发式的增强性力量训练》《俄罗斯身体训练的秘密》、Tudor Bompa 的《力量的系统训练》等，就是目前国际上系统研究的一些代表性成果。

其中，早期研究最为系统的当属国际著名运动训练学专家B.H.普拉托诺夫和M.M.布拉托娃经过长期的系统研究，汇集了当时苏联、美国、德国、瑞典、芬兰、西班牙、意大利等国家有关竞技运动体能训练方面的成果，于1994年专门出版了题为《运动员的身体训练》的专著。该书从竞技体能训练理论与方法的角度，着重介绍了耐力训练的能量代谢基础、方法和监控方式；力量训练的骨骼肌肉基础、方法和监控方式；速度训练的时空协调基础、方法和监控方式；柔韧训练的拉伸原理基础、方法和监控方式。同时，该书详细介绍了田径、自行车、游泳、体操、拳击、摔跤、手球、排球和足球项目的体能训练内容和方法。应该说这是一本国际上早期较为完整地介绍有关竞技体能训练的经典著作。该书不仅极大地丰富了运动训练理论内容体系，同时为康复体能和健身体能训练领域提供了丰富的训练理论与训练方法依据。

当前，国际上有关身体训练的最新研究成果极为丰富，最新实践方式相当多样。从实践的角度上看，所涉及的研究领域主要集中在：身体训练的机械设备及其应用，例如：杠杆式设备及其应用、滑轮式设备及其应用、链条式设备及其应用、气动式设备及其应用、液压式设备和震动式设备及其应用等；身体训练的辅助器材及其应用，例如，阻力带训练、悬挂带训练、瑞士球训练、绳梯训练等；身体训练的环境方式及其应用，例如，水池训练、水槽训练、海滩训练、草地训练、雪中训练等；身体训练的仿生方式及其应用，例如，悬挂式仿生训练、滚翻式仿生训练、跳跃式仿生训练、疾跑式仿生训练。从理论的角度上看，所涉及的研究领域主要集中在：力量训练的肌肉神经基础，耐力训练的能量代谢基础，高原环境下的运动适应，高温环境下的运动适应，低温环境下的运动适应、身体训练的负荷安排等几个方面的研究。

三、我国体能训练简史

我国竞技运动高度重视体能训练的研究，主要起于20世纪60年代。我国政府的职能部门根据当时运动训练过程普遍存在的“娇骄二气”现象，通过借鉴解放军大比武方式和学习日本女排的精神，提出了“三从一大”的训练方针，即从难从严从实战出发，大运动量。尽管当时这一提法只是一种理念，但是足以体现出该时期我国竞技运动领域对于身体训练的重视。同时也提出了身体训练的基本要求：一是身体训练的动作设计必须符合专项运动特征；二是身体训练的负荷安排必须符合生理学的基本原理；三是身体训练是运动训练内容的一部分，必须结合技术、战术、心理训练。我国当时的训练界正是根据这一理念，强化了身体素质（运动素质）的训练质量，因而在参加国际一些重大赛事中出现了一批好成绩。例如，1965 年我国田径出现了 11 项 18 人达到世界先进水平的“井喷”现象。可见，我国竞技运动从身体训练途径获得了可喜成就。

20 世纪 80 年代，随着国家改革开放，我国开始积极引入东欧集团的先进训练理念和训练方法，并取得了长足的进步。其中，最具有代表性的是引入控制理论和系统思想的训练理念、模式训练和乳酸测试的控制手段；各种超等长收缩力量训练的方式等，此法后被美国学者迈克尔·耶西斯（Michael Yessis）称为 Plyometrics（2005 年被译为增强性训练）。我国原创思想，即“三从一大”方针，开始被赋予了全新的内涵、依据与标准，例如，根据乳酸分析开始赋予运动负荷的强度等级。这些先进训练理论与方法的引入，都是旨在强化我国运动员的身体训练水平。正因如此，我国当时的竞技运动水平出现万紫千红、争奇斗妍的局面。例如，女排率先实现三大球的突破，并连续三届蝉联世界冠军，男排率先进入三大球的世界前六水平，男子跳高三破世界纪录，游泳出现一批世界冠军如庄泳、钱红、林莉、杨文意、王晓红等人。

进入 21 世纪后，我国竞技运动领域吸纳了许多先进的训练理念、训练设备和科技人才。标志性的案例就是引入欧美康复运动领域的功能性训练理论与方法和相应器材。毋庸赘述，原本属于科医保障体系的这一举措，对于提高训练课的准备活动、放松活动和机能恢复具有积极作用。北京奥运会后，为了引起运动训练对康复领域的高度重视，我国体育管理层力推将其视为“体能”训练的范畴，并与冠以“体能师”身份的希冀相关人员加盟教练队伍。但是实践中的弊端十分明显，其主要反映一是忽略了体能训练内容的前提必须具有专项运动性质；二是漠视了体能训练功效的前提必须具有专项负荷特征；三是忘记了体能训练资质的前提必须具有专项运动技能。正是由于部分人员缺乏专项特长，导致我国竞技运动的体能表现并未反映出应有成效。

四、体能训练基本分类

目前，我国许多体育领域纷纷借助源于我国竞技运动的“体能”一词发展新专业，开始新课程。甚至，不少幼儿园里开设幼儿体能训练班，不少康复训练场所取名为体能训练中心，不少健身中心更名为体能训练中心，不少健身或康复性质的会议也冠以“体能训练”会议，一些减肥培训机构也以体能训练的名义开班招生，可谓乱象纷呈，从而严重地损害了我国竞技运动所具有中国元素的“体能”原意。为了传承经典和避免误解，本章后几节讨论的内容是竞技体能训练问题，即“运动素质”训练。本书所述的“体能训练”是指竞技体能训练，以此区别健身体能训练和康复体能训练。其中，竞技体能训练强调的是运动的专项性和负荷性；健身体能训练强调的是运动的全面性和愉悦性；康复体能训练的主要特征是运动的康复性和功能性。尽管这样的分类并不完善，但是对于强调竞技体能训练的实质具有理论和实践的意义。

从运动训练内容角度看，竞技体能仅是竞技能力六个要素之一，竞技能力仅是运动训练理论的一部分。从运动训练实践角度看，竞技体能往往要与其他几个竞技能力要素的训练融为一体，即身体训练技术化、技术训练战术化、战术训练身训化。从运动训练环境角度看，竞技体能训练场所往往与专项运动训练场地融为一体，以便竞技体能与其他竞技能力有机合成，进而形成竞技状态。因此，竞技体能训练只是运动训练完整过程和整个内容的一部分。这一部分始终与其他竞技能力因素相伴相生地发展。脱离专项运动特征的竞技体能训练是不存在的。由此可见，竞技体能与健身体能、康复体能训练客观上存在着巨大差异。为了客观地鉴别体能训练的性质，我们可以从专项、环境和过程的角度进行识别。

根据运动训练理论与实践研究，有关竞技体能训练的分类主要集中在三个方面：一是按专项特征分类：分为一般性训练、专项性训练和辅助性训练三种体能训练；二是按体能要素分类训练：分为力量素质、耐力素质、速度素质、灵敏素质和柔韧素质训练五种体能要素训练；三是按负荷等级分类：分为极限强度训练、次极限强度训练、大强度训练、次大强度训练、中强度训练和小强度训练六种体能训练；由此可见，竞技运动的体能训练十分强调体能训练的专项性、针对性和负荷性。这种分类在理论上便于分层分类地讨论体能训练的理论问题，在实践中便于教练员多方面地考虑体能训练的实践问题。通常，教练员多是从专项性角度安排体能训练的动作方式，从有针对性角度安排体能训练的内容性质和负荷性角度安排体能训练的负荷强度。

第二节　力量素质及其训练

一、力量素质基本概述

（一）力量素质释义

力量素质是指人体肌肉工作时克服内、外部阻力的能力，是竞技体能的重要运动能力之一。人体运动的外部阻力主要指身体运动时自身（或肢体）重力、空气、水、重物、器械、设备、竞技对手等所产生的与运动方向相反的力；人体运动的内部阻力主要是指由肌肉的内部黏滞性、对抗肌的过度紧张性、不同肌群工作的非协同性等所产生的影响力量效果的阻力。运动员力量水平的好坏往往通过克服这些内、外部阻力的能力大小反映出来。因此，力量素质是实现人体运动的基础，也是运动效果的重要决定因素。

（二）力量训练的意义

力量为人体运动的动力根源，在人体运动及竞技能力发展中发挥着极其关键的作用。首先，力量是人体一切肢体运动的动力基础，无论是局部关节还是身体整体性运动，都必须通过肌肉张力做功才能实现。再次，肌纤维收缩时所产生张力的不同特性，又直接影响其收缩的强度、频率、持久性、幅度等，故力量素质的高低对速度、耐力、柔韧、灵敏等其他运动素质的发展均产生着重要作用。力量素质又是运动员掌握运动技术、实施运动战术、提高运动成绩的重要基础。系统的力量训练对于预防运动中的身体损伤、意外事故等的发生都有积极作用，对于提高心理素质、增强拼搏精神等也同样具有促进效应。

（三）力量素质分类

长期以来，人们根据不同的认识角度和特定的学科理论，对力量素质进行了多种分类。例如，根据专项特征的不同，可以将力量素质分为一般力量和专项力量；根据肌肉收缩形式，可将其分为向心收缩力量、离心收缩力量、等长收缩力量、等动收缩力量、超等长收缩力量等；根据肌肉工作方式又可将其分为克制性力量、退让性力量、支撑性力量、混合性力量等；根据运动状态，又可分为动力性力量和静力性力量等（图 3–1）。实践中，最为常用的是将力量素质分为最大力量、速度力量、力量耐力的分类。

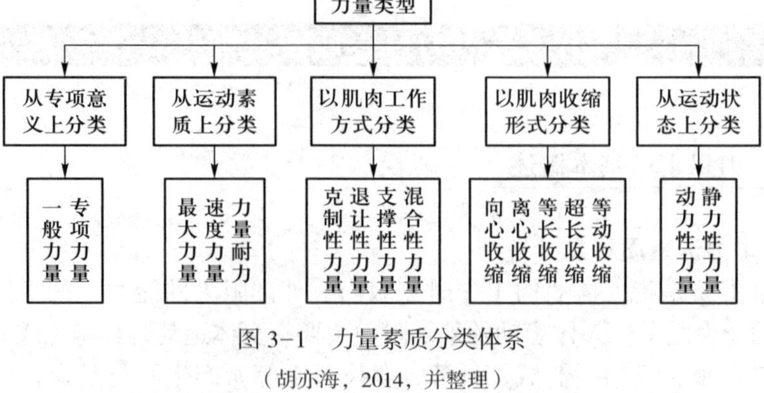

图 3–1 力量素质分类体系

（胡亦海，2014，并整理）

（四）力量影响因素

力量素质受机体多种因素的影响：在神经支配上，神经传导的强度和频率直接决定同步收缩的运动单位的数量，因此是影响力量素质的关键因素；在肌纤维类型上，白肌纤维比例越大，肌肉的力量水平也越高；在能量供应方面，ATP、CP、肌糖元的储备量及供能水平越高，越利于力量素质的发挥；在肌肉结构方面，蛋白质的含量越高，肌肉的充实度越明显；运动时各肌群之间的协调性越好，也越利于力量素质的展现；此外，骨杠杆机械效率、肌肉牵张反射效应、年龄、性别等，也都是影响力量素质的重要因素。

二、力量素质训练方法

目前，关于力量训练方法的分类及命名方式比较多样，例如，按照训练目的，可分为最大力量训练、速度力量训练、力量耐力训练等；根据练习部位，有上肢、下肢、胸部、背部训练等；按照阻力特性，可分为固定重物训练（杠铃、哑铃训练等）、气阻式训练、水阻式训练等；还有利用物理原理而开发的振动性力量训练、电刺激训练，以及根据康复医学原理提出的功能性力量训练等。其中，最有代表性的是，根据肌肉收缩方式，将力量训练分为向心收缩、离心收缩、等动收缩、超等长收缩、等长收缩的训练方法。

（一）向心收缩训练方法

该训练方法是指肌肉以向心收缩方式完成的力量训练方法。所谓向心收缩（Concentric Contraction）是指肌肉收缩时长度缩短、起止点相互靠近的收缩。该方法最大特点是动作速度可加以变化，并可以达到较高值，且功率大。此外，由于骨杠杆的机械作用，在移动恒定重量的物体时，随着关节角度的变化，肌肉做功力矩也会发生改变，进而造成各关节角度下杠杆效率的变化，最终导致肌肉实际用力程度发生改变，这也是该方法作用与局限的主要原因。例如，卧推、卧拉、深蹲、引体向上等均属该类练习方法。

向心收缩示例

该训练方法的主要作用及特点为：在单位时间内，练习的刺激频率高、强度大，可以明显提高最大力量和速度力量；有助于提高动作起始阶段的肌肉张力水平，对于提高动作速度，尤其是爆发力具有直接的训练价值；通过适当训练，不仅可以提高肌纤维收缩的同步化效率，而且有助于提高全身各部位动作的协调性；力量训练目标部位的针对性较强；适用于大多数运动项目和技术动作，便于设计和运用多种练习手段提高运动技能储备量等。该方法的相对局限是：由于不能使肌肉在各关节角度上呈现出最大用力，容易造成某些关节角

骨杠杆机械效率示例

度下负荷刺激不足，难以解决全关节范围训练不足的问题。

（二）离心收缩训练方法

该训练方法是指肌肉以离心收缩的方式完成的力量训练方法。所谓离心收缩（Eccentric Contraction）是指肌肉收缩产生张力时被拉长的收缩，也称为退让收缩。在体育活动中减速制动、落地缓冲、慢放重物等动作主要是该收缩方式完成。离心收缩时，由于肌肉的牵张反射效应，且弹性成分被拉长而产生阻力，加上可收缩成分产生的收缩力，导致肌肉的最大张力明显加大。有研究指出：同一块肌肉，在收缩速度相同的情况下，离心收缩可产生最大的张力。因此，该方法最大特点是能显著增加最大力量（图 3-2）。

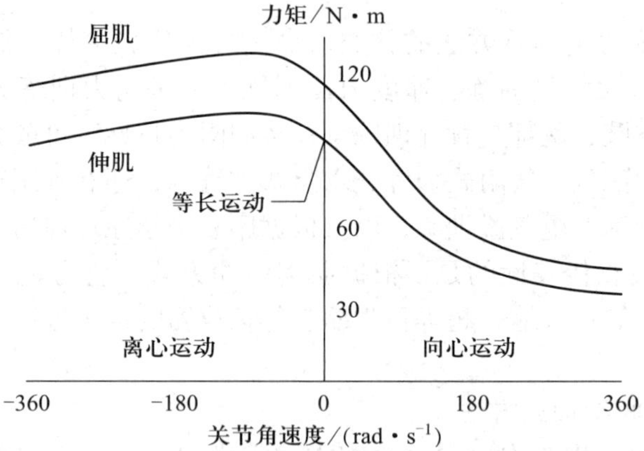

图 3-2 离心运动和向心运动的力速关系图

（Thomas R.Baechle，Roger W.Earle，2011）

该方法主要作用及特点为：训练中可以利用离心收缩时张力明显的这一特性，有效发展肌肉的最大力量；训练时肌肉被动拉长，可以明显提高肌肉的抗拉能力，并对缓冲、制动等动作的力量发展有利；可以承受较大负荷强度刺激，对肌纤维结构和收缩蛋白代谢的变化有明显促进作用，并利于促使有机体产生超量恢复；在同等训练负荷刺激情况下，肌肉离心收缩所消耗的能量低于向心收缩，疲劳程度也低于向心收缩，恢复过程相对容易。该方法的相对局限是：对于很多运动项目及技术动作而言，该收缩并不是主要的肌肉收缩方式，如使用过多，则对专项力量与技术发展带来一定不利。

离心收缩示例

（三）等动收缩训练方法

该训练方法是指肌肉以等动收缩的方式完成的力量训练方法。所谓等动收缩（Isokinetic Contraction）是指在整个关节活动范围内，肌肉以恒定速度进行收缩，且肌肉收缩时产生的张力始终与阻力相等，因此也称为等速收缩。等动收缩与向心收缩具有本质的区别。肌肉进行等动收缩时在整个关节运动范围内都能产生最大的张力，这恰恰是向心收缩无法实现的。等动力量训练往往要在特殊的训练设备、器械的帮助下才能实现。游泳、赛艇、皮划艇等项目所使用的等动练习器便是这种练习设备的典型代表。

等动收缩示例

该方法的主要作用及特点为：训练时肌肉的最大用力可以始终贯穿于动作的始末，肌肉张力时值的总和可以显现出最大值，肌肉所受到的刺激量也最大，对提高肌肉绝对力量（最大力量）的训练价值就越高；对于外阻力系数较大的运动项目，如游泳、潜水、划船等，更加符合其专项技术特征；对于全关节范围内的肌力有良好的锻炼效果，并可以控制阻力和速度，对于肌肉拉伤后的功能恢复具有一定的康复训练价值。该方法的相对局限是：在动作方式上很大程度限制了加速度及速度变化能力，对于动作速度及动作加速度要求较高的速度力量性技术及项目训练，存在一定的局限性。

（四）超等长收缩训练方法

该训练方法是指肌肉以超等长收缩的方式完成的力量练习方法。超等长收缩（Stretch-shortening Contraction）也简称为超长收缩，是指肌肉先进行离心收缩，再迅速转为向心收缩的肌肉收缩方式。一些文献中提出的“弹性力量训练”“弹震式训练”“增强式力量训练”等均是此类训练方式。该方法训练时，由于肌肉的弹性、收缩性、“牵张反射”效应、“初长度”效应等多种作用，使肌肉产生更加明显的张力。跳深、挥击、投掷、扣杀等练习就是超等长收缩训练的典型手段。

超等长收缩示例

该方法的主要作用及特点为：训练中伴随着同一方向上的减速与加速运动过程，对肌肉可以产生更强烈的外部阻力效应，使肌肉的张力达到更高的峰值，有助于提高肌肉的抗拉力水平；该训练要求肌肉拉长收缩与缩短收缩过程迅速且连贯完成，因此可以起到肌肉收缩力量和收缩速度训练的双重作用，对于提高爆发力水平的训练价值明显；对于跳跃、投掷、挥击、摆腿等专项动作的力量发展具有独特的训练价值，在田径、篮球、足球、排球、羽毛球、网球、武术、体操、冰雪运动等项目中均有较为广泛的应用。该方法的相对局限为：由于该训练对肌肉刺激较大，若动作不当或负荷过高，则易导致肌肉损伤；不能对少年、儿童及肌力较弱者频繁使用，否则容易引发运动损伤。

（五）等长收缩训练方法

等长收缩示例

该训练方法是指肌肉以等长收缩的方式完成的力量训练方法。所谓等长收缩（Isometric Contraction）是指肌肉收缩时长度不变的收缩，因此也称为静力性收缩。等长收缩在体育运动中有各种表现形式，对于保持身体姿势、固定关节角度、维持动作状态等具有重要作用。该方法的最大特点是在物理上做功为零，但生物体却存在体力消耗的特点。等长力量训练对于很多运动项目中静力性的力量能力训练作用明显，例如，手倒立、十字支撑、静力负重半蹲、曲臂悬垂、收腹控腿等动作便是该训练方式的体现。

该方法的主要作用及特点为：训练时肌肉持续紧张的负荷刺激积累较深，对于提高静力性最大力量、力量耐力具有独特的训练效果；可以将关节控制在任意角度，便于克服肌肉在某些关节角度的张力不足问题，对于发展小肌群、弱肌群肌力也具有特定锻炼效果；对于体操、跳水、武术等对静力性支撑力量要求较多的项目具有明显的训练功效；对处于损伤恢复期的肌组织而言，有积极的康复训练功能。该方法的相对局限是：对多数项目所需的动力性力量而言，作用有限；运用过多，不利于肌肉弹性、收缩性及灵活性的发展；对肌组织内毛细血管的密度增生作用不够明显，影响代谢物质的交换。

三、力量素质训练的特点

（一）最大力量训练特点

1. 最大力量发展途径

最大力量是指肌肉在随意收缩时所能产生最大张力的能力，也称为绝对力量。此外，每千克体重所具有的最大力量称为相对力量。计算公式为：相对力量=最大力量（kg）/体重（kg）。最大力量是很多运动项目力量素质发展的首要任务。最大力量受先天、后天等多种因素影响，从可训练性因素来看，肌肉体积、神经支配能力、肌肉内部和肌肉之间的协调能力是影响最大力量的关键因素。因此发展最大力量的重点途径为：在一定范围内发展肌肉体积，特别是增加肌纤维的横断面积；提高神经冲动强度与频率，也称为提高神经意志力；提高肌肉内部与肌肉之间的协调性。

2. 训练负荷组织安排

在进行最大力量训练时，必须给予肌肉足够的负荷刺激才能达到理想的训练效果，因此，训练时必须保证负荷强度和负荷量对机体达到足够的刺激。

最大力量训练特点示例

在负荷强度的控制上，对于动力性力量训练而言，极限强度和次极限强度为最大力量训练的主要负荷强度区域，大强度和中等偏大强度也是重要补充；对于静力性力量训练而言，应主要集中在大负荷强度及以上的训练。

在负荷量的控制上，训练的单次负荷量和总负荷量不宜过多。以动力性训练为例，次极限负荷强度及以上的训练主要通过提高神经意志力来发展最大力量，一般每组完成6次以内的动作；大负荷和中等偏大负荷强度的动力性训练主要通过增加肌肉维度及神经意志力来发展最大力量，一般每组完成8~12次动作。训练组数一般控制在3~8组，但具体组、次数的安排，应以引起局部肌肉疲劳为宜。间歇时间的控制主要以保证机体充分休息及每组动作质量为原则，一般以3 min左右为宜（表3-1）。

▶ 表3-1 力量训练的负荷安排等级

负荷等级	负荷形式			
	动力性		静力性	
	负荷强度	负荷次数	负荷强度	负荷时间（s）
极限负荷	90%~100%	1~2	100%	2~3
次极限负荷	85%~89%	3~5	80%~90%	4~6
大负荷	70%~84%	6~8	60%~75%	7~15
中等偏大负荷	60%~69%	9~12	40%~55%	16~30
中等负荷	50%~59%	13~18	30%~39%	31~60
小负荷	20%~40%	>19	<20%	>60

（胡亦海，2014）

最大力量训练的负荷组织方式主要有重复式、阶梯式、循环式三种（表3-2）。其中，重复式训练是以恒定的负荷强度和量的搭配来安排多组重复训练，是力量训练最为常用的一种组织方式。阶梯式训练是以负荷强度和负荷量的梯变式动态搭配进行训练的安排方式，训练时负重强度逐步增高，负荷量相应降低；当负重强度达到峰值时，有时也可再逐步降低，负荷量相应增加；该训练是力量素质高水平发展常用的一种组织方式。循环式训练往往是以身体不同部位力量素质交替练习为目的的训练安排方式。

▶ **表 3-2 最大力量训练的组织方式**

组织方式	主要特点	示例
重复式	恒定负荷强度和量	$85\% \times 5 + 85\% \times 5 + 85\% \times 5 \cdots$ $50\% \times 12 + 50\% \times 12 + 50\% \times 12 \cdots$
阶梯式	渐变负荷强度和量，达至极限强度	$85\% \times 5 + 90\% \times 3 + 95\% \times 2 + 100\% \times 1 \cdots$ $85\% \times 5 + 90\% \times 3 + 95\% \times 2 + 100\% \times 1 + 95\% \times 2 + 90\% \times 3 \cdots$
循环式	依次循环训练	A（$70\% \times 8$）+ B（$70\% \times 8$）+ C（$70\% \times 8$）+ D（$70\% \times 8$）+ A（$70\% \times 8$）+ B（$70\% \times 8$）+ C（$70\% \times 8$）+ D（$70\% \times 8$）…

注：“×”之前数值代表最大负重强度的百分比，其后数值代表该强度下一次连续动作的重复次数；“A、B、C、D”代表不同的训练动作。

以发展最大力量为目的的训练课次之间的间隔时间，一般至少为 48~72 h。这样安排的目的是保证具有充分的时间使机体疲劳得以消除，并获取超量恢复的能量储备。全年训练的不同阶段，最大力量素质的训练频率也有明显区别：一般而言，对力量素质要求较高的项目，在准备期，尤其是一般准备期，最大力量的训练频率往往较高，每周可达 3 次左右；在专项准备期、竞赛期或赛季期，最大力量的训练频率有所下降，一般每周保持 1~2 次训练；多数项目在重大赛事的赛前 1~2 周，对专门性的最大力量训练一般不做安排。

（二）速度力量训练特点

速度力量训练特点示例

速度力量是指肌肉以较快的收缩速度克服一定阻力的能力。速度力量与专项动作结合紧密，是很多项目快速完成动作的力量保证。在运动实践中，速度力量的表现形式有爆发力、起动力和快速反应力三种。爆发力指肌肉以最短时间（150 ms 以内）及最大速度克服一定阻力的能力，是速度力量最主要的表现形式；起动力一般指肌肉在最短时间内（30 ms 以内）最快地发挥最大力量的能力，也有文献称为“初始发力率”（IRFD，Initial rate of force development）；快速反应力主要指肌肉以超等长收缩方式工作时，人体（或部位）以明显的加速度朝相反的方向运动时快速发挥力量的能力（图 3-3）。

另外，有学者将爆发力分为强制性爆发力、弹道性爆发力和反弹性爆发力。其中，强制性爆发力表现为肌肉以向心收缩“强制性”完成动作的爆发力，如快速上举、提拉、快推等；弹道性爆发力是指肢体以“鞭打式”动作方式表现的爆发力，如标枪投掷、排球扣球、足球摆腿踢球等；反弹性爆发力主要表现为抵抗重力的快速反弹力，如弹跳力、俯撑反弹力等。快速反应力又可

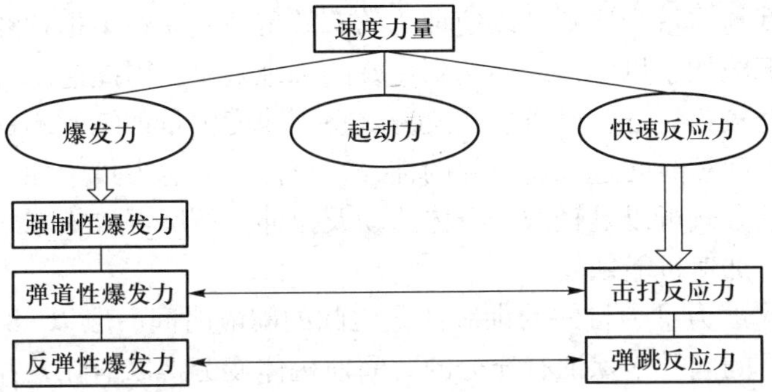

图 3-3 速度力量主要分类

以分为击打反应力，如各种击打、鞭打、踢踹等，和弹跳反应力，如各种弹跳等。可见，速度力量的各种表现形式之间有很大的联系性。

1. 速度力量发展途径

从物理学角度来看，速度力量的表现结果是功率（P），是肌肉收缩力量和收缩速度的综合效应。功率的计算公式为：

$$P=F\times v=\frac{W}{t}=\frac{F\times D}{t}=\frac{m\times a\times D}{t}$$

P 表示功率，F 表示力，v 表示速度，W 表示功，t 表示时间，m 表示质量，a 表示加速度，D 表示距离。

由此可见，速度力量的发展途径主要为：提高肌肉收缩速度和收缩力量。同时，肌肉收缩时速度大小又与所克服的阻力大小（收缩张力）直接相关：阻力负荷越小，肌肉收缩速度越快；阻力负荷越大，肌肉收缩速度则越慢。在不同的体育运动中，运动员快速运动所要克服的阻力大小是多变的，这也导致肌肉收缩时产生的张力大小和动作速度之间呈动态变化的关系。因此在速度力量训练中要根据需要合理设计训练负荷。

2. 训练负荷组织安排

速度力量训练负荷强度的安排要综合考虑阻力大小和动作速度的综合效应。阻力（或负重）强度通常有大强度和小强度两种典型安排方式（见表 3-3），但具体控制要结合专项速度力量的阻力大小特征进行安排。速度强度的安排往往要达到最高值，无论何种速度力量的训练，都不能在损失速度的前提下，通过单纯追求最大力量的发展来力求速度力量的提高。负荷量的安排也要以不降低动作速度为原则，因而总体相对不高，训练的组数和次数安排均有严格控制。负荷组织方式也以重复式、阶梯式、循环式等为主要方式。

速度力量训练各组间间歇时间的控制应该以保证机体充分恢复、不影响训练动作速度与质量为原则，以使训练的有效负荷刺激在中枢神经系统处于最佳良性状态下施加于机体，以便达到良好的训练效果。因此速度力量训练的间歇时间应相对较为充分，以避免在疲劳状态下速度力量训练的不良效应。但同时也要避免因间歇时间过长而引起的神经兴奋性、注意力集中性、兴趣性下降等问题。间歇方式可以是轻微的身体活动及拉伸、按摩等放松方式，以助于消除肌肉紧张，加速机能恢复。

以发展速度力量为目的的训练课次之间的间隔时间一般以 48~72 h 为宜。这样安排的目的同样是保证有充分的时间使机体疲劳得以消除，并获取超量恢复的能量储备。全年训练的不同阶段，速度力量素质的训练频率也有明显区别：多数项目的一般准备期对速度力量的发展要求相对不高，训练频率较低；在专项准备期和竞赛期，训练比重和频率明显增加，每周的专门性速度力量训练可达到 2~3 次，甚至更高；赛前阶段的专门性速度力量训练频率会下降，但高度体现速度力量的专项技术、战术性练习比重会较大（表 3-3）。

▶ **表 3-3 速度力量训练的负荷安排示例**

训练途径	负重强度 /%1RM	速度强度	重复次数	完成组数	间歇时间 /min
克服较大阻力	70~85	爆发式	4~6	4~6	2~4
克服较小阻力	30~60	爆发式	5~10	6~8	2~4

（三）力量耐力训练特点

力量耐力是指肌肉保持较高收缩张力持久性的能力。力量耐力在运动中的表现形式多种多样，对于需持续克服较大阻力项目，如游泳、划船、滑雪等项目而言更为重要。力量耐力可分为动力性和静力性力量耐力两类。动力性力量耐力可细分为最大力量耐力（大力量重复能力）、快速力量耐力（速度力量重复能力）和长时力量耐力（多次重复一定力量的能力）；静力性力量耐力又可细分为最大力量耐力（克服较大阻力的静力性力量持续能力）和长时力量耐力（克服相对较小阻力的静力性力量持续能力）（图 3-4）。

1. 力量耐力发展途径

力量耐力是肌肉力量及其维持能力的综合体现，因此，发展力量耐力的主要途径为提高肌肉收缩的力量水平和提高肌肉收缩的抗疲劳能力。通常来讲，肌肉的力量水平越高，克服同等大小阻力的工作持久能力则越长。故在一定范围内发展力量水平是提高力量耐力的重要途径。此外肌肉收缩能力的维持也取决于肌肉克服疲劳能力的高低，因而通过训练提高能量物质的含量（主要

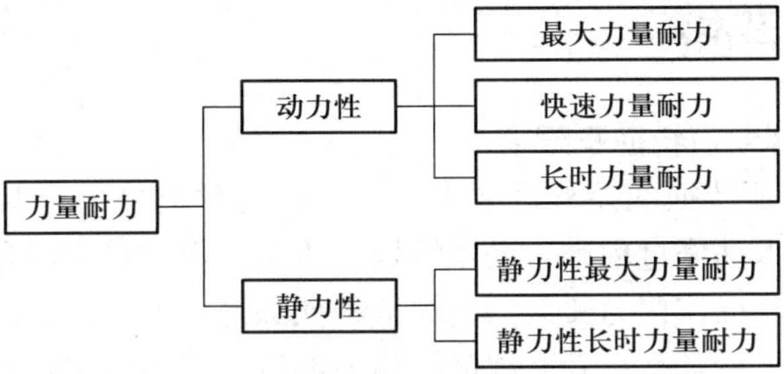

图 3-4 力量耐力的主要分类

为 ATP、CP、糖）、提升神经冲动的持续能力、加强神经与肌肉对疲劳及酸性物质的耐受能力等，对力量耐力的发展都有重要的训练价值。

2. 训练负荷组织安排

力量耐力的负荷安排主要体现在完成特定负荷的重复次数或持续时间，即对肌肉张力刺激的持久性。最大力量耐力训练负荷等级多以力量训练的中高负荷及以上等级为主，总体体现负荷强度相对高、重复次数或持续时间相对小的特点；快速力量耐力训练负荷等级多以力量训练的中低等级为主，总体体现为负荷强度中等偏低、重复次数较多或持续时间较长、动作速度相对较快的特点；长时间力量耐力训练以中低及以下负荷等级为主，重复次数较多或持续时间相对较长（表 3-1）。训练中要根据项目的具体需求而进行。

力量耐力训练特点示例

力量耐力训练的负荷组织方式除了可采用重复式、阶梯式、循环式以外，还更多采用持续式（多次重复或维持同一动作）和间歇式（多组训练间不充分休息）等形式。训练中间歇时间的控制可以按充分休息和不充分休息两种方式来安排。充分休息的间歇方式目的是为保证每组训练的强度和动作质量，如最大力量耐力的训练往往选择此种方式，此时间歇时间一般可以达到 3~4 min；不充分休息间歇方式的目的是使肌肉产生疲劳的累积效应，提高神经肌肉连续耐受疲劳的能力，此时间歇时间可安排在 1~2 min。

力量耐力训练课次之间的间隔时间通常以 48 h 左右为宜，要保证机体疲劳充分消除，并获取超量恢复。全年训练的不同阶段，力量耐力的训练频率有明显区别：在一般准备期，力量耐力性项目（如游泳、赛艇、皮划艇等）多以最大力量耐力训练为主，其他项目多以小肌群、深层肌群等的基础性力量耐力训练为主，每周可达 2~3 次；在专项准备期和竞赛期，力量耐力性项目的专项力量耐力训练频率明显增加，每周可达到 3~5 次或更高；赛前准备阶段，专项力量耐力的训练高度融入专项技术、战术性练习中。

四、力量训练基本要求

(一)高度结合专项特征及要求

各运动项目专项特征的差异性要求力量训练必须高度符合其运动专项特征。在不同专项技术动作过程中，动作结构、肌肉工作方式、用力方向、外部阻力方式、作用力与反作用力关系、动力链特征等是多种多样的，所对应的力量训练因素，包括力量类型、发展程度、用力部位、用力方式乃至力学支撑方式等都存在明显的差异。因此，力量训练必须结合专项特征与要求，认真思考影响力量发展的各种因素，综合且有针对性地运用不同力量训练方法，结合技术动作特征合理设计力量训练的负荷安排、动作方式以及训练手段。

(二)合理运用“超负荷训练”

力量素质的提升是建立在“超负荷训练”基础之上的。所谓“超负荷训练”，是指当运动员已适应力量训练的特定负荷后，只有提高负荷刺激，即超过原有负荷水平，才能给予肌肉足够强度和量的刺激，以达到提高力量素质的目的。“超负荷训练”的生理机制是促使机体产生超量恢复，即力量训练中由于负荷刺激在一定范围内的加大，通常会促使肌纤维内部蛋白质的分解增多、能量物质消耗加大，从而有利于在恢复过程中蛋白质的合成及能量物质的补充达到超量恢复的程度；多次重复超负荷训练，才能实现力量素质的增长。

(三)各种力量训练的合理搭配

力量素质在专项运动中的表现形式多种多样，不同力量素质之间的关系也十分紧密。因此在力量训练中，不同性质的力量训练应该合理搭配进行。首先，专项力量训练要以一般力量的发展为基础，因此在力量训练内容安排上要处理好一般力量与专项力量训练的关系和比例。其次，最大力量水平是速度力量、力量耐力的基础，因此在力量素质发展的顺序上要注意最大力量的先决作用。再者，在小周期训练中，要结合专项特征及训练的分期任务特点，使不同性质的力量训练交替进行，既保证综合发展，又能突出阶段重点。

(四)区分力量训练的方法作用

各种力量训练方法的作用不尽相同，力量训练必须深刻认识各种方法的作用特性，进行有针对性的选择使用。例如，对于发展最大力量，可主要采用等张、等动、等长、退让力量训练方法；对于发展速度力量，可主要采用等张、超等长力量训练方法；对于力量耐力，可主要采用等张、等动、等长力量训练方法。运动专项中力量素质的表现是多种多样的，每种训练方法也存在作用上的相对局限性，单一训练方法不可能解决全部的问题。因此，训练中要充分认识各种力量训练方法的作用特点，并结合实际需求综合运用。

第三节　速度素质及其训练

一、速度素质基本概述

（一）速度素质释义

速度素质是指人体或肢体某部分快速运动的能力。速度素质是身体的又一重要运动能力，对竞技运动活动同样发挥着至关重要的作用。人体运动受神经支配，运动速度水平的高低，根本上反映的是神经传导过程的快速性及神经系统支配下肌肉快速收缩的能力。各项目中，运动速度的表现各有不同，例如，短跑、游泳等需要周期位移速度，跳高、跳远需要助跑和起跳速度，球类项目需要击球、移动反应的速度。运动员速度能力的高低往往由单位时间内移动的距离、动作重复次数或完成动作的最短时间三种方式来判断。

（二）速度训练意义

速度素质是人体基本运动素质之一，对于运动员整体竞技能力的提高有着重要作用和意义。速度素质在不同的项群中都有特定的作用和表现特征（表3-4）；由于内在的相互关系，发展速度素质对于速度耐力、速度力量、灵敏素质等复合素质亦有重大促进作用；速度素质直接影响动作快慢、动作数量、动作效率，因此对运动技术的质量和效果也产生关键影响；具备速度能力优势可以丰富比赛策略和战术内容、提高战术效果，例如，速度素质优势明显的运动员，可以形成以小打大、以快制高、灵活多变等战术风格。

▶　表3-4　速度素质在不同项群的作用、特征及其任务

项群		作用	特征	任务
体能主导类	快速力量性	主导性作用	最大限度地（或接近最大限度）表现出动作速度素质	着重提高速度素质中的速度力量、动作协调性

续表

项群		作用	特征	任务
体能主导类	速度性	决定性作用	最大限度地（或接近最大限度）表现出反应速度和位移速度	提高反应速度和位移速度，防止“速度障碍”的出现
	耐力性	决定性作用	表现为由耐力来决定速度素质	着重通过提高速度耐力来培养动作速度
技能主导类	表现难美性	重要作用	最大限度（或接近最大限度）表现出动作速度素质	最大限度地（或接近最大限度）表现出动作速度素质
技战能主导类	对抗性	重要作用	在多变的情况下最大限度地（或接近最大限度）表现出三种或部分速度素质	在多年训练中全面、综合地提高各速度素质

（《运动训练学》，2017）

（三）速度素质分类

人体运动时速度素质的表现形式丰富多样，其中较常见的是反应速度、动作速度、移动速度和速度耐力四大类型（图 3-5）。

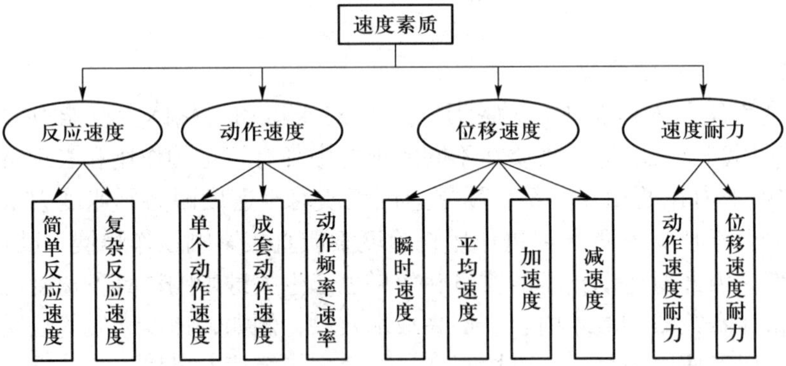

图 3-5 速度素质的分类

（《运动训练学》，2017，并调整）

反应速度主要体现对外界信号的应答能力，根据反应信号类型，又可分为简单反应速度和复杂反应速度。动作速度主要体现了动作完成速度的快慢，包括单个动作速度、成套动作速度、动作频率、动作速率等不同方式。位移速度主要体现在特定空间移动能力的快慢，表现为瞬时速度、平均速度、加速度、减速度等不同方式。速度耐力反映速度的保持能力，又可以分为动作速度耐力和位移速度耐力。

（四）速度影响因素

速度素质受机体多种因素的影响：在神经支配上，神经传导及神经兴奋与抑制过程转换的快速性是人体快速运动的先决条件；在肌纤维类型上，白肌纤维具有反应快、收缩快等特点，肌肉中白肌纤维比例越高，收缩的快速性越明显；在能量供应上，ATP、CP 以及肌糖原（无氧代谢下）是速度素质的主要能量物质基础，其贮备水平和供能效率都直接影响速度素质的表现；在肌肉的物理特性上，肌纤维的弹性、伸展性、黏滞性和松弛性也都对速度素质发挥不同的影响；此外，肌肉力量的发展水平、人体对速度的心理感知能力，也都是影响速度素质的重要因素。

二、速度素质训练方法

（一）信号刺激法

信号刺激法是对外界信号刺激迅速做出反应动作的训练方法。该方法是提高反应速度的常用方法。根据信号的不同，又可分为固定性信号刺激训练和变化性信号刺激训练。固定信号刺激训练的信号方式较为单一，主要发展运动员简单反应速度能力，即既定动作的反应速度能力，如发令起跑练习、发令起桨练习等；变化性信号刺激训练的信号方式较为多变，主要发展复杂反应速度能力，即运动员进行选择性动作的反应速度能力，如隔网类项目击打不同落点的多球练习、对抗类项目进行实战性的拳法或腿法练习等。

固定信号刺激训练示例

该方法的主要特点为：由于该训练强调外界信号出现的突然性或随机性，要求运动员必须高度专注，因此该训练能有效提高运动员注意力的集中能力；该训练通过信号反复刺激和多次练习，以强化信号与应答动作方式间的固定化和自动化，因此有助于提高动作的自动化水平和建立熟练的动力定型，以及减少动作准备和判断时间；训练往往结合专项动作进行，因此对反应动作的启动速度、加速度、速度力量等也有较好的辅助作用。该方法的相对局限是：不以动作的快速重复能力、持续能力为主要目的。

变化信号刺激训练示例

（二）助力训练法

助力训练法是指在速度素质训练中，通过借助外力的辅助作用，以提高运动速度或频率的练习方法，是速度训练中的一种常用方法。训练中所借助的外界助力有多种方式，例如，教练或同伴的助力、自身重力、机械牵引力、顺

助力训练法示例

风力、顺流力等；依此进行的助力训练手段有：同伴牵引作用下的跑动练习；教练助力作用下的翻滚练习、踢腿练习等；短跑项目利用重力加速度作用下的下坡跑练习、利用风力的顺风跑练习等；机械牵引作用下的游泳、划船练习等；皮划艇项目利用水流推力下的“借浪”划练习等。

该方法的主要特点是：训练借助外力作用，减小了阻力负担，有利于肌肉收缩速度的提高；在外助力作用下，有利于提高动作幅度和频率，并易使神经肌肉系统形成更快速运动的动力定型；促使肌肉更快速地收缩，有利于心理上建立快速运动的速度感知，并强化速度训练中快速运动的动作意识；通过肌肉收缩速度的提升，打破原有的速度平衡，有助于克服速度障碍，便于帮助运动员度过速度训练中的“速度障碍”状态；有利于获得快速运动中肌肉收缩与放松交替进行的感受，使神经系统更加精细地支配有关肌群。该方法的相对局限是：运用过多，容易造成运动员主动性快速收缩用力意识的弱化。

（三）比赛训练法

比赛训练法是以成绩较量的方式进行速度训练的方法。该方法的主要功能是通过竞争机制和气氛，激发运动员的求胜欲望，通过明显调动运动员的心理能量而进行的速度训练，也是速度素质训练的一种常用方法。比赛训练法的方式灵活多样，例如，运动员在同等条件（距离、时间等）下的比赛；对出发时间加以区别控制的追逐赛；对移动距离加以区别控制的让步赛；对比赛结果加以奖励和惩罚的奖惩赛；以集体方式进行的接力赛；以及以训练为目的而参加的较为正式的比赛等。

速度比赛训练法示例

该方法的主要特点是：在比赛条件的刺激作用下，可以最大限度地动员人体生理、心理能量，加深机体刺激，有利于提高速度训练的效应；促使神经系统处于适宜兴奋状态，促进神经兴奋与抑制过程的转换，有利于提高肌肉紧张与放松交替能力的灵活性；促使神经肌肉活动趋向比赛条件下的协调化提升，产生与比赛相适应的机能反应；模拟和制造比赛的特殊条件，便于运动员熟悉、适应比赛环境和氛围。该方法的相对局限是：初级运动员容易形成心理紧张，导致动作紧张、发挥失常；频繁使用会降低刺激的新异性，较难充分调动运动员兴奋状态，进而存在引发速度障碍的潜在负荷风险。

三、速度素质训练特点

（一）反应速度训练特点

反应速度是指人体对各种外界信号刺激快速应答能力，并可分为简单反应速度和复杂反应速度。简单反应速度是指人体对外界信号刺激迅速做出预定或规定动作的应答反应，如短跑、游泳、划船等项目的发令启动；复杂反应速度指人体对外界信号刺激迅速做出有选择的应答反应，如球类项目中根据对手情况做出动作应对。反应速度的快慢取决于运动员对信号的感知觉能力、对信号的选择性分析能力、信号沿反射弧传递速度以及肌肉应答性收缩的速度和能力这 4 个方面，这也正是反应速度训练的主要途径。

1. 简单反应速度训练

简单反应速度训练可分为两个阶段。第一阶段是体验阶段。此阶段主要是对突然出现的信号迅速做出反应动作，强化信号刺激感受、提高反应速度。训练时的信号刺激较为固定或单一，动作反应也较为固定。第二阶段为感知阶段。此阶段最大特点是提高“运动感觉”能力，常用方式有：及时获得成绩反馈，形成时间记忆和感觉；自我成绩判断，加强差异对比感受；强化动作注意力练习，缩短肌肉收缩过程。训练负荷安排的总体特点为：信号突然、动作速度快、反应迅速；练习次数少、密度低；间歇时间充分。

简单反应速度训练示例

2. 复杂反应速度训练

复杂反应速度训练的主要方式是给予多变的、不可预知的各种信号刺激，使运动员通过快速判断做出可变式的反应动作。复杂反应速度训练的核心是缩短思维判断、决策时间，因此特别强化“预判”能力的培养，如对抗性项目可以通过对手身体姿势、习惯动作来提前预判攻防时机、动作信息；训练的目的既在于提高反应速度，也在于提高动作应对的熟练性，增加技能储备，并与灵敏素质、技术、战术训练极为紧密地结合。训练负荷安排一般以不产生枯燥感和疲劳为原则，因此，总体负荷强度较高，信号突然而密集；动作迅速、多变；训练总量少；间歇充分；与专项技术特征结合紧密。

复杂反应速度训练示例

（二）动作速度训练特点

动作速度是指人体完成单个动作或动作组合的快速能力。动作速度一方面表现在身体整体或某部位完成特定动作时间的长短，例如，“拳速”“蹬速”“出手速度”等；另一方面又表现在特定时间内完成动作的次数多少，例如，跑步的“步频”、游泳的“划频”、划船项目的“桨频”、旋转动作的“转频”等，因此也称为动作频率（或动作速率）。运动员动作速度的快慢主要取决于神经传导过程的快慢、神经兴奋与抑制转换的灵活性以及肌肉力量的大小。训练必须从这些因素入手，采取相应的手段提高动作速度水平。

动作速度训练常用的方式有：助力训练，例如，棒球挥棒动作的牵引训练，单杠摆浪动作时教练给予推力的练习等；减阻训练，例如，投掷项目以轻器械进行动作速度练习，划船项目用小规格桨进行划桨练习等；预先加难训练，例如，短跑运动员先借助弹力带进行摆腿练习，再去掉弹力带进行快速摆腿或加速跑练习等；速度力量训练阻力，例如，跳跃项目进行跳深练习、纵跳练习；投掷项目进行快速投实心球练习、快速牵拉弹力带练习等；动作转换速度练习，如拳击项目进行各种击打动作练习、攻防转换练习等。

动作速度训练特点示例

动作速度训练的负荷控制特点为：负荷强度多在极限和次极限等级，必须保证动作完成的快速性或高频率性，练习的持续时间不超过 20 秒，一般情况下在 15 秒内即可；练习的总组数、次数的安排以保持最大动作速度为前提；训练间歇时间以充分休息为原则，以保证神经及肌肉疲劳的充分恢复以高能磷酸物的重新合成补充，同时也要避免间歇时间过长而引起的兴奋程度下降；专门性动作速度练习应与专项比赛动作结构相似，并接近比赛动作施力特点；重视训练前的准备活动，调动神经及肌肉尽快进入适宜兴奋状态，并防止运动损伤的发生；要避免疲劳状态下速度训练的不良效应（表 3-5）。

▶ **表 3-5 速度素质训练负荷等级安排**

负荷指标	极限强度	次极限强度	高强度
最大心率 /(次 · min^{-1})	>190	185~190	180~185
速度强度 /% v_{max}	100	95	90
持续时间 /s	<10	10~20	20~60
乳酸浓度	低	较高	最高
每分输出量	小于最大极限	接近最大极限	接近最大极限
反应速度等级	●		
动作速度等级	●	●	
位移速度等级	●	●	●
速度耐力等级		●	●

（三）位移速度训练特点

位移速度是指运动中身体整体在空间的快速移动能力。位移速度能力的高低一方面是从单位时间内位移的最大距离来判断，如 10 s 加速跑、15 s 折返跑；另一方面从完成单位距离的最短时间来判断，如 100 m 跑、50 m 游泳成绩。位移速度可以分为两种：线性位移速度和非线性位移速度。线性位移速度主要是直线和弧线位移的速度，如 100 m、200 m、400 m 跑等；非线性位移速度主要是指往返性、多向性的移动速度，如篮球、足球、橄榄球等项目的多向跑动，羽毛球、网球等项目中的变向移动。

线性位移速度主要取决于动作频率和动作幅度。动作频率的改善途径主要是提高神经兴奋与抑制转换的灵活性；动作幅度的改善途径主要为提高肌肉力量、提高技术合理性和适度增加相关部位的柔韧性。非线性位移速度的决定因素除了动作频率、动作幅度外，还需要动作速度与方向的变化能力，即反复起动、加速、制动及变向等能力，因此对神经兴奋与抑制的灵活性、肌间协调性、肌肉不同收缩力（向心收缩力、离心收缩力、超等长收缩力等）也都有较高要求。位移速度的训练方式必须结合专项特点进行。

线性位移速度训练示例

位移速度训练负荷特点为：负荷强度等级多以极限负荷和次极限负荷等级为主，高强度负荷等级也是专项位移速度的等级范围；移动速度更加突出动作频率，因此更加强调动作重复与变换的快速性，即突出神经过程的灵活性练习；位移速度训练非常注重力量训练，尤其是速度力量对位移速度素质更为关键，因此训练中同样要注意肌肉力量及速度力量的发展；位移速度训练往往和反应速度训练结合进行，所采用的信号类型要有区别，如短跑训练多为固定式的听觉信号，球类训练主要为多变式的视觉信号。

非线性位移速度训练示例

（四）速度耐力训练特点

速度耐力是指人体维持最高速度运动状态的持久能力，反映了运动速度强度的保持能力。在运动项目中，速度耐力主要体现为连续完成动作的速度耐力和快速位移的速度耐力。速度耐力的决定因素主要为肌肉收缩的快速能力和机体对疲劳的耐受能力，并与力量耐力、短时耐力等有很大的相关性。因此速度耐力训练的主要途径是提高快速运动能力及发展速度的维持能力。速度耐力的负荷安排基本上类似于短时耐力负荷安排的特点。不同的是，速度耐力的训练更加强调维持人体最高运动速度的这一关键要求。

速度耐力训练负荷特点为：速度耐力训练与短时耐力训练特点较为相似，强度与量的控制与短时耐力训练较为接近；训练中高度强调高速状态的保持能力，因此一方面强调尽快进入最高速状态的持续能力，即保证速度强度，另一方面适当延长高速状态的运动时间，如 400 m 跑项目运动员进行 450 m 专项速度训练，但该时间的确定以不出现明显减速状态为宜；要适当突出速度耐力中的速度能力成分，因此还可以采用适当低于专项距离的速度耐力能力的训练，以强化速度能力特点，如 400 m 跑项目运动员进行 350 m 专项速度训练；

训练中还要适当进行次极限强度或大强度的负荷训练，以提高肌肉收缩与放松交替能力，特别是提高机体在运动状态下肌肉交替放松的能力。

四、速度训练基本要求

（一）应充分利用速度素质敏感期

由于人体神经、肌肉、骨骼等生长发育的阶段性、不等比性等特征，导致在生长发育的不同阶段，速度素质自然增长的速度有明显的区别。不同速度素质的敏感期有不同区别，但总体而言，速度素质敏感期相对较早，7~13 岁是发展少儿速度素质的最佳时期，尤其是动作频率、动作速度和反应速度增长较为明显（具体详见“少儿训练及其特征”一章）。依靠力量增长来发展速度素质应重点安排在 13 岁以后进行，并以速度力量为主。速度素质训练应该抓住速度素质发展的敏感期努力提高速度能力水平。

（二）应与专项运动特征高度结合

速度素质在不同运动专项中的表现各异，必须结合专项特征和要求发展运动员的速度素质。例如，对于反应速度而言，短跑、游泳、划船等项目需要听觉信号的简单反应速度，网球、羽毛球、足球等项目则更多需要视觉信号的复杂反应速度；对于动作速度而言，举重等重点需要单个动作的动作速度、速度力量，而跑步、游泳、自行车等周期性项目在此基础上，还需要动作的重复速率；对于位移速度而言，跑步、游泳、骑自行车等的速度方向基本呈直线或弧线方式，而足球、篮球项目的速度方向是频繁变化的。

（三）应保证神经与肌肉良性状态

速度训练需要神经系统的高度兴奋性、灵活转换性，肌肉的快速收缩性及紧张与放松的快速交替性等，因此速度训练以及其他突出速度能力的灵敏素质、运动技术、运动战术等的练习必须要保证在神经、肌肉高度适宜的良性状态下练习。首先，速度素质训练应在运动员训练情绪饱满、运动欲望强烈的情况下进行，以便于调动训练兴奋性、兴趣性以及集中注意力，利于形成快速运动的动力定型；其次，速度训练通常应安排在训练课的前半部分进行，以保证充沛体力下训练；再者，应避免疲劳状态下速度训练的不良效应。

（四）应防止速度障碍的过早产生

很多运动员在速度素质发展中会经历“速度障碍”现象，即在速度素质提高到一定程度时出现停滞的现象。造成该现象的原因较为复杂，例如，绝对速度的过早发展，基础训练不够，技术动作不合理、训练手段单调片面、负荷过度且恢复不好等都会导致这一现象的产生。因此，在训练上应注意：优先发展神经灵活性、一般耐力等能力，奠定专项速度能力的发展基础；综合运用多种快速练习手段，提高训练的新异性、兴奋性；结合技术动作培养运动员速度力量水平；合理利用外助力手段，突破速度障碍（图 3–6）。

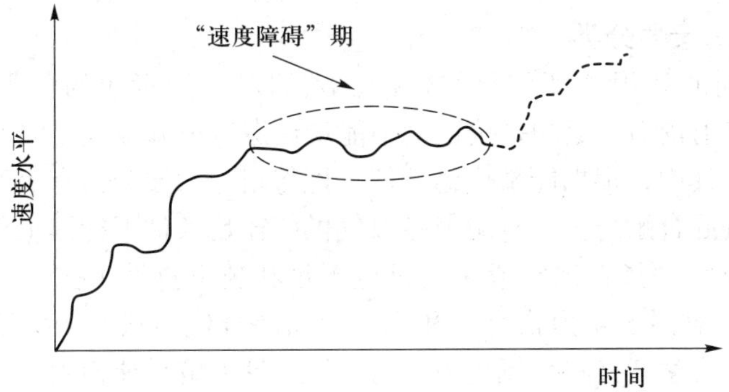

图 3–6　速度素质发展中的“速度障碍”现象

第四节　耐力素质及其训练

一、耐力素质基本概述

（一）耐力素质释义

耐力素质是人体长时间运动时抵抗疲劳的能力。耐力素质在运动项目中的表现多种多样，如中长跑、游泳等项目需要运动员较长时间重复固定动作完成比赛；篮球、足球等项目需要运动员克服疲劳完成各种专项技术、战术；其他类型的项目对专项耐力也有特定的需求。耐力素质也反映了人体维持特定运动强度和效率的能力。运动时内环境的紊乱、疲劳因素的不断累积以及意志力下降等都是影响运动强度与效率的重要因素。因此，耐力素质训练的核心是提高机体延缓疲劳的产生及对疲劳的抵抗能力。

（二）耐力素质意义

耐力素质是人体基本运动能力之一。对于竞技运动项目而言，耐力素质发

耐力素质意义体现

挥着多种重要作用，它是保持运动强度、持续激烈对抗、维持兴奋状态、完成全程比赛等的重要保障，对比赛发挥起着重要影响；对于耐力性项目而言，耐力素质更对运动成绩起着决定性的作用；良好的耐力素质是承受高负荷训练及比赛的重要保障，是比赛中保证技术、战术质量的重要保证；耐力训练对于心血管系统、内脏器官、运动系统的机能提高有明显的促进作用；对于运动员形成良好的意志品质和坚韧毅力有很好的帮助作用。

（三）耐力素质分类

依据不同的认识角度和分类标准，人们对耐力素质的分类有多种方式（图 3–7），应用较为广泛的是按运动中能量代谢特征和以运动时间及强度对应关系的分类。其中，根据能量代谢特征，可将耐力素质分为有氧耐力、无氧耐力和有氧无氧混合耐力。有氧耐力指氧气供应充足条件下持续工作及克服疲劳的能力；无氧耐力指在缺氧或氧气供应不足状况下持续工作或克服疲劳的能力；有氧 – 无氧混合耐力指有氧和无氧代谢混合代谢状况下持续运动或克服疲劳的能力。有学者又将无氧耐力分为乳酸（糖酵解供能为主）和非乳酸（磷酸原供能为主）无氧耐力两种。

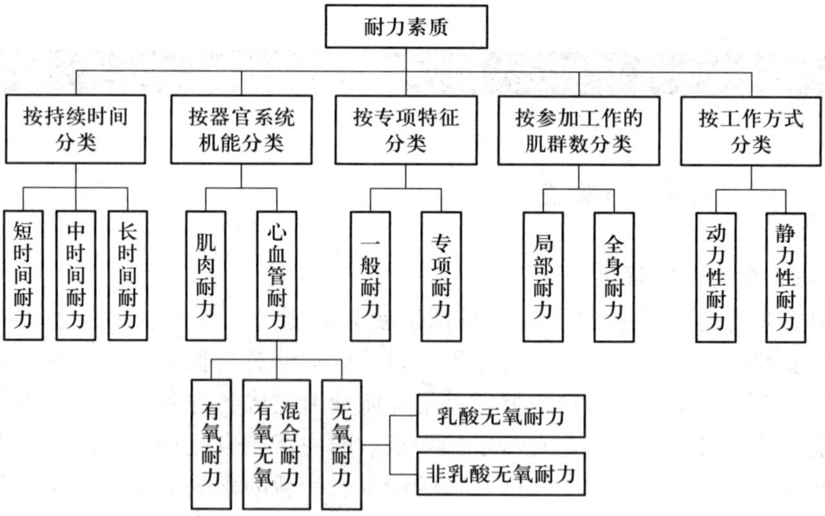

图 3–7 耐力素质分类体系

（《运动训练学》，2017，并整理）

根据运动强度与时间的关系，可将耐力素质分为短时、中时和长时耐力（表 3–6）。短时耐力指人体在 1 min 内以高强度负荷持续工作的能力，如

200 m、400 m 跑项目；中时耐力是指人体在 1~8 min 间以较高强度负荷持续工作的能力，如 800 m、1 500 m 跑项目；长时耐力是指人体在 8 min 以上，以中等或较低强度持续工作的能力，如 10 000 m 跑、马拉松项目等。其中，长时耐力又可分三个等级，即负荷持续时间 8~15 min 为长时Ⅰ级耐力；持续时间 15~30 min 为长时Ⅱ级耐力；持续时间达 30 min 以上为长时Ⅲ级耐力。

▶　表 3-6　不同耐力项目和专项的分类

项目	短时间	中等时间	长时间
游泳	100 m	200 m、400 m	1 500 m
赛艇			2 000 m
田径	400 m	1 500 m	3 000 m 障碍；5 000 m、10 000 m；20 km 竞走；马拉松
皮划艇	200 m	500 m、1 000 m	10 000 m
自行车	1 000 m 争先赛	1 000 m 个人计时赛、4 000 m 个人计时赛、团体赛	100 km 分段赛
滑冰	500 m	1 500 m、3 000 m	5 000 m、10 000 m
滑雪			10 km、15 km、30 km、50 km

（《运动训练学》，2017，并整理）

（四）耐力影响因素

耐力素质受机体多种因素影响：在神经支配上，神经传导过程的稳定性，即对疲劳的耐受能力是耐力素质的神经基础；在能量供应方面，糖和脂肪贮量及其代谢水平是无氧与有氧耐力的主要能量基础；在肌纤维类型方面，红肌纤维适合于有氧耐力性工作，白肌纤维适合于无氧耐力性工作；运动员的心肺功能、组织对氧的运输能力、利用能力等对有氧耐力水平意义重大；机体抗氧债能力、对酸性环境及疲劳的耐受能力等是无氧耐力发展的重要基础；运动员坚韧、顽强等意志品质，也是耐力素质赖以发展的重要因素（表 3-7）。

▶　表 3-7　不同持续时间中糖和脂肪的供能比例

运动时间 / min	需氧量 /（L · min^{-1}）	糖供能比例 / %	脂肪供能比例 / %
0~30	2.48	71	29

续表

运动时间 / min	需氧量 /（L · min^{-1}）	糖供能比例 / %	脂肪供能比例 / %
30～60	2.51	66	34
60～90	2.52	63	37
90～120	2.61	56	44

（封飞虎，2014，并整理）

二、耐力素质训练方法

（一）持续训练方法

该方法是一种以中等或较低的强度不间断地进行长时间练习的方法。该方法训练时，负荷强度相对不高，而负荷量相对较大，因此训练的主要功能是发展以有氧代谢为主的有氧耐力、长时耐力水平。在实践中，该方法通常有匀速持续和变速持续训练两种组织方式。匀速持续训练主要指训练过程中的速度水平相对稳定的持续训练，如常规的 5 km 跑、10 km 跑、30 min 跑等；变速持续训练主要指按一定的要求控制速度水平变化的持续训练，如将 10 km 跑分为三个阶段，每一个阶段提升或变化一次运动强度水平进行训练等。

持续训练法特点示例

该方法的主要特点是：训练强度一般控制在 60%～85%HRmax（HRmax：最大心率）或 50%～75%$\dot{V}O_2max$（$\dot{V}O_2max$：最大摄氧量），心率一般控制在 140～170 次 /min 之间，训练的距离或时间相对较长，专门耐力性项目运动员的训练强度可适当提高；长时耐力Ⅰ、Ⅱ级范围的训练，强度一般控制在 75%～85%HRmax，平均心率一般在 165 次 /min 左右，负荷时间多在 10～30 min 不等，也可适当延长；长时耐力Ⅲ级范围的训练，强度一般控制在 60%～75%HRmax，平均心率一般在 150 次 /min 左右，负荷时间多在 30～90 min 不等，甚至更长。

该方法除了对于有氧耐力、长时耐力有较好的训练价值外，对于提高神经传导过程稳定性及中枢神经调节协调性，促进慢肌纤维的选择性肥大及肌红蛋白的增加，提升最大摄氧量、无氧阈及心肺功能，以及提高心理意志品质等均有显著作用。该方法的相对局限是：不能过多用于速度性、爆发力性项目的基础练习中；过多使用会造成白肌纤维的功能红肌化转变；训练强度相对较低，对于提高短时耐力、无氧耐力水平价值不高。对于发育期的青少年及能力水平较差者，应以低强度的匀速持续训练为主进行耐力练习。

（二）间歇训练方法

间歇训练法是一种严格规定间歇时间，使机体处于不完全恢复状态下反复进行练习的训练方法。该方法又分为高强性、强化性和发展性间歇训练。间歇的方式也有休息式和运动式间歇两种。该方法对于提高中时耐力及Ⅰ、Ⅱ级长时耐力水平效果较为显著，是无氧与有氧混合耐力、有氧耐力训练的常用训练方法；同时，该方法能明显改善心血管系统机能，不仅有助于提高心肌收缩力，增加心脏每分输出量，提高心脏输送血液的能力，也有助于最大摄氧量的提高。

该方法主要特点为：间歇时间的确定以运动后的恢复心率达到110~120次/min左右为主要依据，具有严格的指标；以不充分休息为间歇控制方式，因此训练中疲劳积累效应较深；中时耐力项目的专项耐力训练，在适度保证较高负荷强度的前提下，可以采取对比赛距离或时间进行分段间歇训练的方式进行，并随着训练水平的提高，再逐渐缩短间歇时间。该方法的相对局限是：对耐力水平和训练经验要求较高，对初级运动员不宜过多采用；训练中恢复不够充分，若运用失当、疲劳积累严重，则易导致速度障碍。

间歇训练法特点示例

（三）重复训练方法

该方法是一种以较为固定的方式（动作结构和强度）反复练习，并安排相对充分休息的练习方法。该方法的主要功能体现在：对于提高无氧耐力及无氧代谢为主的有氧－无氧混合耐力作用明显；由于训练中无氧代谢较为明显，因此对肌组织的耐酸能力、血液对酸性物质的缓冲能力、脑细胞对血液酸性变化的耐受能力、机体保持高强度持续负荷的能力等能起到较好的训练价值；同时，训练中练习动作的结构相对固定，经过多次性的重复练习，对于提高耐力训练中的动作熟练性和技术水平有积极的训练价值。

该方法的主要特点是：较为突出无氧耐力水平的训练，训练负荷强度较高，平均心率多在180次/min以上；每组重复练习的时间不长；间歇时间的控制以不影响多次重复练习的负荷强度为原则；持续时间为20 s内、强度最高的重复训练，对磷酸原代谢为主的无氧代谢训练影响较为突出；持续时间为30~60 s内、强度较高的重复训练，对提高糖酵解代谢为主的无氧耐力训练影响较为突出；持续时间为2~5 min内、强度偏高或中等的重复训练，对有氧与无氧混合供能下的耐力训练作用突出。该方法相对局限是：对于有氧代谢能力训练价值不高；对于心血管系统的训练价值也偏低。

重复训练法特点示例

（四）缺氧训练方法

该方法是一种利用自然或人工环境，形成体内缺氧刺激，以提高耐力水平的训练方法。目前国际上的缺氧训练可以分为两大类，即传统的高原训练以及人工条件下的低氧训练。传统的高原训练，即高住高训（Living High–Training High，HiHi），是利用高原的自然环境进行的缺氧训练。低氧训练是利用人工低氧环境进行训练或刺激的训练，主要包括：高住低训（Living High–Training Low，HiLo）、高住高练低训（Living High–Exercise High–Training Low，HiHiLo）、低住高练（Living Low–Exercise High，LoHi）、间歇性低氧训练（Intermittent Hypoxic Training，IHT）等多种方式。

缺氧训练法特点示例

该方法主要作用为：适宜的缺氧环境刺激在一定程度上能引起血液中血红蛋白浓度的升高和红细胞数目的增生等适应性变化；造成机体运动缺氧与环境缺氧的双重疲劳刺激，有利于提高机体对疲劳的耐受能力及意志品质；适宜的训练后，可促使运动员在正常环境下表现出更好的耐力素质和比赛成绩。该方法的相对局限是：运动员个体对缺氧环境的反应及适应能力差异较大，对训练负荷控制带来很大难度；对于心脏功能一般，训练水平较低、适应能力差的运动员不建议运用此法训练；对医务监控质量要求较高，以防止训练事故发生。

三、耐力素质训练的特点

（一）短时耐力训练的特点

短时耐力与无氧耐力的关系密切，训练时应以体现明显的无氧代谢供能为主要特点，负荷刺激应引起强烈的无氧代谢反应，以提高糖的无氧酵解释能水平、机体耐酸能力水平、抗氧债能力水平等为主要目的。因此，训练中机能上应体现出心率快、氧债高、乳酸量大的特点。训练负荷强度的安排多以高强度和次高强度等级为主（表 3–8）。在该强度下，训练的心率强度多在最大心率的 90% 以上，一般在 180~200 次 /min 范围；血乳酸浓度可达到 10~20 mmol/L，甚至更高；竞速性运动项目的训练可达最高速度强度的 90% 完成练习。

▶ 表 3–8 耐力素质训练负荷等级

负荷等级	低强度	较低强度	中等强度	较高强度	次高强度	高强度
心率 /（次 · min^{-1}）	130~140	140~150	150~160	160~170	170~180	>180
心率强度 / %HRmax	≤65	70 左右	75 左右	80 左右	85 左右	≥90
血乳酸浓度水平	低	较低	中等	较高	次高	最高

续表

负荷等级	低强度	较低强度	中等强度	较高强度	次高强度	高强度
速度强度 /%v_{max}	≤50	60 左右	75 左右	80 左右	85 左右	≥90
持续时间 /min	>60	30～60	10～30	3～10	1～3	0.5～1
短时耐力负荷强度					●	●
中时耐力负荷强度			●	●	●	
长时耐力负荷强度	●	●	●	●		

注：该负荷等级主要适用于周期性运动项目，其他项目供参考。

一次性负荷的持续时间一般在 20 s～2 min。练习总时间或总组数因训练强度等的变化而有差异，但主要以最后一次练习的强度不低于最高强度的 80% 为依据。训练间歇时间的控制，可以按充分休息和不充分休息两种方式进行。充分休息可以保证训练的强度、神经的兴奋程度；不充分休息意在引起机体的乳酸积累，以提高机体耐乳酸、抗疲劳能力。有研究表明，1 min 超极量强度、间歇 4 min 的多次重复运动可以使身体获得最大的乳酸刺激，是提高最大乳酸能力和发展糖酵解供能水平的有效方式（图 3-8）。

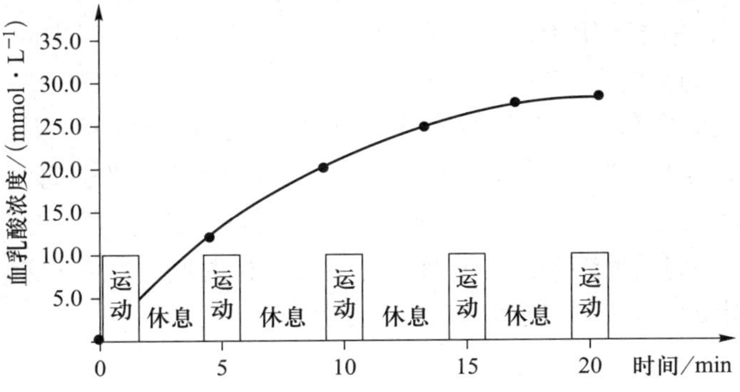

图 3-8　跑 1 min 休息 4 min 的 5 次间歇快跑后血乳酸浓度的变化

（封飞虎，2014）

在训练组织方法的选用上，初级运动水平及能力较低者，应以重复训练方法为主，训练强度可略微降低，间歇时间控制以充分恢复为主。对高级水平运动员，多以重复训练方法、强化性间歇训练方法以及比赛训练方法为主进行训练。重复训练法重在突出训练的强度和质量；间歇训练法重在突出乳酸堆积以及体现某些项目间歇短的专项比赛特征；比赛训练法则重在结合比赛环境调动训练兴奋程度和提高比赛适应能力。对间歇时间的控制，根据具体方法和目的的不同，可按充分休息和不充分休息两种方式进行。

（二）中时耐力训练特点

中时耐力与无氧 – 有氧混合性耐力的关系较为密切，训练中应以体现明显的无氧与有氧混合代谢为主要特点。中时耐力项目的比赛距离或成绩时间不同，其有氧与无氧代谢供能比例则呈明显的动态变化，训练中要根据具体项目特征和训练目的区别对待。一般地说，中时耐力项目比赛的负荷强度越大、持续时间越短，其训练负荷越接近短时耐力训练的性质，训练中无氧代谢特征就越明显；中时耐力项目比赛的负荷强度越小、持续时间越长，其训练负荷越接近长时耐力训练的性质，训练中有氧代谢特征就越明显。

对于负荷时间较短的中时耐力训练，其负荷强度应趋近于较高强度等级进行训练，心率一般控制在 165～180 次 /min，甚至更高；一次性负荷的持续时间多为 1～4 min；有时可适当进行短时间、高强度的负荷练习；总有效负荷时间多为 10～30 min 不等。对于负荷时间较长的中时耐力训练，其负荷强度趋近中等强度安排训练，心率一般控制在 155～165 次 /min，根据不同的目的，有时也可扩大心率范围。一次性负荷的持续时间多为 5～8 min，有时可采取分段间歇的方式进行训练；总有效负荷时间多为 30～50 min 不等。

在组织方法的选用上，所有耐力训练方法都可运用于中时耐力的训练，但要结合特定的目的和实际情况进行。一般来说，间歇训练法更具有广泛的适用性。该方法的负荷安排有几种典型的组织方式：负荷强度、时间、数量、间歇时间均为恒定的方式，为常规适应能力训练；负荷强度、时间、数量恒定，间歇时间缩短的方式，为专项分段间歇训练；负荷强度提高，数量及间歇时间恒定的方式，为负荷强度的强化训练；训练负荷时间、数量提高，负荷强度、间歇时间恒定的方式，为负荷量的强化训练。

（三）长时耐力训练特点

长时耐力与有氧耐力的关系极为密切，训练中应以体现明显的有氧代谢供能为主要特点，负荷刺激以提高糖的有氧氧化能力、游离脂肪酸的氧化能力以及有氧代谢水平等为主要目的。因此训练中应体现出持续时间长、强度相对低，吸氧总量高、有氧代谢明显的特征。对于耐力性项目，如中长跑、马拉松跑、中长距离游泳、骑自行车、越野滑雪等，长时耐力是其专项体能的关键；对于球类项目、格斗类项目，以及其他运动强度较高、时间相对较短的项目，长时耐力训练是其运动素质发展的重要基础。

长时耐力训练的负荷强度应以中等强度为主。但根据项目耐力特征和训练目的不同，训练负荷安排也有一定的区别。在做较大强度练习时，心率一般控制在 170 次 /min 以内；在做较小强度练习时，心率一般不低于 140 次 /min。一次性持续负荷时间一般不低于 15～30 min，某些耐力性项目的训练时间会更长；训练总时间一般在 40～90 min 不等，有时也会超过此值。在长时耐力训练的负荷过程中可以穿插一些无氧能力的训练。在组织方法的选用上，持续训练法是长时耐力训练的主要方法；间歇训练法也有很好的适用性（表 3–9）。

▶ **表 3–9 世界冠军意大利长跑选手科瓦主要训练手段的方法学类属**

主要训练手段	负荷强度（速度）	方法学类属
1. 20～30 km	4 min/km	持续训练
2. 500 m × 4	1 min 16 s～1 min 17 s	大强度间歇训练
400 m × 5	61～62 s	
300 m × 5	45 s	
200 m × 10	28 s（间歇 35 s / 100 m）	
3. 1 000 m × 6	2 min 35 s（间歇 4～5 min）	大强度间歇训练
4. 400 m × 25	—	—
5. 2 000 m × 5	—	小强度间歇训练
1 000 m × 6		
6. 3 200 m × 1	8 min 42 s	重复训练
2 000 m × 1	5 min 20 s	

注：运动员 5 000 m 成绩：13 ∶ 13.71；10 000 m 成绩：27 ∶ 41.03。

（《运动训练学》，2017）

四、耐力训练基本要求

（一）耐力训练应密切结合运动专项特征

不同项目运动员的耐力训练应该高度结合专项运动特征与要求。首先，要考虑专项耐力素质的发展类型。有些项目，如各种距离的跑、游泳等项目的专项耐力类型相对专一，而篮球、足球、网球等项目的专项耐力类型则相对综合。其次，要考虑专项技术动作特征，如耐力性项目高度强调技术动作的经济、省力；对抗类项目则强调疲劳状态下技术动作的稳定性、准确性、有效性。再者，要考虑比赛特征，如耐力性项目主要为持续性运动；而对抗类项目主要为间断性运动，比赛强度变化无规律，间歇有区别。

（二）耐力训练应高度遵循能量代谢规律

不同的耐力素质以不同的能量代谢方式为基础，耐力素质水平的提高在很大程度上是机体不同能量代谢方式水平的提高。以磷酸盐、肌糖原为能源物质基础的无氧代谢供能水平的提高是短时耐力提高的关键；有氧、无氧混合代谢供能水平的提高是中时耐力提高的关键；而肌糖原、游离脂肪酸的有氧分解供能水平则是长时耐力提高的关键。同时，不同能量代谢方式对运动强度、运动量有特殊的要求，因此耐力训练必须严格控制负荷强度与负荷量以及间歇时间的安排，才能达到不同耐力素质的训练目的。

（三）耐力训练应以发展有氧耐力为基础

无论是专项耐力素质还是无氧耐力素质的发展，都是建立在有氧耐力提高基础之上的。系统的有氧耐力训练，可使运动员的心腔增大，每搏输出量提高，从而为无氧耐力、专项耐力的发展打下坚实的基础。在运动员成长过程中，特别是训练早期，无氧耐力如果过早、过多发展，容易造成心肌增厚，虽然能够带来心肌收缩力的增强，但心脏每搏输出量难以提高，从而影响全身的血液供给，对耐力素质的综合与长期发展不利。因此，耐力素质训练必须以有氧耐力为基础，并处理好与其他耐力素质发展的关系。

第五节 柔韧素质及其训练

一、柔韧素质基本概述

（一）柔韧素质释义

柔韧素质是指人体各关节活动幅度和髋关节的肌肉、肌腱、韧带等软组织的伸展能力。人体柔韧素质主要由两方面因素组成：一是关节活动幅度和范围的大小；二是髋关节的肌肉、韧带、肌腱、筋膜等软组织的伸展能力。前者主要受到人体关节自身结构特性的影响，可训练性程度较小；后者的可训练程度相对较高，可以通过适当的训练获得和提高。柔韧素质是一种重要的运动素质，对其他运动素质及运动技能具有重要的影响。体操、艺术体操、技巧、武术、跳水、花样滑冰等项目均对柔韧素质要求很高。

（二）柔韧素质意义

柔韧素质在体育运动中具有重要意义。首先，柔韧素质是掌握运动技术的基础，适宜的柔韧性是达到特定动作幅度和活动范围的基本保证；其次，柔韧素质的适当提高，可以增大动作范围和做功距离，有利于技术效果改善。再次，对于表现难美性项目而言，柔韧素质对动作难度、优美度和协调性的展现尤为重要，对体操、技巧、跳水、武术、花样游泳、花样滑冰等项目起着关键作用。此外，关节柔韧性较差还会在一定程度上限制肢体力量、速度、灵敏素质的发挥，增大能量的无效消耗，影响运动的持续时间，同时也会加大运动损伤的风险。

（三）柔韧素质分类

根据不同分类标准，柔韧素质可以有多种分类方式。根据运动状态，可分为动力性柔韧和静力性柔韧两种类型。动力性柔韧指在肢体和关节运动状态下的柔韧水平；静力性柔韧指肢体和关节在静止状态下的柔韧水平。从达到最大柔韧状态的工作方式来看，又可分为主动柔韧和被动柔韧两种类型。主动柔韧指靠自主用力达到的柔韧水平；被动柔韧指在外力作用下达到的柔韧水平。根据柔韧素质的项目特征，可分为一般柔韧和专项柔韧。一般柔韧指人体各关节所具备的基本柔韧水平；专项柔韧指运动项目所需要的专门性的柔韧水平（图 3-9）。

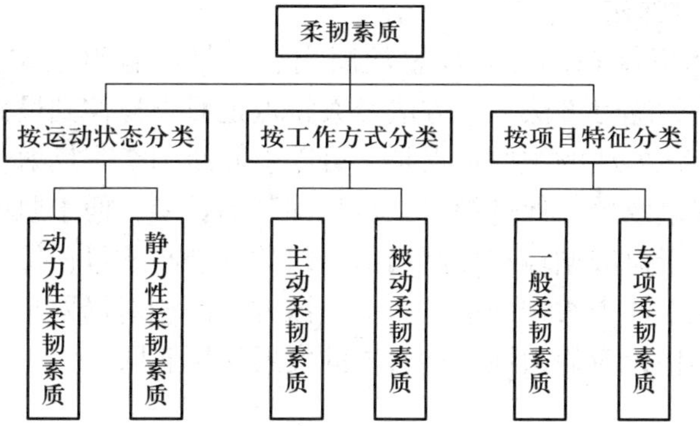

图 3-9　柔韧素质主要分类

（四）柔韧影响因素

柔韧素质受机体多种因素影响：人体关节结构的固有特征是决定关节活动范围和幅度的决定性因素，且可训练性很低；髋关节肌肉、肌腱、韧带、筋膜等组织的伸展能力同样对动作范围和幅度的发展起着重要影响，是柔韧素质得以提高的关键因素；神经传导过程的灵活性越高，其对肌肉收缩与放松的调节会更加自如、协调，不仅可以减少对抗肌的紧张程度，也利于肢体伸展后的快速回收；适宜的环境温度能减少肌肉内部黏滞性，便于柔韧水平的展现；此外，年龄、性别等因素，也是影响柔韧素质发展的重要因素。

二、柔韧素质训练方法

柔韧素质训练主要通过拉伸目标部位的方式进行。目前拉伸方法主要有静态拉伸法、动态拉伸法和 PNF 拉伸法。

（一）静态拉伸法

静态拉伸练习示例

该方法是指当肌肉、韧带等软组织拉长到一定幅度后保持动作相对静止状态，以提升柔韧水平的练习方法。该方法最大特点是使肌肉、韧带等软组织持续处于最大伸展状态。该方法的主要特点是：练习简单易行，场地、器械要求不高；训练后进行练习，还有助于肌肉放松；练习避免了牵张反射，对发展肌肉伸展性效果好，便于发展动作幅度；练习强度相对较小，利于节省体力，不易使软组织损伤。该方法相对局限是：过多使用，易使肌肉失去弹性，也限制了牵张反射效应，对动力性动作的柔韧性产生不良影响。

（二）动态拉伸法

动态拉伸练习示例

该方法是指以动态的方式反复使肌肉、韧带等软组织拉长到一定幅度，以提升柔韧水平的练习方法。该方法最大特点是肌肉拉伸到最大幅度时会产生明显的回缩力。该方法的主要特点是：可以引起肌肉牵张反射，达到提高伸展性和收缩性的双重效果；促进神经兴奋与抑制的转换，便于肌肉伸展与收缩的协调发展；有利于血液循环和提高局部组织的弹性与质量；练习动力强、幅度大、刺激深，便于冲击柔韧的极限水平。该方法的相对局限是：训练不当，则极易造成肌肉拉伤；对静力性柔韧素质的发展作用有限。

（三）PNF 拉伸法

PNF 拉伸练习示例

PNF 拉伸法的全称为本体感受神经肌肉促进法（Proprioceptive neuromuscular facilitation）。该方法的基本步骤为：首先，静态拉伸靶肌肉（6~8 s）；接着，在对抗用力下让靶肌肉进行等长收缩（6~8 s）；最后，适当加大伸展幅度后再次进行静态伸展（30 s 左右），或也可同时主动收缩拮抗肌。该方法最大的特点是在传统静态拉伸的基础上，增加一个额外的主动对抗外力（等长收缩）发力阶段。其主要机理是利用了神经—肌肉系统的自主抑制效应（目标肌肉强力收缩后所诱发的反射性自我抑制效应）和交互抑制效应（拮抗肌的收缩诱发主动肌的抑制性放松）。该方法进行柔韧素质训练时应注意：要有充足的热身准备；受伤部位不易采取 PNF 拉伸；实施 PNF 拉伸的教练或辅助者需要有熟练的训练知识和操作技能，并要与练习者之间密切配合；练习时，思想高度集中，动作规范，并控制好拉伸的幅度；青少年及初级水平运动员应慎用该方法。

三、柔韧素质训练特点

柔韧素质训练负荷强度指标较为特殊，一般以动作幅度指标作为主要强度指标，同时外力大小、动作速度也是柔韧素质训练强度控制的辅助因素。柔韧素质训练的动作幅度指标多以最大幅度为标准，即无论是静力性，还是动力性柔韧素质的发展，均要以达到或接近极限幅度为标准。同时，在做柔韧素质练习时，幅度强度的控制一般还要结合运动员自我感觉进行，当肌肉感觉胀痛时可稍加用力的程度或保持用力的程度；当肌肉感到酸痛时可减少用力的程度；当肌肉感觉麻时则应停止练习，以防止肌肉拉伤的危险。

对负荷时间的控制也要综合考虑各种因素。总体而言，单个动作的持续时间，根据不同需要而有区别，短则控制在 20～30 s，长可至 2～3 min，并要保证关节最大范围限度的活动性。一般而言，主动、动力性的伸展练习，持续时间不长；静态、被动性的伸展练习持续时间可相对加长；大关节持续练习的时间要长于小关节；男子一般要比女子练习的持续时间长。此外，柔韧练习间歇时间的控制应该以机体完全恢复为主要原则。在间歇过程中可安排轻微活动，肌肉放松、按摩等练习，使有关关节得以充分放松。

四、柔韧训练基本要求

首先，柔韧训练要与力量训练适当结合。这不仅旨在保证两者的同时增长，还在于可以避免或消除两者之间的不良转移；同时，也利于提高肌肉在最大活动幅度下的收缩张力。其次，柔韧素质训练应以专项要求为准。对多数运动项目而言，柔韧素质水平能够满足专项技术动作的需要即可；若发展过度，则会引起肌肉弹性降低等不良后果。再者，柔韧训练应该合理搭配拉伸方式。动力性与静力性拉伸应结合进行；一般先进行主动拉伸练习，待软组织伸展幅度达到一定范围时再加以被动拉伸；在被动拉伸练习后，通常还应安排主动拉伸；在同一关节被动拉伸时的动作幅度应大于主动拉伸等。

第六节 灵敏素质及其训练

一、灵敏素质基本概述

（一）灵敏素质释义

灵敏素质是指在各种突然变换的条件下，能够迅速、准确、协调地相应完成动作的能力。灵敏素质是一种复合运动素质，是多种运动素质以及技能水平、心理感知能力的综合体现。灵敏素质主要表现于运动中的快速性、准确性、协调性和应变性能力（图 3-10）。例如，球类、拳击、跆拳道、摔跤、击剑、冲浪、滑雪等众多项目高度强调灵敏素质，要求运动员在时空条件急剧的变化下能够判断迅速、反应敏捷，同时还需要迅速地变换动作、改变方向，在此基础上还须确保动作的路线、力度、速度、节奏、目标等准确无误。

灵敏素质表现示例

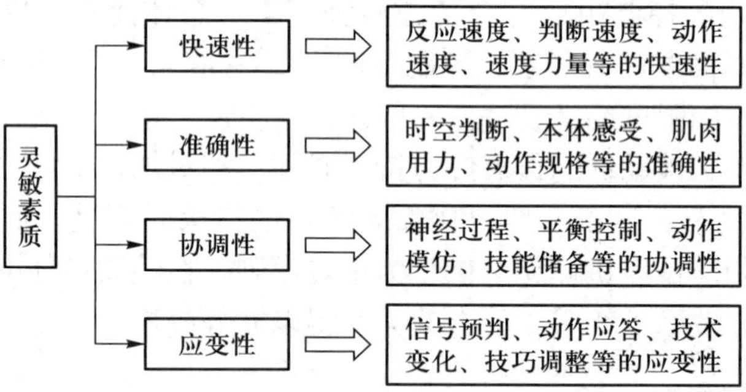

图 3-10 灵敏素质主要特征

（胡亦海，2014，并整理）

（二）灵敏素质意义

灵敏素质建立在一定的力量、速度、耐力、柔韧、本体感觉、反应力、灵活性、协调性等多种运动素质和技能的基础之上，与体能、技能的发展密切相关。良好的灵敏素质是技术发展的基础，是准确把握技术规范、有效发挥技术优势的重要保证。良好的灵敏素质体现了神经与肌肉高度的协调性与灵活性，不仅便于技术动作的完成，还利于能量的经济化、节省化。对多种运动项目，尤其是对抗性项目而言，身体的快速、准确、协调、应变能力是双方攻防对抗能力的关键，是取得优异运动成绩的重要保证。此外，灵敏素质训练对提高心理感知力、判断力、决策力等均具有明显的帮助作用。

（三）灵敏素质分类

灵敏素质通常分为一般灵敏素质和专项灵敏素质。一般灵敏素质是指人体运动活动中，在突然变换的条件下，迅速、准确、协调、应变性地完成各种动作的能力。专项灵敏素质是指在专项运动活动中，在突然变换的条件下，迅速、准确、协调、应变性地完成各种专项动作的能力。一般灵敏素质是专项灵敏素质的基础；专项灵敏素质是在一般灵敏素质的基础上经过多年专项化训练的结果。一般灵敏素质训练具有广泛性、普遍性和技能性特点；专项灵敏素质训练则具有专门性、特殊性和技术性特点。

（四）灵敏素质影响因素

灵敏素质受机体多种因素影响：在神经支配方面，神经传导过程的快速性、灵活性越高，越利于灵敏素质的提升；在思维判断方面，运动员敏捷的思维能力、对时空判断的准确能力等是影响其策略决定、动作选择、动作应对等的关键因素；在与基本素质的关系上，各种运动素质对灵敏素质的发展水平均有不同程度的影响；运动技能储备越多，技术动作动力定型建立的数量就越多，动作的熟练性、协调性越强，越利于准确、应变性地完成动作；此外，性别、年龄、气质类型等均对灵敏素质的发展有一定的影响。

二、灵敏素质训练方法

（一）因素训练方法

该方法是指从影响灵敏素质的各因素入手，有针对性地安排相应的训练，通过改善相关因素水平来提高灵敏素质水平的训练方法。训练时主要从灵敏素质的快速性、准确性、协调性和应变性等主因素展开训练。该方法的主要特点是：训练内容安排具有明确的目的性和强烈的针对性，便于层次性地提高灵敏素质诸要素；便于结合专项灵敏素质的突出因素以及运动员灵敏素质的薄弱因素有目标性地训练；便于确定灵敏素质各因素的模式标准，以利于客观检查、诊断以及评价灵敏素质的发展状况。

因素训练法特点示例

（二）综合训练方法

综合训练法特点示例

该方法是指将影响灵敏素质的若干或全部因素组成训练动作组合单元，在突然变化外部条件的情况下，让运动员迅速做出相应动作变化的训练方法。训练时要根据灵敏素质的各因素预先设计多种动作组合（包括固定组合和变异组合），并提高运动员的灵活运用能力和技能熟练性。该方法的特点为：综合性提高灵敏素质的各影响因素水平，有助于对技术动作的熟练掌握和灵活应用；高度体现专项技能特点，便于专项运动技术改善和战术模拟，以及提高灵敏素质的思维意识；高度体现项目的实战特征和比赛规律，将灵敏素质与专项技术、战术能力有效结合。

（三）游戏训练方法

游戏训练法特点示例

该方法是指以游戏的形式提高训练内容的多样性、活泼型、轻松性、趣味性的训练方法。训练时要以灵敏素质训练为主要目的来设计游戏方式、制定游戏规则，并可采取一定的奖惩措施，以便于训练的组织开展。该方法的主要特点为：游戏的轻松、活泼及趣味性较高，容易调动运动员训练的参与性、积极性和主动性；游戏的娱乐性、互动性、争胜性较强，易于提高运动员神经兴奋性，激发高昂训练情绪，提高训练的注意力；游戏对动作的约束性条件较少，既能培养一般灵敏素质，也能促进专项灵敏素质发展。

三、灵敏素质训练特点

灵敏素质训练非常强调神经反应、神经转换及动作的快速性，动作变化的灵活性、机动性等，训练中主要体现快（快速）、准（准确）、灵（灵活）、变（多变）的特点。训练中负荷强度大，负荷持续时间较短，一般多在20~30 s 内。训练总组数、次数的安排应以不产生明显疲劳为宜，以保证机体适宜的兴奋程度。训练内容以熟练或不熟练的动作为训练安排的内容基础，熟练性动作目的是强化动作快速性、稳定性；不熟练的动作则在于强化协调性、应变能力的提高。训练间歇时间的确定应以机体充分恢复为原则。此外，灵敏素质训练多和专项运动技术练习、战术练习结合较为紧密。

四、灵敏训练基本要求

首先，灵敏素质训练要与专项紧密结合。尤其是要结合专项技术、战术及比赛的特殊需求来有针对性地发展运动员的灵敏素质。其次，灵敏训练要与基本运动素质紧密结合。各项运动素质对灵敏素质都有不同的影响，尤其是速度力量、反应速度、动作速度、判断速度等对灵敏素质的发展至为关键，必须重视基本运动素质的基础作用。再者，要重视少儿灵敏素质发展敏感期。儿童6~12岁节奏感较好，7~11岁空间定向能力较好，7~12岁具有良好的反应能力等，这些都为发展灵敏素质提供了良好的条件。

第七节　运动素质多维转移

一、运动素质转移释义

人体各器官、系统联系的整体性，造成各种运动素质之间必然存在密切的联系，既相互促进，也相互制约。运动素质多维转移就是指某种运动素质的发展对其他运动素质产生影响的过程。例如，肌纤维张力提高的同时，也自然会增加其克服同等阻力的收缩速度，因此表现出力量素质的提高会在很大程度上促进速度素质的发展。掌握运动素质转移特征，可以利用转移强化优势、避免干扰，提高训练的整体效益。例如，近年来国内外开展的“跨项选材及训练”工作的主要训练学理论基础，正是来自运动素质多维转移理论。

二、素质之间转移关系

（一）力量素质与速度素质之间的关系

力量素质与速度素质之间主要体现为高度的正相关性。由于力量与速度素质发展的生理基础有很多的相似之处，例如，在神经特性上，都需要神经传导过程的强度及协调性；在能量代谢方式上，多以无氧代谢为主；在能量物质储备需求上，都对磷酸原、肌糖原有较高要求；在肌纤维类型上，都是白肌纤维共同具备的收缩特点。因此，力量与速度素质的各自发展通常均会对另一者产生积极影响。同时，肌纤维收缩张力的提升本身也能带来克服同等阻力收缩速度的提升，因此通过力量训练来发展速度素质是一种常规途径。

（二）力量素质与耐力素质之间的关系

力量素质与耐力素质之间体现为既相互促进又相互制约的关系。力量素质的最大力量、速度力量、力量耐力的发展，在神经动员、能量代谢方式、运动强度等方面与耐力素质中的短时耐力训练特点较为接近，而与长时耐力关系不大。因此，力量素质的发展很大程度上有助于短时耐力的发展，而与长时耐力的关系不大。反之，短时耐力的发展同样对力量素质有促进作用；而长时耐力的训练，一定程度上不利于力量素质的提高，甚至在某种程度上会有限制作用，尤其是对速度力量的发展较为不利。

（三）力量素质与柔韧素质之间的关系

在适宜范围内，力量素质与柔韧素质的发展不会产生明显影响。也就是说，在一定范围内，力量或柔韧素质的发展不会对另一方产生明显的影响。但两者各自的过度发展极易限制对方的提高，尤其是柔韧素质的过度发展会明显限制力量素质（特别是速度力量）的提升。原因主要在于，过度发展柔韧性，会造成肌肉伸展性的大幅提升，也必然会降低肌肉的弹性和快速收缩性。因此，专项柔韧素质的发展，必须结合专项技术动作对柔韧素质的需求程度而进行，若发展过度，则会对动作力量产生制约，进而影响动作速度。

（四）速度素质与耐力素质之间的关系

速度素质与耐力素质之间具有既相互促进，又相互制约的关系。由于速度素质较为突出神经强度和灵活性，具有无氧代谢供能水平高、运动激烈程度高等方面的特征，因此，与短时耐力之间通常表现为相互促进的关系。同时，其与中时耐力的关系一般，与长时耐力之间则表现为相互制约的关系。因此，在一定程度上，速度素质水平的提升，有助于短时耐力的发展，而对长时耐力的专门性发展作用有限。反之，短时耐力的发展同样有利于速度素质的提高，而长时耐力的过分发展则不利于速度素质的提高。

（五）复合素质与基本素质之间的关系

复合运动素质是具有两种或两种以上运动能力特征的运动素质，例如，速度力量、力量耐力、速度耐力、灵敏素质等。该素质是与其直接相关的基本运动素质特征的综合体现（图 3–11）。因此发展相关的基本运动素质，是提高复合素质水平的关键。例如，力量与速度素质发展是速度力量提高的基础；力量与耐力素质的发展是力量耐力提高的基础；速度与耐力的发展是速度耐力提高的基础；最大力量、速度力量、反应速度、动作速度等以及耐力、柔韧素质的适度发展，是灵敏素质提高的重要基础。因此，复合素质的提高必须以提升相关基本素质为主要途径；复合素质各要素的发展对各种基本素质能力的提高也有积极的促进作用。

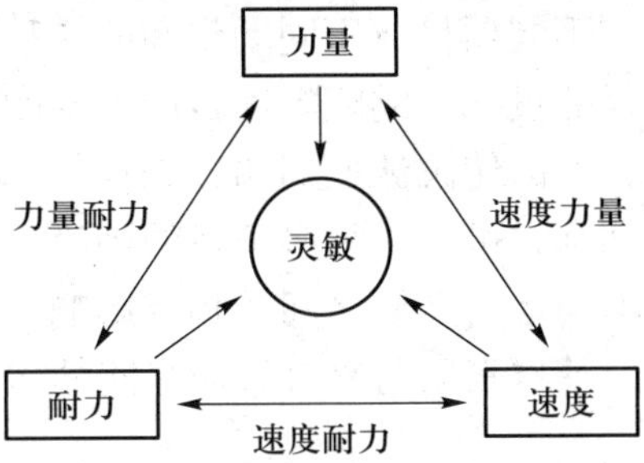

图 3-11　力量、速度、耐力、灵敏素质间的相互关系示意图

三、运动素质转移类型

根据运动素质转移的不同特征，可以将其分为多种类型（图 3-12）。

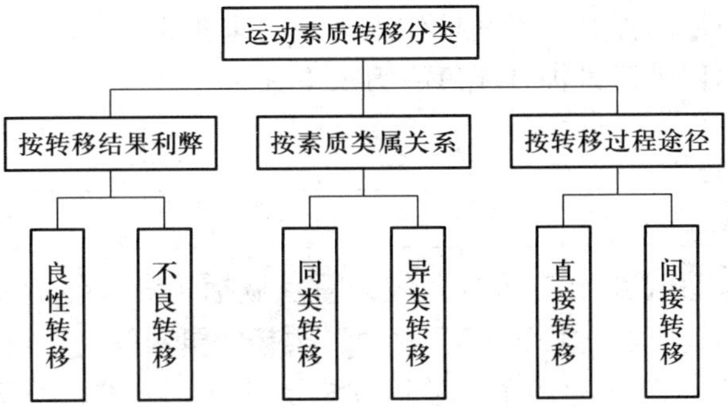

图 3-12　运动素质转移的类型

（一）良性转移与不良转移

根据运动素质转移结果的利弊关系，可以分为良性转移和不良转移。良性转移是指一种运动素质的发展会促进另一种素质的提高。例如，运动员力量素质的发展会促进速度素质的提高；最大速度的发展会促进速度耐力的提高；速度力量的发展会促进速度素质、灵敏素质的提高。不良转移是指一种运动素质的发展会制约另一种素质的发展。例如，力量素质会对长时耐力、有氧耐力发展有不利影响；有氧耐力过分发展会对速度素质、速度力量有不利影响；柔韧素质过度发展会对力量素质、速度素质有不利影响。

（二）同类转移与异类转移

根据运动素质转移的类属关系，可以分为同类转移和异类转移。同类转移是指同一类运动素质在不同项目或不同动作间的转移。例如，进行举重项目的力量训练，可以使田径的投掷、跳跃等项目所需要的力量水平得到提高；中长跑运动员的耐力训练，可以使游泳、划船、骑自行车等项目的有氧耐力水平得以提高；短跑的速度训练，可以对很多项目的神经反应、动作速度等起到促进作用。异类转移是指不同运动素质之间的相互影响。例如，力量与耐力、力量与速度、耐力与速度、基本素质与复合素质之间的转移。

（三）直接转移与间接转移

根据运动素质转移的过程途径，可以分为直接转移和间接转移。直接转移是指一种运动素质的发展直接对另一种素质产生影响，例如，田径运动员腿部力量素质训练能促进跑步速度、跳跃速度的提高；拳击、跆拳道运动员速度力量能力的提高会促进反应速度、动作速度能力的提高。间接转移是指一种运动素质通过间接的方式影响另一种运动素质的发展，例如，腿部静力性力量训练通过对最大力量的提升，又间接作用于跑动速度的提高；力量训练通过对肌肉力量和速度的促进，可提升无氧耐力水平素质。

小结

本章着重从理论结合应用的角度，重点概括了竞技体能的概念发展与理论变迁；详细讨论了力量、速度、耐力、柔韧、灵敏等各项运动素质的分类、意义与影响因素；系统阐述了各项运动素质的训练方法、负荷组织、训练要求；具体介绍了运动素质多维转移理论、具体转移关系及类型。特别强调了运动素质训练必须与运动专项特征紧密结合。

思考题

1. 简述力量素质训练的主要方法及特点。
2. 简述最大力量、速度力量、力量耐力的训练特点。
3. 结合实例简述速度素质训练的主要方法及特点。
4. 举例说明动作速度、位移速度的训练特点。
5. 简述耐力素质训练的主要方法及特点。
6. 比较说明短时耐力、中时耐力、长时耐力的训练特点差异。
7. 简述灵敏素质的主要表现、主要训练方法。
8. 举例说明运动素质之间的转移关系。

第四章

运动技术及其训练

▶ 本章导语

本章的主要内容包括运动技术一般概述、运动技术形成与迁移的原理、运动技术基本分析和运动技术基本训练四个板块。其中，相关概念、构成要素、组合类型；运动技术的形成原理、迁移原理、影响因素；技术分析的基本要素、基本方法；技术训练注意要点、运动技能训练方法等是重点内容。本章旨在框架性地构建运动技术及其训练的知识体系。

▶ 学习目标

通过本章的学习，希望学生基本掌握运动技术的内涵知识和外延范畴，基本了解运动技术的基本结构及其影响因素，基本理解运动技术形成与迁移的原理，基本认识技术训练的注意要点，以便能够准确选择运动技术的训练方法。

第一节 运动技术一般概述

一、运动技术基本内涵

运动技术的表现及其训练

技术动作及其训练

（一）运动技术基本概念

运动技术是指在实战中或在模拟实战的环境下，合理、有效地充分发挥运动员身体能力的动作方法。其内涵主要体现在三个方面：表现性、合理性和有效性。表现性强调的是，运动技术的表现应该在类似竞技的环境或在比赛环境中展现出来，并具有一定的欣赏价值；合理性强调的是，运动技术的结构应该基本符合人体运动的生物力学原理和充分展示人体潜在的运动能力；有效性强调的是，运动技术的展示应该符合专项运动的比赛规则。由此可见，运动技术的表现性、合理性和有效性是鉴别运动技术特征的三种标志。这就意味着运动技术的训练必须设置具有实战环境或模拟实战环境的条件。运动技术之所以强调实战或实战环境下的这一条件，就是为了突出“从实战出发”这一训练理念。

（二）运动技术基本意义

运动技术是竞技能力的重要构成因素，是运动训练的主要训练内容，是竞技比赛中的主要表现行为，是运动能力的主要支撑构架，是运动成绩的重要创新工具。显然，运动技术的意义非常重大。运动技术的发展基础是运动能力，运动技术的发展平台是运动技能，运动技术的主要构架是动作结构，运动技术的高级表现是运动技巧。其中，运动能力决定了运动技术的时空维度；运动技能决定了运动技术的复杂水平；动作结构决定了运动技术的稳固程度；运动技巧决定了运动技术的娴熟水准。因此，必须从发展竞技能力、促进技术进步的角度，高度重视运动技术及其训练意义，高度重视与之相关的各种要素的基本内涵及其作用。唯有如此，才能体现运动技术的重要意义。

（三）相关概念基本解析

运动技术属于“操作性”技术，是运动员操纵身体或器材的身体运动的技术。因此，运动技术与运动能力、运动技能、运动技巧等概念具有重要的关联关系（图 4–1）。运动能力分为两类：一类是指人体运动中各种具有“跑、跳、投、滚、翻、旋、转”运动元素特征的基本活动能力；一类是指运动员的运动素质，即机能在专项力量、耐力、速度、柔韧和灵敏素质方面表现出来的能力，有时又称“运动表现”；运动技能是指能够按一定要求和目的合理地运用技术方法的能力。运动技能的高低取决于技术种类数量和人体的协调能力；运动技巧是指实战中运动技能达到应变自如、高度娴熟和精细灵巧的程度。

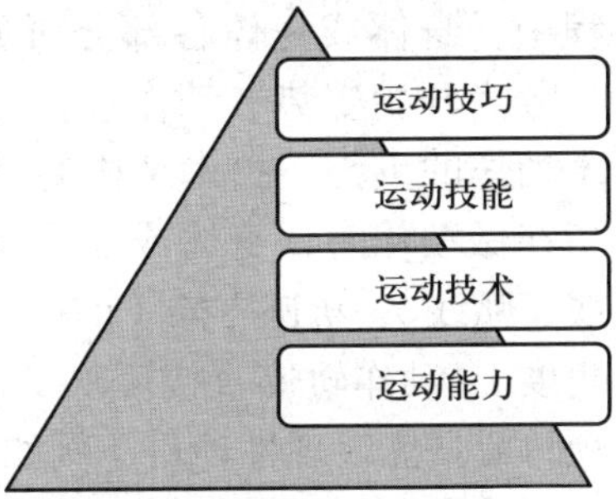

图 4-1　运动技术相关概念关系图

运动技巧的表现

二、运动技术基本要素

运动技术的基本要素是指构成技术动作不可缺少的各个因素。运动技术的基本要素包括：身体姿势、动作轨迹、动作时间、动作速度、动作速率、动作力量、动作节奏。这些因素在任何动作中都是普遍存在的。从结构上讲，运动技术是运动学特征和动力学特征的综合结果（图 4-2）。概括起来说是由 4 类动作特征的要素组成，即空间特征动作要素、时间特征动作要素、时空速度特征动作要素、时空力量特征动作要素等内容组成。其中，空间特征动作要素、时间特征动作要素、时空速度特征动作要素属于运动学特征要素；时空力量特征动作要素属于动力学特征要素。这些运动技术的基本要素又称为运动技术的动作要素。解析这些动作要素是实施技术训练的科学基础。

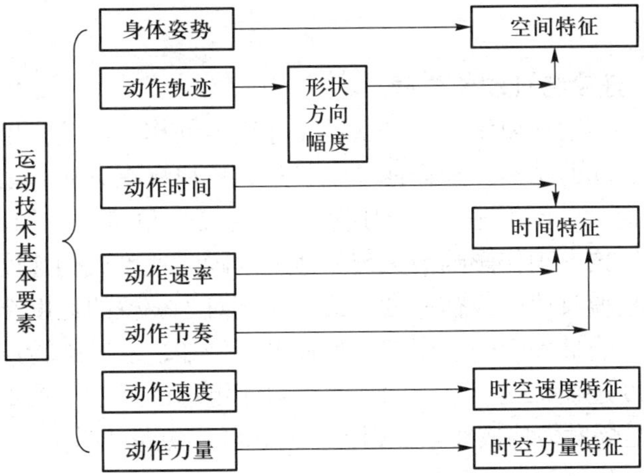

图 4-2　技术动作要素及其关系

（胡亦海，2014，并改制）

（一）空间特征动作要素

空间特征动作要素包括身体姿势和动作轨迹：① 身体姿势是指在动作过

程中，身体或身体各部分所处的状态及身体各部位在空间所处的位置关系，可分为开始姿势、动作进行过程中的姿势和结束姿势。身体姿势对于保持技术动作的重心、技术结构的稳定和技术应变的灵活至关重要；② 动作轨迹是指在做动作时，身体或身体某部分所移动的路线，包括轨迹形状（直线、曲线、弧线）、轨迹方向（前后、左右、上下六个基本方向）和轨迹幅度（长度、角度）。动作轨迹直接反映了运动技术的空间轨迹，直接影响着体能类力量性项目或技能表现性项目（例如，田径、体操、跳水、划船等运动项目）的技术动作质量。

（二）时间特征动作要素

时间特征动作要素包括动作时间、动作速率和动作节奏：① 动作时间是指完成动作所需要的时间，包括完成动作的总时间（完成动作所需的全部时间）和各个部分的操作时间（完成动作的某一环节所需要的时间）；② 动作速率是指在单位时间内同一动作重复的次数；③ 动作节奏是指完成动作过程中的时间特征，包括动作用力的变化、动作时间的间隔、动作幅度的变化、动作速率的快慢等要素。显然，动作节奏的内涵包含了一定的时空力量特征。应该说，动作时间、动作速率和动作节奏不仅是运动技术的动作要素，也是一切身体练习的动作要素。认识运动技术的空间特征和时间特征是运动技术科学训练的基础。

（三）时空速度特征动作要素

时空速度特征动作要素主要是指动作速度。动作速度是指单位时间内身体或身体某部分移动的距离。动作速度是矢量，有快慢有方向。动作速度包括动作方向、平均速度、瞬时速度、初速度、末速度、角速度和加速度等；其中，对某些运动项目技术动作影响最关键的速度是瞬时速度或初速度，例如，标枪的出手速度就是瞬时速度或初速度，这一速度对于掷枪的远度至关重要；对于某些项目技术影响最关键的速度就是加速度，例如，链球旋转过程的后程动作就是一个加速度过程，这一过程的加速度对于链球的远度至关重要；瞬时速度和初速度往往是爆发力构成要素。因此，对跳跃、短跨、举重、球类影响极大。

（四）时空力量特征动作要素

时空力量特征动作要素是指动作力量。动作力量通常有两种说法：一是生理学角度解释，指完成动作时身体及身体某部分肌肉用力克服阻力的程度；二是物理学角度解释，指完成动作时人体对物体的作用，它由力的大小、方向与作用点三个要素组成。当讨论动作力量内在机理时，应着重分析人体肌肉收缩机制；当讨论动作力量外在表现时，应着重分析人体动作的作用效果。众所周知，爆发力一直是运动素质和运动技术研究的重点。因不同专项特征所致，从而产生了强直性（抓举杠铃动作）、弹道性（排球扣球动作）、反弹性（跳高起跳动作）爆发力之说。显然，构成三种爆发力的速度和力量因子的影响权重不同。

三、运动技术动作结构

（一）运动技术基本结构

运动技术基本结构主要是指周期性或单一混合性运动技术的动作结构，例如，田径运动跑、跳、投等和球类运动基本技术的动作结构，都属于运动技术的基本结构。运动技术基本结构的特征是具有完整的动作过程。运动技术基本结构均由三维内容组成，即技术环节、技术细节和技术基础。其中，技术基础是指按一定顺序、路线、节奏等要素所构成的技术成分；技术细节是指在不影响动作结构的情况下，技术动作所表现出来的微调技术；技术环节是指技术动作过程的各个部分，是组成技术动作的基本单位（图 4–3）。例如，以排球扣球为例，准备、助跑、起跳、腾空、击球、落地等环节构成了扣球技术。由此可见，技术细节掌握得越合理，人体完成动作的效果就越好。

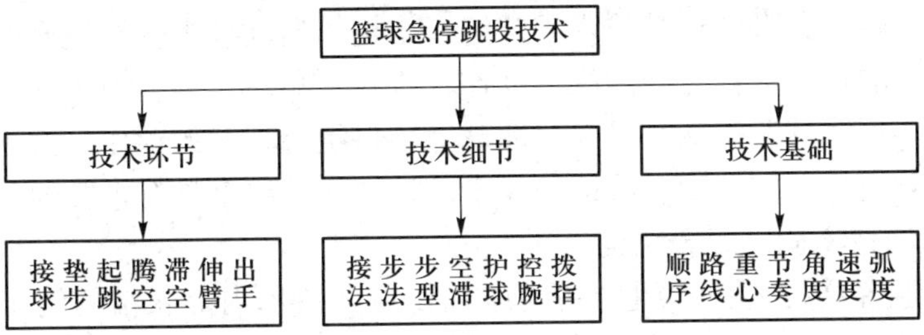

图 4–3　篮球急停跳投技术环节、细节与基础

（胡亦海，2014）

排球扣球基本环节及其顺序示意图

运动技术基本结构由技术动作的基本环节和环节之间的链接及其顺序构成，亦可称为技术的微观结构。每一项技术动作的基本结构都包括若干个基本环节。如跳远技术动作由助跑、踏跳、腾空、落地四个基本环节组成。这些基本环节按特定的，一般不能加以改变的顺序形成动作基本结构。因而，运动技术基本结构可称为“技术链”，而运动技术基本结构的基本环节则可视作“技

术链”上的各个点，“顺序”则成为连接各个点的连线。改善运动技术基本结构可从改善运动技术的基本环节、改善环节间的顺序两个方面进行。其实，所有身体练习动作都包括类似的动作环节、动作细节和动作基础，只是将其环节链接称为“动力链”。

一般来讲，运动技术环节与技术动作细节高度相关，运动技术基础与动作技能储备高度相关，运动技术细节与运动技巧程度高度相关。显然，运动技术基础和环节是技术学习的重点，运动技术细节则是技术应用的重点。由此可见，掌握运动技术细节是高级训练阶段的重点。运动技术细节掌握的水平，完全取决于运动员对技术动作各个环节作用的认识水平，同时受心理素质、运动素质、技能水平和运动经验等各方面因素的影响。另外，人体的动作是身体各关节之间发生位置变化的结果。骨骼是动作的杠杆，关节是动作的枢纽，肌肉是动作的动力。因而，运动技术训练的前提是，要全面地研究其动作要素，确定影响技术的主要因素，并以此作为明确解决技术问题的主要手段。

（二）运动技术组合结构

运动技术组合是指由若干独立的技术动作联结组成的集合，又称组合运动技术。运动技术组合结构分为固定组合结构与变异组合结构两种。运动技术固定组合结构主要是指若干独立的技术动作之间的联结动作、方式、顺序，是单一选择并且相对固定的。我们将固定组合结构的技术组成又称之为“套路”。例如，体操、艺术体操、跳水、武术套路、花样滑冰、花样游泳等项目组合技术的动作，就是典型的运动技术固定组合结构。运动技术变异组合结构主要是指若干独立的技术动作之间的联结动作、方式、顺序，是多项选择并且随机应变的。例如，篮球、排球、足球、冰球等项目组合技术的动作，就是典型的运动技术变异组合结构。两者的运动技术动作结构的组合具有本质的差异。

1. 运动技术固定组合结构

固定组合结构的技术组合

固定组合结构的技术组合主要体现在组合技术内部联结的编排方式和衔接质量上。通常，固定组合结构的编排方式和衔接质量十分强调难度、准确、协调和稳定。技能类难美性项群的运动项目均属此类。固定组合结构的动作编排是自由体操、艺术体操、武术套路、花样滑冰等项目设计和比赛的重点。目前女子自由体操多采用相对较少的舞蹈动作和相对较多的技巧动作，从而构成具有高价值的一套 A 分动作，这是这类项目编排选择的总体特征。高价值的一套 A 分动作组合编排仅是取胜的基础，组合的完成质量则是制胜的关键。因此，重视固定组合结构的编排方式和衔接质量至关重要。显然，必须提高固定组合结构的动作编排设计和衔接训练的质量。

2. 运动技术变异组合结构

变异组合结构的技术组合关键主要体现在：组合技术内部联结的应变方式、串联和衔接的质量上。通常，变异组合结构的应变方式、串联质量和衔接质量十分强调快速、准确、灵敏和变化。技能类对抗性项群的动作结构均属此类。串联是指集体性项目由若干队员将两个或两个以上技术合理地链接成为攻防配合形式。例如，篮球的后卫传球—中锋策应—前锋投篮，就是一次进攻串联，或称为进攻技术串联。显然，这一过程是通过若干队员的技术串联，实现了战术配合的目的。衔接则是个人两种技术之间的链接技术，换言之，是指一种技术结束到另一技术开始之间的技术。例如，网球发球后的网前截击。

变异组合结构项目的衔接技术的表现

变异组合结构项目的串联技术的表现

第二节　形成与迁移的原理

一、运动技术形成原理

（一）运动技术形成的生物学原理

从生理学角度看，运动技术形成的生理机制主要是两种原理，即经典条件反射原理和操作性条件反射原理。经典条件反射原理是由诺贝尔奖获得者、俄国生理学家巴甫洛夫发现并提出的，主要结论是：“所有的学习都是联系的形成，而联系的形成就是思想、思维、知识的……”。他所说的联系就是指暂时神经联系。操作性条件反射原理是由美国心理学家斯金纳发现并提出的。两者认为：任何学习都是大脑皮质的神经元所形成的暂时性联系。不同的是前者与非自愿行为有关，后者与自愿行为有关。两种条件反射原理一致认为：大脑皮质建立复杂的暂时性神经联系，是需要很长时间才能形成的。由此可见，运动技术形成的生理机制是大脑皮质建立暂时性神经联系。

暂时性神经联系

从生物力学角度看，运动技术是各个相关要素在时空范畴内适宜匹配的结果。这些相关要素是：身体姿位、关节角度、身体及肢体的位移、运动时间、速度及加速度、用力大小及方向、用力的稳定性及动态、力的变化速率以及人体各环节的相互配合形式与方式等因素。显然，生物力学认为：运动技术的形成就是技术动作结构中时间、空间、角度、弧度、幅度、速度、速率、力量、节奏、轨迹、形式等因素，趋于最佳配置的过程。运动技术是一个稳定状态，技术形成则是一个动态过程。前者强调运动技术是动作时空结构要素的最佳匹配状态。后者强调技术形成是各个要素不断调整和完善的过程。由此可见，运动技术形成实际上是各个相关要素不断关联和调试的磨合过程。

（二）运动技术形成的心理学原理

从心理学角度看，美国心理学家斯金纳发现并提出的操作性条件反射原理，为运动技术的形成奠定了扎实的理论基础。经典条件反射与操作性条件反射最大的不同是，操作性条件反射与自愿行为和行为后果有关。这一发现认为：人类行为主要是由操作性反射构成的操作性行为，操作性行为是作用于环境而产生结果的行为。在学习情境中，操作性行为更有代表性。这种反射可以塑造新行为。这一原理认为：必须提供与目的相关的条件，必须根据行为结果给予相应的奖惩（图 4−4）。由此可见，在运动技术形成的过程中必须提供相应训练条件，同时必须事先规定不同阶段运动技术形成的质量要求和事后落实相应的奖惩制度。唯有如此，才能有计划有步骤地落实任务。

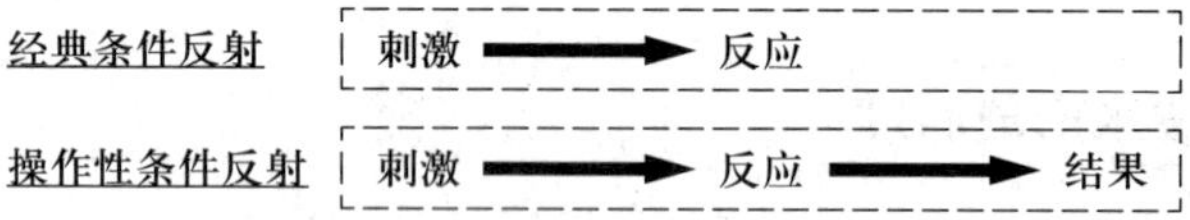

图 4−4　两种条件反射反应

（三）运动技术形成的社会性理论

从社会学角度看，运动技术的形成过程必须符合社会的美学视觉需要，必须体现竞技运动的美学要求。其中，“运动美”不仅反映了竞技运动的本质属性，同时也是竞技运动的现象体现，更是竞技运动的文化特征。动作美、技术美就是运动美的集中显现。因此在技术形成过程中，必须强调动作姿态、动作结构、动作过程的美学要求。竞技运动的运动技术不仅具有物理学意义上的结构，同时具有社会学意义上的属性。因此，任何运动技术的形成与展示必须符合社会要求和社会准则。因此，竞技运动中的任何运动技术的形成与创新必须符合竞技运动的规律和专项运动的规则。由此可见，运动技术的形成过程不能脱离社会学和竞赛学制约，不能忽视社会对竞技运动的美学需求。

（四）运动技术形成的技能学原理

从技能学角度看，运动技能的形成需经四个阶段，即泛化阶段、分化阶段、巩固阶段和自动化阶段。其中，泛化阶段特点是，初步形成技术概念，初步建立暂时神经联系，肢体相互配合不准确不协调；分化阶段特点是，基本形成技术概念，暂时神经联系趋于稳定和完善，肌体配合较为精确协调；巩固阶段特点是，清晰理解技术概念，暂时神经联系趋于完善，动力定型较为稳定，动作更加精确协调和省力；自动化阶段特点是，动力定型更为稳定，有意注意高度集中，意识支配动作较少，动作表现娴熟艺术。通常，运动技能形成过程泛化、分化、巩固和自动化的时间，与运动员的基本运动素质、技能种类储量、动作复杂程度、训练环境布局、训练器材设施等因素密切相关。

（五）运动技术形成的战术学理论

从战术学角度看，任何运动技术的形成和展现都有其内在的战术意图和技术思想。其中，技能类表现性运动项群、对抗性运动项群的运动技术更是具有鲜明的战术涵义。因此运动技术的训练应该自始至终地贯彻技术训练的战术思想。对于体能类项目而言，运动技术是体现专项体能的骨架；对于表现类项目而言，运动技术是表现身体美意的支架；对于对抗性项目而言，运动技术是实施战术意图的工具。可见，运动技术尽管包含战术思想，但对不同项群而言具有不同的功能。一般来讲，运动技术对于对抗项群而言，既是一种动作方式，更是一种战术基础。所谓“技术训练战术化”就是这个意思。因此，此类项群的单一技术、衔接技术和串联技术训练必须注意强化战术思想。

（六）运动技术形成的主要条件

运动技术的形成需要一定条件。不同难度系数的运动技术所形成的主客观条件因素不尽相同。难度越高，所依据的条件因素则越多。其中，每一条件因素又由若干因素组成，从而形成技术学习过程中条件因素的网络复杂链接系统。例如，身体条件中的控制协调能力是影响技术形成的重要因素之一，影响技术形成的控制能力有神经系统、肌肉的协调能力、运动的协调能力。其水平高低对掌握运动技术和运用运动技术起着重要作用。实践证明：在基本技能或非专项技术的学习中，注意培养运动员协调控制能力尤为重要。而其他因素如身体素质、智力因素、心理品质、环境条件、感知觉能力和学习态度以及力学知识等，都是运动技术形成不可或缺的因素（图 4-5）。

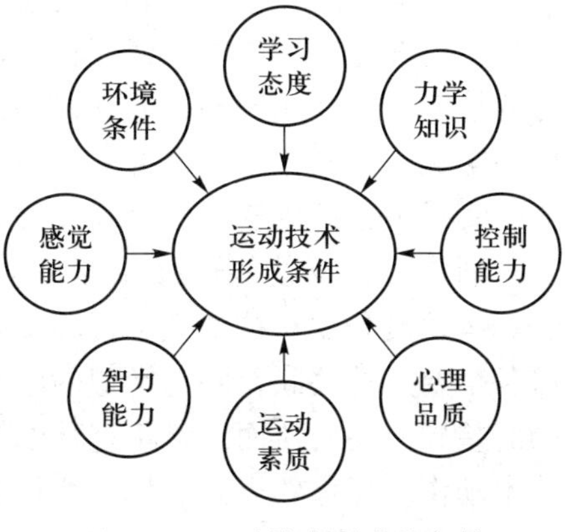

图 4-5　运动技术形成的条件

当然，现代科学技术的发明与创造，为运动技术的速成创造了极其重要的条件。许多竞技运动发达国家所制造

技术训练设备条件

的训练器材和设备，极大地加快了运动技术创新的速度，极快地缩短了运动技术形成的时间。例如，排球扣球训练器材的发明，使排球扣球技术形成过程容易碰到的三个难点，即起跳点、击球点、最高点迎刃而解，同时降低了踩球风险并提高了练习密度。又如，篮球投篮训练器材的发明使练习密度得到极大提高，从而不仅容易形成稳定的投篮动力定型，而且容易加速提高投篮的命中概率。再例如，网球发球机器的发明与应用，使球的速度、角度和落点在人为的调整下，可以极大地提高运动员底线技术和网前技术之间的衔接技术及其关键动作。

二、技术技能迁移原理

在实践中，大量存在着运动技能迁移现象。一项运动技能的掌握或形成，往往会促进或干扰另外一种技能的学习，这就是运动技能迁移原理的作用。迁移原理是指在训练或教学过程中，运动员学习新的技术或者新的动作时，在新刺激的作用下，使得与新刺激有联系的原有的神经暂时联系的痕迹被激活，并参与新刺激联系的建立或对以往的旧有联系的改造，从而使原有的神经系统的暂时性联系得以扩大、漫延、发展，因此对学习新的技术和对原有技术或动作的改造具有一定影响。这种影响有时是良性的，有时是不良的。其结果如何往往受新旧技术动作结构的相似性和差异性、学习时的心理状态、学习者的认知水平、训练场所的条件、教练员的指导方法、技能贮备水平等因素影响。

运动技能的学习过程是复杂的，迁移过程是多维的，因此迁移的类型也是多种多样的（图 4-6），正迁移是指掌握一种运动技能对学习另外一种运动技能产生良好影响；负迁移是指掌握一种运动技能对学习另外一种运动技能产生不良影响；纵迁移是指学习的技能属于同一项目，但所掌握的技能对学习另一种运动技能产生影响；横迁移是指学习的技能不属同一项目，但所掌握或学习的技能彼此互相影响；顺迁移是指掌握一种较易动作可对学习同类较难动作施加影响；逆迁移是指掌握一种较难动作可对学习较易或已掌握的技能施加影响。实践中，运用迁移原理和迁移方法是学习和掌握运动技能的重要途径。

通常，根据技能迁移原理采取如下步骤方有成效：一是建立正确技术概念。运动员必须对技术概念正确理解，在学习技术时要掌握技术原理，了解动作各个要素的关联，并与类似的已学过的技术动作结构加以比较，明确动作结构的差异所在，从而消除负迁移的倾向，并产生正迁移的意识。二是熟练巩固技术动作。迁移效果的好坏，往往取决于前一动作的质量。运动员掌握动作越多、越巩固，思维痕迹越清晰，那么建立起来的暂时性神经联系也就越多，从而在学习新的技术时就越容易引起迁移。三是科学掌握间隔时间。学习两种动作结构差异性大的技术时，间隔时期的要求不严，即学习一种技术完毕后，再学习新技术时，其间隔时间不必苛求。但是，在同时或相继学习两种类似的动作时，其间隔的时间要长些为好。

正、负迁移示意图

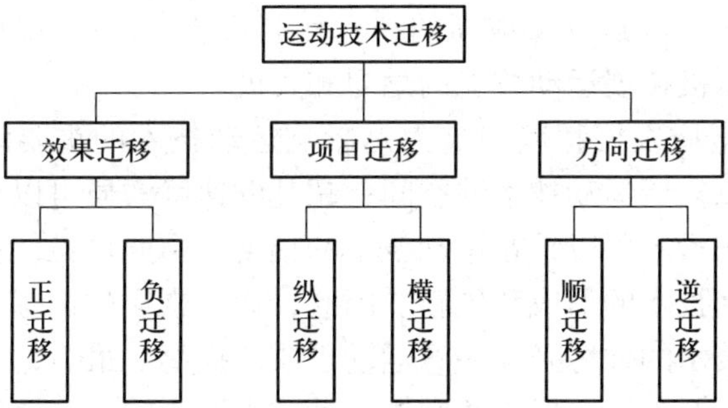

图 4-6　技能迁移种类

（胡亦海，2014）

三、运动技术影响因素

（一）运动技术主体因素

影响运动技术的主体因素包括技术动作生物力学特征、人体肌肉收缩动力、中枢神经协调控制能力、身体运动的感知觉能力、各种运动技能的储备数量、运动素质发展程度与潜力、心理过程与个性心理特征等因素（图 4-7）。这些因素是影响和制约运动技术发挥的内在因素，又称之为主体因素。首先，运动技术的表现以身体动作为表现形式，因此运动技术必须体现出合理的生物力学要求和解剖学结构特点，这是确保人体骨骼和肌肉不因技术动作结构而导致伤害事故发生的前提条件；其次，运动技术的表现是以骨骼为杠杆、肌肉收缩为动力的活动过程，因此运动技术的表现应该符合专项运动需要的肌肉收缩机制，这是确保肌肉收缩动力符合专项运动技术表现的要求。

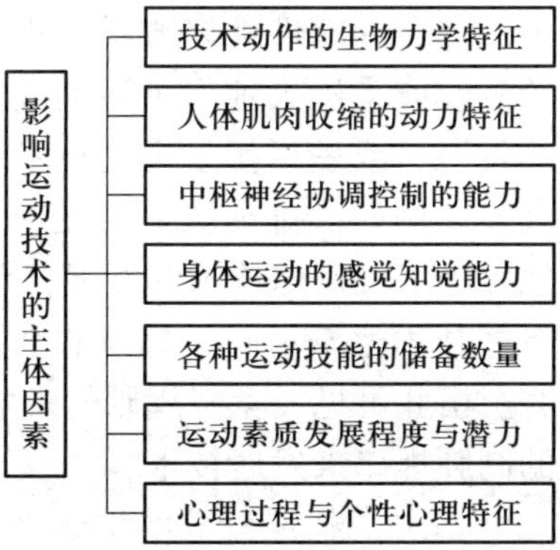

图 4-7　影响运动技术的主体因素

再次，中枢神经协调控制能力可使运动素质合理地体现在运动技术的时空要素上，因此运动技术必须体现出肢体动作的协调性、合理性和灵活性，这是确保各项运动素质综合反映在运动技术上的神经基础；而后，身体运动的感知觉能力是形成运动技术时空特征的基本条件，敏感的感知觉能力可使机体尽快适应不同环境，以保证运动技术不致因环境的变化而发生变异；接着，各种运动技能的储备数量对于形成新的技术和巩固创新技术的作用至关重要。许多赛场的即兴表现就是源于技能的储量丰富和灵感的临场闪烁。因此，全面地学习和掌握基本动作与多种技能，对于专项运动形成新的技术和创新技术，具有极高的实践意义。显然，我们应该积极拓展运动技能的学习和发展。

此外，运动素质发展程度与潜力是影响运动技术的重要因素。其中，非凡的力量素质可以拓展运动技术的空间；超凡的速度素质可以加速运动技术的功效；脱凡的柔韧素质可以扩宽运动技术的幅度。由此可见，良好的运动素质会极大地影响运动技术的形成和创新。因此，运动素质的训练必须注意身体动作的规范，运动技术的训练必须注意运动素质的提高。最后，不要忽略心理过程与个性心理特征对学习、形成和掌握运动技术的影响。应该说，心理因素始终伴随着运动技术形成过程的泛化、分化、巩固和自动化的各个阶段。特别是在实战环境下的技术学习、巩固和应用，往往与心理因素交织为一体。因此必须关注心理过程各因素的影响，以形成良好的个性心理特征。

（二）运动技术客体因素

影响运动技术的客体因素包括竞赛规则、训练方案、训练环境、器材设备等主要因素（图4-8）。这些因素或是影响创新技术的形成和掌握，或是干扰原有技术的应用和发挥，或是制约现有技术的使用和发展。

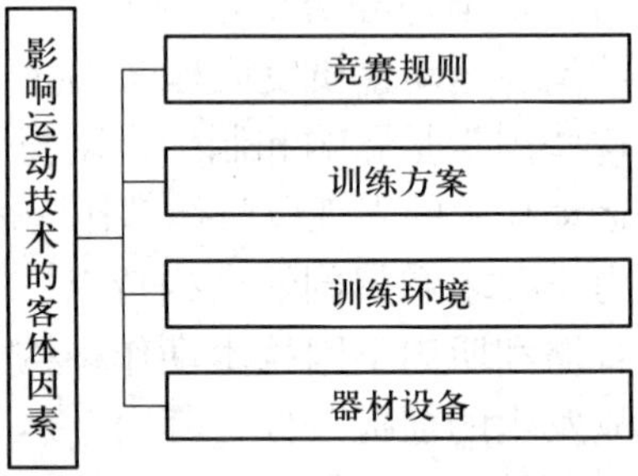

图4-8 影响运动技术的客体因素

首先，几乎所有项目适逢类似奥运的赛事，都会周期性地修改赛事规则。这些规则的修改或是极大地促进运动技术、运动项目的发展，或是干扰了运动技术和运动项目的进步。例如，排球取消拦发球规则后，极大地促进了跳发球技术的发展；又如，跆拳道采用电子护具规则后，摄人心魄的下劈技术逐渐匿迹；篮球设置三分球规则后，精准的三分球技术自此层出不穷。由此可见，竞赛规则的影响之大。因此，必须通过研究竞赛规则及其蕴藏的制胜规律来发展技术。

其次，制定科学的训练教案十分重要。制定训练教案的前提是：必须细化构成运动技术的环节、细节和各个基础因素以及它们之间的关联方式。只有深刻认识运动技术各个环节，才能细致解剖构成关键环节的各个细节及其要素；只有深刻认识关键环节的细节与要素，才能明确知道技术形成和训练的具体内容；只有深刻认识各个因素的关联方式，才能正确规划运动技术学习的基本大纲和训练进度。训练教案是教学（训练）大纲体现的具体蓝本，是规划技术训练思想的行动文本，是运动技术等训练内容的规划设计。因此，必须根据运动技术的基本结构和形成规律写好教案。

再次，营造舒适的训练环境非常重要。一般来说，训练环境主要是由显性环境和隐性环境组成。显性的训练环境主要是指训练场地，隐性的训练环境主要是指训练氛围。国际优秀的教练员特别注意营造清洁整齐的训练场地和心情舒适的训练氛围。清洁整齐的训练场地会使人心情愉悦地投入训练，心情舒适的训练氛围会让人富有激情地投身训练。通常，清洁整齐的训练场地所具有的特征是：训练器材清洁卫生，场地布局便于训练，区域划分功能明确，辅助设备摆放有序。心情舒适的训练氛围所具有的特征是：队员之间相处和谐，语言富有鼓励之情，互动过程配合默契，严肃活泼团结紧张。倘若能够营造清洁整齐的训练场地和心情舒适的训练氛围，将有助于技术学习。

最后，配置适宜的训练器材至关重要。如前所述，现代科技所研制的训练器材和设备，对于运动技术的形成扮演着越来越重要的角色。但是，一些简单易行的训练器材和自制器材，在运动技术的形成中同样起着十分重要的作用。各个竞技运动项目都有自己极富专项特征需要的训练器材，例如，跆拳道、拳击等项目喜欢采用的手靶和沙袋，摔跤、柔道等项目喜欢应用的实心假人，游泳和短跑等项目需要建立更快速度感的牵引设备，篮球、足球等项目通常采用的障碍假人等都是形成运动技能的辅助器材。目前，为了加快运动技术的形成或加速对关键环节的掌握，许多运动队纷纷采用现代视频解析技术辅助训练。此法应促使教练员尽快地掌握。

辅助技术形成的简易器材

第三节　运动技术基本分析

一、技术分析基本要素

竞技运动的运动技术分析要素主要分为两类，即技术观察分析的要素和技术力学分析的要素。据此分类可以将运动技术的分析方法分为两类，即技术观察分析方法和技术力学分析方法（图 4-9）。当然，采用技术观察分析方法或技术力学分析方法的前提，就是必须正确认识和理解如图 4-2 所示的运动技术构成要素及其内涵；必须善于根据实践将运动技术分解成如图 4-3 所示的技术环节、技术细节和相应的基础要素。显然，科学地掌握图 4-2 和图 4-3 含义的前提则是必须具备扎实的专项理论知识和实践能力。通常，具有专项基础的科研人员善于运用生物力学分析方法来分析技术；高水平教练员普遍采用技术观察分析方法来分析技术，并与科研人员共同分析技术的关键环节。

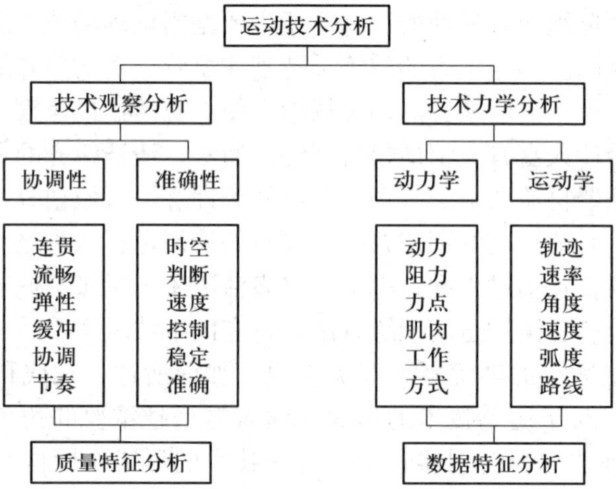

图 4-9 技术分析的基本要素

（胡亦海，2014）

对运动技术动作的分析是通过分析运动员技术动作的要素体现出来的。其中，身体姿势决定着人体完成运动及用力时的身体状态，也决定着力的相互作用状态。因此，它对运动技术动作的效果产生了重要影响。身体和肢体位移的运动学特征是衡量运动技术动作的质量和运动形态的重要依据，身体和肢体位移的动力学特征更是衡量运动技术动作的质量和动力效果的重要依据。技术动作的速度变化取决于爆发力的大小或力的变化速率，而身体运动方向及路线则取决于用力方向的正确性。运动时技术动作各个要素的相互配合更是技术分析的重点。技术动作各个要素的结合形式与用力顺序，直接决定着身体各环节能量的传递或集中效果。因此，必须高度重视技术动作要素的组合与匹配。

就技术观察分析和技术力学分析而言，生物力学的分析相对较为科学，结论更为准确。但是来自实践的经验表明：单纯从事生物力学理论研究或实验的工作者，倘若不熟悉人体解剖知识和专项技术特征，则有可能得出错误的结论，甚至误导训练方向。实际上，运动生物力学是一门实践性很强的学科。例如，体能类项群基础训练阶段的专项技术形成和高级训练阶段的多人配合（如划船配艇训练、双人高台跳水）都需要生物力学分析方法给予协助。近年来从事该领域的研究人员，基本采用高速摄影机、三维测力台和肌电仪等综合性手段，通过计算机处理各种运动学参数、动力学参数、肌电学参数和人体测量学参数等，从而丰富了这些项目技术分析的科学依据。

二、运动技术分析方法

目前，竞技运动广泛采用的技术分析方法主要是技术观察分析方法和技术力学分析方法。其中，前者是教练员普遍采用的方法，后者是科研人员广泛采用的方法。鉴于本书的应用目的，这里着重介绍技术观察分析的方法。采用技术观察分析的方法必须考虑两点，即技术动作的协调性、准确性。此两点主要通过对技术动作进行定性分析。其中，协调性主要表现在技术动作的连贯、流畅、弹性、缓冲、协调与节奏；准确性主要表现在技术动作的时空、判断、速度、控制、稳定和准确。通常，技术形成泛化阶段，主要观察技术动作各个环节是否规范；技术形成分化阶段，主要观察技术动作各个细节是否规范；技术形成巩固阶段，则必须观察技术协调性和准确性的各个要素。

随着现代科技的发展，教练员普遍采用的技术观察分析方法发生了革命性的变化。其中，摄像技术的普及和各种视频编辑软件的出现，使教练员采用的观察方法有了简单易行的工具。这种工具不仅使运动员创新技术的形成过程全程性地记录、存储、再现出来，同时使教练员能够根据视频编辑软件的功能，重复地观察、分析、诊断问题。教练员的观察路径由原来的临场观察、瞬间观察、原生观察、一次观察、宏观观察，延伸到了科学观察、定格观察、放大观察、多次观察和细微观察。正是运动技术观察分析方法的革命化变革，使教练员指导运动员的技术形成和训练发生了革命性变化，一改过去仅凭口头方式指导，转而采用解析的视频图像辅助指导运动技术的训练。

当前，国际和国内许多优秀教练员采用的视频编辑软件，主要是 Adobe Premiere 视频编辑软件、Corel Video Studio 视频编辑软件、Sony Vegas 视频编辑软件、EDIUS 视频编辑软件等，这些视频编辑软件均具有强大的剪辑、特效、合成、再生、创建等系列功能或功效。当然，我国市场上较为流行的一般性视频编辑软件，如“爱剪辑”“快剪辑”也能满足运动技术形成过程的分析要求，对于关键技术环节的问题也能给予辅助分析。至于视频的清晰度（表 4-1），多为三个层次。三个层次清晰度的视频都可以满足技术观察分析的需求。当然，清晰度越高的视频更有利于分析运动技术的细节和各个要素的变化。

▶ 表 4-1 三种不同视频清晰度的比较

名称	水平像素	垂直像素	画幅比	备注
普通标清	720	576	4：3	SDTV：DVD 级图像
高清	1280	720	16：9	EDTV：比 DVD 略高的图像
全高清	1920	1080	16：9	HDTV：高清电影级图像

视频编辑软件的有关技术分析

采用视频编辑软件进行观察分析的通用方法，简单地说是由五个步骤组成，即素材采集与输入、素材编辑、特技处理、字幕制作、输出和生成。其中，素材采集与输入就是将现场摄像的视频材料导入计算机的视频编辑软件里；素材编辑就是通过对导入的视频进行观察和分析，并进行必要的剪辑处理；特技处理就是对视频中关键段落放大、放慢、渲染和合成等处理；字幕制作就是对关键视频段落辅以文字表述，以便强化重点；输出和生成是将原视频经过上述处理后，可以生成情节连贯、重点突出、细微放大、细节放慢、文图并茂的视频。这种再生的视频可以菜单式地虚拟回放情景，以便辅助教练员科学指导技术训练的视频。

第四节 运动技术基本训练

一、技术训练注意要点

（一）运动技术学习阶段特点

运动技术的学习、掌握过程，必须遵循运动技能形成规律。因而，可将运动技术学习阶段分为粗略形成技术、改进提高技术、巩固熟练技术三个阶段。第一阶段的特点是，暂时性神经联系处于泛化阶段，兴奋过程扩散，内抑制发展不够，能量消耗较多，动作粗糙失衡，自控能力较低，伴随多余动作；第二阶段特点是，神经过程的兴奋与抑制处于分化阶段，兴奋过程开始集中，内抑制也逐步发展，动力定型初步形成，多余动作逐渐减少，整个动作连贯协调，能量物质逐渐节省；第三阶段特点是，大脑皮质兴奋过程高度集中，内抑制加强，牢固形成了基本动作的动力定型，动作表现经济省力、动作准确富有节奏，技术应变能力趋向自动化程度。这是技术训练必须注意的特点。

（二）运动项目动作结构特点

运动技术的学习、掌握过程，必须注意项目动作的结构特点。按照表 1–4 田麦久先生对竞技运动项目的分类理论，运动项目的动作结构共分四类，即周期性、混合性、固定性和变异性的动作结构。其中，周期性、混合性项目动作结构，就是运动技术的基本结构。这是从项目分类角度提出项目动作结构，这里从技术结构角度提出技术动作结构。显然，动作结构既是竞技运动分类的一种标准，也是运动技术解析的具体对象，更是运动训练的重要内容。因此，从运动技术解析的角度，必须高度重视构成单一运动技术内部的动作结构及其各个要素的训练；从运动项目分类的角度，必须全面关注固定性组合动作的编排训练和变异性组合动作的衔接训练。这是技术训练必须注意的重点。

（三）运动项目运动元素特点

竞技运动七种基本运动元素的基本表现

竞技运动七种基本运动元素的高级表现

运动技术的学习、训练过程，必须注意项目运动元素特点。竞技运动的基本运动元素是由七种运动元素组成，即“跑、跳、投、滚、翻、旋、转”的基本动作形态。其中，“跑、跳、投”是初级阶段的基本内容，“滚、翻、旋、转”则是形成运动技能和技巧的基本条件。竞技运动发达国家高度重视“跑、跳、投、滚、翻、旋、转”基本动作及其变化的训练，将其视为竞技运动基础训练的主要内容。犹如声乐的音节、音准、音质的基础训练，或者犹如美术的色彩、色调、色相的基础训练。试想“五音不全”或是“双眼色盲”的人，怎么能有好的音乐或美术作品。竞技运动亦是如此。“跑、跳、投、滚、翻、旋、转”基本动作及其变化，应是技术训练必须注意的基点。

（四）运动技术关键要素特点

运动技术的学习、训练过程，必须注意技术关键要素特点。技术关键要素是指在运动技术基本要素中具有关键意义的要素。如前所述，运动技术基本要素包括：身体姿势、动作轨迹、动作时间、动作速度、动作速率、动作力量、动作节奏。这些因素普遍存在任何动作之中。但是，对于不同专项特征的运动技术，这些要素的影响权重是不同的。即便同一个运动技术，这些要素在不同训练阶段的影响权重也是不同的。例如，背越式跳高技术，在初级阶段，完整结构的各个要素或许都是关键要素；在中级阶段，起跳的动作速度和力量或许是关键要素；在高级阶段，过杆的反弓身态、动作轨迹或许是关键要素。可见适时确定关键要素及其科学训练，应是技术训练必须注意的要点。

二、运动技术训练方法

在运动技术粗略形成阶段，主要采取分解训练法兼顾应用重复训练法。采用这一方法的前提，就是根据理想的运动技术，把完整的动作过程分解成若干环节。例如，背越式跳高技术，就需分解为准备、助跑、踏地、起跳、腾空、过杆和落地等几个环节。然后采用分解训练法中的“单纯分解”“递进分解”“顺进分解”方式进行分解训练。实际上，我们很多运动项目的单个技术学习和训练，都是需要先将完整技术分解成若干环节后，再逐一地实施分解训练。如前文在“运动技术基本结构”部分所展示的篮球急停跳投技术与排球扣球技术的环节分解，就是便于应用分解训练法进行训练的技术动作。由此可见，技术分解成若干环节意义重大。这一阶段的重点，就是每个环节的动作规格、动力传递和基本姿态。

在运动技术改进提高阶段，主要采取完整训练法兼顾应用分解和重复训练法。随着运动技术的基本框架结构形成，这一阶段应该高度注意的内容是，运动环节的技术细节和技术基础的训练。如前所述，技术细节是技术动作所表现出来的微调技术；技术基础是指动作发生的顺序、路线、节奏、角度、速度、重心等要素。例如，跳高起跳环节的细节和要素包括：踏地的点、踏地脚型、起跳角度、起跳速度、起跳重心、摆臂方式等。显然，这一阶段的训练，时而需要通过完整训练方法发现问题，时而需要通过分解训练方法解决问题，时而需要通过重复训练方法巩固效果。由此可见，注意技术细节训练意义重大。这一阶段的重点，就是每个环节的动作细节、基础要素和全程姿态。

在运动技术巩固熟练阶段，主要采取完整训练法、重复训练法和比赛训练法。随着运动技术的不断改进与完善，进入这一阶段时的运动技术已经完整成型。因此，这一阶段应高度注意的内容是：根据运动员的运动素质水平、专项运动技术特征，确定发展和提高关键因素的技术能力和完整技术的熟练程度。确定影响现有运动技术的关键因素，旨在明确技术训练的重点；提高完整技术的熟练程度，旨在通过实战环境或模拟实战环境，强化运动技术的功效。期间，通过完整训练法，强化形成运动技术的“动力链”功效；通过重复训练法，提高运动技术的关键要素水平；通过比赛训练法，提升运动技术的实战应用效果。如此，才能有效巩固、完善运动技术并使其趋于自动化。

三、运动技能训练方法

运动技能具有广义和狭义之分，广义的运动技能是指有关的各种运动能力，包括上文所指的“跑、跳、投、滚、翻、旋、转”的运动元素及其变化能力；狭义的运动技能是指能够按一定要求和目的合理地运用技术方法的能力。显然，广义的运动技能是运动技术发展的基础；狭义的运动技能是运动技术展示的实力。由此可见，运动技术的发展需要依托广义的运动技能，运动技术的展示需要化为狭义的运动技能。狭义的运动技能的高级境界就是运动技巧。换言之，运动技术的高级表现就是运动技巧。因此，技能训练务必注意明确广义和狭义的两类技能训练内容。广义的运动技能训练与运动能力训练有关，狭义的运动技能训练与专项技术训练有关。

广义的运动技能训练内容很多。各种“跑、跳、投、滚、翻、旋、转”的运动元素和运动方法，以及某些其他运动项目的技术动作，都可视为广义的运动技能训练内容。这些内容对于提高专项运动素质、形成专项运动技术、获得专项运动技能、发展专项运动技巧，均具有十分重要的促进作用。例如，欧美许多足球运动员都具有空翻技能，甚至掌握了空翻接旋的高难技能，从而为其熟练地应用狭义的“鱼跃”头顶球技术奠定了扎实基础。由此可见，广义的运动技能训练则是实施有具体内容的全面训练。通常，广义的运动技能训练较多采用游戏训练、仿生训练、专项训练的一些方法和手段。这些训练方法手段可以为竞技运动的专项技术训练提供丰富的全面的技能种类。

广义的运动技能

狭义的运动技能训练内容较多。竞技运动很多项目是相通的，有些项目的动作形态与另外一些项目动作形态基本相同。例如，篮球运动项目的篮下原地虚晃再起跳的投篮起跳动作与排球运动的网前时间差扣球起跳动作类似；网球正面上手发球动作与标枪正面掷枪动作类似；羽毛球的持拍鞭甩击球动作与排球的近网快攻鞭甩动作类似。因此，利用运动技术的“正迁移”原理，通过相关项目的技术训练或已有的相关技能，使之转移到与专项运动技术有关的技能方面，是现代竞技运动技术训练的重要途径。除此之外，采用适宜的变换、比赛法，对于提高专项运动技能也是一条不可或缺的训练路径。这些训练方法手段可以为竞技运动的专项技术训练提高专门的专项的技能品质。

狭义的运动技能

四、运动技巧训练方法

运动技巧是运动技术的娴熟程度，是运动技能的最高境界。如果说，运动技术是指在实战中或模拟实战的环境下合理、有效地充分发挥运动员身体能力的动作方法，显然，此时的运动技术主要与解剖学、力学因素和实战环境等因素有关；运动技能是指能够按一定要求和目的合理地运用技术方法的能力，显然，此时的运动技能与专项素质、技能储量和神经控制等因素有关；运动技巧是指实战中运动技能达到随机应变、高度娴熟和精细灵巧的程度，显然，此时的运动技巧主要与心理素质、战术素养和比赛经验等因素有关。因此，运动技巧的训练与运动技术、运动技能的训练有所不同。运动技术和运动技能可以通过平时训练获得，但是运动技巧则需通过多次的赛事获得。

因此，运动技巧（Skill）有人称之为比赛技术是不无道理的。由此可见，这里所提的运动技巧（Skill）与运动技术（sports technique）完全不同。运动技术是形成运动技巧的基础，是通向运动技巧的阶梯。可见，运动技术训练的直接目的是将其转化为比赛中的运动技巧。既然运动技巧的形成与心理素质密切相关，那么运动技巧的转化训练就必须强化心理因素的介入，例如，制造焦虑或激情等情景的训练就是一种方法；既然运动技巧与战术素养关系密切，那么运动技巧的转化训练就必须强化战术素养的培训，例如，观看视频或模拟等情景的训练就是一种办法；既然运动技巧的形成与比赛经验关系紧密，那么模拟比赛的场景或创造比赛机会，就是获得运动技巧的一种方式。

通常，培养运动员的运动技巧方法很多。在运动技术、运动技能转化为运动技巧的训练中，一是通过营造模拟比赛的环境，采用增加难度要素的方式进行训练，例如，改变规则、制造噪音、以少打多、以小打大；二是通过内容或形式变换，采用变化难度要素的方式进行训练，例如，变换阵型、变换位置、变换战术、变换技术；三是通过观看比赛的视频，采用模拟比赛情景的方式进行训练，例如，想象训练、意念训练、思维训练、应变训练。四是通过参加各种赛事，采用认真准备和总结的方式进行训练，这是一种积累比赛经验、强化战术素养的不可或缺的智力训练。除此之外，技术训练必须强化机体本体感受和时空感觉能力的训练。这是形成运动技巧的物质基础。

小结

本章从应用角度，详细说明了运动技术的基本内涵，提出了与之高度相关的运动技能、运动技巧的概念，以及运动技术、技能、技巧三者之间的关系；重点讨论了技术结构的构成要素和基本分类；系统阐述了运动技术形成与迁移原理和相关主体与客体的影响因素；具体提出了运动技术学习与训练应注意的要点和运动技术、运动技能、运动技巧训练时应采用的训练方法。

思考题

1. 简述运动技术的基本内涵及其相关概念。

2. 简述运动技术的基本特征。
3. 简述影响运动技术的基本因素。
4. 结合自己的专项，谈谈运动技术的形成与迁移的基本原理。
5. 简述运动技术训练常用方法。
6. 简述运动技术、运动技能、运动技巧训练的基本要求。

第五章

运动战术及其训练

本章导读

本章主要包括运动战术训练概述、运动战术基本分类、战术方案及其制定、战术训练及其要求四部分内容。其中，运动战术的概念、构成、分类及战术能力影响因素，运动战术设计与行动的基本原则，战术方案的内容及制定要求，战术训练的目的、任务、方法及基本要求是本章重点阐述的内容。本章内容旨在系统阐述运动战术及其训练知识体系。

学习目标

通过本章学习，学生能理解和基本掌握运动战术的概念、构成因素及战术能力的影响因素，战术设计与行动的基本原则，战术方案制定的内容、要求，并能结合运动专项及运动训练实例，理解和掌握运动战术训练的方法与要求。

第一节 运动战术训练概述

一、运动战术基本概述

（一）运动战术释义

运动战术应用体现示例

运动战术是指在竞技比赛过程中为获取最终胜利或达到预期比赛结果而采取的计谋和行动的总称。运动战术是策略性的计谋与行动的综合体现，其中战术计谋是富有智慧的思想谋略，主要由教练员和运动员根据现实条件、预期目的、比赛预计等多种主、客观因素，在赛前及比赛过程中制定或谋划；战术行动则是在比赛中为实现预期计谋而采取的行为活动，尤其以运动员在比赛状态下的技术行动为最主要的表现方式。运动战术对于竞技比赛尤为重要，是运动员在比赛中合理运用身体运动能力、技术能力、心理能力和智力能力的有效策略，是充分发挥自身优势、有效克制对手，并将自身竞技能力转化为比赛优胜或预定成绩的重要保证。

（二）战术构成要素

目前理论界多从战术的智力性层面、思维性层面、行为性层面剖析运动战术的构成要素，进而将运动战术的构成要素概括为：战术知识、战术原则、战术观念、战术思想、战术意识、战术形式、战术行动。

运动战术的智力性要素主要包括战术知识和战术原则，其对战术谋略的形成与实施发挥着重要的基础作用。战术知识是指有关比赛战术理论知识与实践经验的总和。运动员的战术知识通常表现在对制胜规律、竞赛特点、战术结构体系和战术发展趋势等的掌握与理解程度，是保证战术多样性、合理性、逻辑性的重要基础。战术原则是指进行战术设计和行动需要遵循的思想与行为准则。它是基于对竞赛规律的深刻认识，对战术知识的充分积累，对战术经验的高度总结等的基础上形成的指导战术计谋与行动的基本准则，如“知己知彼”“攻守平衡”“以我为主”等基本战术原则。

运动战术的思维性要素主要包括战术观念、战术思想和战术意识，其对战术谋略的形成与实施起主导作用。战术观念指教练员、运动员通过战术训练和比赛实践形成的对于比赛计谋和行动的综合认识及理念。战术思想也称战术指导思想，是指在战术观念的作用下，根据比赛的具体任务与特点而形成的具有针对性指导战术行动的完整思路，对运动战术的设计、训练和实施起重要的导向作用。战术意识是指运动员在比赛中的战术性思维活动过程，是大脑对比赛过程中各种信息加工处理后的产物，是决定运动员临场战术决断能力、行动应变能力的关键因素，如篮球、足球项目经常强调的“战术配合意识”“路线变化意识”“主动进攻意识”“换位补防意识”等都是一些基本战术意识的体现。

运动战术的行为性要素主要包括战术形式和战术行动，是战术谋略得以实现的主要途径。战术形式是在战术目的和计谋的指导下，战术活动所特有的行动方式。战术形式主要表现在战术行动程序、动作组合结构、路线变化方式、人员配合形式方面，如网球项目的“发球 + 上网”“斜线变直线”等战术形式；足球项目中“边路突破 + 向禁区传球”组成的“边路传中”战术形式。战术形式既包括各个项目较为成熟和相对固定的战术行动方式，也包括临场制定或创新式的战术行动方式。战术行动是指为实现战术计谋而采取的战术行为活动的总称。战术行动是战术计谋作用于实践的具体活动，是战术目的和战术效果的最终实现途径，如篮球运动员通过合理的站位、跑动、传球等技术动作实现“挡拆”战术。比赛中运动员的技术行动是其战术行动的主体表现（图 5−1）。

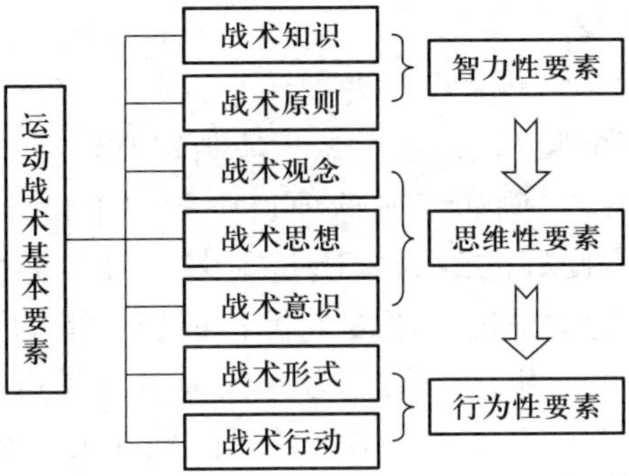

图 5−1　运动战术构成的要素

二、战术能力影响因素

战术能力指运动员（队）设计、掌握和运用运动战术的能力，是运动员（队）整体竞技能力水平的重要组成部分。对于教练员而言，战术能力还应包括战术训练能力、战术指挥能力和战术创新能力等。运动员的战术设计能力主要体现在战术设计的独特性、针对性和合理性等方面；战术掌握能力主要体现在运动战术掌握的丰富性、熟练性与先进性等方面；战术应用能力主要体现在战术应用的准确性、应变性与有效性等方面。显然，运动员战术能力是其战术理论认识水平、战术思维能力和实践应用能力等的综合反映（图5-2）。相对而言，同场对抗类项目、隔网对抗类项目、格斗对抗类项目对运动员战术能力要求更高。战术能力又受多方面因素的综合影响。

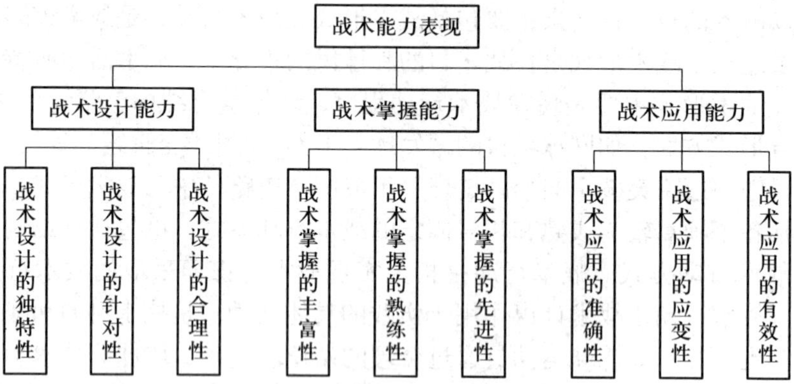

图5-2　战术能力的主要表现

（一）运动素质因素

运动员运动素质的突出优势及发展水平，是很多项目战术设计及实施的重要先决条件。良好的反应、动作速度是制定和实施以“快”为主要特点的战术的主要能力基础，例如，篮球项目中的“下快攻战术”“防守反击战术”“跑轰战术”等。良好的耐力素质是很多项目实施体力分配战术的关键基础，尤其对后半程运动速度、强度的保持或提升更为关键。突出的灵敏素质更是制定及实施以灵活机动、敏捷多变等为主要特点的运动战术的重要基础，如足球项目的短传配合战术、拳击项目的快速反击战术。

（二）运动技术因素

在很多情况下，运动战术就是对运动技术有目的、有策略的运用。技术应用是战术行动的核心构成，在比赛中合理、灵活、准确地运用各种运动技术是战术决策、战术谋略的最主要的实现途径。战术策略及行动方式的制定，必须以运动员的自身技术能力水平为基础；战术的多样性、灵活性取决于运动技能储备的丰富性；战术实施的准确性取决于运动技术的稳定性和熟练性；战术的打击力取决于技术运用的准确性、克制性、针对性。运动技术和战术本身也具有高度的统一性，战术能力训练必须与运动技术训练密切结合。

（三）智力能力因素

运动战术的设计、谋略和灵活应用，本质上反映了教练员、运动员的智力水平，是智力活动的直接体现。各种智力因素对战术能力有极为重要的影响，例如，良好的记忆力有助于对战术知识、战术方案、战术内容等的熟练掌握；对比赛对手、环境等细微、准确的观察力是形势判断准确性的重要基础；对比赛局势、对策措施等思维的清晰性、敏捷性、逻辑性等直接影响战术决策、战术意识、战术行动等的合理及有效性；想象力的丰富性、创造性对运动战术设计与行动的新颖性、独特性和创新性等发挥关键作用。

（四）心理能力因素

运动员的心理能力对战术能力有重要影响。例如，对比赛中各客观因素感知的敏锐性、精确性，影响思维判断的敏捷和准确度；注意范围的大小影响思考的全面性，注意力集中程度影响思考的深刻性，注意力的合理转移影响思维的灵活性；面对比赛压力、逆境应对、胜负关键时刻情绪的稳定控制，有助于临场战术思考和决策的正确性；多血质类型的人相对反应敏捷、思维灵活、情绪波动也较大，粘液质类型的人相对反应慢、思维灵活性低，但考虑全面、情绪波动小，这些对战术能力也有重要影响。

三、运动战术基本原则

运动战术的最终实现经历了战术设计与战术行动两大环节。战术设计重在计策、运筹、谋略；战术行动则重在执行、操作、实现；战术设计是战术行动的前提和引导；战术行动则是战术设计的实现途径及成效检验；两者相辅相成，共同决定着运动战术的质量和效果。由于此两大环节的性质、特点等有很大不同，因此在战术设计和战术行动中所要遵循的原则也有明显的差异。

（一）战术设计基本原则

1. 知己知彼、周密部署

军事学的历史发展证实，不论在何种时代，也不论何种战斗，“知己知彼”是赢得作战胜利的首要条件。“知己知彼、百战不殆”是从我国古代军事活动开始便已形成的作战思想。竞技比赛中首先要做到知己知彼，才能确保运动战术的周密部署与实施。例如，彼我双方的实力对比情况，尤其是双方在身体优势、技术特点、战术习惯等方面的对比，双方存在的各种弱点、缺陷，以及集体性项目阵型搭配、人员配备、攻防重点等信息，都是在战术设计之初必

知己知彼、周密部署原则案例

须努力掌握的重要内容。只有在充分掌握比赛双方实际情况的基础上制定战术策略、战术方案，才能保证战术设计的正确性、针对性。

2. 攻守平衡、进退兼顾

攻守平衡、进退兼顾原则案例

攻与守，亦即进与退是竞争必然存在的基本要素，也是运动竞赛中的一对基本矛盾。比赛中的攻与守，既相互制约，又相互促进。有力的进攻可以减少防守的压力，但同时也会暴露防守的漏洞，给对手制造反攻机会；稳固的防守可以有效克制对方进攻、保存本方实力，但若主动进攻不够，则难以形成竞技主动，也难以体现积极竞争。因此攻守平衡的问题是战术设计必须重点考虑的问题，尤其是对抗性项目更需要解决的问题。进攻强大而有力，防守稳固而周密是攻守效果的保证；攻中带守、守中有攻，两者紧密兼顾，相得益彰则是攻守平衡的前提。

3. 以我为主、集中优势

“彼我”双方也是运动竞赛中的一对基本矛盾。运动战术的设计必然要考虑双方的主、客观因素，但从根本上来看，自身条件是影响战术质量的主要因素。因此，战术设计必须立足于本方竞技实力水平，根据自身的潜力、特长和不足，争取所设计的战术有利于扬长避短、发挥优势。我国很多项目对运动员战术能力的培养均是立足于发挥运动员自身优势基础之上的。例如，我国跆拳道项目奥运冠军赵帅在里约奥运会以“主动进攻”为主的打法策略，正是结合其自身优势采取的战术策略（图 5-3）。

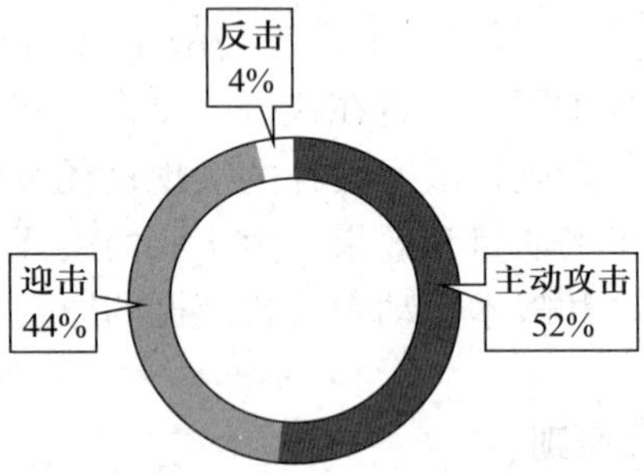

图 5-3　里约奥运会跆拳道冠军赵帅战术得分情况统计

（张楠，等，2016，并改制）

充分预判、积极预案原则案例

4. 充分预判、积极预案

战术设计是对未来比赛的战术方案、战术策略、战术行动等进行预计性的谋划工作，因此，必须对未来比赛的可能因素进行充分的预判，并制定应对各种问题的预备方案。在战术设计时，对对手的战术意图、战术布局、战术形式及其弱点、破绽等进行充分预判，有助于提高战术策略的针对性；对比赛过程、对抗局势等的可能变化进行充分推断，有助于提高整体战略布局与控制的准确性；对比赛中可能出现的不利局面、不利因素等进行详细预估，则便于提前制定应对不同问题的战术应对预案，做到未雨绸缪。

（二）战术行动基本原则

1. 严格执行、坚定自信

严格执行、坚定自信原则案例

比赛中运动员要对既定的战术方案有严格的执行力，这是保证战术计谋得以实现的根本前提，也是运动员战术行动的基本原则。战术执行不严格、不彻底，将极大破坏各项战术部署，极易导致比赛进入更加未知的状态，队员战术的盲目性、随意性随之加大；对于集体性项目而言，即使个别队员战术执行的不严格，也会对全队的思想统一、协同配合，甚至人员间的信任关系等产生极大的破坏；在比赛关键时刻或逆境局势中，运动员对本方战术的坚定自信、严格执行，往往是提升队伍斗志、实现比赛胜利的重要保证。

2. 审时度势、机动应对

审时度势、机动应对原则案例

比赛环境错综复杂、形势千变万化，在比赛过程中战术运用必须审时度势，因势利导，并根据比赛实际情况对战术策略和行动进行合理调整。审时度势地运用战术对教练员和运动员提出很高的要求，既需要随时洞察比赛局势及各种因素的变化，以确保战术应对的针对性、有效性，也可能对既定战术策略进行调整、变化甚至放弃，因此必须高度权衡与既定方案之间的利弊差异，一旦确定，必须果断抉择，坚决执行；更需要以丰富的战术经验和充分的战术预案来应对形势变化，以确保战术变化的预备性、合理性。

3. 灵活多变、形成主动

比赛中战术内容过于单一，很容易被对手找到破解之策。因此，尤其是对抗类项目，战术运用必须灵活多变，以形成战术主动，并达到出其不意的战术效果。灵活多变地运用战术，要求运动员必须具备丰富的运动技能与战术储备，保证战术变化的多样性；要求运动员思维具有高度的敏捷性、灵活性，才能快速判断形势，灵活变化战术，创造有利战机；还要求教练员、运动员赛前准备充分的计谋和训练，才能确保战术的应用变化有的放矢、得心应手。例如，拳击运动员邹市明于伦敦奥运会夺冠，其中一个重要因素正得益于多种战术的灵活使用（图 5-4）。

4. 力求实用、比赛制胜

运动战术的最终目的是通过战术的合理运用，以获取比赛胜利或达到既定结果，这也是衡量运动战术成功与否的核心判断标准。因此，战术行动必

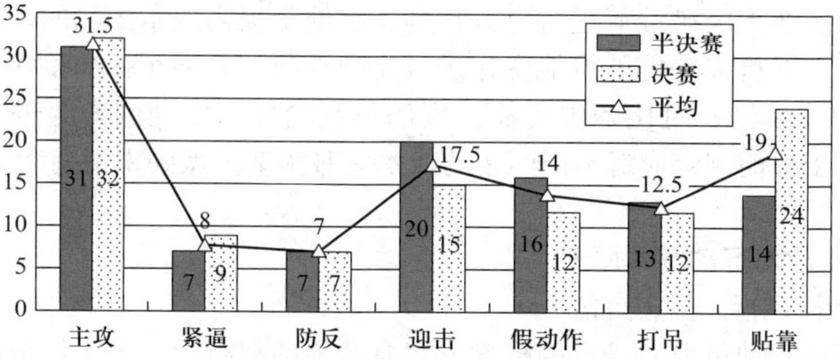

图 5-4 伦敦奥运会邹市明决赛、半决赛战术应用类型

（余银，2013）

须遵循力求实用、比赛制胜的重要原则。该原则反映了战术行动无论是简单易行，还是复杂繁琐；无论是变化多端，还是稳扎稳打；无论是攻守兼备，还是攻守有别；无论是准备充分，还是临时应对，都必须以是否实用、能否比赛制胜为核心目的。因此，该原则在某种程度上也反映了运动战术的最高准则，也是指导教练员、运动员战术设计、战术行动的最根本原则。

第二节 运动战术基本分类

为了赢取比赛胜利或取得理想的比赛成绩，教练员和运动员总是在比赛规则限定的范围内充分思考计谋和策略，利用一切合理条件来制定本方的战术策略，实现自我比赛目标。因此，在各个运动项目中，运动战术的内容丰富多样，运动战术的表现形式也是千变万化。依据不同的分类标准，可以将各种运动战术进行较为系统、条理性的分类（图 5-5）。

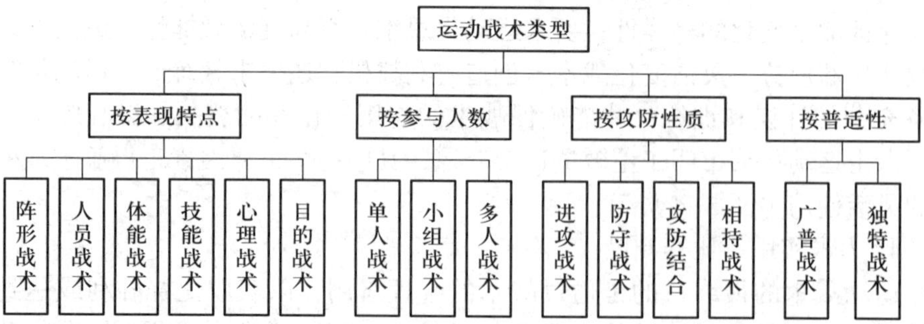

图 5-5 运动战术主要分类

一、按战术表现特点分类

按各项目运动战术的比赛表现特点，可分为阵型战术、人员战术、体能战术、技能战术、心理战术和目的战术。

阵型战术指在非个体性比赛项目中，运动员以一定的位置阵型和布局分工，并通过协同配合完成战术行动的运动战术。例如，篮球项目的“2–1–2 式”“3–2 式”“2–3 式”等阵型战术，足球项目的“4–4–2 式”“4–5–1 式”“4–2–3–1 式”等阵型战术（图 5–6），羽毛球项目的“平行站位”“前后站位”等阵型战术，网球双人项目的“交叉站位”“双网前站位”“双底线站位”等阵型战术。阵型也可称为“队型”，阵型方式的布置是非个体类项目全队战术安排的前提和关键，全队战术设计中的队员配置、任务分工、攻防路线安排、攻防重点确定等均必须以本方的阵型布局作为重要依据。

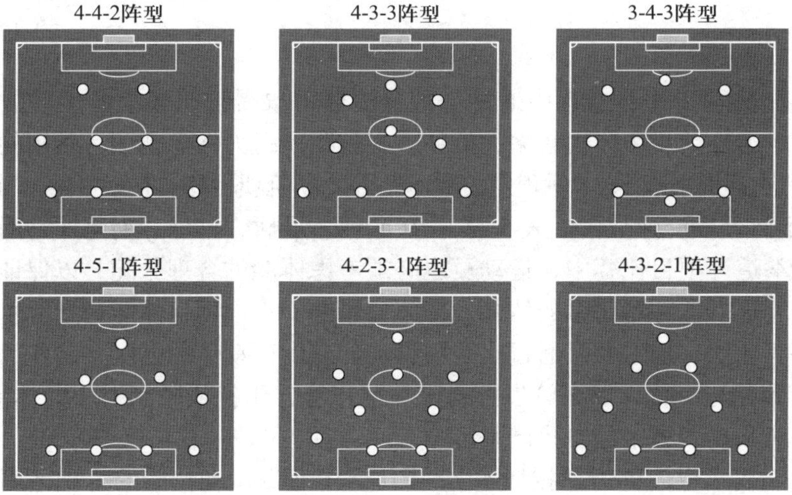

图 5–6　足球项目基本战术阵型示例

人员战术也可称为人员配置战术，指在非个体性比赛项目中，通过运动员的合理配置以最大限度发挥本方优势和制约对手的运动战术，例如，在田径、游泳接力项目中运动员配置及交接顺序的安排，皮划艇（表 5–1）、赛艇、龙舟多人艇项目各位置运动员的安排布置，体操、羽毛球、乒乓球团体比赛时出场队员的安排，足球、篮球、排球等项目的主力、替补球员的配置与临场换员策略等，篮球比赛中采用轮换不同防守人对对方核心队员进行重点盯防等均体现的是此类战术。队员个体能力特征、运动项目的特殊竞技需要、战术目的

人员搭配战术示例(一)

需求、竞技对手特点等是人员配置战术设计与实施的关键依据。

▶ 表 5-1 皮划艇 K4（四人艇）项目各桨位战术任务特点

位置	角色	战术任务重点
1 号位	领桨手	担任战术指挥，在战术配合上起到组织控制的核心作用，保证战术部署的贯彻执行；比赛中把握比赛局势，判断比赛形势，调控桨频节奏，决策战术变化
2 号位	动力桨手	比赛时要及时、准确地将领桨手的战术意图传达给后方队友；还要在比赛途中观察比赛形势和对手情况，及时提醒领桨手
3 号位	协调桨手	同样是动力桨手；比赛时发挥积极送力和战术衔接作用
4 号位	尾桨手	也同样是动力桨手；比赛时发挥积极送力和战术贯彻作用；同时掌握和控制本艇的平衡，保证战术的顺利实施

（余银，2015）

人员配置战术示例（二）

体能战术指比赛过程中通过合理分配体力取得理想成绩的运动战术。该战术在耐力性项目中体现较多，例如，中长距离耐力性运动项目常用的“跟随战术”“主动提速战术”“后程发力战术”等，赛艇项目的“1–2–3–4”“1–4–3–2”等不同分段配速战术（表 5–2）。在篮球、足球、排球、羽毛球、网球、拳击、跆拳道等项目比赛中，运动员也必须考虑体能的合理分配，以保证自身比赛的顺利进行，并给对手的体能发挥施加影响。不同项目体能分配战术的表现形式各有区别，但主要是通过比赛中移动的速度、动作的强度、动作的密度等的合理分配与变化，以充分发挥自身体能优势，干扰或限制对手的体能发挥，并进而对其技、战术的发挥产生影响。

技能战术也简称为“技战术”，指比赛中通过运动技能的合理运用及变化实现特定战术目的的运动战术。技能战术是多数运动项目运动战术最为主要与核心的战术表现形式，尤其在对抗类项目中表现最为突出。该战术主要通过技术动作的变化、攻防线路的调整、技术组合顺序应变等得以实现，以达到发挥优势、制约对手、获取比赛胜利的目的。篮球、足球、排球、羽毛球、网球、拳击、跆拳道等对抗类项目的运动战术多是以技能战术为主要表现形式，实践中该类项目也常将技战术称为“打法”“踢法”等。显然，运动员的运动技能、技巧水平是影响该战术的关键因素，运动员自身运动技能的丰富性、独特性、熟练性、有效性以及技巧化发展程度等直接影响技能战术的质量与效果。

▶ 表 5-2 伦敦奥运会女子赛艇单人双桨决赛 A 组战术模式

名次	代表队	速度					500 m 速度系数				1 000 m 速度系数			战术模式
		Vs1	Vs2	Vs3	Vs4	VA	Es1	Es2	Es3	Es4	Esh1	Esh2	Es1−Es2	
1	CZE	4.36	4.23	4.17	4.11	4.22	3.317 5	0.237 0	−1.184 8	−2.606 6	4.29	4.14	0.15	1−2−3−4
2	DEN	4.28	4.10	4.13	4.25	4.19	2.148 0	−2.148 0	−1.432 0	1.432 0	4.19	4.19	0.00	1−4−3−2
3	AUS	4.22	4.11	4.15	4.25	4.18	0.956 9	−1.674 6	−0.717 7	1.674 6	4.17	4.20	−0.03	2−4−3−1
4	NZL	4.22	4.10	4.09	4.20	4.15	1.686 7	−1.204 8	−1.445 8	1.204 8	4.16	4.14	0.02	1−3−4−2
5	BLR	4.21	4.07	4.10	4.18	4.14	1.690 8	−1.690 8	−0.966 2	0.966 2	4.14	4.14	0.00	1−4−3−2
6	CHN	4.23	4.07	4.05	4.21	4.14	2.173 9	−1.690 8	−2.173 9	1.690 8	4.15	4.13	−0.02	1−3−4−2

（许志娟，2014）

心理战术示例

心理战术指通过一定的方式对参赛对手心理上施加影响、干扰和刺激，使其产生消极心理反应，进而达到特定比赛目的的战术。心理战术主要的实现方式是制造错觉、形成假象、造成迷惑等，如比赛前或过程中，利用一定目的性、策略性的行为，如语言、动作、表情，来麻痹、震慑、刺激、迷惑对手。心理战术的直接目的主要是使对手在心理上产生紧张、恐惧、疑虑、得意轻敌、疏忽大意、不知所措、犹豫不决、冲动等不良的心理反应，进而影响其思维判断、心态变化、情绪控制，最终达到干扰或限制其竞技能力正常发挥的战术目的。

目的战术指特定参赛目的的战术，即为达到特定的比赛结果而采取的富有针对性的战术。由于在不同比赛目的的思想指导下，比赛所采用的战术方式必然出现明显的差异性和针对性，因此参赛目的便自然富有强烈的战术思想的作用。竞技比赛的结果均由比赛名次和比赛成绩组成，因此参赛目的战术又可分为名次目的战术和成绩目的战术。例如，田径的“夺标”战术，篮球比赛中的小组赛“争头名”战术、“拿决赛资格”战术，足球联赛的“保级”战术等往往体现的是名次目的战术；举重的“创纪录”“破纪录”战术、足球联赛的“拿积分”战术等往往体现的是成绩目的战术。比赛时对名次和成绩目标的需求不同将会直接导致队员比赛时战术策略和行动方式的差异。

二、按参与人数进行分类

按运动战术的参与人数多少，可将其分为单人战术、小组战术和多人战术。单人战术指以运动员个体完成的战术。该战术是个体性项目运动战术的主要表现方式，例如，举重、拳击、跆拳道、摔跤项目及羽毛球、乒乓球、网球等单打项目，单人战术是最主要的表现方式；在集体项目中，单人战术也发挥着重要作用。小组战术指以两至三名运动员协同配合而完成的战术行动。该战术在隔网性项目双人比赛（如网球、羽毛球、乒乓球、沙滩排球）中运用较为突出，也同样是在集体性项目比赛战术的重要组成。多人战术指在三人以上的集体性项目比赛中，全队或多名队员按统一战术布置进行比赛的战术，例如，篮球、足球、排球、橄榄球、水球、冰球等集体性项目的全队性或多人配合战术。多人战术与个人战术、小组战术紧密结合。

三、按战术攻防性质分类

在对抗类项目中，通常可按其攻防性质将运动战术分为进攻战术、防守战术、攻防结合战术和相持战术。进攻战术指以进攻为主要途径及目的而采取的战术，例如，足球比赛的"下底传中""罚定位球"战术。防守战术指以防守为主要途径和目的而采用的战术，如篮球比赛的"人盯人""区域联防"战术（图5-7）。攻防结合战术指将进攻与防守密切结合的战术，例如，拳击、跆拳道等项目中的"防守反击战术""迎击战术"，网球、排球等项目中的拦网截杀。相持战术指比赛中攻守态势保持相对均衡时，为力争场上形势向利于己方发展而采取的战术。如网球、羽毛球、乒乓球等项目中，以经验丰富、比赛发挥稳定见长的运动员会有意引诱对手陷入"多拍"相持状态，或利用对手技术控制、心理控制等的稳定性差寻找得分机会；或利用对手的体力劣势，造成对手的体力明显消耗，而形成战术主动。

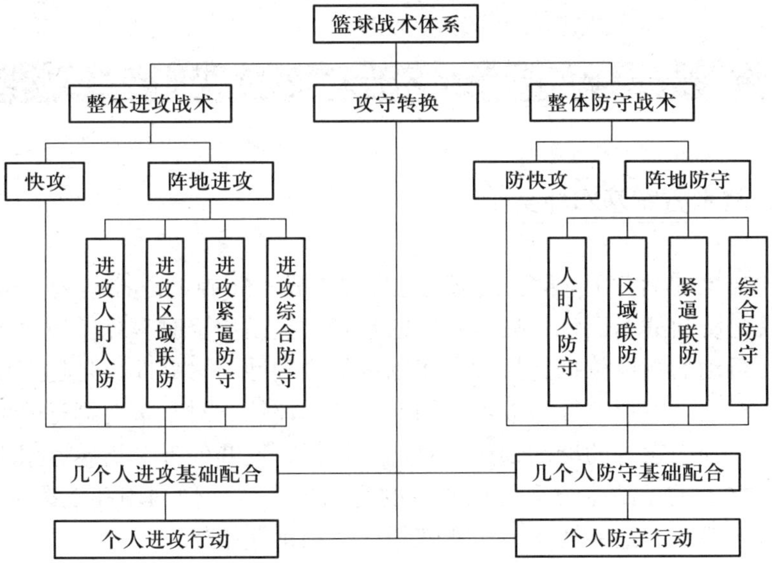

图5-7　篮球项目战术体系示意图

（孙民治，2002）

四、按战术的普适性分类

按战术的广泛性、普遍性、适用性，可分为广普战术和独特战术。广普战术指比赛中应用较为常见、普遍，具有广泛使用性的战术。例如，篮球比赛中的挡拆战术、排球的短平快进攻战术、足球的"二过一"战术（图5-8），这些都是各自项目基本的、广泛使用的战术。独特战术指比赛中针对特殊对手或特殊局势而专门采用的战术。隐蔽性、独特性与创造性是这种战术的显著特征，并具有明显的“一次性效应”。在重大比赛，特别是在决定比赛胜负的关键时刻，特殊战术往往能发挥出其不意的战术效果，例如，篮球比赛中的“绝杀球”、格斗类项目比赛中的“KO”获胜等多得益于此。

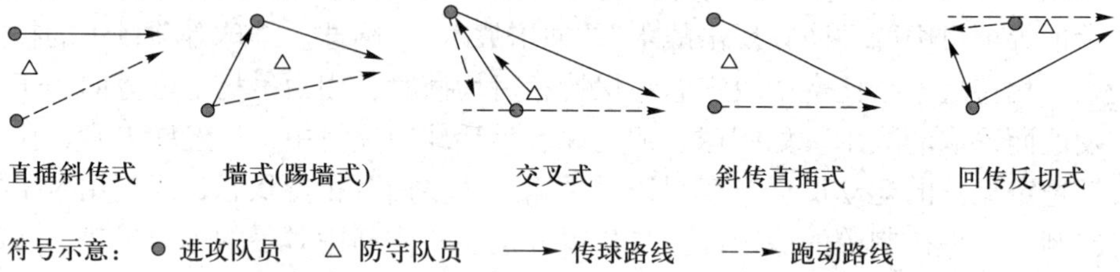

图 5–8 足球项目“二过一”战术常见形式示例

第三节 战术方案及其制定

一、战术方案基本释义

战术方案是针对比赛而专门制定的指导战术实施的总体计划。战术方案的制定既是赛前战术训练、战术布置的基础，也是比赛时教练员战术指挥和运动员战术行动的重要依据。战术方案制定的合理性、可靠性，是建立在对彼我双方实力对比、特点差异、战术意图等的细致评估，对未来比赛竞争形势、局面变化、不利因素等的准确预测，对比赛目标、比赛任务、指导思想等高度明确的基础之上的。战术方案的核心目的是指导全队如何利用和发挥本方优势，制约对方优势，并最终转化为比赛胜利或达到预期结果。

二、战术方案主要内容

战术方案的主要内容包括：确立目标任务、预判比赛形势、明确指导思想、谋划战术策略、准备变化预案、确定适应措施、制定训练计划、规范保密措施（图 5–9）。

确立目标任务：主要是根据比赛的目标和任务来确立战术行动的最终目标、任务。例如，不同的比赛，队伍的目标可能有“夺冠”“破纪录”“获胜”“获资格”“晋级”“争小组第一”“保级”等多种区别，从而导致战术目标的相应不同。

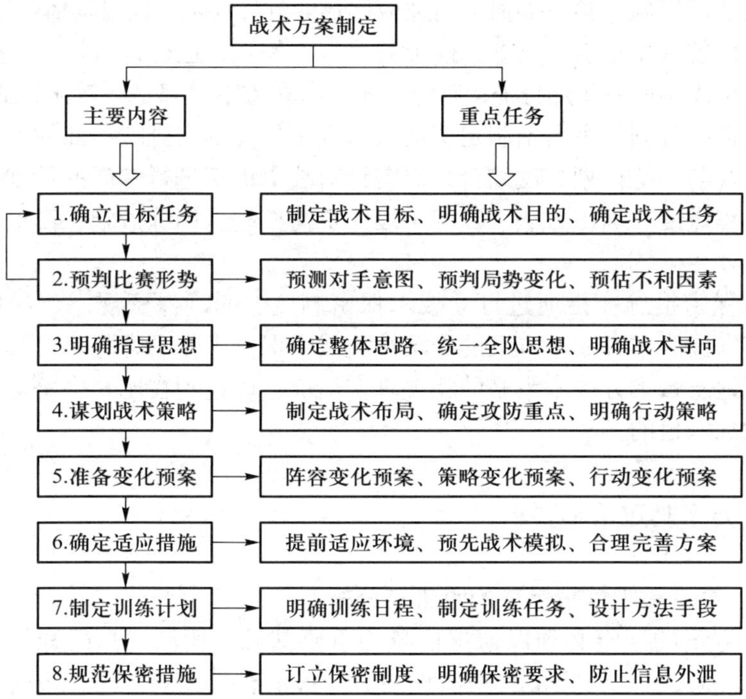

图 5-9　战术方案制定的主要内容

预判比赛形势：主要是对对手战术意图、比赛局势变化、赛中不利因素等进行预测和判断。比赛形势预判的准确与否主要取决于对对手竞技实力、战术特点、战术目的以及对未来比赛可能的局势变化、不利因素等预判及分析的准确与否。

明确指导思想：是根据比赛整体战术目标和任务来确定比赛战术的整体思路。战术指导思想是明确比赛具体战术策略和战术行动方向与思路的重要前提。对于集体性项目而言，战术指导思想更是统一全队战术行动思想的关键。

谋划战术策略：包括确定比赛具体的战术行动策略、行动方式、阵型布局及任务分工（集体性项目）。例如，长跑比赛中各阶段的速度分配或排位策略、足球比赛中罚定位球时的运动员站位及跑动线路设计或防守定位球时的“人墙”设计。

准备变化预案：根据对比赛中可能出现的各种局势和环境等的提前预测，制定相应的战术应对预案。在比赛中，领先、落后、平局、主动、被动、心理变化、伤病影响等情况都不可避免，需要提前应对各种局势和环境的战术预案。

确定适应措施：指对如何提前适应比赛的各种环境，提出具体的适应措施，以便于赛前的战术适应，例如，模拟对手战术特点，进行针对性训练；提前选择性地组织或参加一些热身赛；制定程序化参赛方案等都是有效比赛适应措施。

制定训练计划：主要指制定赛前战术训练的计划安排。赛前战术训练计划不仅要与赛前训练计划高度结合，更需针对战术训练进行专门的计划安排，包括训练日程进度、训练方法、训练手段、负荷控制、训练措施、模拟或邀请的实战对手等。

规范保密措施：指通过订立战术保密制度、明确保密规定、严格保密要求等措施来提高本方战术方案的隐蔽性。战术保密工作不容忽略，其主要目的是有意识地隐藏本方战术策略的相关真实情况，以达到在比赛中争得主动、出奇制胜的战术目的。

三、方案制定基本要求

（一）高度重视情报信息的收集与分析

战术方案的制定必须以情报信息为重要基础。所谓“知己知彼，百战不殆”，就是通过获取情报信息来实现的。情报信息收集的全面、及时、准确与否，将对制定本方战术策略、战术预案等起到关键的作用，进而影响比赛结果。情报信息的收集主要包括竞赛对手信息和竞赛环境信息两大方面。前者主要包括对手竞技水平，技术与战术特点，队伍阵容及个人特点，竞技比赛成绩及变化等。后者主要包括比赛场地、器材、食宿、交通等环境信息；比赛日程、分组等安排信息；比赛规则变化及裁判员执裁特点信息等。

（二）辩证认识战术决策与战略决策关系

战术决策是针对在比赛中出现的情况进行的具体决策。战略决策则是为实现比赛整体目标而对比赛的全局性问题所进行的宏观决策。战略决策服务于比赛整体目标，一般不能轻易改变，决策制定历时较长、论证因素较为系统；战术决策更体现在服务于比赛具体形势，必须根据比赛过程中的具体情况加以灵活调整，更加要求决策者灵活多变、快速决断。战略决策是战术决策的宏观导向，战术决策是战略决策的实现途径。两者相辅相成，紧密联系，共同对战术方案制定与实施的合理性、有效性产生关键影响。

（三）系统分析专项战术的特点与作用

不同类型运动项目在竞赛中的战术特点和所起作用有明显区别。例如，在集体性的对抗性项目中，战术的特点主要表现在集体战术与个人战术、小组战术的结合，进攻、防守、相持战术的结合，按阵型进行任务分工与相互间密切协作的结合，预先设计与随机应变的结合；而个体性的对抗项目则高度强调个人临场决策和行动能力，进攻与防守交替转换能力，战术与身体、心理、技术的密切结合，强调个人优势与特长的发挥等。因此，对战术方案的制定，必须以运动项目比赛中的战术特点和作用区别为重要依据。

（四）详尽掌握运动项目的竞赛规则

详尽掌握竞赛规则对运动战术的制定至关重要。首先，规则是对比赛行为的规范，任何战术行动都受竞赛规则的约束。其次，可以充分利用竞赛规则来达到特定的战术目的，例如，篮球比赛中常见的“犯规”战术，往往可以延误对手进攻时机、扰乱对手进攻节奏。再者，要充分掌握规则修改对战术的重要影响。例如，2018 年足球世界杯引入了 VAR（Video Assistant Referee，视频助理裁判）辅助措施，使一些有意通过“假摔”等获利的战术意图和行为得到减少。此外，裁判是规则的执行者，了解裁判员的执裁特点，将有助于战术策略的部署。

2018 年足球世界杯 VAR 技术图示

（五）充分考虑运动竞赛的环境影响

为了确保战术方案的有效实施，在制定战术方案时必须要充分考虑运动竞赛的各种环境因素。这些环境因素主要包括竞赛的场地、器材、观众、季节、气候、地理条件等可能对战术产生影响的环境因素。例如，帆船、帆板、冲浪等项目比赛，季节、气候、地理条件对战术决策的影响很大，特别是比赛时气象、海浪、水文等环境因素变化将直接影响航线策略、浪情选择；羽毛球、乒乓球、网球等项目比赛，空气压力、气流方向等的变化均会对球的飞行线路、旋转、速度等造成一定影响，因此在战术选择上要考虑这些因素。

帆船项目比赛受水域环境的影响

（六）深入认识方案的固定与变异因素

战术方案对未来行动目标和具体方式的规划设计是相对固定的，带有明显的预测性，而比赛过程的实际情况是变化莫测、难以准确预测和判断的。故比赛战术的实施，往往会根据具体形势和情况做出临时调整，甚至变动。因此，要深入认识战术方案的固定因素与变异因素。周密、详细、明确的战术方案是合理、有效变化的前提和基础。制定战术方案时对各种情况的充分预测，以及应对性战术预案的提前制定，都为临场的战术变化给予极大帮助。在现代运动训练中，战术的提前预谋性与临场应变的高度统一性，是战术制胜的关键。

第四节 战术训练及其要求

一、战术训练的主要任务

战术训练是教练员通过合理的方法和手段，对运动员掌握和运用战术的能力进行培养和提高的活动过程。战术训练的目的是使运动员熟练地掌握专项运动所需求的战术策略，将战术知识、意识、行为等融为一体，形成一套适合个人或本队有特色的战术方式，并能在比赛中有效运用。总体而言，运动员战术训练的任务主要包括：掌握专项运动战术的理论知识，了解专项战术的发展趋势；培养战术意识，提高临场判断、决策、灵活运用以及协同配合意识；提高战术储备，掌握一定数量的战术形式，提高战术运用能力和质量；提升战术应变能力，能够根据比赛中的各种具体情况做出适时的战术调整。

二、战术训练方法特点

增减难度战术训练示例

战术训练的方法除了可以采用本书第六章指出的分解、完整、重复、变换、比赛等常规训练方法外，实践中还经常采用如下方法进行有针对性的训练。

（一）增减难度训练

降低难度战术训练示例

指通过增加或降低战术训练的复杂或难易程度进行战术训练。降低难度训练往往用于战术训练初期阶段，以此提高运动员对战术意图和战术结构的理解，加快对战术的初步掌握。增加难度训练则用于战术能力进一步提升阶段。该训练主要通过增加训练条件的困难度和复杂度进行战术能力训练，对于提高运动员克服高难度及复杂比赛环境的战术应用能力具有显著作用。战术难度降低的方式有多种，例如，减少对抗要素、干扰因素、防守人数；降低动作难度、运动强度、时空限制；增加配合人数、外界辅助。

增加难度战术训练示例

（二）实战模拟训练

指在训练中通过模拟比赛形势、对手技战术风格、环境条件等进行针对性、适应性的战术训练。例如，在羽毛球、乒乓球、拳击、跆拳道等项目中，通过让陪练运动员专门模拟重点对手的技战术特点，或选择与重点对手具有相似技战术风格的运动员作为陪练，以此进行战术模拟训练。再如，在实战训练中，针对比赛中可能出现的开局迅速输分的不利局面，进行的“让分”式的模拟性实战训练。此外，对抗性项目在大赛前有目的地选择一些具有特定风格的队伍进行友谊赛、热身赛等，也可达到战术模拟的目的。

（三）战例分析训练

指结合具体的比赛战术案例对其战术计谋与战术行动进行全面或针对性剖析，以提高战术能力的训练。该训练既是战术训练，也是思维训练。教练员在战例分析训练中，通过对一些经典的、有代表性的比赛案例进行分析，可以进一步提高运动员对战术的理解能力、认识能力和决策能力。战例分析不仅包括教练员的分析、讲解，还高度强调运动员的独立分析和思考，例如，让运动员对战例中的战术意图、战术选择、行动方式等的原因、合理性等进行判断、思考和解答，以此锻炼运动员的战术思维、意识。此外，每次比赛完成后教练员带领运动员回看、分析比赛视频，通过回顾比赛过程，总结利弊得失，也是一种很有效果的战例分析训练。

（四）先分后合训练

指在运动战术训练中按照由局部到整体、由简单到复杂的思想，将战术行动的内容组成或人员结构先分解为若干环节、若干小组，再逐步进行合并式、组合式的战术训练。在集体性战术的训练中，往往可以先进行局部性的战术训练，即先进行个人性或小组配合性的训练，待局部练习条件成熟，再进行整体性的全队战术练习。例如，在足球项目战术分组训练时，可以先安排前场队员进行以跑位、传球、射门等为主的配合练习，中场队员进行以拦截、分配球、补位、助攻等为主的配合练习，后场队员进行以拦截、补位、发动反击为主的配合练习，待各组训练到一定程度，再将人员合并，进行全队战术练习。先分后合进行训练也体现了由简单到复杂、由局部到整体的训练发展过程。

分而合练战术训练示例

三、战术训练基本要求

（一）切合队伍能力实际的特点

切合运动队伍能力实际是贯彻“以我为主”战术原则的基本要求。在实践中，各运动队伍千差万别，运动员能力情况各异，战术训练必须切合本队的整体实力及个体能力特点展开。从宏观上看，运动员较为稳定、持久的战术风格及战术习惯的养成是通过长期的训练和比赛，对其个体能力、优势因素、擅长之处的不断应用、反复实践的基础上而逐渐形成完善的；从微观而言，面对某场比赛而制定和使用的比赛战术，也必须首先立足于本方队员的能力水平、优劣因素等现实条件，制定有利于最大限度发挥本方优势的战术策略。显然，运动战术的训练必须切合实际、实事求是，根据运动员的体能、技能、心智能等多种本体因素，塑造队伍战术风格，制定和实施相应战术。

在切合运动队伍实际能力进行战术训练时应注意：第一，发挥优势，扬长避短。自身优势是运动员强于他人、擅于发挥的突出能力及条件，也是竞技较量、比赛制胜的重要“资本”，对运动战术的制定与实施必须强化并善于利用队员的优势条件，“以己之长，攻彼之短”。第二，强化技术，提升战术空间。运动技术是战术行动的核心，战术策略主要通过运动员的技术行动得以体现。对战术训练中战术策略的制定、战术内容的选择不仅要以运动员技术水平、技术特点为基础，更要将战术训练与技术训练高度结合；同时，要不断丰富和提升个人技术能力与优势，为战术的多样化、复杂化、难度化、先进化提供发展空间。第三，弥补短板，全面发展。运动员自身条件与能力的短板既是限制自身战术能力发展的阻碍因素，也是对方战术“打击”的突破口，显然，最大限度地弥补个人能力短板是降低个人战术能力缺陷的关键途径。

（二）针对主要比赛对手的特征

对于某个队伍或运动员来讲，比赛对手不同，对应的战术策略也必有调整和转变；即使面对同一个对手，在不同时期、不同比赛场次、不同比赛阶段，对手能力与表现特点、战术的发展与变化也必然要求本方战术策略进行相应调整。因此在针对某场比赛制定战术策略及执行战术训练时，还必须要考虑对手的能力特点，展开有针对性的战术准备与训练，并努力做到有的放矢、灵活应变，找到制约对手比赛表现的最佳方式。

针对对手特点开展战术训练应做到：首先，以对手能力短板为战术突破口。对手的能力短板是较易被“打击”的薄弱点，因此在赛前的战术训练中，要准确判断对手的能力短板，形成准确“打击”的战术策略，努力做到避其所长、攻其所短。其次，准确预判对手的战术意图。包括对对手战术指导思想、阵容布局、攻防路线、攻防重点、战术变化习惯、战术行动虚实等提前做出准确的预判，以便于及时制定战术应对策略，组织有针对性的战术训练。再次，针对对手特点开展战术演练。赛前有针对性的战术演练既是促进本方队员熟练战术形式与内容，统一全队战术思想和行动策略的重要环节，也是模拟对手风格及特点，进行有针对性训练的重要方式，更是检验战术效果、修正战术策略、完善战术安排的重要途径。

（三）积极培养战术意识能力

战术意识主要反映运动员比赛中的思维活动过程，是影响临场战术选择和战术决策的关键，也是战术训练的重点环节。战术意识的强弱通常表现在：能否及时、准确地预测比赛的发展进程；能否快速、准确地预判队友或对手的战术意图和行动方式；能否在复杂、不利的情况下保持思维的清晰、灵活及准确；能否与队友及全队积极配合，协同完成战术策略；能否在不利局面下保持战术变化的灵活性。战术意识培养的核心途径是加强专业知识学习，提高智能水平，优化思维方式等。

战术意识培养的具体方式通常有：加强专项战术理论知识学习和经验积累；提高对项目竞赛基本规律、战术特征和战术发展趋势的认识；提高对各种复杂情况进行分析、判断和决策的战术思维能力；大量而熟练地掌握专项基本战术，提高战术储备。运动员战术思维能力水平是决定其战术意识水平的关键，也是培养运动员战术意识的核心。因此，在培养运动员战术意识的中，要以战术思维能力水平为核心，努力提高运动员战术思维的灵活性、预见性和创造性，并加强战术思维与行动的结合与统一。

（四）协调个人与集体的关系

在集体项目中，个人战术目的可以是通过个人战术行动直接制胜，也可以是为队友制造机会制胜。因此，对集体性项目而言，个人战术行为能力包括“个体战术能力”和“协同战术能力”两个方面。集体战术是集体性项目运动队伍整体竞技能力极为重要的组成部分，合理有效的集体战术运用往往是该类项目取胜的关键。同时，运动员个体间的战术配合是集体战术行为的核心。因此，运动员的协同作战能力构成了集体战术能力的决定性因素。显然，处理好个人与集体的关系，是集体性项目战术训练任务的重点。

运动员协同作战能力的提升主要反映在两个方面：一方面是战术配合过程中活动方式协调程度的提高；另一方面是思维意识协调程度的提高。战术配合水平越高，集体战术运用表现出的灵活性、创造性则越强。集体战术配合能力则更加强调全队战术严密的组织性、高度的一致性和充分的协调性。严密的组织性主要体现在个人战术行为必须严格遵守全队战术纪律；高度的一致性重点体现在所有队员的战术思想、行动策略必须高度一致；充分的协调性则突出表现在队员间战术配合达到高度“默契”的程度。

（五）高度重视战术组合训练

对于很多项目而言，运动员战术训练水平越高，就越重视多种战术行动的组合能力训练。尤其是对抗性项目，比赛中的战术组合使用更为频繁，运动员战术组合能力的高低也往往是影响比赛胜负的关键。在当今竞技对抗高度复杂、激烈的竞赛环境下，运动员战术组合能力训练是对战术“复合化”发展的必然要求。战术组合就是将多个战术有机结合起来以达到连续性战术目的的战术集合，有时也称为“连环战术”。组合中前一个战术为后一个战术创造条件，并通过多个战术的连贯使用来达到整体战术效果的目的。

战术组合可以分为程序性组合和创造性组合两种方式。程序性组合是指将各种战术行动在时间顺序和空间关系上按一定程序组合在一起构成的战术集合。该组合训练能帮助运动员掌握多套战术组合方式，并形成应对不同对手、不同情况的多套战术组合体系。创造性组合则是指根据比赛临场变化情况，创造性地将若干战术结合在一起构成的战术集合。该组合具有明显的随机性和灵活性，尤其对于对抗类项目而言，更体现出运动员临场应变能力、战术意识能力、思维创造能力，也是衡量运动员战术运用能力高低的关键。

（六）高度强化战术实战应用

战术训练的目的不仅在于提高运动员对战术知识、策略、行动的学习和掌握能力，更在于对战术实战应用能力的提高，即在复杂多变、紧张而艰苦的比赛条件下合理运用战术，以取得比赛胜利或达到预定结果。在战术训练中，必须把培养运动员的战术应用能力放在极为重要的位置。提高战术应用能力的主要途径是：在训练中给予多变的条件刺激，锻炼运动员快速决策、战术变化能力；通过模拟比赛进行各种环境和情景的战术训练，提高战术适应能力；通过正式比赛的战术锻炼，提高战术综合运用能力。

战术实战应用的基本要求为：第一，明确战术目的，确立战术导向。战术目的越明确，战术的决策和行动的方向性和依据才会越强，也才能根据现实所需，有针对性地设计及实施相应战术。第二，预估情势变化，强调灵活应变。比赛中环境错综复杂、局势千变万化，因此要求运动员能够根据比赛环境和局势变化，灵活机动地运用有效的战术策略和行动，争取主动、扭转被动，努力使比赛局势向有利于本方的方向发展。第三，强调解决问题，力求战术实用。运动战术为运动员的竞技比赛服务。因此，能否有效应对比赛临场的各种问题，能否获取比赛优胜或既定目标是对战术运用最为关键的要求。

（七）积极加强战术创新发展

战术创新是运动项目战术体系不断发展的动力和关键，它是不断发掘战术优势、突破战术形式、解放战术思想、推动项目发展的重要途径。我国很多项目能走上世界巅峰并长期保持领先地位，关键因素之一就是高度重视技战术的不断创新。例如，刘淑芳（1995）指出，中国乒乓球项目先后创新了直拍近台左推右攻和直拍近台两面攻、削攻结合、攻拉推结合倒拍等打法；每种打法的创新，使掌握了这种打法的运动员大多数都获得了世界冠军。徐寅生（2016）指出，“百年乒乓球历史，证明创新是生命力，不断创新是一条贯穿百年乒乓球历史的主线。”

战术创新对教练员、运动员以及科研人员提出多方面的综合要求。一是必须掌握丰富的专业知识和积累实践经验。没有专业知识和实践经验作为基础，也就无法清楚认识项目竞赛规律和实践中的矛盾所在，也就缺少创新的依据和方向。二是要洞察项目规则变化特点与发展趋势。竞赛规则是项目发展的关键导向，规则的发展与变化直接带来运动战术的调整及转变，战术的发展与创新也必须遵循项目规则的总体变化趋势。三是不断加强对项目竞技规律的认识深度。富有突破意义的战术创新，往往都是建立在对项目发展特点和竞技规律的高度认识基础之上，甚至是超越了人们在某个时期对项目的固有认识；不遵循发展规律的创新，则是无源之水、无本之木。四是必须具备创新精神和开拓意识。敢于打破常规、突破现状、创立新的思维导向是实现战术创新的思想基础。

小结

本章着重从理论结合实践的角度，重点阐述了运动战术的构成、影响因素及基本原则；重点讨论了运动战术的主要分类；系统介绍了战术方案的主要内容及制定要求；系统介绍了战术训练的任务、方法及基本要求。本章高度强调运动战术在竞技制胜中的关键作用，运动战术的设计、应用及训练要与运动素质、技术、心理、智力等能力高度结合。

思考题

1. 简述运动战术的定义及其构成。
2. 结合你的专项简述运动战术设计和行动中的基本原则。

3. 举例说明运动战术的类型及应用特点。
4. 说明制定战术方案的主要内容。
5. 举例说明制定战术方案时要注意的主要问题。
6. 举例说明战术训练的方法及特点。
7. 结合你的专项谈一谈战术训练的基本要求。

第六章

运动训练方法手段

▶ 本章导语

本章内容主要包括训练方法、手段概述、运动训练基本方法、运动训练控制方法三块内容。其中，训练方法、手段概述重点阐述训练方法及其构成要素、训练手段构成要素；基本方法主要阐述八种操作性训练法的分类、构件与应用；控制方法主要阐述三种控制性训练法的含义、构件与应用。本章旨在框架性地构建运动训练方法、手段的知识体系。

▶ 学习目标

通过本章学习，学生能够掌握运动训练方法、手段的基本概念；能够在教学与训练中，掌握运动训练基本方法和手段；能够在理论上基本理解运动训练控制方法的主要特点和发展趋势；能够将理论学习与训练实践紧密结合。

第一节 训练方法手段概述

一、运动训练方法概述

（一）运动训练方法定义与意义

运动训练方法是指在训练活动中，根据运动训练的科学原理，为提高竞技运动水平、实现科学训练目的、完成运动训练任务所采取的途径和办法的总称。运动训练方法是，在运动训练中，教练员执教团队和运动员为实现共同目标，共同完成训练任务的有效办法；是在运动训练过程中各种具体有效的训练方式和办法的高度概括；是运动训练基本原理应用于运动训练具体实践的各种途径与办法的集中表述。在现代运动训练过程中，运动训练方法既是运动训练总体设计和制订计划必须思考的重要内容，又是运动训练具体实践和落实任务必须采用的实施工具，也是运动训练过程监控和评价效果必须注意的有效手段。在实践中，许多优秀的执教团队十分重视训练方法的功能、功效和价值，高度重视训练方法的创新、开发和应用，特别重视训练方法的类别、内容和效果。因此，从方法论角度科学认识现代运动训练方法及其功效十分必要。

现代运动训练方法不仅是教练员和运动员从事训练工作、完成训练任务和提高竞技能力的应用工具，同时蕴含着丰富的科学训练知识、基本的科学训练原理和相应的科学训练思想。教练员和运动员正是通过现代训练方法，将相应的科学训练知识、原理和思想，贯彻到相应的训练过程中，落实到明确的训练任务中。现代竞技运动发展历程表明，任何一种科学训练方法的诞生和完善，既是科学训练原理实践应用的具体体现，也是科学训练实践成功经验的高度总结。因此，从方法论角度掌握和熟练应用现代运动训练方法，有助于科学认识和深入理解现代运动训练理论；从认识论角度全面和科学地认识现代运动训练理论，有助于科学掌握和灵活应用现代运动训练方法。当然，正确认识和掌握不同训练方法的功能和特点，更有助于顺利完成相应的训练任务，有效提高不同的竞技能力和实现不同阶段训练的目标。

（二）运动训练方法的分类与依据

现代运动训练方法已呈现出针对性、多元性和系统性特点。其中，有些方法对发展竞技运动的主要竞技能力具有共同作用，如重复训练法普遍有助于发展竞技能力的素质要素，比赛训练法普遍有助于发展竞技能力的心智要素；有些方法的适用领域则较为专门化，如等动力量训练方法（Isokinetic Training）和超等长收缩力量训练方法（又称爆发式增强性力量训练方法，Explosive Plyometric Training），对力量素质的某一因素具有特殊的发展作用。有些方法属于过程控制性的，如模式训练法（Model Training）和程序训练法（Program Training），对运动训练某一阶段整体训练内容的掌握或竞技能力因素的全面提高具有控制作用；有些方法属于现场操作性的，如间歇训练法、循环训练法，可以在训练课中用于发展若干竞技能力。因此，对运动训练方法进行科学分类，建立严谨的逻辑体系，历来都是必要的一项有关训练理论的建设工程。

任何事物的类别划分与体系建立均需依据一定的分类标准。同理，现代运动训练方法可依照不同的分类标准，建立具有不同功能、不同作用的若干训练方法分类的体系。例如，依据竞技能力发展目的，可分为体能训练方法、技能训练方法和心智训练方法；如果继续细化，可将其中的体能训练方法细分为力量素质训练方法、速度素质训练方法、耐力素质训练方法、柔韧素质训练方法和灵敏素质训练方法；依据训练内容组合特点，可分为分解训练方法、完整训练方法、变换训练方法和循环训练方法；依据训练负荷与间歇的关系，可分为持续训练方法、重复训练方法和间歇训练方法；依据训练负荷代谢特点，可分为无氧训练方法、有氧训练方法、混氧训练方法；依据训练过程外部条件，可分为语言训练方法、示范训练方法、助力训练方法和加难训练方法。由此可见，训练方法类别划分与体系建立是多种多样的。

1. 运动训练基本方法的分类与依据

在实践中，现代运动训练方法还可以列出许多不同的关于运动训练方法的分类标准和体系。考虑到理论上的相对完整和实践应用的方便，我们依据不同训练方法的基本作用和适用范围，将现代运动训练方法分为训练基本方法和训练控制方法两大类。其中，训练基本方法又称基本操作方法。此类方法主要包括完整训练法、分解训练法、持续训练法、间歇训练法、重复训练法、变换训练法、循环训练法、比赛训练法等八种直接用于某一训练课的具体方法（表6-1）；训练控制方法主要包括模式和程序训练法两种可直接用于某一阶段的控制方法。运动训练基本方法是遴选具体训练手段的依据，运动训练控制方法是控制某一训练阶段的方式。两者都是运动训练理论作用于训练实践的方法。科学应用运动训练基本方法可以有效提高训练课的质量，科学应用运动训练控制方法可以有效提高某一训练阶段的训练质量。

▶ 表 6-1 运动训练基本方法体系

方法	亚类			
分解训练方法	单纯分解训练	递进分解训练	顺进分解训练	逆进分解训练
完整训练方法	动作完整训练	技术完整训练	战术完整训练	
重复训练方法	短时重复训练	中时重复训练	长时重复训练	
间歇训练方法	高强性间歇训练	强化性间歇训练	发展性间歇训练	
持续训练方法	短时持续训练	中时持续训练	长时持续训练	
变换训练方法	负荷变换训练	内容变换训练	形式变换训练	
循环训练方法	循环重复训练	循环间歇训练	循环持续训练	
比赛训练方法	教学性比赛	检查性比赛	模拟性比赛	适应性比赛

（胡亦海，2014）

运动训练基本方法如表 6-1 所示，是由八种操作方法及其亚类方法组成。通常，运动训练基本方法的主要构成因素是：练习动作及其组合方式、运动负荷及其变化方式、过程安排及其变化方式、信息媒体及其传递方式、外部条件及其变化方式等要素。其中，练习动作及其组合方式是指运动员为完成具体训练任务而进行的身体练习及其组合方式；运动负荷及其变化方式是指各种身体练习所施加的刺激及其变化形式；过程安排及其变化方式是指训练进程的安排及其变化形式；信息媒体及其传递方式主要是指教练员指导信息的载体及其信息传出方式；外部条件及其变化方式主要是指各种条件因素及其变化。这些因素的不同组合及其变化，可以形成具有不同功能和适用不同目的运动训练方法。在实践中，运动训练基本方法构成的核心要素主要是：练习动作及其组合方式、运动负荷及其变化方式和过程安排及其变化方式等因素。

运动训练基本方法的构成要素，具有不同的影响权重。例如，在分解训练法中，练习动作、练习顺序、讲解示范的影响权重较大；在重复训练法中，练习动作、练习顺序、负荷安排的影响权重较大；在变换训练法中，动作组合、过程安排、组织教法的影响权重较大；在循环训练法中，练习顺序、负荷安排、器械布局、组织教法的影响权重较大；在比赛训练法（游戏训练法）中，比赛组织、规则要求和负荷强度的影响权重较大。正因如此，运动训练基本方法及其亚类对于提高身体机能和素质、运动技术和运动战术具有不同的功能。重复训练法、间歇训练法和持续训练法是运动训练基本方法中的基础方法。其他方法都是建立在基础方法平台上所演变出来的组织方法（图 6–1）。换言之，过程安排、信息传递和外部条件等要素对于组织性基本训练方法的影响最大。因此必须了解这些要素的作用。

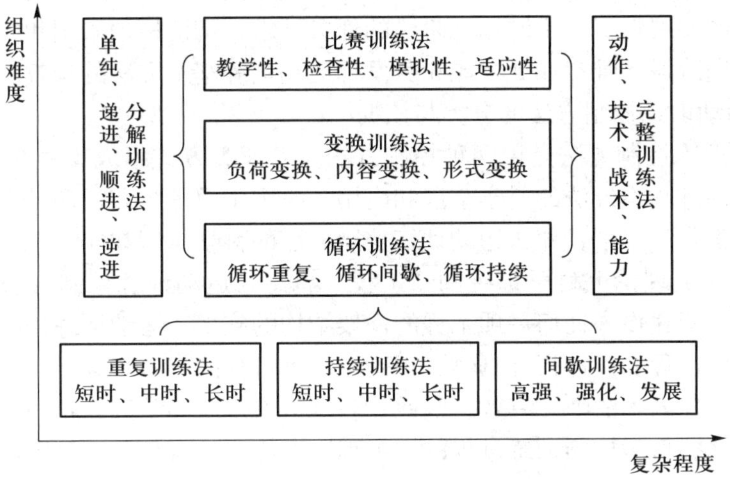

图 6–1　多种运动训练基本方法间的关系

（胡亦海，2013）

运动训练基本方法提出的依据主要分为三类理论基础：一是由条件反射形成原理、能量代谢基本原理、超量恢复基本原理、运动适应基本原理、运动应激基本原理等组成的生理学原理，同时包括某些机能系统方面的基本原理，如复杂反应形成原理、负荷刺激交替原理、神经过程传导原理、心血输出动力原理、神经肌肉兴奋原理、运动单位募集原理；二是由训练场所布局理论、训练器材适宜理论、训练流程编制理论、训练质量评价理论等组成的工艺学理论；三是由运动训练结构理论、运动技能形成理论、竞技能力形成理论、运动负荷安排理论和运动训练分期理论等组成的训练学理论。当然，还要依据相关学科所提供的理论基础，如教育学的教育技术应用理论、心理学的心理能量激活理论。同时必须考虑各个专项运动的基本特征。显而易见，全面掌握这些方法的基本理论是科学驾驭运动训练基本方法的前提。

在实践中，采用任何运动训练基本方法的主要思考要素是：身体练习的动作设计、负荷安排、内容排序、组织方式和指导方式。身体练习的动作设计、动作顺序、形态规范和组织配合等内容的安排至关重要，因此分解训练法和完整训练法是运动训练内容进入学习阶段的主要方法；身体练习的负荷性质、负荷强度、负荷密度、负荷质量以及练习手段的顺序等内容的安排十分重要，因此重复、间歇、持续和循环训练法是运动训练内容进入熟练阶段的主要方法；身体练习的动作技能、动作技巧、应变能力和组织方式等内容的安排尤为重要，因此，变换训练法、比赛训练法是运动训练内容进入实战阶段的主要方法。当然，这些基本训练方法的应用，必须根据专项运动的表现特征、不同竞技能力的发展特征、不同训练阶段的任务要求，辩证性地采用和应用于运动训练的不同阶段。唯有如此才能充分发挥运动训练基本方法的功效。

2. 运动训练控制方法的分类与依据

运动训练控制方法是由两种控制方法及其亚类方式组成（表 6–2）。如果说，运动训练基本方法的科学掌握和应用，决定于教练员和运动员实践中科学训练的“工艺”水平，那么运动训练控制方法的科学掌握和应用，则决定于教练员和运动员理论上科学训练的“工程”思想。运动训练控制方法的应用作用，类似工程建设中任何一项工程的框架结构的施工。运动训练控制方法十分强调：训练过程的设计指标具体、正确；训练过程的实施步骤严谨、明确；训练过程的监控内容清晰、有效。因此，教练员不仅需要掌握高超的“工艺”方法，还应掌握科学控制训练进程的“工程”方法。唯有如此，教练员才能科学驾驭整个运动训练过程不同分期的训练工作。运动训练控制方法是现代运动训练方法创新的标志性成果，也是现代运动训练理论创新的里程碑内容。这里从认识论角度重点介绍这些方法的基本原理与应用。

▶ 表 6–2 运动训练控制方法体系

类别	模式训练法	程序训练法
目的	建立阶段性专项竞技能力发展的数学控制模型	建立阶段性专项竞技能力发展的逻辑控制模型
结构	训练模式、检查手段、评定标准、训练手段	训练程序、检查手段、评定标准、训练手段
研制	通过试验过程论证	通过试验过程论证
依据	数学模型	逻辑模型
应用	适用于全部或部分过程	适用于全部或部分过程

（胡亦海，2014）

运动训练控制方法提出的依据主要分为三类理论基础。一是由信息采集基本理论、信息分析基本理论和信息传递基本理论等组成的信息学理论，信息采集强调真实可靠，信息分析强调客观科学，信息传递强调及时准确；二是由系统构建基本理论、系统动态基本理论和系统关联基本理论等组成的系统论理论，系统结构强调完整稳定，系统动态强调辩证适时，系统关联强调层次衔接；三是由工程设计系统理论、工程控制动态理论和工程管理效益理论等组成的工程学原理，工程设计强调整体关联，工程控制强调动态变化，工程管理强调成本核算。运动训练控制方法提出的依据，包括基本方法所依据的生理学、工艺学和训练学的基本理论。可以说，广泛应用于现代运动训练的模式训练法和程序训练法的功能十分突出。显而易见，全面掌握这些方法的基本理论是科学驾驭和应用控制方法的前提。

运动训练控制方法主要是由模式训练法和程序训练法两种控制方法组成。其中，模式训练法主要是以训练模式为控制依据，训练模式着重体现信息化、定量化和循环化特征；程序训练法主要是以训练程序为控制依据，训练程序着重体现系统化、逻辑化和程序化特征。由此可见，模式训练法和程序训练法两种控制方法，具有不同功能特征、应用价值和使用领域。尽管如此，科学采集数据、科学分析内容、科学反馈信息，仍然是模式训练法、程序训练法共同遵循的基本环节。正因如此，运动训练控制方法在认识论上科学地梳理了运动训练控制理论的具体内容，在方法论上有效地提供了运动训练过程控制方法的操作步骤，从而为教练员科学控制运动训练的进程，提供了实用的运动训练控制方法。

二、运动训练手段概述

（一）运动训练手段定义与意义

运动训练手段是指在运动训练过程中，以提高某一竞技运动能力或完成某一具体训练任务所采用的身体练习。运动训练手段是具体的有目的的身体活动，是运动训练方法的具体体现。在实践中，教练员、运动员都是通过采用具体的训练手段，体现相应训练的思想，反映相关方法的功能，完成相对具体的任务，提高相应竞技的能力。由于训练手段本身就是一种身体练习，因此手段的构成要素主要是练习动作的各个要素。由此可见，采用各种练习手段的首要条件是，必须按照相关技能动作规格、技术动作的要求，严格规范身体练习的动作规范（又称动作模式）。在实践中，训练手段的不断创新和科学运用，直接影响着训练方法的创新和应用。由于不同训练手段具有不同的功效和特点，因此对于提高竞技能力作用巨大。科学地认识和应用不同训练手段的功效和特点，有助于分类分层地提高专项运动的竞技能力。

现代运动训练手段可依据不同分类标准，建立若干训练手段分类的体系。例如，按竞技能力的要素分类，可将训练手段分为机能训练手段、素质训练手段、技术训练手段、战术训练手段和心智训练手段；按训练手段的负荷性质分类，可将训练手段分为力量训练手段、速度训练手段、耐力训练手段、灵敏训练手段；按训练手段的专项特点分类，可将训练手段分为一般训练手段、辅助训练手段、专项训练手段；按训练手段的作用特点分类，可将训练手段分为功能性训练手段、功效性训练手段；按训练手段的适用范畴分类，可将训练手段分为竞技训练手段、健身训练手段、康复训练手段；按训练手段的动作形态分类，可将训练手段分为“跑、跳、投、滚、翻、旋、转”等训练手段；按训练手段的结构特点分类，可将训练手段分为周期性、混合性、固定性和变异性等训练手段。可见训练手段的分类多种多样。

（二）运动训练手段的结构与种类

训练手段亦可称为身体练习。训练手段的基本结构可从身体练习的动作形态、动力特征、动作结构和动作过程四个角度予以解析。其中，动作形态主要体现：额状轴、纵轴和矢状轴动作形态（图 6-2）；动力特征主要体现：力的支点、力的大小和力的方向三种要素；动作结构主要包含：动作的姿势、轨迹、时间、速度、速率、力量及节奏七种要素（图 6-3）；动作过程主要分为动作开始、动作进行和动作结束三个阶段（图 6-4）。训练手段正是由于动作形态、动力要素、构成要素和过程要素的不断重新组合和变化，因此可以组合出 N+1 个训练手段。换言之，可以创造出无穷多的训练手段。随着现代科学技术的不断渗透和竞技运动、健身运动、康复运动的相互借鉴，特别

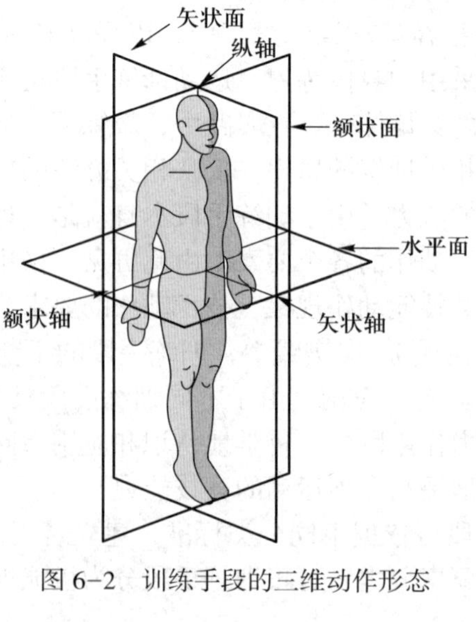

图 6-2 训练手段的三维动作形态

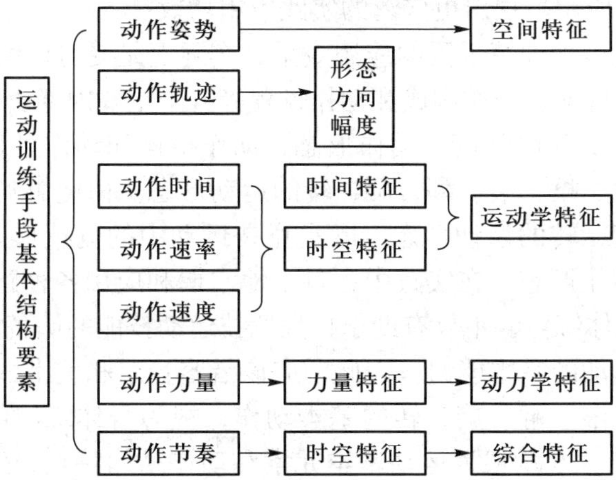

图 6-3　训练手段的基本结构要素

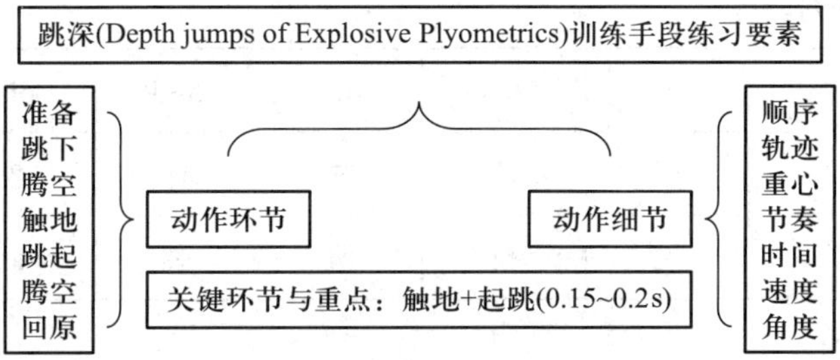

图 6-4　跳深（Depth jumps of explosive plyometrics）训练手段要素

跳深练习基本形态

跳深练习基本知识

是训练器材的不断创新，使得现代运动训练的训练手段得到了极大的拓展和丰富。从而，导致现代运动训练的手段呈现出多元化趋势。

由于现代科学技术的不断渗透，现代运动训练的手段日益丰富。特别是机械类、悬挂类、弹力类、绳梯类和辅助类等器材的发明和创造，极大地丰富了竞技运动、健身运动和康复运动的训练手段，并形成了以应用不同训练器材为特点的手段群。例如，机械类训练手段可分为：杠杆式、滑轮式、链条式、气动式、液压式和震动式机械训练手段；悬挂类训练手段可分为：悬臂式、悬带式和悬布式（body flying）训练手段；弹力类训练手段可分为：橡皮带拉伸式、弹簧条拉伸式、弹跳阻力带式和移动阻力带式等训练手段；绳梯类训练手段可分为：脚步各种移动步法、脚步各种移动跳法、手部撑跳移动手法等训练手段。当前，国际竞技运动训练领域中的一个重要发展趋势，就是利用这些训练器材创新出更多的有效训练手段。正是对这些训练器材的应用，使现代运动

竞技运动现代训练手段选编

竞技运动七种基本元素的基本表现

竞技运动七种基本元素的高级表现

训练手段设计和应用呈现出更广泛的实践应用功效。

可见，现代运动训练手段的应用效果，实际上是受身体练习的训练器材、动作形态、动力特征、动作构成和动作过程等五个重要因素影响。其中，动力特征决定着训练负荷的强度。动作形态、动作结构和动作过程决定着三维方向的各种跑、跳、投、滚、翻、旋、转的运动形态。由此可见，各种跑、跳、投、滚、翻、旋、转的运动形态，既是竞技运动中的竞技形态，也是运动训练各种手段的动作形态。在实践中，科学地掌握和应用各种跑、跳、投、滚、翻、旋、转的身体练习，不仅有助于扩大竞技运动技能的储备能力，同时有助于提高运动员运动的基本能力。因此，应该借鉴音乐和美术的元素分类那样，将跑、跳、投、滚、翻、旋、转的基本动作，视为身体练习的基本元素（表6-3）。正因如此，本章根据运动基本元素和动作结构特点，作为表6-4训练手段分类体系中的具体范例。

▶ 表6-3 音体美基本元素对照表

音乐元素（唱名）	1do	2re	3mi	4fa	5sol	6la	7si
美术元素（颜色）	赤	橙	黄	绿	青	蓝	紫
运动元素（动作）	跑	跳	投	滚	翻	旋	转

（胡亦海，2013）

现代训练手段主要分为单一动作周期性、单一动作混合性、多元动作固定性和多元动作变异性等训练手段。其中，单一动作周期性训练手段主要包括：各种周期性的单一肢体动作，如引体向上、俯卧立撑、推举杠铃、仰卧起坐等身体练习；单一动作混合性训练手段主要包括：各种周期性的跑跳结合的身体练习，如助跑跳跃、助跑投掷、负重跑跳等身体练习；多元动作固定组合性的训练手段主要包括：各种移动步法、各种移动跳步、各种实心球投、各种滚翻动作或跑跳投动作的固定组合等身体练习；多元动作变异组合性的训练手段主要包括：应变条件下的各种移动步法、各种移动跳步、各种实心球投、各种滚翻动作的变异组合或者各种跑跳投动作结合的变异组合等身体练习。现代训练手段的具体形态可谓数不胜数。有关单一动作周期性、单一动作混合性、多元动作固定性和多元动作变异性等具体的训练手段，可查阅高等教育出版社2017版的《运动训练学》的有关章节或其他相关著作文献（表6-4）。

▶　**表 6-4　训练手段的分类体系**

一级指标	二级指标	具体手段范例
单一动作结构类	周期性	跑步、游泳等徒手、器械练习
	混合性	各种跑＋跳＋投＋滚＋翻＋旋＋转等徒手、器械练习
多元动作结构类	固定性	各种跑＋跳＋投＋滚＋翻＋旋＋转等动作的固定组合、套路练习
	变异性	各种跑＋跳＋投＋滚＋翻＋旋＋转等动作的变异组合、游戏练习

（胡亦海，2014）

1. 单一动作周期性训练手段

单一动作周期性训练手段是指运动训练中采用单一动作结构的动作进行周期性训练的身体练习。各种周期性的跑步、跳跃、游泳、骑车或引体向上、俯卧立撑、推举杠铃等身体练习都属此类训练手段。此类练习动作相对简单、动作环节相对较少，练习者较易学习并熟练掌握。由于体能主导类速度性、耐力性运动项群的技术动作结构与之相似，因此此类练习往往成为此类项目的主要练习手段和其他项群的基本练习手段。单一动作周期性训练手段可分为全身周期性和局部周期性练习。全身周期性练习是指身体整体运动属于周期性运动状态特点的练习；局部周期性练习是指身体某部位处于周期性运动状态特点的练习。全身周期性练习当中的各种步法练习就是全身周期性练习。对于球类项目而言，全身周期性的各种步法练习既是一种衔接技术练习，也是一种体能训练，两者高度地紧密结合可以取得事半功倍的训练效果。

2. 单一动作混合性训练手段

单一动作混合性训练手段是指运动训练中采用两三个单一的不同结构的动作进行混合性训练的身体练习。相对单一动作周期性训练手段而言，由于此类练习动作相对较为复杂、动作环节相对较多，动作形态相对多样，因此有利于形成复杂动作的神经联系、获得更多的运动技能或提高技能的储备量，有利于学习和掌握相对较为复杂的技术动作，因此有利于提高运动的协调性素质和时空感知能力，有利于丰富运动员的运动技能；由于此类练习涉及的动作环节较多，通常至少涉及两个或两个以上的关键动作环节，因此需要高度重视整个动作过程的练习；由于此类训练手段的动作特点与体能主导类力量性、速度力量性项群或技能类某一技术动作特点多为相似，因此单一动作混合性训练手段可作为这些项群体能训练或技术训练的主要练习手段。单一动作混合性训练手段可分为全身混合性练习和局部混合性练习的两种类型。

3. 多元动作固定性练习手段

多元动作固定性练习手段亦称多元动作固定组合练习手段，是指在多元动作的结构下，将多种练习手段依固定形式组合起来的身体练习。这种练习可将多元动作形成成套动作，因此是具有固定组合特征的项目的主要练习手段。该练习可使关键动作重点突出，动作衔接环节连贯，动作技能逐渐形成技巧；此类身体练习较易获得与技术动作相匹配的运动机能和运动节奏，进而有利于提高运动能力；此类身体练习较易形成复杂动作的暂时性神经联系、提高技能的储备量；此类身体练习较易获得运动的协调性素质和时空感知力。此类练习动作特点与表现性项群技术动作的特点类似，因此，此类手段是上述项群的主要练习手段。由于此类练习属于固定组合，因此可以作为变异组合技术的基本练习手段，或者可以作为技能主导类对抗性项群的组合练习手段。固定性练习手段可谓多种多样，核心要素是各种练习组合的衔接。

4. 多元动作变异性练习手段

多元动作变异性练习手段亦称多元动作变异组合练习手段，是指在多元动作结构下，将多种练习手段依变异形式组合进行的身体练习。通过各种多元动作的变异组合，可将多元动作形成变异动作练习。在实践中，通过各种变异组合的身体练习，可以有效地提高运动员的应变能力和运动员对复杂环境的预见能力，可以提高实战中各种运动战术的应用能力，以及与运动技术、运动战术相匹配的运动机能能力，可以提高比赛中面对突发事件的复杂反应能力以及变异性运动技能的储备量和掌握较为复杂的技术能力，可以有效提高运动员的灵敏性素质和时空感知能力。此类身体练习的动作特点与技能主导类对抗性项群技、战术动作的特点类似，因此，此类身体练习手段是上述项群的主要练习手段。由此可见，变异性练习手段对战术合成训练和技术串联训练意义重大，对抗性项群应该重视这一手段的应用。

第二节 运动训练基本方法

一、分解训练法

（一）分解训练法的类型

分解训练法是指将完整技术动作或战术配合过程合理地分成若干个环节或部分，然后按环节或部分分别进行训练的方法。分解训练法有助于强化技术动作的关键环节、主要细节和局部战术的训练。分解训练法的应用前提是细化技术动作的各个环节、细节和基础要素或者战术构成要素，这样才能通过分解方式逐一进行有针对性的训练。分解训练法的基本类型共有 4 种，即单纯、递进、顺进和逆进分解训练法（表 6−5）。分解训练法的 4 个亚类具有不同的功能，因此选择此法时，应该结合专项特征和技战术特点。

表 6−5　分解训练方法的基本类型及其特点

类别	合成步骤图解（合成步骤；→ 合成方向）
单纯分解训练法	第四步 第一步　第二步　第三步
递进分解训练法	第三步 第一步　第二步　第四步
顺进分解训练法	第一步　第二步　第三步
逆进分解训练法	第三步　第二步　第一步

（胡亦海，2014）

（二）分解训练法的应用

（1）应用单纯分解训练法，需首先把技术动作或战术过程分解。单纯分解训练法的应用特点是，分解的技术动作和战术配合相对复杂，分解后的各个部分可以独立训练。练习的顺序不必特别要求，以便教练员安排训练。例如，采用此法进行标枪技术的训练，可将整个标枪技术分解成三个部分，即持枪加速跑、最后交叉跑和挥臂投掷。练习顺序是：先练“持枪加速跑”，再练“交叉跑”，然后再练“原地挥臂投掷”，待前一部分掌握后可接着训练后一部分；也可打乱顺序专门练习各个部分。最后把各个部分合成一体训练。

分解训练法及其应用

（2）应用递进分解训练法，需把训练内容分成若干部分后，先练第一部分；掌握后再练第二部分；掌握后，将一、二两部分合成起来训练；掌握两部分后，再练第三部分，直至完整地掌握技术或战术。此方法对相邻环节的衔接部分高度重视。例如，在做标枪训练时，可先练“持枪加速跑”；掌握后再练“交叉跑”；然后将“持枪加速跑”与“交叉跑”两环节合成训练。以此递进式地训练，直到掌握整个标枪技术。显然，递进分解训练法的应用目的，是逐步地合成技术动作或战术环节的过程。

（3）应用顺进分解训练法，需把训练内容分成若干部分，按照动作出现的先后顺序，先练第一部分；掌握后，在第一部分基础上再练第二部分；掌握后，在前两部分基础上再练第三部分。如此步步推进，直至完整地掌握技术或战术。例如，标枪训练，训练顺序是，先练“持枪加速跑”；掌握后再将“持枪加速跑”与“交叉跑”环节衔接一体训练；掌握后再将“持枪加速跑”“交叉跑”和“挥臂投掷”环节衔接一体训练，直至完全地掌握完整的标枪技术。显然，顺进分解训练法较易形成良好概念、动作顺序、动力定型和战术意识。

（4）应用逆进分解训练方法与顺进分解训练方法相反，应用时把训练内容可以分成若干部分，先训练最后部分，逐次训练到最前部分，直至掌握完整的技术或战术。例如，标枪技术训练的训练进程是：先训练“原地挥臂投掷”；掌握后再结合“挥臂投掷”训练“交叉步”；掌握后再将“挥臂投掷”“交叉步”与“持枪加速跑”串成一体训练直至掌握完整的标枪技术。这种训练法的应用特点是，训练内容的进程与技术动作、战术配合过程的顺序恰恰相反，多运用于最后一个环节为关键环节或者技术和战术训练的重要环节。

二、完整训练法

完整训练法是指从技术动作或战术配合的开始到结束，不分部分和环节，完整地进行练习的训练方法。运用完整训练法便于完整掌握技术动作和战术配合，保持技术动作各个部分和战术配合完整结构的内在联系。完整训练法可用于单一动作、多元动作、个人成套和战术配合的训练。单一动作的训练要注意各个环节的紧密联系；多元动作的训练要注意动作之间的衔接。个人成套动作的训练要注意全套动作的节奏性和流畅性；集体配合或团队战术的训练要注意多人多种技术的有机串联和个人多种技术的有机衔接。

三、重复训练法

（一）重复训练法的类型

重复训练法是指多次重复同一练习，两次（组）练习之间安排相对充分休息的练习方法。通过同一动作或同组动作的多次重复，有利于运动员掌握和巩固技术动作，有利于运动员发展和提高身体素质。构成重复训练法的主要因素有单次（组）练习的负荷量、负荷强度及每两次（组）练习之间的休息时间。休息方式通常采用肌肉按摩。重复训练法分为短时间、中时间和长时间重复训练方法三种类型（表 6–6）。重复训练法的 3 个亚类具有不同的功能。选择和采用重复训练方法时，应根据专项运动特征、训练课目的任务而定。

▶　**表 6–6　重复训练法基本类型及其特点**

基本类型	短时间重复训练	中时间重复训练	长时间重复训练
负荷时间	<6 s	6 s~30 s	30 s~2 min
负荷强度	最大	次大	较大
间歇时间	相对充分	相对充分	相对充分
间歇方式	走步、按摩	抖动四肢、按摩、深呼吸	抖动四肢、按摩、深呼吸
供能形式	以磷酸原系统为主的供能	以磷酸原系统和快速糖酵解为主的混合供能	以慢速糖酵解为主的混合供能

（胡亦海，2014）

（二）重复训练法的应用

（1）短时间重复训练方法普遍适用于磷酸原系统供能条件下爆发力强、速度快的运动技术和运动素质的训练。例如，排球单个扣球技术动作练习，足球单个射门技术动作或者接与传、接与投、掷（踢）技术动作的组合练习，拳击各种直拳、勾拳的练习或组合练习等。此法的应用特点如表 6–6 所示。一组练习负荷时间短（约在 6 s 内），负荷强度最大、磷酸原系统为主的供能是其最鲜明的特点，此方法可有效提高负荷强度很高的单个技术关键动作的质量；可有效提高运动员磷酸原系统的供能能力和有关肌群的收缩速度和爆发力。

重复训练法及其应用

（2）中时间重复训练方法普遍适用于磷酸原系统和快速糖酵解供能条件下的运动技术、战术和素质的训练。如多种技、战术的串联技术练习；单个技术动作的变异组合练习；成套动作的固定组合练习等。此法应用特点如表 6–6 所示。一次（组）练习的持续负荷时间通常为 6~30 s，负荷时间略长于主项比赛时间；体内乳酸含量会随着负荷时间和负荷强度增加，负荷强度与负荷时间呈现负相关性。此方法可有效提高磷酸原系统和快速糖酵解供能条件下速度素质、速度耐力和力量耐力、耐酸能力以及疲劳状况下的技术稳定性。

（3）长时间重复训练方法主要适用于以慢速糖酵解供能为主的条件下的运动技术、战术、素质的训练。如技能主导类运动项群多种技战术的串联练习、一次（组）负荷持续时间为 30 s~2 min 的各种运动素质的练习。一次（组）练习的持续负荷时间通常在 30 s~2 min；此法可有效提高运动员以慢速糖酵解供能为主的混合代谢能力，可有效提高在慢速糖酵解混合供能状态下速度耐力和机体耐酸能力以及技战术应用的熟练性和稳定性。在实践中，此法若与间歇、持续训练法有机结合效果会更好。

四、间歇训练法

（一）间歇训练法的类型

间歇训练法是指对练习过程组间间歇时间做出严格规定，使机体处于不完全恢复状态，而反复进行训练的方法。通过严格的间歇训练过程，可使运动员的心脏功能得到明显的增强；可使糖酵解与磷酸原的混合代谢的供能能力，或糖酵解与有氧代谢混合供能能力得以有效的发展和提高；可使运动员在激烈对抗和复杂困难的比赛环境中能够稳定和巩固技术动作；可以确保运动员在保持较高强度的情况下具有持续运动的能力。间歇训练法的基本类型主要分为三种（表 6–7），即高强性、强化性、发展性间歇训练方法。

表 6–7 间歇训练法基本类型及其特点

基本类型	高强性间歇训练	强化性间歇训练		发展性间歇训练
		A 型	B 型	
负荷时间	<40 s	40~90 s	90~180 s	>5 min
负荷强度	大	大	大	中
心率指标	95%~100%HRmax	90%~95%HRmax	85%~90%HRmax	80%~85%HRmax
间歇时间	很不充分	不充分	不充分	不充分
间歇方式	走、轻跑	走、轻跑	走、轻跑	走、轻跑
每分心率	120 次	120 次	120 次	110 次
供能形式	快速糖酵解为主的混合代谢供能	慢速糖酵解为主的混合代谢供能	慢速糖酵解为主的混合代谢供能	有氧代谢为主的混合代谢供能

（胡亦海，2014）

（二）间歇训练法的应用

（1）高强性间歇训练方法是发展磷酸原与快速糖酵解代谢系统混合供能能力和心脏功能的一种重要训练方法。此方法适用于体能类速度耐力性或力量耐力性运动项群的素质、技术训练，同时适用于技能类对抗性运动项群中的素质训练和技战术训练。高强性间歇训练方法的应用特点如表 6–7 所示。一次（组）练习负荷时间约在 20～40 s 之内；负荷强度心率指标多在 95%～100%HRmax；间歇时间以心率降至 120 次 /min 左右为开始下次（组）练习的依据；此法可有效提高在此类供能条件下的速度耐力、力量耐力、耐酸能力和竞技能力。

心率与耗氧量、乳酸值的关系

（2）强化性间歇训练方法是发展磷酸原与慢速糖酵解或慢速糖酵解与有氧代谢系统混合供能能力和心脏功能的一种重要训练方法。此方法适用于如篮球、足球各种技术串联的练习，羽毛球、网球各种衔接技术的练习，摔跤、拳击各种技术打法的练习。在体能类项目中短跑、中短游项目更是广泛运用此法。此法可分 A、B 两种类型。A 型方法有利于提高磷酸原与慢速糖酵解系统混合供能下的速度耐力、力量耐力素质和技战术应用能力；B 型方法有利于提高慢速糖酵解与有氧代谢系统混合供能的速度耐力、力量耐力素质和竞技能力。

间歇训练法及其应用

（3）发展性间歇训练方法是发展以有氧代谢为主的供能能力、一般有氧代谢能力和心脏功能的一种重要训练方法。发展性间歇训练方法适用于需要较高耐力素质的项群训练。类似赛艇、皮划艇、游泳、速度滑冰、中长跑等需要较高有氧代谢能力的运动项目，往往借助此法提高有氧负荷强度和有氧代谢强度，甚至比赛成绩约为 1 分钟的体能类周期性项目也常用此法。此外，在技能主导类对抗性运动项群中也常常采用此法，如篮球、五人制足球的“三对三”攻防转换训练、格斗项群中的“一对二”格斗训练、球类运动多球训练等。

五、持续训练法

（一）持续训练法的类型

持续训练法是指负荷强度较低、负荷时间较长、无间断连续进行训练的练习方法。练习时，平均心率应在 130～170 次 /min 之间。持续训练法主要用于发展一般耐力素质或强度不高但动作细腻的技术动作的训练；可使机体运动机能在较长时间的负荷刺激下产生稳定的适应，内脏器官产生适应性变化；可提高有氧代谢系统的供能能力以及在该供能状态下的有氧运动的强度；可为进一步提高无氧代谢能力及无氧工作强度奠定坚实的基础。持续训练法可分三种基本类型（表 6–8）：即短时间、中时间和长时间持续训练方法。

▶ 表 6-8 持续训练法基本类型及其特点

基本类型	短时间持续训练	中时间持续训练	长时间持续训练
负荷时间	5~10 min	10~30 min	>30 min
心率强度	80%~85%HRmax	75%~80%HRmax	67%~75%HRmax
间歇时间	没有	没有	没有
动作结构	基本稳定	基本稳定	基本稳定
有氧强度	最大	次大	适中
供能形式	有氧代谢系统为主混合供能	有氧代谢系统为主混合供能	有氧代谢系统供能

（胡亦海，2014）

（二）持续训练法的应用

持续训练法及其应用

（1）短时间持续训练方法可广泛应用于体能主导类项目的素质训练，也适用于技能主导类运动项群中动作强度适中的素质、技术和战术训练。例如，排球传球、防守等组合技术练习；篮球、足球接球、运球、传球、投篮（射门）等攻防技战术的练习；此法的应用特点如表 6-8 所示。此方法可有效提高运动员以有氧代谢为主的供能能力和在该供能状态下所表现出来的速度耐力和力量耐力，可有效提高攻防战术的转换性、攻防技术的衔接性和强度变换的节奏性。此法与间歇训练方法结合可提高以有氧供能为主的运动强度。

（2）中时间持续训练方法普遍适用于技能主导类运动项群各个项目中多种技术的串联、攻防技术的局部对抗、整体配合战术或技术编排成套的技术或战术训练，以及体能主导类耐力性运动项群的素质训练。中时间持续训练方法具有两种典型练习形式，其中，匀速持续训练是一种主要发展有氧代谢供能能力的形式，变速持续训练是一种主要发展混合供能能力的形式。相对而言，后者的负荷强度与变化均强于前者。此法的应用特点是：一次练习的持续负荷时间至少应为 10~30 min，心率强度 75%~80%HRmax，训练过程不得中断。

（3）长时间持续训练方法对于耐力性运动项群具有直接训练的价值。实践中，长时间持续训练方法具有三种典型的变化形式，即匀速、变速和法特莱克训练。其中，匀速、变速持续与中时间持续训练方法的主要不同之处是，负荷强度相对更低，负荷时间相对更长；法特莱克训练是一种在自然环境下利用不同地形，以发展有氧代谢系统为主、适当发展有氧与无氧代谢系统混合供能能力为己任的耐力训练方法。此法的应用特点是，运动路线不固定，负荷时间较长；运动速度快慢变化不具有明显的节奏性，心里的感受相对轻松。

六、变换训练法

（一）变换训练法的类型

变换训练法是指一种对运动负荷、练习内容、练习形式实施变换，以提高运动员积极性、趣味性、适应性和应变性的重要训练方法。变换训练法是根据对抗性项群激烈的对抗性、运动技术的变异性、运动战术的变化性、运动能力的多样性等特性提出的。此方法可使机体产生与有关运动项目相匹配的适应性变化；可使运动员不同运动素质、运动技术和运动战术得到系统的发展；有助于提高运动战术的应变能力、技术串联和衔接技术能力。变换训练法可分三种（表 6–9），即负荷变换、内容变换和形式变换训练方法。

► **表 6–9 变换训练法基本类型及其特点**

基本类型	负荷变换训练	内容变换训练	形式变换训练
负荷强度	变化最大	可变或不变	可变可不变
动作结构	相对固定	变换	固定或变换
供能形式	多种代谢形式之间变换	某种代谢形式供能为主	某种代谢形式供能为主

（胡亦海，2014）

（二）变换训练法的应用

（1）负荷变换训练方法是一种功能独特的重要训练方法，不仅适用于身体训练，而且适用于技、战术训练。由于负荷强度与量的变化具有多种不同搭配形式（图 6–5），因此负荷变换的训练方式也是多种多样的。此法的应用特点是，降低负荷强度，可利于学习和掌握运动技术；提高负荷强度及密度，可使机体适应比赛的需要。此方法可通过变换动作的负荷强度、练习次数与时

变换训练法及其应用

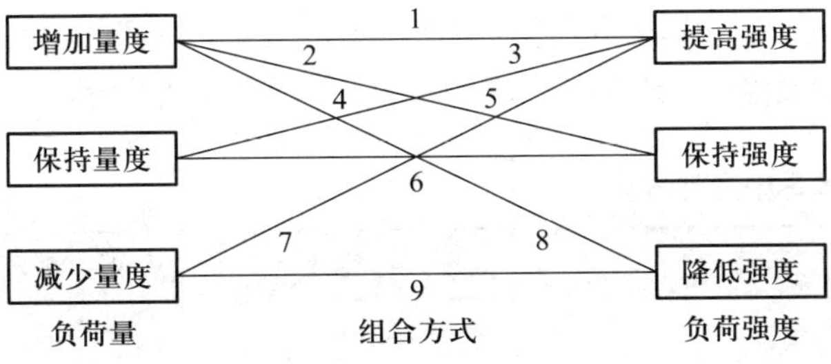

图 6–5 负荷量与强度变化的几种组合形式

（胡亦海，2014）

间、练习质量、间歇时间、间歇方式和练习组数等变量方式，使机体适应比赛强度的变化，获得与比赛相符的运动适应以及与之相配的运动能力。

（2）内容变换训练方法是技能主导类项群中广泛应用的一种重要训练方法。此法主要适用于对抗性项群各种技术串联和衔接技术的练习。此法的应用特点是，练习内容的动作结构可为变异组合或固定组合；技术串联或衔接技术的训练负荷性质多为以无氧代谢为主；练习动作的用力程度符合专项要求；采用此法可使训练内容符合专项运动的实战需要；可使训练内容的变化种类适合技战术应用的要求；可使练习内容之间的变换，符合实际比赛变化的需要，进而提高运动员比赛的应变能力。此法若与间歇训练法结合效果更好。

（3）形式变换训练方法是技能主导类项群中更为广泛应用的重要方法。通常用于球类运动的场地、线路、落点和方位的变换上。例如，隔网类运动项群中的发球练习，通常要求发出各种不同直线、斜线、前排、后排的球；在同场类运动项群中的各种交叉换位，通常可以形成“掩护”或“反掩护”的不同战术形式。当然，经常变换不同训练场所往往会促使运动员对不同环境的比赛场地尽快产生适应。此法的应用特点是，通过变换训练环境、训练气氛、训练路径、训练时间、训练内容和练习形式等因素，可使各种技术更好地串联和衔接起来；可使运动员产生新的刺激，激发较高的训练情绪和产生强烈的表现欲望。

七、循环训练法

（一）循环训练法的类型

循环训练法是指根据训练的具体任务，将若干练习手段设置为相应的若干个练习站（点），运动员按照既定顺序和路线，依次完成每站（点）练习任务的训练方法。运用循环训练法可有效激发训练情绪、累积负荷“痕迹”、刺激不同体位。循环训练法的基本类型可分为三种（表6-10）：即，循环重复、循环间歇和循环持续训练方法。循环训练法结构因素有：每站练习内容、每站运动负荷、练习站安排顺序、练习站之间间歇、每遍循环的间歇、练习站数与循环组数。实践中所说的“站”是指练习手段。

表 6-10 循环训练法基本类型及其特点

基本类型	循环重复训练	循环间歇训练	循环持续训练
循环过程	间歇且充分	间歇不充分	基本无间歇
负荷强度	最大	次大	较小

续表

基本类型	循环重复训练	循环间歇训练	循环持续训练
负荷性质	速度、爆发力	速度耐力、力量耐力	耐力
供能形式	磷酸原代谢系统供能为主	糖酵解代谢系统供能为主	有氧代谢系统供能为主

（胡亦海，2014）

在循环训练法中的一个循环内，若各个练习点是以一种无间歇方式衔接，那么这几个练习点的集合可称之为练习“段”。循环训练法的组织形式可以分为三类：即流水式、轮换式和分配式。其中，流水式做法是，建立若干练习站（点）后，运动员按一定的顺序，周而复始地进行循环练习。轮换式做法是，将运动员分成若干组后，各组同时间在各自练习站中练习，然后，按规定轮换练习站。分配式做法是设立较多的练习站，教练员可据实情指定每名运动员在特定若干练习站内进行训练。可见，循环训练法的关键是组织安排。

（二）循环训练法的应用

循环训练法及其应用

（1）循环重复训练方法是指按照重复训练法的要求，对各站之间和各组循环之间的间歇时间不做特殊规定，以使机体得以基本恢复，并全力进行每站或每组循环练习的方法。此法可用于运动素质、运动技术的训练。例如，可将曲线折跑、跑动接球、运球过杆、急停跳投、冲抢篮板和补篮练习等作为篮球训练的练习“站”或“段”，实施循环训练。此法的应用特点是：可熟练规范练习动作，练习顺序符合比赛特点，间歇时间较为充分，便于训练组织与安排。对于提高运动技术、速度素质、力量素质等竞技能力颇有意义。

（2）循环间歇训练方法是指按照间歇训练法的要求，对各站和各组之间的间歇时间做出特殊规定，以使机体处于不完全恢复状态下进行练习的方法。例如，可将排球的 4 号位强攻、3 号位快攻、2 号位背飞以及 2 号位拦网、3 号位拦网、4 号位拦网设定 6 个练习站并连成一个“段”，实施循环间歇训练。此法的应用特点是，将各种练习设置为“站”，各站的负荷强度较大，一“站”或一“段”的负荷时间至少 20 s 以上，间歇时间较不充分。其应用目的是，提高糖酵解系统的供能能力，催化竞技能力尽快形成适宜的竞技状态。

（3）循环持续训练方法是指按照持续训练法的要求，各站和各组之间不安排间歇时间，用较长时间进行连续练习的方法。例如，隔网项目中的扣球（杀、吊）、拦（截）、传（挡、推、防）等技术练习编排成技术衔接，将同场对抗性项目中的运球、传球、接球、投篮（射门）或跑动、接球、投篮（射门）或跑动、策应、传球、投篮（射门）等练习内容编排成技术串联，持续往返循环而练。此法的应用特点是，将各站构建成“段”，负荷强度相对较低，持续时间 5 min 以上，组织方式可采用流水式或轮换式以便提高有氧代谢能力。

八、比赛训练法

（一）比赛训练法的类型

比赛训练法是指在近似、模拟或真实的比赛条件下，按照比赛的规则和方式，以提高训练质量为目的的训练方法。比赛训练法源于游戏训练方法，分为 4 种（表 6-11）：即教学性、模拟性、检查性和适应性比赛方法。此法的应用目的是激发运动员的心理能量，从而提高训练的质量。此法是根据人类先天的竞争和表现意识、竞技能力形成过程的基本规律和适应原理、现代竞技运动的比赛规则等因素而提出的一种训练方法。此法有助于形成竞技能力和竞技状态，有助于保持竞技状态和适度的赛事应激状态。

▶ 表 6-11 比赛训练法基本类型及其特点

基本类型	教学性比赛	检查性比赛	模拟性比赛	适应性比赛
比赛规则	正式或自定规则	正式或自定规则	正式规则	正式规则
比赛环境	相对封闭	封闭或开放	封闭或开放	开放
比赛过程	可人为中断	不可中断	不可中断	不可中断
比赛对手	队友或对手	对手	队友或对手	对手
比赛裁判	临时指定	正式指定	临时或正式指定	正式指定

（胡亦海，2014）

（二）比赛训练法的应用

（1）教学性比赛方法是指在训练条件下，根据专项比赛基本规则或部分规则进行专项练习的训练方法。例如，运动队内部之间的对抗性教学比赛，不同训练程度运动员之间的让先性教学比赛等，都可视为对此法的应用。此法的应用特点是，可采用部分比赛规则进行局部配合的训练；比赛环境相对封闭，便于集中精力训练；比赛过程可以人为中断以便指导训练；可激发运动员训练激情和负荷强度；可提高技术串联和衔接技术的熟练程度；可强化局部或整体配合的密切程度；可激励运动员产生强烈的竞争意识和综合运动能力。

（2）检查性比赛方法是指在模拟或真实的比赛条件下，严格按照比赛规则，对赛前训练过程的训练质量进行检验的训练方法。检查性比赛训练方法适用的范围很广，包括专项运动成绩、主要影响因素、运动负荷能力、运动技术质量及训练水平检查性比赛等。由于检查性比赛是在比赛或类似比赛的条件下进行训练质量的检查，因此重大赛事之前便于发现问题和解决问题。有经验的教练员经常采用此法检验训练效果。该法主要应用于检验训练质量，寻找薄弱环节，分析失利因素，提出解决方案，提供改进训练工作反馈信息。

（3）模拟性比赛方法指在训练的条件下，模拟真实比赛的环境和对手，并严格按照比赛规则进行比赛的训练方法。在模拟比赛环境中的不良因素对于提高运动员的竞技能力是至关重要的。在比赛环境中的不良因素，诸如比赛噪音、观众起哄、裁判偏袒、对手干扰、组织紊乱、赛程变更、气候变化等，都可能影响运动水平的正常发挥。因此，有意识地在训练过程中采用此法，为重大比赛中运动技术的正常发挥奠定心理基础，增强运动员心理抗压能力，加强训练的针对性和比赛的预见性，更深地挖掘运动潜力。

（4）适应性比赛训练方法是指在真实比赛条件下，力求尽快适应重大比赛环境的训练方法。该训练方法的应用形式较多，如邀请赛、访问赛、对抗赛以及表演赛等，都是适应性比赛训练方法的运用形式。在适应性比赛前应有一套赛前准备、赛中实施及赛间调整的方案。此方法的应用特点是，通过真实比赛环境，与真实的对手或类似真实的对手进行比赛，可以提前发现影响重大赛事成绩的关键问题，可以促进各项竞技能力因素实现高质量匹配，可以促使运动员产生旺盛的竞争欲望和形成赛前竞技状态。

第三节　运动训练控制方法

一、模式训练法

模式训练法是一种依靠训练信息指标从宏观上控制运动训练过程的训练控制方法，即根据信息理论，运用数学方法，将各种影响专项运动成绩的指标参数与不同运动成绩之间构成具有定量关系的训练模式和评定标准，并据此对训练过程实施控制的方法。模式训练法的基本功能是，便于教练员将某个训练

运动训练控制方法

阶段和具体发展目标，置于科学控制的状态之下；便于教练员将某一训练阶段各个训练内容置于系统控制的状态之下；便于教练员科学地诊断现状，修正目标，纠正偏态，从而可将训练过程置于反馈控制的状态之下。

（一）模式训练法的基本结构

模式训练法的基本结构主要是由训练模式、检查手段、评定标准、训练手段四种构件组成（图 6-6）。训练模式是训练过程目标的发展体系；检查手段是采集运动训练现实状态的信息工具；评定标准是检验现实状态与训练模式之间差异性质的依据；训练手段是根据训练模式所提出的身体练习。其中，训练模式基本构件是由榜样对象、相关因素和数学模型三个要素组成：榜样对象是由最优秀运动员组成，相关因素是指影响运动成绩提高的主项因素，数学模型是用数学方式表述因素与运动成绩之间的一种定量关系。

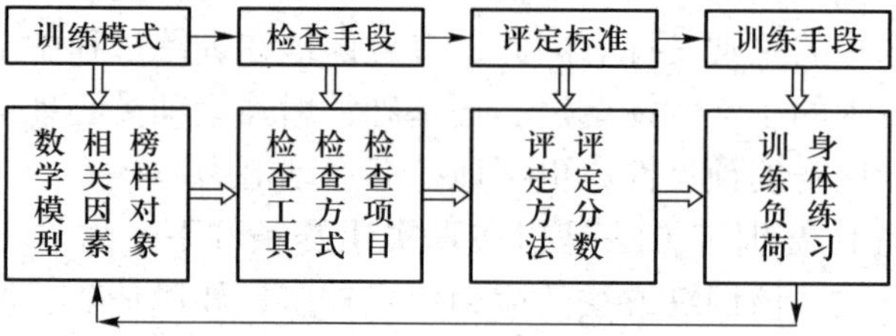

图 6-6 模式训练法的基本构建

检查手段的基本构件由检查项目、检查方式、检查工具三个要素组成。其中，检查项目可按竞技能力及其因素划分；检查工具可按物理性质分类，可分为电测、机测、光测、磁测、化测等工具；检查方式则涉及群体、个体和环境等诸多因素。三者的高度结合形成了称之为检查手段的信息采集工具。在实践中，无论采取何种检测手段，务必注意检测的指标应该真实地反映运动员的最高水平，为此一定要在接近比赛的环境下进行检查或检测。否则所测信息可能是一种真实的伪标。这种伪标对于科学训练百害无利。

评定标准的基本构件是由评定分数和评定方法两个要素组成：标准分数是采用数理统计方法或其他数学方法将训练模式标准化，以便了解运动员现实状况所达到的水平；评定分数和评定方法共同甄别运动员现实状态与训练模式间的差异程度。其主要的功能是提供训练监控和客观评价的重要依据。在实践中，通过检查性手段采集到运动员相应信息后，将信息指标转化评定分数进行比较，可知现有训练水平发展程度。随后，将所测指标转化成的评定分数代入评定方法内各个公式，就可判断运动员综合、均衡发展的水平。

训练手段是指身体练习。当检查手段与训练手段高度一致时，那么检查手段就是训练手段。通常，教练员往往将最能反映项目特征的训练手段作为模式训练法的检查手段，目的是便于发现问题和解决问题。这是运动训练长期实践总结的经验。如果检查手段与训练手段不一致时，教练员希望研究者提供诊断清单和训练处方。在实践中优秀教练员十分明白这里所指的训练手段，实际上是“训练处方”中的代表性手段。毋庸置疑，教练员希望模式训练法的检查手段能够与训练手段高度一致，这样易于发现问题和解决问题。

（二）模式训练法基本特点

模式训练法的基本特点有三：一是信息化特点。模式训练法是以训练模式作为控制依据，以评定标准为监督依据、以检查指标为检查工具，以训练手段为处理依据，将整个训练过程置于信息控制之下。二是定量化特点。模式训练法所依据的训练模式与评定标准均具有定量特点，将整个训练过程置于数字控制之下。三是循环性特点。模式训练法实际上是将设计、实施、监控三个过程组成并重复循环于整个训练过程之中，由于模式训练法与运动训练工程的实施特征具有相似性，因此该法的应用具有训练工程实施的特点。

（三）模式训练法应用方式（图 6–7）

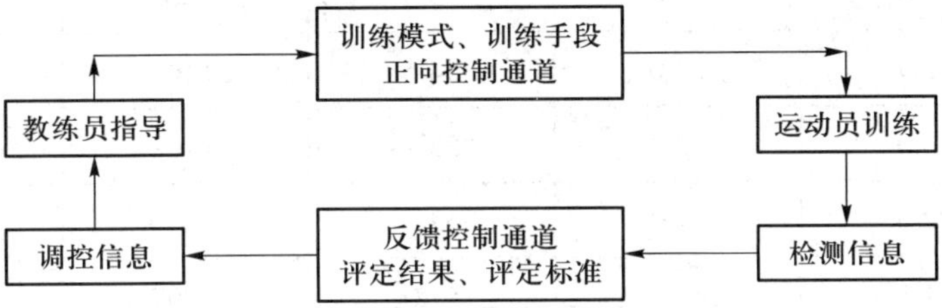

图 6–7 模式训练法控制通道

（胡亦海，2014）

模式训练法的应用过程实际上是一种闭环式过程。其应用过程如图 6–7。模式训练法应用的精髓之处是，教练员通过正向控制通道，运用训练模式、训练手段控制运动员竞技能力的发展方向；通过反馈控制通道，运用评定标准、评定结果了解运动员现实情况，以便修正教练员的指导方案或根据训练模式目标提出新的训练方案。经过如此多次闭环式的控制过程，使训练结果科学地、逐渐地逼近训练模式指示的预定目标（表 6–12、表 6–13）。本例是模式训练法应用范例，曾经通过实践研究检验证明训练效果很好。

▶ 表 6-12 弹跳力发展的数学模型

类型	逐步回归方程（预测数学模型）	相关性（F）	P	S	D
助跑弹跳	$Y=18.411\,35+2.093\,3X_1+60.255\,14X_2+0.413\,351\,8X_3+0.368\,894\,3X_4$	0.860 3	54.1	**	2.4 cm

注：助跑弹跳 $=Y$　负重深蹲 $=X_1$　半蹲快起 $=X_2$　连续纵跳 $=X_3$　原地弹跳 $=X_4$　** 表示：非常显著

（胡亦海，2014）

▶ 表 6-13 助跑弹跳训练模式（节选）

评定标准	Y	X_4	X_3	X_2	X_1
	/cm	/cm	/cm	/系数	/系数
56.25	79.5	68.9	59.7	0.116	2.033
53.69	78.5	67.9	58.9	0.114	1.992
51.21	77.6	66.9	58.0	0.112	1.95
48.81	76.7	65.9	57.2	0.110	1.908
46.49	75.7	64.9	56.3	0.108	1.867
44.25	74.8	64.0	55.5	0.106	1.825
42.09	73.9	63.0	54.6	0.103	1.784
40.01	73.0	62.0	53.7	0.101	1.742
38.01	72.0	61.0	52.9	0.099	1.701
36.09	71.1	60.0	52.0	0.097	1.659
34.25	70.2	59.1	51.2	0.095	1.618
32.49	69.2	58.1	50.3	0.093	1.576
30.81	68.3	57.1	49.4	0.091	1.535
29.21	67.4	56.1	48.6	0.089	1.493

（胡亦海，2014）

表 6-12、表 6-13 是弹跳力训练数学模型及训练模式，表 6-14、表 6-15 是评定方法和控制步骤。表 6-16 是拳击运动员运动素质发展模式。模式训练

法的应用至少需经三个步骤：一是按照检测项目检测，并对照评分标准找出与检测成绩对应的标准分数，同时按照“综合性、均衡性、适应性”计算方法评出等级，确诊运动员现实状况；二是根据训练模式确定下一阶段的发展目标和训练重点，选择训练手段，实施模式训练；三是在计划的时间内按照检测项目要求再次检测，并重复第一、二步骤。由此循环往复地向前推进（表 6–14、表 6–15、表 6–16）。

重点青年女排高大队员弹跳训练模式及应用

▶　**表 6–14　助跑弹跳水平评定计算方法**

综合发展水平	均衡发展水平	适合发展水平
$Hn=\frac{H1+H2+H3+H4}{4}$ Hn：弹跳力综合发展水平 $H1\sim H4$：四项检测分数	S = 标准差公式 Hi：四项检测分数 Hn：综合发展水平	$D.F=Hn-F$ $D.F$：差异程度 F：弹跳实测分数
高等水平≥ 27.280 0 中等水平≥ 20.723 6 低等水平 <20.723 6	均衡≤ 2.235 2 基本均衡≤ 3.105 不均衡 >5.105	吻合 −0.98～0.98 基本吻合中间值 不吻合 <1.71，<1.71

（胡亦海，2014）

▶　**表 6–15　模式训练控制步骤与结果**

步骤	检查	助跑弹跳检测项目				弹跳高度		训练水平		
		X_4	X_3	X_2	X_1	Y	Y_1	综合	均衡	适应
1	检测成绩	50	42	0.066	1.32	63	61.2	20.6	2.18	0.24
	标准分数	21	19.5	18.41	23.45	20.35		中等	基本	吻合
2	发展目标	53	46.5	0.079	1.39	65				
	标准分数	25	25	25	25	25				
	成绩差距	3	4.5	0.013	0.07	4				
3	结果成绩	52	46	0.083	1.38	64.8	65.9	25.4	2.1	0.9
	标准分数	23.3	24.8	28.3	25.1			中等	基本	吻合

注：Y_1 = 实测弹跳高度

（胡亦海，2014）

▶ 表 6-16 拳击运动员运动素质发展模式

分值	X_1	X_2	X_3	X_4	X_5	X_6	X_7	X_8	X_9	X_{10}	X_{11}
60	7.08	62	103.8	667	2.53	34	14.32	29.29	183	85	48.36
61.5	7.054	61.87	103.4	665.3	2.545	34.25	14.53	29.59	184.1	86	48.903
63	7.028	61.74	103.1	663.5	2.56	34.5	14.73	29.89	185.2	87	49.446
64.5	7.002	61.62	102.8	661.8	2.575	34.75	14.94	30.19	186.3	88	49.989
66	6.976	61.49	102.4	660	2.59	35	15.14	30.49	187.4	89	50.532
67.5	6.95	61.36	102.1	658.3	2.605	35.25	15.35	30.79	188.5	90	51.075
69	6.924	61.23	101.8	656.6	2.62	35.5	15.55	31.09	189.6	91	51.618
70.5	6.898	61.1	101.4	654.8	2.635	35.75	15.76	31.39	190.7	92	52.161
72	6.872	60.98	101.1	653.1	2.65	36	15.96	31.69	191.8	93	52.704
73.5	6.846	60.85	100.8	651.3	2.665	36.25	16.17	31.99	192.9	94	53.247
75	6.82	60.72	100.5	649.6	2.68	36.5	16.37	32.29	194	95	53.79
76.5	6.794	60.59	100.1	647.9	2.695	36.75	16.58	32.59	195.1	96	54.333
78	6.768	60.46	99.79	646.1	2.71	37	16.78	32.89	196.2	97	54.876
79.5	6.742	60.34	99.46	644.4	2.725	37.25	16.99	33.19	197.3	98	55.419
81	6.716	60.21	99.13	642.6	2.74	37.5	17.19	33.49	198.4	99	55.962
82.5	6.69	60.08	98.8	640.9	2.755	37.75	17.4	33.79	199.5	100	56.505
84	6.664	59.95	98.47	639.2	2.77	38	17.6	34.09	200.6	101	57.048
85.5	6.638	59.82	98.14	637.4	2.785	38.25	17.81	34.39	201.7	102	57.591
87	6.612	59.7	97.81	635.7	2.8	38.5	18.01	34.69	202.8	103	58.134
88.5	6.586	59.57	97.48	633.9	2.815	38.75	18.22	34.99	203.9	104	58.677
90	6.56	59.44	97.15	632.2	2.83	39	18.42	35.29	205	105	59.22
91.5	6.534	59.31	96.82	630.5	2.845	39.25	18.63	35.59	206.1	106	59.763
93	6.508	59.18	96.49	628.7	2.86	39.5	18.83	35.89	207.2	107	60.306
94.5	6.482	59.06	96.16	627	2.875	39.75	19.04	36.19	208.3	108	60.849
96	6.456	58.93	95.83	625.2	2.89	40	19.24	36.49	209.4	109	61.392

续表

分值	X_1	X_2	X_3	X_4	X_5	X_6	X_7	X_8	X_9	X_{10}	X_{11}
97.5	6.43	58.8	95.5	623.5	2.905	40.25	19.45	36.79	210.5	110	61.935
99	6.404	58.67	95.17	621.8	2.92	40.5	19.65	37.09	211.6	111	62.478
100	6.378	58.54	94.84	620	2.935	40.75	19.86	37.39	212.7	112	63.021

注：X_1 = 50 m 跑、X_2 = 30 s 连续蹲起、X_3 = 15 s 左旋、X_4 = 30 s 仰卧起坐、X_5 = 3 000 m 跑、X_6 = 400 m 跑、X_7 = 1 min 击打沙袋、X_8 = 立定跳远、X_9 = 600 m 跑、X_{10} = 1 min 跳绳、X_{11} = 30 s 俯卧撑

（胡亦海，2014）

二、程序训练法

程序训练法是一种依靠训练内容系统和严格的逻辑顺序控制运动训练过程的控制性方法。这是教练员根据系统理论和逻辑方法，按照训练过程的时序性和训练内容的系统性特点，将训练内容分层地、有序地、逻辑地编制成为训练程序，并制成相应的评定标准；随后，在实践中根据训练程序和评定标准对训练过程实施控制的方法。程序训练法的基本功能是，便于教练员将训练过程置于科学控制的状态之下；便于教练员将训练过程置于系统控制的状态之下；便于教练员将训练过程置于反馈控制的状态之下。

（一）程序训练法的基本结构

程序训练法的基本结构主要是由训练程序、检查手段、评定标准、训练手段四种构件组成（图 6-8）。其中，每一个构件又由不同的要素组成。程序训练法类似模式训练法。但是模式训练法是以训练模式为控制依据，程序训练法则以训练程序为控制依据。程序训练法的训练程序是重要构件。训练程序的基本构件则由训练内容、时间序列、联系形式三大要素组成。其中，训练内容是指运动训

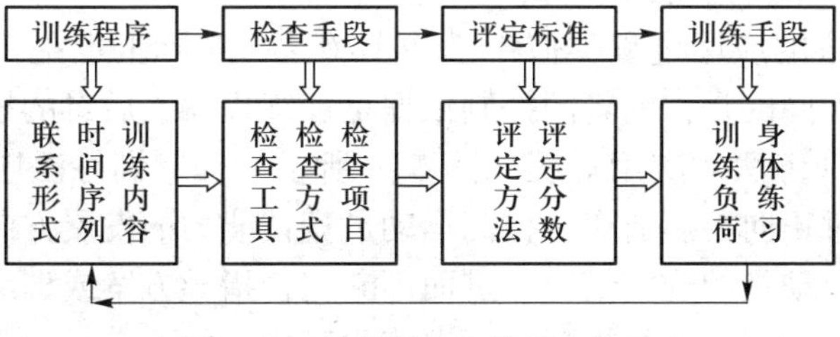

图 6-8　程序训练法的基本构建

（胡亦海，2014）

练的机能训练、素质训练、技术训练、战术训练、心理训练、智力训练等六大系统训练内容。这是编制训练程序的内容基础。

训练程序要求必须将庞大、复杂的训练内容，按照系统分解成最小训练内容或内容因子，然后将其编制成具有相关性、逻辑性特点的内容体系。例如，排球扣球技术程序训练的前提，就是必须把扣球技术分解成最小因子作为训练内容的最小成分。扣球技术的环节是由准备、助跑、踏地、起跳、腾空、后仰、挥臂、落地等七个环节组成，其中，任何一个环节都有若干细节组成，如助跑环节涉及步幅、步点、步频等细节。至于助跑环节的基础要素更多，如重心、轨迹、角度、速度等。

训练程序中的时间序列通常是指将训练过程与训练内容有机排序与衔接。训练程序要求必须将整个训练过程分解成有机相连的时间段落，以便将特定的最小训练内容单元置于特定的时空之中，使不同的训练内容通过时间序列有机相连；联系形式通常指在特定的时间范畴内不同训练内容衔接的方式，或者在不同时间范畴内不同训练内容的衔接方式。这种方式分“直线”和“网络”两类联系方式。显然，训练程序强调在训练过程中任何一个时空域值内都有若干不同的训练内容与之对应，以便程序性地推进训练进程。

（二）程序训练法基本特点

程序训练的基本特点有三：一是系统化特点。程序训练法实施的整个过程是以训练程序为控制依据，以评定标准体系为监督和检查工具，并将训练过程置于系统控制的状态之下。二是定性化特点。程序训练法所依据的训练程序具有鲜明的定性化特点，以便教练员能够抓住训练过程中的主要矛盾或矛盾的主要方面。三是程序化特点。由于训练内容规划在训练程序的过程中，因此训练过程中的任何训练内容的确定或变更，实质上是在严格检查、监督和评定之下进行的。显然，这种特点将有助于科学地控制整个训练过程。

（三）程序训练法的应用方式

程序训练法的应用过程类似于模式训练法，实际上也是一种闭环式的控制过程。两者不同的是：前者的控制依据是训练程序，后者的控制依据则是训练模式。程序训练法的应用过程如图 6–9 所示。程序训练法应用的精髓之处是，教练员通过正向控制通道，控制运动员竞技能力的发展方向；通过反馈控制通道，了解运动员的现实情况，进而不断完善指导方案或训练程序。然后再次进入程序训练使训练结果不断逼近训练程序指示的预定目标。下图是根据背越式跳高技术环节、细节标准、基础要求所制定的训练程序框图（图 6–10）。

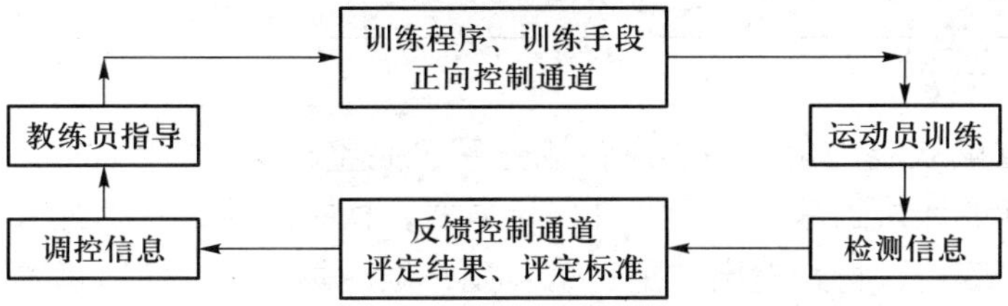

图 6-9 程序训练法控制通道

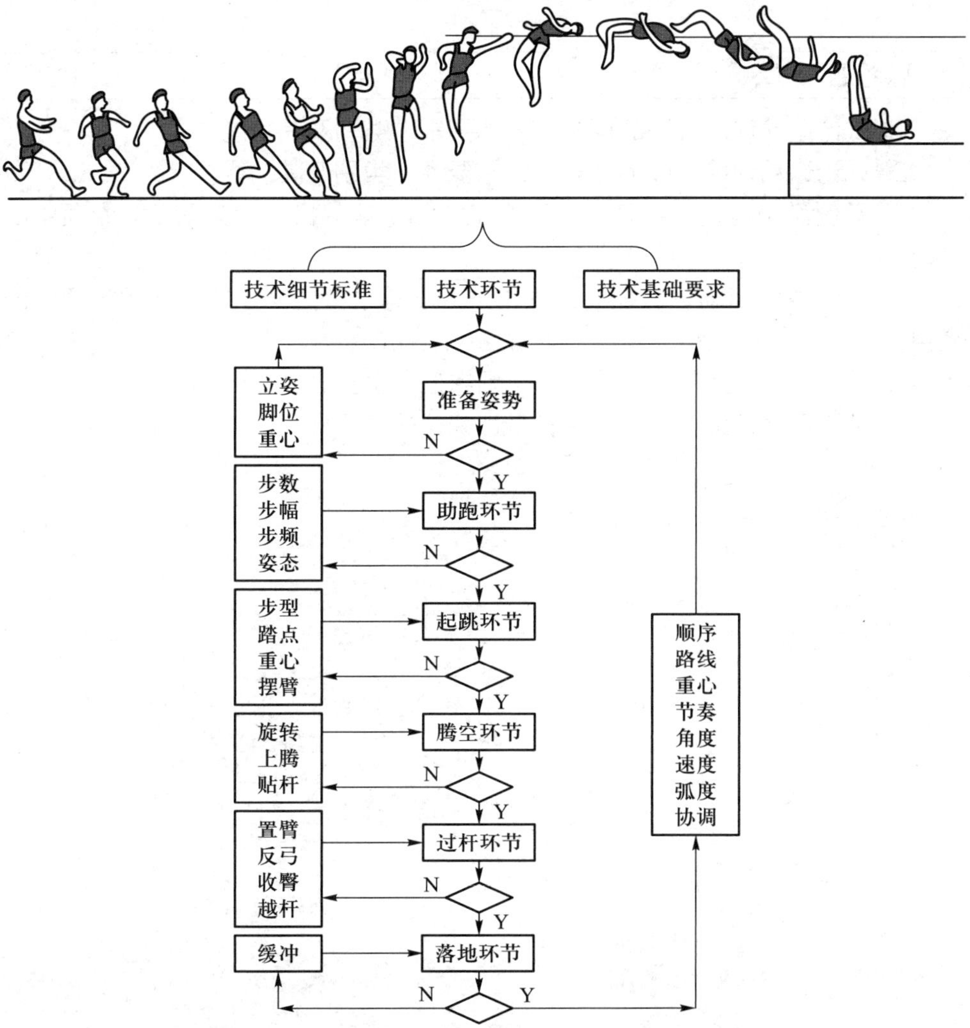

图 6-10 背越式跳高的训练程序框架

（胡亦海，2014）

小结

本章着重从应用角度，重点讨论分解、完整、重复、间歇、持续、变换、循环、比赛训练法的基本类型及其应用方式，概括阐述模式训练法、程序训练法的特点和应用，特别提出“跑、跳、投、滚、翻、旋、转”基本动作，是身体练习的基本运动元素。本章强调指出：训练实践是训练基本方法形成与创新的源泉，现代科技是推动训练控制方法创新与发展的动力。

思考题

1. 试论运动训练方法的概念、结构要素、类别及其功能。
2. 试论运动训练手段的概念、结构要素、类别及其功能。
3. 举例说明运动训练基本方法中某一训练法的概念、类别及其专项中的应用。
4. 举例说明运动训练控制方法中某一训练法的定义、功能及其专项中的应用。
5. 试论运动训练基本方法中各个训练法的主要区别之处。
6. 试论运动训练控制方法中各个训练法的主要异同之处。

第七章

负荷、恢复与安排

本章导语

本章内容主要包括运动负荷基本概述、运动训练负荷安排、恢复训练及其方法三节内容。其中，运动负荷概述主要阐述运动负荷概念、分类、结构，训练负荷概念、分类、结构、效应；运动训练负荷安排主要阐述负荷安排依据、等级、模式与要求；恢复训练及其方法主要阐述恢复训练概念、规律与方法。本章撰写目的，旨在构建运动负荷与恢复训练知识体系。

学习目标

通过本章学习，学生能够基本掌握运动负荷、训练负荷、恢复训练的概念与类别；能够在教学与训练中，基本理解负荷安排的科学依据、等级划分、基本模式；基本掌握恢复训练的主要方法，树立负荷与恢复辩证统一的训练理念。

第一节 运动负荷基本概述

一、运动负荷释义与分类

（一）运动负荷释义

从整体上讲，运动负荷包括运动中施加给人体的外部刺激总量，以及人体对这一外部刺激在生理和心理方面所产生的内部应答反应程度，即外部负荷与内部负荷的总和。本教材从运动训练实践应用的角度，确定运动负荷的基本定义，即运动负荷是指身体活动对运动员机体刺激的工作量值与机体应答量值的总和。这一概念蕴含4层含义：一是运动员是承担运动负荷的主体；二是反映运动负荷的工作量值来源于身体活动；三是身体活动包含运动训练的身体练习和运动竞赛的运动方式；四是工作量值强调训练组织负荷大小，应答量值强调机体对负荷刺激的应答反应程度。此定义便于教练员从训练组织与监控两方面认识运动负荷。

（二）运动负荷分类

由于人们对运动负荷认识视角的多样性，使运动负荷的分类成为协调不同学科认知差异的一种方式。根据不同的分类依据，运动负荷可分为不同类别（图7-1）。按过程分类，运动负荷可分为教学负荷、训练负荷与比赛负荷；按作用机制分类，运动负荷可分为外部负荷与内部负荷；按大小分类，运动负荷可分为小负荷、中等负荷、次大负荷和最大负荷；按性质分类，运动负荷可分为体能负荷、技能负荷、心理负荷等。显然，图7-1所示分类只是运动负荷较为常用的分类方式，因人们认识的学科基础与实践的应用角度

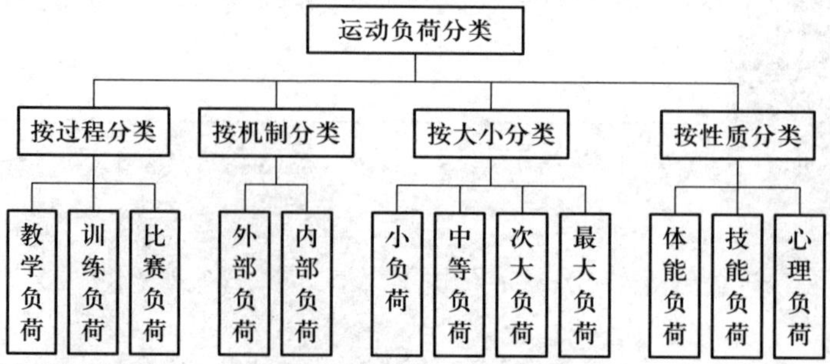

图7-1 运动负荷的主要类别

不同，运动负荷还存在许多其他分类，且在各种不同分类体系中，运动负荷的结构及其层次要素也不尽相同。

二、运动负荷的基本结构

无论何种类别的运动负荷，基本构成都包括运动量与运动强度这两个基本因素。运动对人体形成的总负荷刺激就是由运动量与运动强度综合构成的。负荷量是指连续的身体活动时，运动员机体承受的外部刺激的总量，如总次数、总重量、总时间，主要是身体练习数量多少的规定性。运动强度是指单位时间或单个（单组）动作中运动员机体所承受的负荷刺激量，主要是反映机体受刺激程度大小的规定性。在现代训练实践中，负荷强度在训练与比赛安排中的地位越来越重要，因为比赛负荷的核心就是比赛强度，运动成绩就是一种最主要的负荷强度指标。为便于训练单元的组织实施，教练员通常采用下图所示的运动负荷结构安排具体训练工作（图 7–2）。

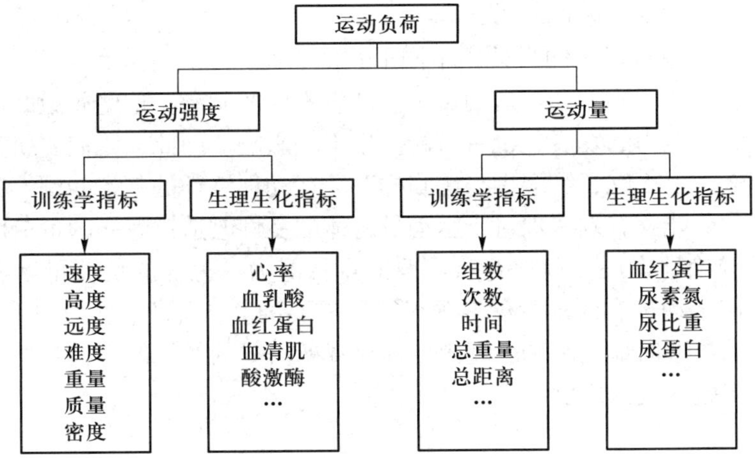

图 7–2　运动负荷结构

如图 7–2 所示，运动强度与运动量的评价指标都包含训练学指标与生理生化指标，但各自的指标构成因素却不相同。运动强度的训练学指标主要有速度、高度、远度、难度、重量、质量、密度；生理生化指标主要有心率、血乳酸、血红蛋白、血清肌酸激酶。运动量的训练学指标主要有总重量、时间、总距离、次（组）数；生理生化指标主要有血红蛋白、尿素氮、尿比重、尿蛋白。与以往单纯重视运动负荷的训练学指标不同的是，现代科学训练要求教练员不仅要精细化设计的训练学指标，更要掌握运动负荷评价的生理生化指标，由此既能从训练组织与实施方面设计运动负荷，也能从机体应答反应程度方面评价运动负荷。

三、训练负荷释义与分类

（一）训练负荷释义

训练负荷是运动负荷的基本形式之一，是指在运动训练活动中，为发展运动员竞技能力、提高运动成绩而施加于运动员的运动负荷。通过训练负荷刺激，可以影响人体自然的发展过程，可以导致人体的机能发生定向变化。人体生命活动包括生理活动和心理活动。训练负荷既影响人体的生理活动，也影响人体的心理活动，从而引起运动员生理状态和心理状态的应激性与适应性变化。运动训练活动通过施加训练负荷改造运动员的机体，提高和发展他们的竞技能力。运动员机体适应于竞技需要的定向改造也必须在训练负荷的影响下才有可能实现。所以说，训练负荷是运动训练的重要因素之一，适宜的负荷安排是科学化训练的基本体现。

训练负荷蕴含于不同目的、不同形式的训练过程之中。练习的内容不同、量度不同、方法不同，会对运动员机体产生不同的刺激。这些刺激既可能有利于运动员竞技能力的发展，也有可能产生不利影响。因此，我们要研究“为何练、练什么、怎么练、练多少、练咋样”等运动训练学的基本问题。其中，怎样的训练负荷能够有效实现对于运动员机体的良性改造；怎样的负荷内容能够使运动员准确地发展专项比赛所需要的竞技能力；怎样的负荷量度和负荷方法，能够使运动员有效地发展专项比赛所需要的竞技能力；怎样的负荷安排，能够使运动员适时地提高和表现出专项比赛所需要的竞技能力，是运动训练计划设计与实施的关键问题。

（二）训练负荷分类

如下图所示，训练负荷可在多个分类体系中划分为不同类型。按训练的作用机制分类，可将训练负荷分为外部负荷和内部负荷，其中内部负荷又分为生理负荷和心理负荷；按训练实施情况分类，可将训练负荷分为计划负荷与实际负荷；按训练内容分类，可将训练负荷分为体能负荷与技能负荷；按负荷性质分类，可将训练负荷分为生理负荷与心理负荷。可见，运动负荷的使用具有一定的语义环境。不同的训练负荷分类及其不同的含义解释，既使得多种学科渗透到运动训练内部的可能成为现实，又为运动训练工程的规划、实施和监控提供多学科助力手段，更为运动训练的负荷安排和竞技参赛的负荷评估提供了更多的研究思路与方法（图 7–3）。

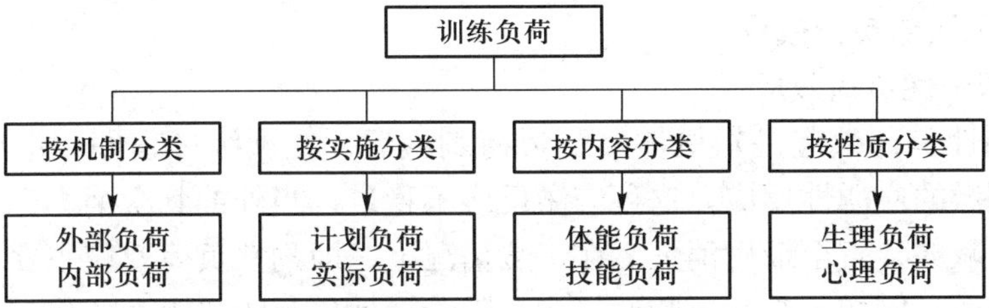

图 7–3　训练负荷基本分类

四、训练负荷结构与效应

（一）训练负荷结构

运动训练是一项具有高度计划性和严格操作性的活动过程。在训练实践中，由于训练环境、训练对象与随机事件等原因，实际训练实施可能偏离原有训练计划，据此，训练负荷可分为计划负荷与实际负荷，训练实施中所采用的是实际负荷。依据运动负荷的定义，训练实践中的实际负荷由外部负荷与内部负荷综合构成（图 7–4），且两者都包括负荷强度与负荷量，只是外部负荷主要是由训练学指标和物理学指标构成的；而内部负荷主要是由生理学指标与心理学指标构成的。

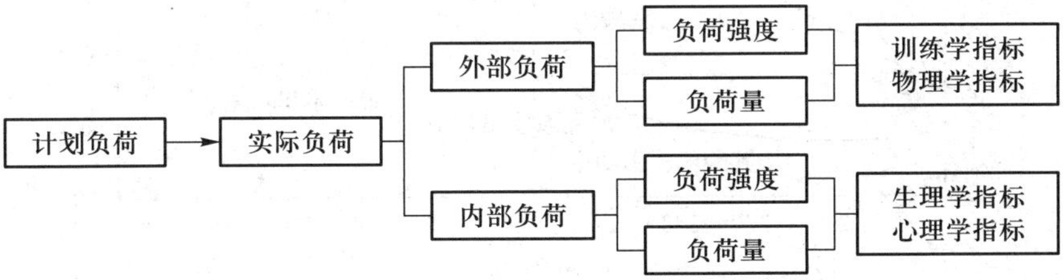

图 7–4　训练负荷基本结构

在负荷量度评定时，外部负荷主要针对训练组织实施的训练学与物理学指标，例如，次数、组数、间歇、距离、远度、高度、质量、时间、难度、密度、质量等。内部负荷主要针对机能评价的生理学与心理学指标，例如，心率、血乳酸、最大摄氧量、无氧阈、血红蛋白、血清肌酸激酶、尿素氮、血清睾酮、血清皮质醇，以及焦虑、失眠、抑郁等。现代科学训练要求，必须将外部负荷与内部负荷高度结合来评价实际负荷的效果，并以此检验原有计划性负荷安排的科学性。

（二）训练负荷效应

1. 即刻性负荷效应

即刻性负荷效应是指机体接受负荷刺激后，在训练过程即刻形成的对外部负荷刺激的应激性反应。这种应激反应不稳定，当外部刺激消失，应激反应就会逐渐减弱，直至最后消失。在一般情况下，即刻性负荷效应主要表现在人体机能方面。例如，心率、肺通气量会随着运动负荷的递增而变化，心率会随着运动强度的增加呈正比增加（图 7-5），当接近最大强度运动时，心率出现平台期，这就意味着接近最大心率值。当全力运动至力竭时的心率称为最大心率（maximum heart rate）。

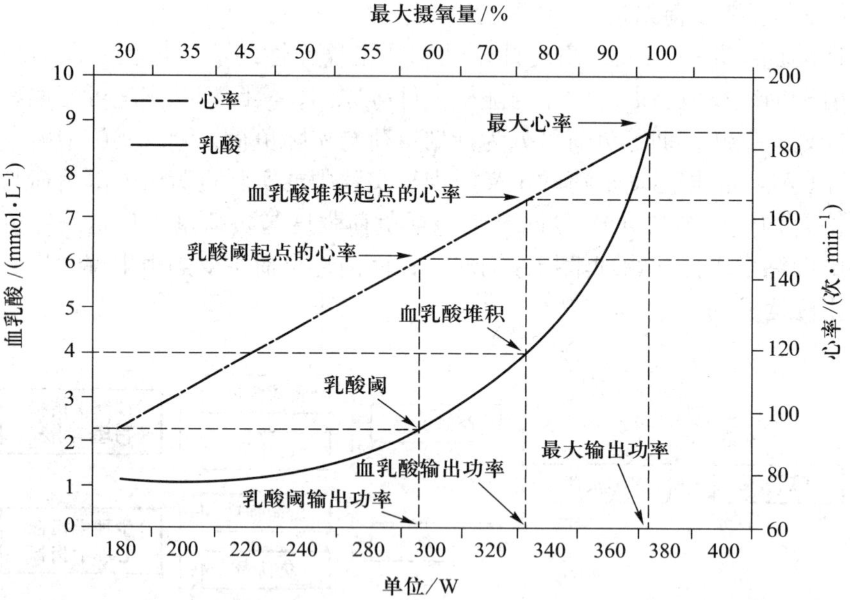

注：基于5～6 h的训练量，同时运动员的乳酸阈值心率设为153次/min。

图 7-5 自行车运动员递增负荷试验中乳酸阈与乳酸阈堆积起点（OBLA）
（Tudor O.Bompa，G.Gregory Haff，2009）

在递增负荷强度的运动中，随着运动强度的增大，肺通气量会在某一点突然增加，与耗氧量的增长不成比例。出现的这一拐点称为通气阈（ventilatory threshold）。通气阈出现的拐点一般也是血乳酸出现的拐点，它反映了呼吸系统对二氧化碳水平的反应。肺通气量在肺通气阈出现后显著增加。另外，血清肌酸激酶与血乳酸值会在高强度训练中快速升高；持续的大负荷训练使运动员反应速度下降等都是训练负荷即刻性效应的体现。正是这些即刻性应激反应的不断积累，才奠定了人体运动适应的可能。

2. 延续性负荷效应

延续性负荷效应是指机体接受负荷刺激后，在相对较长的时间里保持对外部负荷刺激所产生的应激反应。这些应激反应主要表现在生理疲劳方面。在1982年的第5届国际运动生物化学会议上，运动性疲劳被定义为："机体的生理过程不能持续其机能在一特定水平或不能维持预定的运动强度。"肌肉运动能力下降是运动性疲劳的基本标志。其产生的主要原因包括代谢基质的耗竭、代谢产物的堆积、代谢环境的酸化。它们通过多种渠道引起人体机能改变，最终导致肌肉疲劳。

此外，中枢神经系统不能产生或维持足够的冲动也是引起肌肉疲劳的原因之一。通常使中枢系统冲动传导减弱的原因是，减少皮质脊髓束下行冲动达到脊髓前角运动神经元，以及肌肉传入反馈的神经调节抑制脊髓前角运动神经元的兴奋性。一些神经递质包括5-羟色胺（5-HT）、多巴胺、乙酰胆碱等常被用来解释中枢神经系统（CNS）疲劳的生物学机制。无论是肌肉，还是中枢神经系统疲劳，都会使机体在训练后保持一定时间的疲劳效应，尽管其恢复时间不同，但都表现为延续性特点（图7-6）。

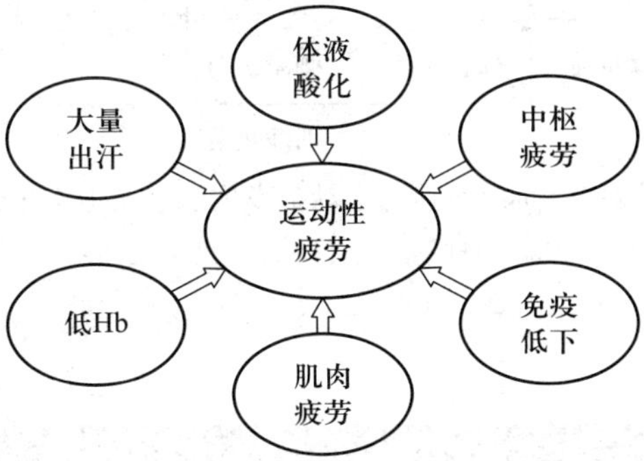

图7-6 运动性疲劳的主要机制

3. 叠加性负荷效应

叠加性负荷效应是指在长期训练过程中，人体生理机能与运动能力都产生相应的适应性变化。无论是即刻性效应，还是延续性效应，更多的是实现运动负荷效应量的积累，当人体对运动负荷产生积极性适应后，外在运动能力也会产生积极性适应，最终，多种不同的运动机能与竞技能力因素在某个时期形成有效叠加，达到最佳竞技状态。尽管不同的负荷性质会导致不同的负荷效应，但只要负荷合理，最终都会遵循运动负荷“刺激—适应—再刺激—再适应”的叠加性效应。

训练量的功能是加大对机体刺激的数量，体能的发展就是在反复多次负荷刺激下使机体抗疲劳能力得以提高，运动技能形成也是反复多次练习，历经形成、稳定和自动化的发展过程。训练强度的功能则是加大对机体刺激的深度，提升机体的抗荷载能力，特别是在激烈比赛条件下的实战能力。体能主导类项群的体能发展，是通过增加强度使机体在合理技术的前提下高效率输出运动能量。技能主导类项群的技战术能力发展，则是通过高强度的负荷使其在较长时间内保持合理、高效（图 7-7）。

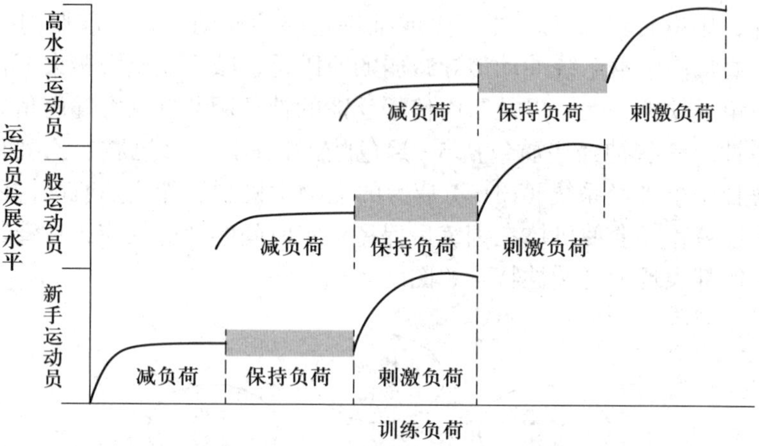

图 7-7 训练负荷与运动员发展水平的理论比较

（Tudor O.Bompa，G.Gregory Haff，2009）

第二节 运动训练负荷安排

一、训练负荷安排依据

（一）依据专项运动本质特征

专项运动本质特征是指运动项目的本质属性及其表征，其核心内容由专项竞技能力特征、专项竞技制胜特征等要素构成。其中，专项竞技能力特征体现于专项体能、技术、战术、心智等能力特征；竞技制胜特征体现于专项竞技参赛的规律特征及制胜因素特征。显然，专项竞技能力特征与制胜规律伴随着竞技运动的发展而不断变化。对训练实践来讲，国际顶尖水平的竞技能力标准与国际大赛的普遍制胜规律，是专项训练的目标与方向，是训练负荷安排的重要依据。例如，排球运动的本质特征由技术动作的多样性、动作感觉的细腻性、技术衔接的及时性、发球进攻的有效性、一攻配合的严密性、反攻组织的快速性、高空对抗的激烈性等特征组成。

（二）依据专项能量代谢特点

不同运动项目的能量代谢特点，通常要以运动训练实际负荷的作业时间为讨论基础。所谓实际负荷的作业时间是指实际训练所需的时间。例如，篮球运动上下半时各为 20 min，总计为 40 min，其所需的能量自然涉及有氧和无氧代谢系统。所谓有效负荷的作业时间是指某项运动最强负荷阶段的作业时间。例如，篮球、足球、排球、网球等运动项目，貌似作业时间较长，但是关键分值是通过瞬间的许多技能，如快攻投篮、突破过人、起跳扣球、大力抽球来完成，而这些技能都是在无氧状态下完成的。概而述之，即具体到个人有效攻防技术的作业强度，通常是以无氧代谢供能为主（图 7–8）。因此，必须从本质上深刻认识专项能量代谢的特点。

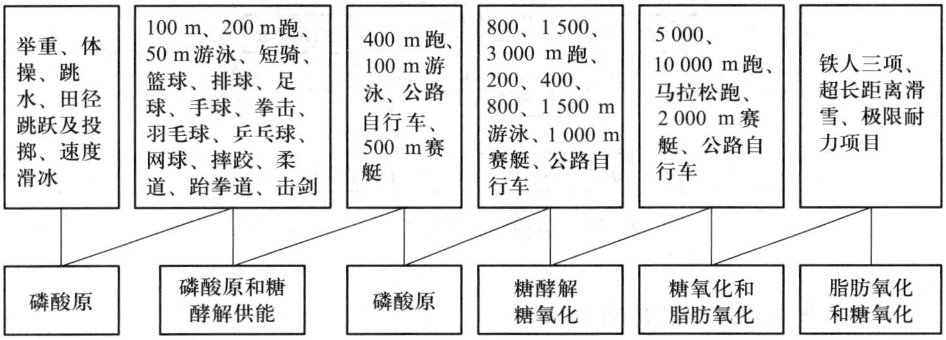

图 7–8　不同方式运动时的供能类型

（冯连世，2003）

（三）依据超量恢复原理

在第二章介绍适宜负荷训练原则时，专门阐述了人体运动的超量恢复原理，在此不再赘述其含义与机制。超量恢复原理从能量代谢的角度为运动员机能能力的长期发展奠定了基础，促使教练员在制定训练计划时高度关注负荷和恢复的关系，将不同能量物质的储备、消耗和恢复作为影响运动能力发展的重要因素。早在 20 世纪 60 年代初，马特维也夫就将超量恢复作为运动训练负荷安排的重要理论基础，认为人体竞技能力的发展是一个“刺激—疲劳—恢复—超量恢复”的过程。德国学者温奈克将“超量恢复”作为负荷与恢复最佳关系原则的生物学基础，提出了能力下降、能力恢复和能力超量恢复的三个阶段。

（四）依据生物适应原理

生物适应的含义与机制请参照第二章相关内容，这里主要阐述生物适应在运动负荷安排方面的指导意义。在训练实践中，新的运动适应是通过对于运动员机体施加不同负荷性质、不同训练方法及其手段实现的。这些负荷与方法应用的目的就是打破机体内环境的原有平衡，使之发生向较高机能水平的转化，并能在适应运动负荷的基础上，重新获得新的相对平衡。适应新的相对平衡的表现，就是竞技能力的提高、最佳竞技状态的形成、运动损伤的防备等。适应新的相对平衡与辩证处理负荷与恢复的关系密切相关。负荷能够导致机能暂时下降或出现疲劳，科学恢复可以促使机体超量恢复，负荷与恢复的辩证统一是产生新的运动适应的重要条件（图 7-9）。

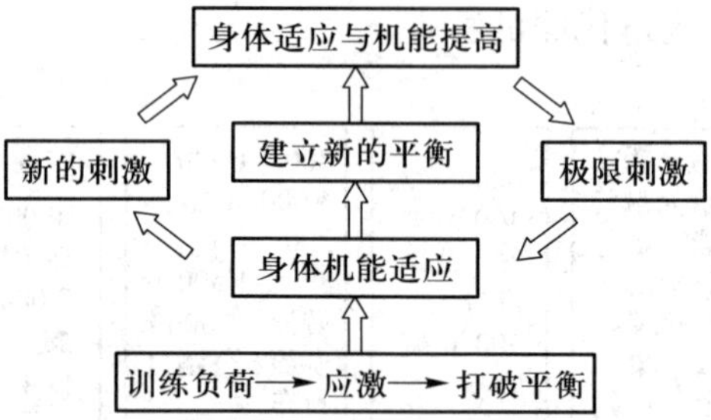

图 7-9 训练负荷与身体适应的关系示意图

（五）依据竞技状态形成规律

竞技状态形成规律同样在第二章已有阐述，这里重点说明竞技状态与负荷安排的关系。运动负荷作用的最终目的是实现运动员竞技状态按照既定的目标发展。训练过程中运动员竞技状态的适时情况又为训练负荷的调控提供了客观依据。例如，运动员的机能状态监控，能够客观反映运动员身体对训练负荷的应答情况，并且表现出个体差异性，因此，在训练过程中，教练员需要根据阶段训练任务与运动员机能状态的变化，科学设计与调整训练负荷，在基础训练周使运动员对新的训练负荷形成初步的应答反应；在强化训练周，使机体产生明显的疲劳；在调整训练周，降低训练负荷，使机体得到有效恢复，为超量恢复效应的形成奠定基础。

（六）依据重大赛事安排规律

人体运动适应的周期性是运动员竞技状态调控的自然基础，重大赛事的日程安排则是运动员竞技状态调控的客观基础。依据重大赛事日程安排的规律，科学划分大周期的训练阶段，合理安排各个阶段的训练负荷是科学训练的重要内容。准备期是促使运动员获得竞技状态的阶段，负荷安排应呈现阶段性递增趋势，尤其是通过训练量的积累，使运动员在基础体能与专项基本功方面形成良好储备；竞赛期首先要通过赛前训练调适运动员的竞技状态，通常采用赛前减量负荷安排，使运动员竞技状态向最佳化发展。比赛期间，要采用适宜的赛间训练负荷保持运动员最佳竞技状态，促使其转化成运动成绩；过渡期训练负荷明显下降，促进疲劳恢复（图 7-10）。

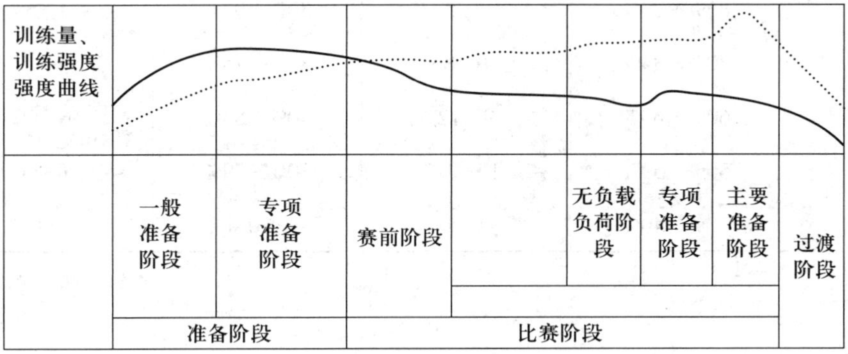

图 7-10　单峰年度计划负荷安排

（Tudor O.Bompa，G.Gregory Haff，2009）

二、训练负荷等级划分

训练负荷等级，是指按训练负荷对人体刺激的量与强度大小而设置的训练负荷级别。在训练实践中，针对不同训练阶段、不同训练任务与不同训练对象，科学安排训练负荷，明确不同等级的负荷量与强度标准，是科学化训练的重要标志。训练负荷具有多类性、多层性与动态性特点，因此，现实中难以在统一范畴与尺度下建立所有类别的训练负荷等级。这里采取案例说明方法，阐述训练负荷等级的划分方式。

（一）按负荷量与强度搭配划分负荷等级

力量训练通常按 1RM 的比例与最大重复次数的搭配划分为 6 级负荷。例如，次极限或极限负荷等级是发展运动员最大力量常用的负荷安排方式。在发展最大力量时遵循的负荷原则是，每组练习的次数不宜多，在准备性负重练习后，很快采取次极限或极限负荷级别进行训练，以保证机体在最佳训练状态下承受最强烈的外部刺激，争取获得较好的训练效果。在各组练习的间歇中，必须采取积极恢复手段以促使有关肌群的暂时性疲劳得以消除。在一般情况下，间歇时间平均 2~5 min 为宜（表 7–1）。

► 表 7–1 按训练量与强度搭配划分负荷等级

负荷形式 / 负荷等级	动力性		静力性	
	负荷强度	负荷次数	负荷强度	负荷时间 /s
极限负荷	90%～100%	1～2	100%	2～3
次极限负荷	85%～89%	3～5	80%～90%	4～6
大负荷	70%～84%	6～8	60%～75%	7～15
中等偏大负荷	60%～69%	9～12	40%～55%	16～30
中等负荷	50%～59%	13～18	30%～39%	31～60
小负荷	20%～40%	>19	<20%	>60

（胡亦海，2014）

（二）按最佳成绩百分比划分负荷等级

速度训练通常按最佳成绩的百分比划分为 6 级负荷强度（表 7–2）。此方法是将最佳运动成绩视为最大运动强度。但在实际训练中，还存在超过最大强度的训练负荷，这也是前面章节所提到的超负荷训练的具体体现。例如，100 m 项目的运动员能够在 10 s 内完成全程冲刺，其速度为 10 m/s。但在短于专项比赛距离的 60 m 训练中，运动员能够以更快的速度完成训练，其速度可达到 10.2 m/s，已经超越全程竞速的 100% 的速度。如表 7–2 所示的 6 级超强负荷。

▶ 表 7-2 按最佳速度百分比划分负荷等级

负荷强度等级	速度能力百分比 /%	强度
6	>100	超强
5	90~100	最大
4	80~90	次大
3	70~80	中等
2	50~70	低
1	<50	很低

（Tudor O.Bompa，2009）

（三）按能量代谢特点划分负荷等级

根据能量代谢特点，可将负荷分为 6 个等级。其中，1 级是指主要依靠磷酸原代谢供能，运动时间 6 s 以内，输出功率最大的负荷等级；2 级是指通过磷酸原和快速糖酵解代谢混合供能，运动时间 6~30 s 的次大负荷等级；3 级是指通过快速糖酵解和慢速糖酵解混合代谢供能，运动时间 30 s~2 min 的较高负荷等级；4 级是指通过慢速糖酵解和有氧代谢混合供能，运动时间 2~3 min 的中等负荷等级；5 级是指主要通过有氧代谢供能，运动时间 3~30 min 的较低负荷等级；6 级是指通过有氧代谢供能，运动时间超过 30 min 的低负荷等级（表 7-3）。

▶ 表 7-3 按能量代谢特点划分负荷等级

强度	持续时间	强度程度	主要供能系统	能量供应比例 /%	
				无氧	有氧
1	<6s	最大	磷酸原系统	100~95	0~5
2	6~30 s	次大	磷酸原系统和快速糖酵解	95~80	5~20
3	30 s~2 min	较大	磷酸原系统和慢速糖酵解	80~50	20~50
4	2~3 min	中等	慢速糖酵解和有氧供能系统	50~40	50~60
5	3~30 min	较低	有氧供能系统	40~5	60~95
6	>30 min	低	有氧供能系统	5~2	95~98

（Tudor O.Bompa，2009）

（四）按专项训练目的与监控指标划分负荷等级

这种负荷分级是指根据专项训练目的及其训练监控指标来划分负荷等级。通常采用心率、血乳酸和相关的技术指标，如桨频、击球次数、击打速率等专项技术指标。例如，皮划艇、赛艇项目是典型的体能主导类项目，该类项目训练的重点是发展符合比赛负荷需要的专项体能。在训练实践中，需要结合生理监测指标和专项技术指标综合建立专项训练负荷的等级标准，为训练实践提供定量的、操作性强的负荷监控依据（表 7–4、表 7–5）。

▶ 表 7–4 皮划艇项目训练负荷等级

强度等级	心率 /（次 · min^{-1}）	乳酸 /（mmol · L^{-1}）	桨频 / 次
耐力 1	150	2	60~70
耐力 2	160	4	80~86
耐力 3	170	6	88~94
速度	180	<4	最大桨频
速度耐力 1	最高心率	>10	>90
速度耐力 2	最高心率	>12	>90

（依 Tudor O.Bompa，2009 改制）

▶ 表 7–5 赛艇项目训练负荷等级

	强度分级				
	1	2	3	4	5
专项素质	速度耐力	爆发性耐力	专项比赛耐力	中等距离有氧耐力	长距离有氧耐力
训练节奏	最大	非常高、高于比赛节奏	较快、与比赛节奏一致	中等、低于比赛节奏	低
划桨速率	>40	37~40	32~36	24~32	<24
心率 /（次 · min^{-1}）	>180	170~180	150~170	120~150	120
有氧供能 /%	80	65	25	10	5
无氧供能 /%	20	35	75	65	95
总训练量	10		70		20

（依 Tudor O.Bompa，2009 改制）

（五）按专项技战术组合方式与训练难度划分负荷等级

对于团队性项目来讲，通常根据专项技战术组合方式与训练的难度来划分负荷等级。例如，篮球项目的负荷安排，既要考虑技术与战术练习的搭配难度，也要注意各种练习所对应的体能负荷特点。此类项目训练负荷的等级划分一般是按照从较低强度的专项基本功练习开始的，如基本技巧、投篮、传球、助攻等练习，依次递增技战术训练的难度，直至最高难度和最大强度的技战术训练。但也应根据需要交叉安排不同等级的训练负荷（表 7–6）。

▶　表 7–6　篮球技战术训练负荷等级

	强度分级				
	1	2	3	4	5
技战术难度	T：难度 TA：乳酸耐受性训练	T/TA：对抗训练	TA：最大摄氧量	T/TA：磷酸肌酸	T：技巧、投篮命中率、助攻、传球
持续时间	30～60 s	20～30 s	35 min	5～15 s	10 min（数组）
练习组数	3～5	3	2～3	1～2	1
心率 /(次 · min^{-1})	>180	>180	>170	>170	120～150
有氧供能 /%	20	10	60	10	90
无氧供能 /%	80	90	40	90	10
总训练量	40		20	20	20

注：T= 技术；TA= 战术，在休息间隔，运动员可以进行低强度的技术训练。

（依 Tudor O.Bompa，2009 改制）

（六）按技术动作质量划分负荷等级

对于难美性项群的运动项目来讲，通常采用成套动作完成的难度系数与质量来评定负荷等级。例如，在体操比赛中，男子和女子项目成套动作的难度分值如下：A、B、C、D、E、F 和 G，男子最高难度动作为 F 组，女子最高难度动作为 G 组；动作分值为：0.1、0.2、0.3、0.4、0.5、0.6、0.7。成套动作完成的质量在总分 10 分中减去错误扣分来计算。扣分标准是：小错扣 0.1 分、中错扣 0.3 分、大错扣 0.5 分、掉下扣 0.8 分（表 7–7）。

▶ 表 7–7 体操技术动作负荷等级

动作难度等级							
动作难度	A	B	C	D	E	F	G
动作分值	0.1	0.2	0.3	0.4	0.5	0.6	0.7
动作扣分等级（按错误扣分）							
错误等级	小错		中错		大错	掉下	
错误分值	0.1		0.3		0.5	0.8	

三、训练负荷安排模式

（一）负荷安排模式概述

1. 负荷安排模式释义

模式是指事物的标准样式，是解决某一类问题的方法论。把解决某类问题的方法总结归纳到理论高度，就形成了模式。模式的内涵比较广泛，它从某种程度上标志着事物之间所隐藏的某种规律或关系。这些规律并不单纯是用来描述模式的图像或图案，也可以是数字、抽象的关系甚至是思维方式。模式强调的是形式上的规律，而非实质上的规律。简言之，就是从不断重复出现的事件中发现和抽象出来的规律，它是一种认识论意义上表现出来的确定的思维方式。

因此，训练负荷安排模式是指根据运动训练实践的客观规律，完成某项训练任务而形成的训练负荷安排的基本方式。在长期训练实践的探索与研究中，人们总结与提炼出来了各个运动项目成功的训练经验与规律，这些规律中，自然就包括了适合各个运动项目的训练负荷安排模式。显然，不同类别与性质的运动项目，其训练负荷的类别与性质也不相同；并且，即使是同一个运动项目，在不同的历史时期与不同的训练背景下，训练负荷安排的模式也不相同。

2. 负荷安排模式类别

一般来讲，训练负荷可根据不同的训练需要进行设计与安排，例如，按具体的训练内容，可将其分为力量负荷模式、速度负荷模式、耐力负荷模式；按训练过程分期，可将其分为多年训练负荷模式、年度训练负荷模式、大周期训练负荷模式、小周期训练负荷模式；按负荷的变化趋势，可将其分为波浪式递增负荷模式、阶梯式递增负荷模式、平台式递增负荷模式和集中负荷模式；按特殊训练环境，可将其分为赛前减量负荷模式、高原训练负荷模式、高湿高热训负荷模式。

在上述训练负荷模式的类别中，部分类别在本教材第三章、第四章、第八章已有论述。例如，按具体训练内容分类的负荷安排在第三章、第四章已有介绍；按训练过程分期分类的负荷安排在第八章介绍，请参阅相关章节。这里重点讨论按负荷本身的变化规律，以及特殊环境下的训练负荷安排模式。前者包括波浪式递增负荷模式、阶梯式递增负荷模式、平台式递增负荷模式、综合式负荷模式与集中负荷模式等 5 类；后者包括赛前减量负荷模式、高原训练负荷模式等两类。

（二）不同变化规律负荷模式

在训练过程中，阶段性地递增或加大运动负荷是提高运动成绩必须依靠的途径。在训练实践中，阶段性地递增或加大运动负荷的方式有如下几种类型：

1. 波浪式递增负荷模式

如图所示，波浪式递增负荷是指即按一定的节奏规律（上升—保持—下降—再上升）安排运动负荷。其运动负荷的总量表现为随时间序列而波浪式的动态变化，其高低点的间距差异不大，此类型主要适用于准备期训练（图 7–11）。

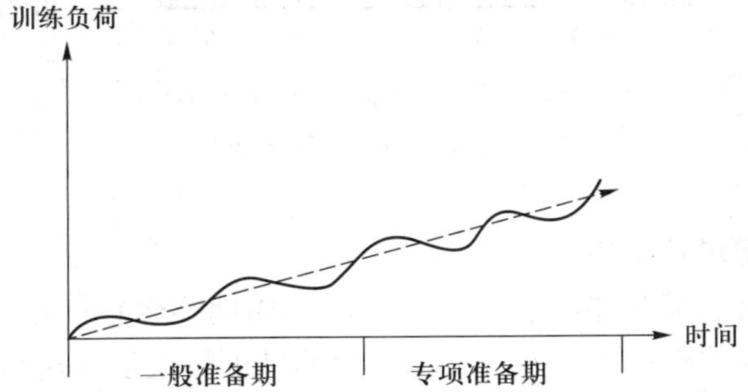

图 7–11 波浪式递增负荷示意图

2. 阶梯式递增负荷模式

如图所示（图 7–12、图 7–13），阶梯式递增负荷基本上仍接近波浪式特点，但负荷变化幅度比波浪式大，主要适用于阶段性周期的负荷安排，尤其适用于专项准备期和竞赛前期的训练安排。应当说明，阶梯式递增负荷模式多种多样，下图所示 3∶1 模式与 4∶2 模式仅是其中的代表性案例。

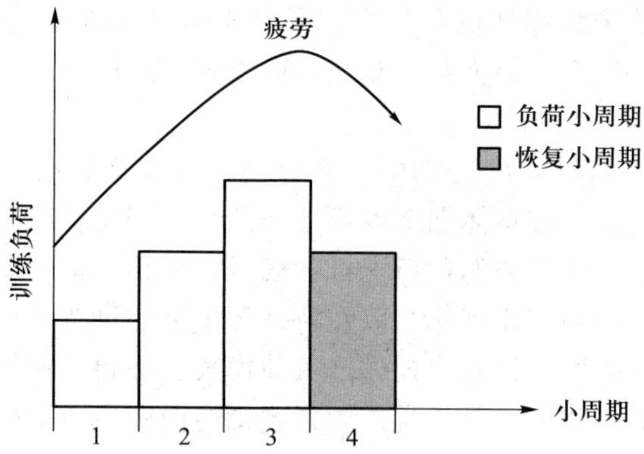

图 7-12 3：1 阶梯式递增负荷示意图

（依 Tudor O.Bompa，2009 改制）

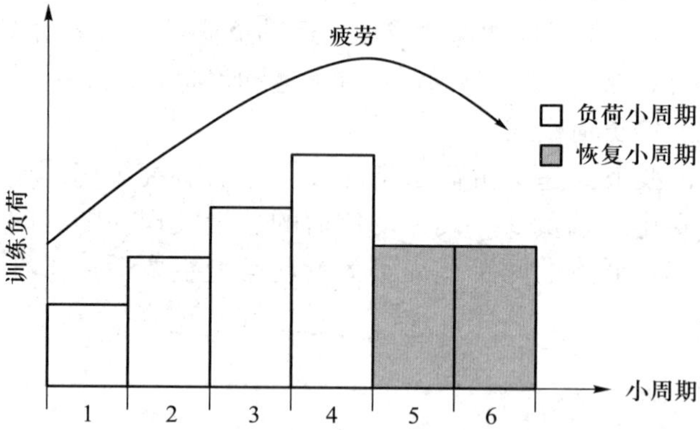

图 7-13 4：2 阶梯式递增负荷示意图

（依 Tudor O.Bompa，2009 改制）

3. 平台式递增负荷模式

平台式递增负荷是指将有相似负荷的小周期结合在一起，紧接着一个恢复小周期。在这种模式中，前三周小周期都是进行大运动量和高强度的训练，从而产生很强的生理应激与适应，在第四个小周期一般安排低负荷的恢复小周期，其长短取决于整体训练负荷的大小。值得注意的是，在一个完整的训练阶段的最后出现最大训练负荷，同时安排两周的低负荷期。由于这个负荷安排模式的特殊性，一般适用于具有一定适应基础的高水平运动员（图 7-14）。

4. 综合式负荷安排模式

综合式负荷安排是现代运动训练中常用的一种形式，它是将以上几种负荷安排的类型结合起来运用。在训练实践中，教练员往往通过组合若干个不同的负荷安排模式，来安排或调整运动负荷，以利于负荷安排适合不同训练阶段的需要。实践证明，在正确处理好负荷与恢复关系的前提下，无论采用何种类型的负荷安排模式，对于提高运动成绩都是有效的（图 7-15）。

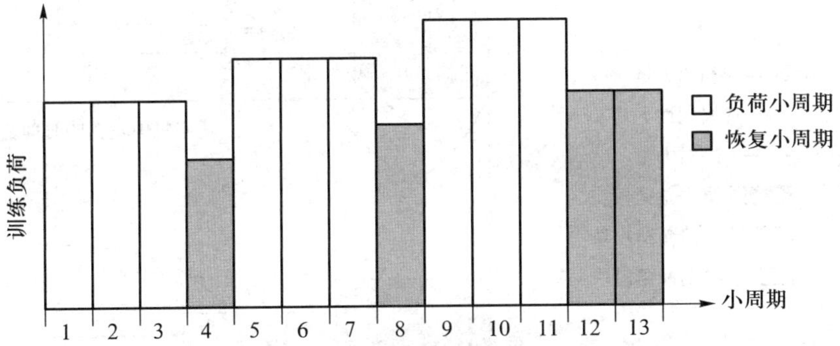

图 7-14 平台式递增负荷示意图

（依 Tudor O.Bompa，2009 改制）

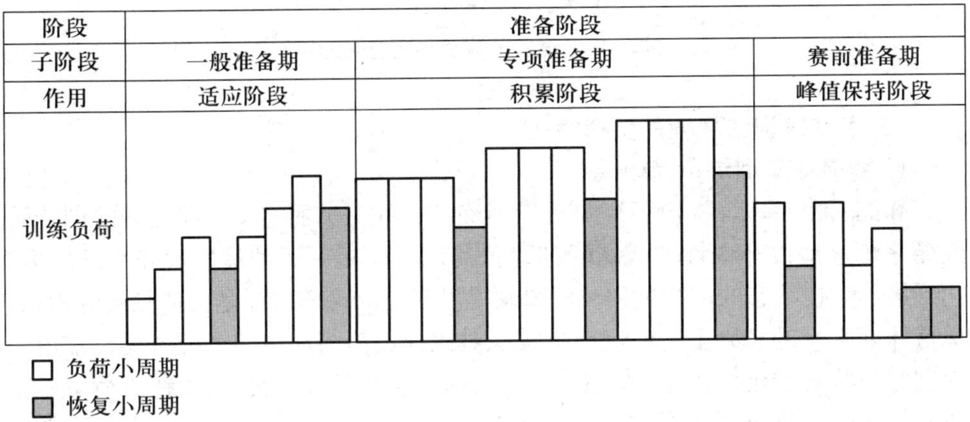

图 7-15 综合式负荷示意图

（依 Tudor O.Bompa，2009 改制）

5. 集中式负荷安排模式

集中式负荷是指在短期内对运动员机体施加集中负荷或过量负荷的一种超负荷安排方式。维尔霍山斯基根据高水平运动员的训练特点，提出了“集中负荷效应”的训练方法，即将一些对专项成绩具有关键影响和运动员相对薄弱的能力，以 3~4 周的集中“板块”形式集中插入训练过程之中，在总负荷不变的情况下，增加该能力的训练负荷，通过对它的集中训练和优先发展，实现专项成绩突破。一般情况下，集中负荷的量越大或持续时间越长，用于消除疲劳和提高运动成绩的时间就越长（图 7–16）。

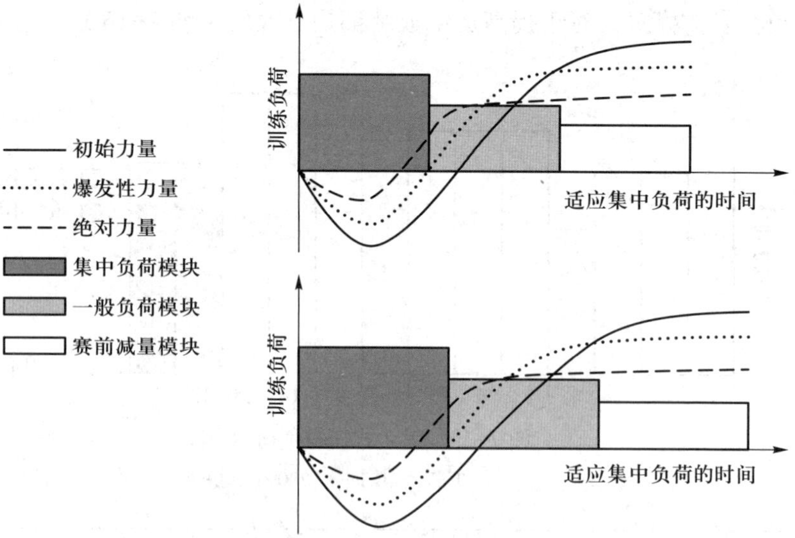

图 7–16 集中负荷及其适应时间示意图

（三）特殊训练环境的负荷模式

1. 赛前减量训练负荷模式

Mujika 和 Padilla 提出了赛前减量训练（tapering）的定义，即在赛前训练阶段循序渐进地以非线性方式减轻训练负荷，从而减少运动员生理和心理压力，达到最佳竞技状态的训练过程。博姆帕提出赛前训练的目标是在消除疲劳积累、保持体能水平的基础上，使运动员实现对比赛负荷与环境的适应。马特维也夫根据竞技状态“延缓传导”现象，提出运动成绩的加快增长出现在负荷量稳定或开始下降，且负荷强度达到或逼近成绩强度的时候。博斯凯认为在不降低负荷强度情况下，降低 40%~60% 负荷量的赛前训练表现出较好的整体效果。

在赛前准备阶段，减量训练被各种运动项目广泛使用，其基本原理是通过合理的负荷安排，引起运动员生理和心理上的积极适应，从而诱导最佳竞技状态出现。赛前减量训练是一个受训练量、训练强度与密度等多种因素共同影响的复杂过程。在安排赛前减量训练时，首先要明确训练目标是使竞技状态提高。其次，要处理好消除疲劳与保持体能之间的关系。即减量训练时间的确定，要综合考虑运动员疲劳程度、减量训练负荷、专项运动特点等因素，不能因减量训练时间过长而造成适应效果消失或体能下降，甚至是出现训练不足状态而不利于竞技状态形成。

在大多数情况下，赛前减量训练应减少约 40%~60% 的训练量，如果减量训练之前的训练量很高，可减少更多的训练量（约为 60%~90%）。当训练量减少时，训练密度应保持在减量训练之前的 80% 以上。减量训练应持续大约 8~14 天。在减量训练期间应保持或略微增大训练强度，以维持运动员在减量之前所获得的生理适应。目前，赛前减量训练对体能类个人项目运动员提高竞技能力的作用已得到证实。例如，对赛艇、游泳、跑步等项目的研究发现，科学的赛前训练可以使运动成绩提高 0.5%~6.0%。但是，目前还没有针对集体项目的赛前减量训练研究。另外，赛前减量安排还需考虑环境因素的影响，如跨时差飞行、热适应等（图 7-17）。

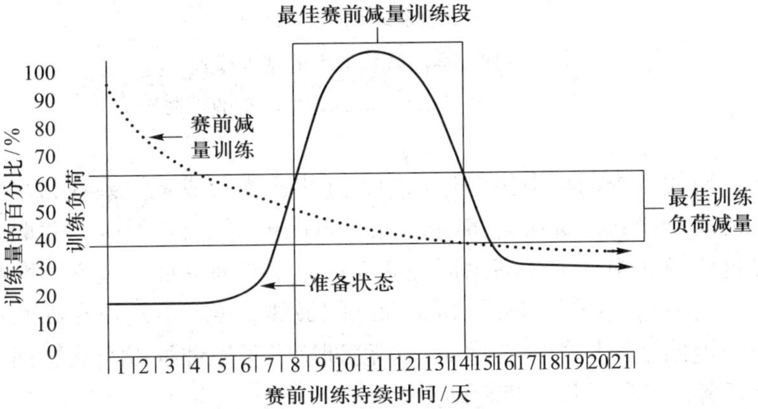

图 7-17 准备状态和减量训练关系
（依 Tudor O.Bompa，2009 改制）

对于赛前减量训练的负荷安排，主要分为渐进性减量和非渐进性减量模式。其中，渐进性减量是指系统性地逐渐减少训练负荷量，而非渐进性减量则是指按照一定的标准减少训练负荷量。不同的减量方式具有不同的负荷特征，在渐进性减量训练中，训练负荷以线性或指数递减，它包括三种负荷基本类型：线性减量、慢指数减量和快指数减量（图 7-18）。研究表明，线性减量训练在一定时间内负荷量减少的幅度较大，因而比慢指数减量训练与快指数减量训练的训练强度更高。比较线性或慢指数减量训练发现，快指数减量训练的效果最佳。非渐进性减量训练也叫阶梯式减量训练，一般通过突然加大负荷强度来弥补减量训练期间体能的损失。

2. 高原训练负荷安排

以有研究表明，在游泳、赛艇、皮划艇、田径（中、长距离赛跑、竞走）、

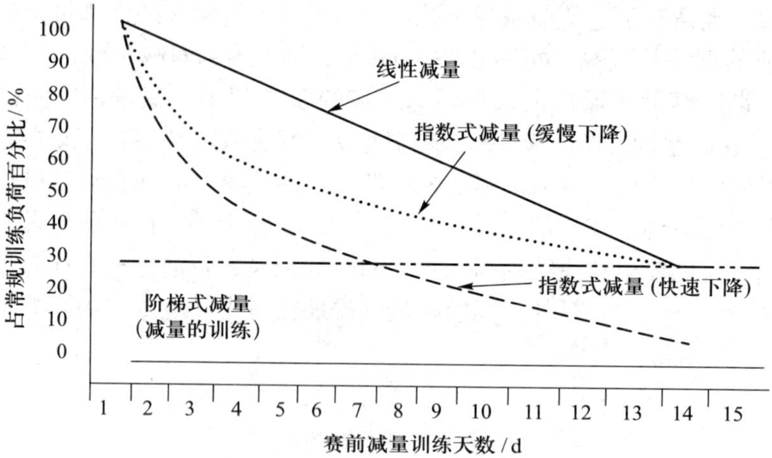

图 7-18 赛前减量训练的基本模式

（依 Tudor O.Bompa，G.Gregory Haff，2009 改制）

速度滑冰、现代冬季两项滑雪等运动中，逐步积累形成了一系列高水平运动员年度训练的安排模式，其中都将高原训练与平原训练有机结合，并取得了显著效果。在这些模式中，关于高原训练的安排，主要考虑如下因素，即高原训练持续时间；任务与其阶段划分；高原训练的最佳高度；运动员在高原训练时的水土适应与返回平原后的重新适应；年度训练、平原训练以及高原训练各个周期的训练任务、负荷总量、负荷动态变化等。

实践表明，高原训练持续时间会在一定范围内波动，通常是 2~4 周。时间长短主要取决于运动项目特点、具体的高原训练计划、之前的训练安排、运动员的年龄和运动能力等因素。在一般情况下，高原训练三周为一个周期，其中，第一周主要任务是促使运动员适应高原的气候与水土条件，并为第二周的负荷安排创造有利条件；第二周主要任务是采用适宜的训练负荷提高运动员适应水平，并为机能水平的进一步提高提供充分的刺激；第三周安排最大负荷训练，以进一步发展和稳定已达到的适应水平。

在高原训练的三周中，每日训练量在 2~3 h 至 5~6 h 的范围波动，整个周期负荷总量通常是 80~90 h，并按照图示方式进行三周分配（图 7-19）。需要指出的是，图 7-19 仅是高原训练负荷安排的基本模式，在实践中需要根据专项特点、特定的任务，训练的对象等因素对其进行调整应用。现有研究表明，这种基本模式对游泳、划船、中距离跑步等项目都是适宜的，只是在考虑不同水平的运动员时，第一周适应性小周期长短有所变化，对于有经验的高水平运动员，第一周可缩短到 2~3 天。

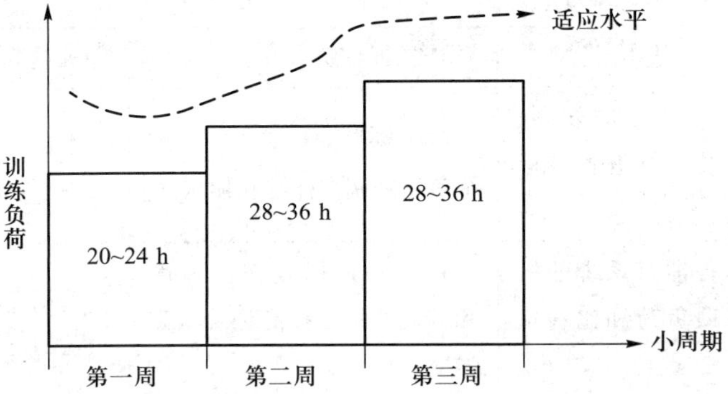

图 7-19　高原训练负荷安排的基本模式

在基本模式以外，高原训练的持续时间和负荷安排也有些特殊的情况。例如，对于速度—力量性项目、复杂协调性项目、单人对抗性项目、球类集体性项目来讲，由 3 天小周期和 4～6 天小周期组成的两周式训练是较为常见和有效的。这些项目高原训练的持续时间稍长，但不超过 18～21 天。此外，如马拉松、竞走等项目高水平运动员的高原训练，持续时间可达 4 周甚至 5 周，累计训练量可达 130～160 h。

四、运动负荷安排要求

（一）科学掌握不同训练阶段负荷特征

系统的多年训练是一个长期的过程，包括基础训练、专项提高、最佳竞技和高水平竞技保持 4 个阶段。每个阶段训练负荷特征不同，这是受运动员生长发育、训练水平与竞技水平等因素所决定的。基础训练阶段的主要任务是依专项需要发展一般运动能力，其负荷特点是循序渐进、留有余地；专项提高阶段的主要任务是提高专项竞技能力，其负荷特点则是逐年增加、逼近极限；作为最重要的核心阶段，最佳竞技阶段的主要任务是创造专项优异成绩，因此负荷特点是在高水平区间起伏；而在竞技保持阶段的主要任务是努力保持竞技水平，负荷特点则是保持强度、明显减量。因此，必须从系统训练角度，科学认识不同训练阶段的任务需求以及负荷安排基本特征（表 7-8）。

► 表 7-8 不同阶段的训练负荷安排特征

阶段	训练负荷目标特征	训练负荷特点	训练负荷方法手段特征
基础训练阶段	促进青少年的健康发展、提高身体素质，掌握各种运动技能	以训练量的积累为主；训练负荷强调多样性和趣味性	平稳上升型；量小和量中、强度小的过程
专项提高阶段	提高肌体各器官系统的机能，发展专项负荷和比赛负荷能力	有节奏地以较快的速度和较大的幅度提高训练量和强度	波浪形；中负荷到大负荷的过程
最佳竞技阶段	根据任务和对象的水平，逐步地加大运动负荷直至最大限度	冲击自身的“生理极限”最大限度地挖掘运动员的内在潜力	波浪形和阶梯形；训练量大、强度大
高水平竞技保持阶段	找出有效措施，尽力保持高峰的运动技术水准的储备，找出消除产生衰退的消极因素	训练量相对减少，训练强度相对稳定，在训练中更加重视大强度成功率的表现	波浪形；训练量中、强度大

（引自田麦久，2017）

（二）科学认识专项比赛负荷的基本特征

不同项目比赛负荷的性质不同。例如，体能主导类项群中，周期性项目的比赛负荷模式由步频（踏频、滑频、桨频）、步长（踏距、滑距、划距）、最大速度、平均速度、分段速度、高速保持时间等要素所组成。非周期性项目的比赛负荷模式由试掷（跳）总次数，试掷（跳）远度、高度，试举次数及其重量，每次试掷试跳试举之间的时间等组成。技能主导类表现难美性项群的比赛负荷模式由难度系数、成套动作完成时间、比赛总时间等要素所构成。技心能主导类表现准确性项群的比赛负荷模式由比赛时间、瞄准时间、单次击发时间等要素所构成。技战能主导类各项群的球类项目比赛的负荷模式由比赛时间、移动距离、起跳次数、攻防转换速度、技战术运用效果等要素所构成。

（三）深入了解运动员的个体差异性

第二章提出的区别对待训练原则专门强调，必须对不同运动员实施个性化的训练安排。即教练员根据不同运动项目特征、不同运动员特点、不同训练与参赛需求，针对性地选择训练内容、安排训练负荷与设计训练方法。正如前文所述，运动员的性别、日历年龄、生物年龄、训练年龄、竞技水平、生理特点、心理特点、身体状况、训练情绪等个体性因素，对训练计划设计提出了区别对待的要求。运动员个体对运动负荷的承受能力会因为训练阶段、训练内容和训练方法的变化而不同，这些因素也都对训练负荷的安排提出了特殊的要求。此外，即使是同一名运动员，在不同的训练阶段与训练环境中，其竞技状态表现也会不同，这些外部因素也对训练负荷的安排与实施提出了不同要求。

（四）科学安排训练负荷的节奏变化

运动训练计划构成的核心要素是目标、任务、内容、方法手段与负荷。训练计划以目标任务为引导，以训练内容为载体，以方法手段为措施，最终通过负荷来予以实现。不同时期、不同任务、不同对象、不同内容，训练负荷的变化都有一定的规律性，由此形成了一定的负荷节奏。负荷节奏是指在训练活动的时间空间背景下，训练量和训练强度的高低起伏以及交互性变化及其趋势。一般包括三种常用的负荷模式，即：增加训练量与保持或降低训练强度；增加训练强度与减或保持训练量；训练量与训练强度相对恒定。三种不同的模式反映了不同的训练负荷水平，其产生的效应不同。并且，它们在一次课训练、一个小周期训练，以及一个大周期或多年训练过程之中都有具体体现。

第三节　恢复训练及其方法

一、恢复训练基本释义

恢复训练是相对负荷训练而提出的概念，是指为了促使机体活动能力得以尽快恢复和提高，使用合理的恢复方法与手段，加速消除运动员生理和心理疲劳的过程。在训练实践中，优秀运动员为了不断地突破自身生理与心理极限，经历着苛刻的生活与严酷的训练，同时还需承受与训练相关的职业压力与社会压力。这些因素都是导致疲劳的重要因素，如不及时恢复，将有损运动员身心健康，最终影响其竞技水平发展。因此，一直以来，恢复训练深受各个竞技体育发达国家的普遍重视，也必须引起我们的高度重视。

二、恢复训练基本过程

疲劳恢复是一个多因素综合作用的过程，要求教练员与运动员必须了解运动员自身的生理结构及其特点，了解运动负荷对人体刺激的机制及其适应的基本原理，了解不同的疲劳机制及其恢复方法与手段，了解机体适应与恢复过程的机能指标变化及其指导意义。总体来讲，人体运动的疲劳恢复可划分为三个明显不同的阶段，即：运动时恢复阶段、运动后恢复阶段与长时间恢复阶段。

（一）运动时恢复阶段

运动时的恢复产生于运动期间，主要与运动中高能磷酸原的快速恢复有关。高强度剧烈运动使运动员体内的 ATP 快速消耗，为维持肌肉 ATP 储备，低于 6 s 的高强度运动课时 PC 减少 50%～70%，而在力竭性运动中 PC 会完全耗尽。大约 70% 的 ATP 恢复发生在 30 s 以内，而 ATP 完全再合成需要 3～5 min。磷酸原补充的主要途径是有氧代谢，但快速糖酵解有助于高强度运动的恢复。

（二）运动后恢复阶段

运动后恢复发生于运动终止之后，主要与代谢产物的清除、能源储备补给、组织修复有关。运动终止后机体不会立即进入静息状态，心率（HR）、血乳酸（BLA）以及过量氧耗（EPOC）等都可以说明这一点。因此，负荷效应产生的生理失衡越大，运动后各种机能恢复的时间越长。具体恢复过程包括 ATP 再合成、乳酸糖异生与氧化供能、肌糖原的补充、肌红蛋白氧含量恢复、肌肉组织修复等。

（三）长时间恢复阶段

长时间恢复应该是周期性训练计划的一部分，是超量恢复效应产生的主要过程。人体的疲劳效应会根据训练过程的安排而变化，在一个独立的训练阶段中积累的疲劳具有延续性与叠加性效应。训练负荷刺激越大，疲劳积累越深，因而需要恢复的时间越长，其产生的超量恢复也就越显著。因此，教练员在制订训练计划时，要树立负荷与恢复有机统一的意识，合理安排训练恢复过程。

三、恢复过程基本规律

（一）负荷训练—恢复训练的统一规律

在训练的全过程中，客观存在着负荷训练和恢复训练这两类不同的相互依存、相互影响的训练环节，它们构成了训练过程的整体。负荷训练—恢复训练的统一规律遵循人体分解代谢与合成代谢的基本原理。在人体运动过程中，机体始终发生着能量消耗—恢复的现象，由此势必形成训练过程中负荷训练和恢复训练并存的客观规律。我们知道，在负荷训练中，运动员须合理地采用负荷手段和方法作用于机体，使机体产生具有积极意义的应答反应，从而为下一步机能的恢复与提高，做好生理储能准备。因此，在恢复训练中，运动员也须采用合理的恢复手段和方法作用于机体，使机体更快的补充能量与消除疲劳，更好地实现机能的恢复和提高。

负荷训练与恢复训练的这一统一规律，不仅表现在负荷训练与恢复训练过程相继进行的特征，而且表现在过程同步进行的特征上，即负荷训练蕴藏着恢复训练，在恢复训练中也有负荷训练的成分。如对 A 肌群进行训练后，即刻对 B 肌群进行训练，这样对 B 肌群乃至整个机体而言是负荷训练，但对 A 肌群而言，则是恢复训练过程。在训练实践中，我们按照这一规律指导训练工作的意义主要体现于：在训练周期的安排上，不仅应认真规划负荷阶段中的负荷量、强度、时间、方式等系列因素，还应同时将恢复训练的措施、方法、效果等因素放在同等地位上进行规划，尤其是以提高人体机能为主要目标的身体训练过程，需要特别重视恢复过程的训练安排。

（二）机能下降—机能恢复的异时规律

恢复的异时性规律表明，各种机制引起疲劳及其恢复时间存在着差异。因此，由于不同能源物质的“消耗—恢复—超量恢复”具有异时特性，导致机能“下降—恢复—提高”的过程，依负荷性质、负荷强度、负荷量的差异也具有异时性特征。例如，能源物质的恢复中，磷酸肌酸最快，约 2～3 min；肌糖原为 1～46 h；蛋白质为 6～48 h；脂肪最慢，需 48 h。

针对不同的负荷性质而言，在安排恢复训练时，既要考虑负荷性质的差异，也要认识到负荷量与强度的影响。通常，高强度的力量与无氧耐力训练恢复时间最长，一般无氧耐力恢复时间次之，小强度有氧耐力恢复时间最短。因此，在制定训练计划时，应根据恢复过程的异时性特点，以及运动项目的能量代谢特征、不同性质的负荷内容的恢复特点，将各种不同的训练内容或手段交叉组合、交替安排，可有效提高运动员承受训练负荷的水平及其训练效应（表 7–9）。

► 表 7-9 不同性质的运动负荷恢复时间表

负荷类别	基本恢复时间 / h	超量恢复时间 / h
一般有氧耐力	8	8～12
强度有氧耐力	24	24～30
全速短跑短跳	30	30～40
一般无氧耐力	36	36～48
强度无氧耐力	40	40～60
强度肌肉力量	48	48～72

（引自 http://o2–o.com/what_you_should_know）

（三）负荷性质—恢复方法的对应规律

负荷性质与恢复方法之间存在着紧密的对应关系。对这种关系处理得好坏，掌握得适当与否决定着恢复的效果。不同负荷性质的疲劳消除需要针对性的恢复方法。例如，在有氧耐力训练中，人体因体内大量流失无机盐而导致机体工作机能下降，如果我们在恢复阶段补充含有无机盐的饮料，或者在训练后进行盐水浴，就有助于补充负荷阶段失去的盐分，使机体的内环境恢复平衡。通常在运动后单一补糖是达不到这一作用的。又如，在进行无氧耐力训练时，人体会因缺氧导致体内乳酸堆积而引起运动能力下降，此时机体迫切需要快速清除乳酸等代谢产物，如果有针对性地采用深呼吸，低强度有氧运动等恢复方法，就能改变体内的缺氧状态，恢复机体的工作能力。

对于不同性质的负荷训练所产生的疲劳，并不是可以被每一种恢复措施所消除，也不是一种恢复措施可以使多种性质的负荷引起的疲劳得到消除。在训练实践中，必须有针对性地综合运用各种恢复手段，才能做到有效的疲劳恢复。苏联学者 O.B. 依什柯在他所著的《竞技游泳》一书中提出的不同类型训练课所采用的恢复方法正是这种有针对性地、综合运用恢复手段的范例（表 7-10）。从训练成本与效益的角度来讲，有针对性地采用恢复方法与手段，可以避免某些恢复措施价值的浪费。例如，有些教练员过于依赖营养品对恢复的作用，不惜重金购买大量营养品，但是营养品的使用并非越多越好，且经常出现运动员抵触而造成营养品浪费。

▶ 表 7-10 恢复手段的范例

训练课目的	负荷性质	恢复方法
提高速度力量（陆上）	速度力量	振动按摩、热盐水浴、局部（水）按摩、紫外线照射
提高速度力量（水上）	速度	芬兰蒸汽浴、温水沐浴、氮水浴
提高乳酸能耐力	无氧	含氧浴、吸富浓度氧、热水沐浴、紫外线照射
提高有氧耐力	有氧	温水浴、红外线照射、冷热水浴、温盐水浴

四、恢复训练基本方法

恢复训练方法是指加快消除运动员生理和心理疲劳的途径与办法的总称，也是恢复训练的具体方式。综合实践应用的现状，当前普遍应用于运动员恢复训练的方法可概括为六大类，即：训练学恢复方法、教育学恢复方法、心理学恢复方法、营养学恢复方法、医药学恢复方法、物理学恢复方法。

（一）训练学恢复方法

训练学恢复方法是指采用运动训练的方法与手段对运动员机体进行恢复与放松的方法。例如，从方法论的角度来说，科学安排训练过程分期，处理好负荷与恢复之间的关系本身就是恢复训练的体现。从组织实施方面来讲，一般采用大周期与小周期之间不同训练负荷的交替、合理安排训练元素之间的练习顺序、综合运用各种恢复与再生的手段、合理安排负荷训练的间歇以及恢复过程的时间等都是训练学恢复的方法，都能够极大程度上提高机体对训练的适应能力与运动水平。从具体操作层面来讲，大强度训练后进行有氧运动，以及训练结束部分与休息期间的拉伸运动都是常用训练学恢复手段。有氧运动能够及时清除因大强度运动而堆积的乳酸、促进机体偿还氧债；而拉伸运动则被认为是促进肌肉及软组织恢复，预防损伤的重要手段。

（二）教育学恢复方法

教育学恢复方法是指采用现代教育学理念与方法，促进运动员疲劳恢复的方法。该方法主要是依据循序渐进、趣味多样、劳逸结合、身心并进等教育原则来安排运动训练的过程。例如，在单元训练过程中（训练日或课），应仔细考虑训练内容出现的排列顺序，训练方法与手段的趣味性，间歇时间的休息方式，恢复手段的针对性等因素。一般来讲，在综合性运动素质训练课中，柔韧性、灵敏性、速度性训练手段在前，力量训练安排在中，耐力训练安排在后，在转移练习内容时，应安排适当时间休息。此外，要加强运动员的社会性教育，使他们树立正确的人生观、价值观与胜负观，理性对待社会中的各种利益诱惑，以及舆论媒体的评价，减少外界的干扰，减轻训练中的心理负担。

（三）心理学的恢复方法

心理学恢复方法是当前广泛应用的恢复方法之一。其对消除疲劳，减轻心理上的压抑感，降低精神上的紧张状态，放松肌肉等均有一定功效。实践中，常用的简易心理学恢复方法包括音乐调节法、深呼吸调节法与想象调节法等。音乐调节法是利用音乐的感染力，以取得对心理进行调节的效果，节奏欢快的音乐能使人激昂振奋，精力充沛，轻柔平和的音乐能松弛肌肉，消除紧张，轻松愉快的音乐可使人的大脑保持适度兴奋。深呼吸调节法可转移注意力，降低大脑兴奋水平，减弱交感神经传导过程，使心率、血压、氧耗、动脉血管乳酸含量下降，从而有利于消除过度兴奋、紧张心理和恐惧感。想象调节法是让运动员根据比赛需要，在头脑中重现与当前情景相似的过去曾获得成功的动作表象或场景，以唤起动作记忆与成功的积极情绪状态。

（四）营养学恢复方法

营养学恢复方法是恢复训练中最主要的方法之一。良好的营养能够帮助运动员改善运动能力、减少运动后的恢复时间、预防疲劳导致的运动损伤、提供大强度运动时的能量以及有效地控制体重。由于运动训练要消耗大量的能量，运动机能也会随之下降，因此，运动后必须科学补充营养，及时促进能量补偿与机能恢复。补充营养并不仅仅意味着让运动员吃饱，更重要的是吃好。教练员必须深刻认识的是，营养补充是通过合理膳食摄入与科学营养补充两种途径实现的，应用时须注意以下要求，即：要在了解训练计划及完成情况的基础上，进行系统的机能评定，并据此制定营养补充计划；要摆正膳食与营养品的关系，合理膳食是根本，科学营养是补充；要树立安全意识，严防兴奋剂。下表所提供的运动员饮食营养方案可供参考（表 7-11）。

▶ 表 7-11　运动员饮食营养方案

食物种类	主食	肉类	蔬菜	水果	乳、豆制品	运动饮料
食物 / 饮料	米饭、面包、面条、土豆等	肉、鱼、鸡蛋等	蔬菜、薯、蘑菇等	香蕉、橙子等各种水果、果汁	牛奶、酸奶、奶酪等	各种饮料（含固体和液体饮料）
提供营养素	提供碳水化合物（糖）	蛋白质、脂肪、矿物质	维生素、矿物质	碳水化合物、维生素 C	钙、蛋白质	糖、电解质
作用	增加肌糖原合成、增加糖原储存、维持血糖、促进恢复	增加骨骼肌蛋白合成、损伤修复、免疫、糖摄取等，促进恢复	改善能量代谢、免疫、促进恢复	维持血糖、清除自由基，促进恢复、修复损伤、改善免疫	增加蛋白质供给，促恢复、损伤修复、改善免疫	维持血糖、增加糖原合成、改善能量代谢等
特别注意	耐力项目运动员多摄入，训练中途可加餐	尽量食用瘦肉和白肉，必要时补充蛋白粉	尽量吃色深的蔬菜，如绿叶、紫色蔬菜、西红柿等，生吃为主	首选香蕉和柑橘，训练中途可加餐	首选酸奶、牛奶，多食用豆类食物，训练中、比赛后可加餐	训练前适量补充，训练中要规律补充，训练后尽快补充
	要充分注意饮食在时差调整和运动能量补充、促进恢复、减轻运动损伤等方面的作用，上述各类食物搭配合理（平衡膳食），并要做到及时、足量、规律饮食。					

（引自：备战 2016 年里约奥运会《运动员合理营养手册》）

（五）医药学恢复方法

医药学恢复方法是指通过医学和药物学手段来促进机体恢复，提高健康水平与运动能力的恢复方法。在药物手段中，维生素服用法占据特殊地位。维生素 A、C 和 E 是作用很强的抗氧化剂，能防止细胞膜的脂质过氧化和红细胞膜受损；维生素 D 是钙代谢的调节剂，与肌肉收缩做功密切相关。另外，一些药物制剂对于消除疲劳也有一定功效。如促进人体免疫力的长白景仙灵，促进睡眠的褪黑素片等。在中医学方面，中药的参芪膏、刺五加片、人参、三七片、鹿茸等，具有补气补血、强壮筋骨的作用，在特定时期服用可促进机体消除疲劳、增强体能。中医按摩、针灸、拔火罐等手段是消除疲劳的常用手段，这些恢复方法有助于缓解肌肉粘连，促进肌肉放松，有助于促进气血循环，清除代谢产物；有助于活血化瘀，缓解肌肉劳损与疼痛。

（六）物理学的恢复方法

物理学恢复方法包括水疗、光疗、热疗、磁疗和震动疗法等。冰水浴是目前国外许多优秀运动员消除机体疲劳、恢复机体能力的一种重要方法。NBA、NFL、MLB、NHL 的很多职业运动员都采用这种恢复方法。热水浴也是促进恢复的方法之一，训练、比赛后在 37 ℃～40 ℃水温中淋浴或盆浴，是简便易行的消除疲劳的好方法。光能作用也可促进机体恢复。例如，红外线是一种电磁波，能深入皮下组织促进血液循环，其穿透力可达肌肉关节深处，促进微血管网的氧气及养分交换，有助于消除代谢产物，缓和肌肉酸疼感。电、磁疗法既可促进血液循环加速疲劳消除，还对运动损伤有治疗作用。例如，电脑中频治疗仪是利用中频电刺激原理，对常见的颈椎、脊柱、髋、膝、踝等负重关节易产生的骨性关节炎具有止痛、改善血液循环和消炎作用。

菲尔普斯为拔罐代言

小结

本章着重从应用角度，重点梳理运动负荷的基本概念、类别、结构，训练负荷的基本概念、类别、结构、效应；重点阐述训练负荷安排的科学依据、等级划分、基本模式与实践要求；详细阐述了恢复训练基本概念、恢复过程、基本规律与基本方法。本章十分强调：运动负荷与恢复是运动训练过程的重点要素，适宜的负荷与适时的恢复是科学训练的基本保障。

思考题

1. 何谓运动负荷，简述运动负荷的分类。
2. 何谓训练负荷，简述训练负荷的构成。
3. 简述训练负荷安排的依据。
4. 简述运动负荷安排的模式。
5. 简述疲劳恢复的基本方法。

第八章

分期、计划与实施

▶ 本章导语

本章主要包括训练分期理论概述、训练过程基本架构、训练计划及其实施等内容。其中，训练分期理论概述包括其主要意义、科学基础与多维认识；训练过程基本架构主要阐述其层级体系、基本程序与规划要点；训练计划及其实施主要介绍多年、年度、周、课、赛前训练计划及其实施。本章旨在介绍运动训练各要素在时间维度的组织安排。

▶ 学习目标

通过本章学习，使学生基本理解训练分期的主要意义、经典理论和几种观点；能够掌握各层级训练计划制定的要点；能够基本明确运动训练过程的基本架构与总体设计属性；能够初步制定训练计划并在训练中能够基本实施。

第一节 训练分期理论概述

运动训练的要素多样性与过程多变性，人体生物适应的长期性与阶段性，训练效应的不稳定性与相对可控性，反映了优秀运动员的培养是一项复杂而长期的系统工程。训练分期，是若干以提高运动员专项竞技能力和培养运动员最佳竞技状态为目标的一组具有特定训练内容和负荷的训练时间序列。运动员竞技能力的提高和竞技状态的发展具有特定的自然规律，训练分期必须在遵循规律的基础上完成操作工艺。与此同时，当代竞技运动衍生了多样化的赛事类型，在满足运动员多次参赛和重大赛事极值表现的共同要求下，训练分期又适应性地展现了时代特征与多维认识。

一、训练分期主要意义

（一）保证运动训练目标的实现

事物的发展具有复杂和多变的特征，为了实现预期的训练目标，有必要对各项工作进行系统的规划与周密的设计，以便控制各项工作按照既定的发展方向有序进行。训练分期是运动训练活动在时间维度上的理论设计，以规划运动员竞技能力增强和竞技状态转移的路径。通过运动训练计划的科学制定，组织者把训练目标具体细化为若干个紧密联系的训练任务，使参加训练活动的运动员、教练员以及科研人员与医务保障人员统一认识；在明确的训练目标指引下，实现训练组织行动的高度统一与紧密协同，高效、持续地发展运动员的竞技能力，为创造优异运动成绩奠定竞技基础。

（二）提高训练计划的可操作性

运动训练计划分为单元训练（课）计划、周训练计划、阶段训练计划、周期训练计划、年训练计划、多年训练计划（表 8-1）。一般认为，多年训练计划具有框架、稳定和远景的特点，阶段训练计划、周训练计划、单元训练计划则具有现实、具体和多变的特点。不论是远景规划性还是具体操作性，每种训练计划都分为若干部分或阶段，前一种计划作为组成部分结构性地嵌入到后一种计划中。训练分期是将不同训练计划分解和嵌入的过程，由此提高了各种计划的可操作性。例如，周期训练计划既是年度训练的组成部分，又为准备期、比赛期和恢复期训练计划的制定提供依据。

▶　表 8-1　不同类型训练计划的基本特点

计划特点	计划种类	计划功能	时间跨度
远景、稳定、框架	多年计划	远景目标规划	2~8 年以上
	年度计划	中期目标规划	1~3 个周期
	周期计划	近期目标规划	3~6 个月
	阶段计划	较为详细设计	1~3 个月
	周计划	确定方案重点	7 天
现实、多变、具体	单元计划	具体训练方案	1~3 h

（胡亦海，2005）

（三）系统发展运动员竞技能力

运动员的竞技能力是一个由关联紧密的多层次要素构成的复杂体系，竞技子能力的获得途径包括先天遗传、后天训练以及生活环境，发展过程既有阶段突破也有长期持续，实现方式既可单一也可综合。在训练组织的过程中，若要全面发展运动员的各项竞技子能力，实现要素的系统整合，就必须注意各能力间的序列关系。每一个训练分期都有特殊而明确的目标与任务，有的注重基本运动能力的发展，有的突出专项竞技提高的需要，有的发展运动员体能，有的学习与改进技术。合理的训练分期确保运动员竞技能力发展处于良好的持续状态，并逐步向着专项竞技需要的方向迈进。

（四）培养运动员最佳竞技状态

事物的运动和发展都是周而复始呈周期性的，运动员竞技状态的发展与提高、优化与保持、减退与下降同样秉承这一普遍性规律。训练计划是教练员执行训练的重要资源，通过被证实的科学的训练分期设计，教练员可以构想出训练的时间轴，并通过训练内容、负荷、方法与手段的合理搭配，把控运动员竞技状态的发展变化的规律。运动员参与竞技有着崇高的愿景，在多年和年度计划的指引下，每个赛季都有具体的参赛目标。针对确定性的竞赛日程，训练分期需要在遵循竞技状态发展自然规律性的基础上，展现设计的操作工艺性，以便在特定的时间表现出最佳竞技状态。

二、训练分期理论基础

（一）运动员竞技能力发展的阶段性理论

竞技能力可以分为先天遗传性竞技能力与后天获得性竞技能力，二者的获得途径不同。先天遗传性竞技能力主要通过基因遗传获得，并且随着人的发育阶段的递进而表现出提高、稳定、下降的时象特征；后天获得性竞技能力则主要通过训练效益和生活环境的作用发展和提高，并伴随训练过程的延伸而变化。科学的多年训练规划始终把追求实现二者的最佳组合作为自己的行为目标。最为理想的组合效果为：在运动员的生长发育过程处于最适宜于参加某个运动项目的专项竞技阶段时，运动员已在专项竞技能力的各个方面接受了足够的训练，获得了充分的发展。

竞技潜力的显现随着生长发育的进程而呈现上升和下降的变化（图 8-1）。人的一生经历着不同的生长发育阶段，人的竞技潜力逐渐地展现，其运动能力也在阶段性地不断调整。在生长发育不同阶段，运动员竞技子能力自然发育的速度与幅度（程度）各不相同。相关研究表明，在人体各大系统中，神经系统是最早发育成熟的，继而是淋巴系统，而生殖系统则较晚，与其相对应，运动员的技能有较好的条件可以早期发展，体能次之，心理能力的发展在很大程度上还有赖于其人生阅历的积累和社会经验的丰富，所以相对较晚才能进入成熟发展阶段。

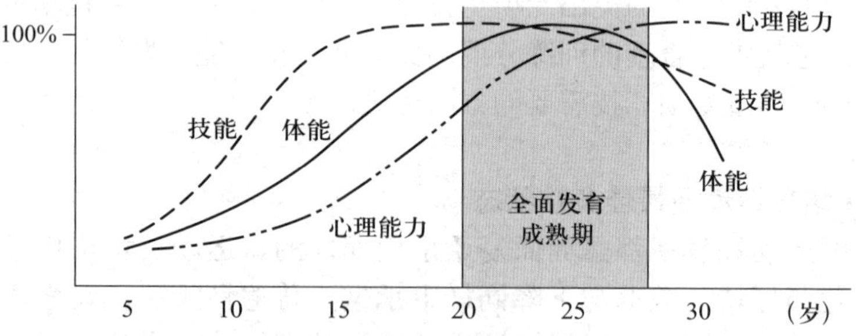

图 8-1 运动员不同竞技子能力发育成熟的年龄阶段

（田麦久，1988）

（二）运动员竞技状态的周期性变化理论

竞技状态是运动员参加训练和比赛的准备与现实状态，而在重大比赛中创造优异成绩所处的最适宜、最理想的参赛准备状态则是最佳竞技状态。运动员的最佳竞技状态是建立在机体不同系统、不同器官，高度动员、精密协同基础之上的。由于影响竞技状态水平诸因素的稳定性不同，以及各因素的发展具有非同步性，因此竞技状态会表现出明显的时限性，即不可能始终处于最佳值，但可以通过训练学要素的合理搭配诱导产生。依照全年运动成绩百分比的动态变化，可以清晰地发现，尽管从事不同项目运动员的最佳状态峰值数量不同，但是均呈现出波动起伏的特点（图 8–2）。

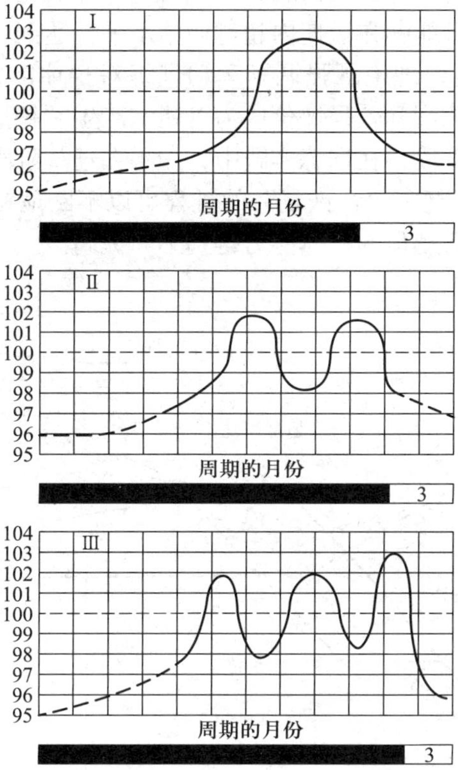

注：Ⅰ、Ⅱ、Ⅲ分别为年度单峰型、双峰型、三峰型

图 8–2　全年周期中竞技状态的基本类型

（马特维也夫，1977）

竞技状态的发展过程具有鲜明的周期性特征。运动员机体对适宜训练负荷会产生生物适应现象，从而使机体能力不断提高。运用专门的训练内容、方法、负荷，可以使运动员逐步进入积极动员机体潜能并高度协调工作的状态。但在高度动员状态下工作一段时间，机体的生理和心理潜能均被大量消耗，机体的保护性机制便会发挥作用，首先是提示性地要求，而后是强制性地命令不再承受大负荷的训练和高强度的竞赛。在适应性、动员性和保护性

机制的交替作用下，通过训练、比赛和恢复的周期运行，使运动员的竞技状态向着与重要比赛设置相吻合的方向发展。

（三）“超量恢复”理论

人体在负荷刺激下，能量储备、物质代谢以及神经调节系统的机能水平均会呈现出不同水平的下降，负荷刺激结束后，下降的机能不但可以恢复到负荷前的初始水平，而且能够在短期内超过初始水平，达到“超量恢复”的效果（图 8–3）。“超量恢复”理论既强调了运动训练对身体能力的“延时”作用，也使得对训练过程的控制和效果评价成为可能。产生“超量恢复”的时间区间被称为“超量恢复”阶段，在训练实践中，如果在这一阶段适时地给予新的刺激，“负荷—疲劳—恢复—超量恢复”的过程可以不断地在更高的水平层次上周而复始地进行，使运动员的机体能力得到不断提高。

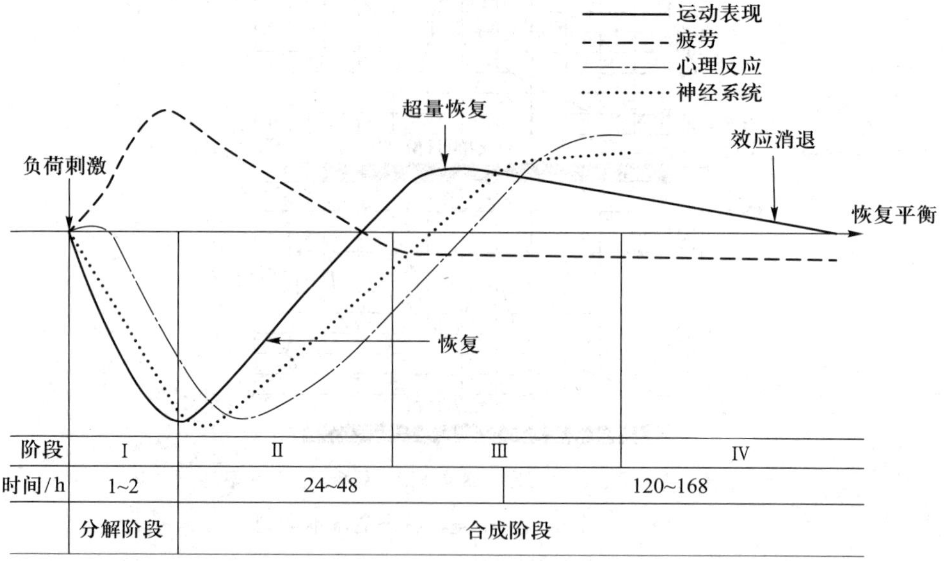

图 8–3　“超量恢复”示意图

（四）适应性理论

机体对于负荷刺激会产生应激反应，并且对不同的负荷刺激产生不同的反应效果。在适宜负荷条件下，应激产生的一系列变化，都会保持在适度范围内，此时的负荷量度越大，对机体的刺激越深，所引起的应激越强烈，机体产生的相应变化越明显，运动员竞技能力的提高也就越快（图 8–4）。相反，当训练负荷超出了运动员的最大承受能力时，机体对于应激的恢复能力减弱，会导致竞技能力提高困难甚至产生劣变现象。适应理论从“应激—适应”的角度诠释了运动员竞技能力在训练过程中的增长、保持和下降，强调不同运动员个体和不同机能对负荷刺激的不同适应水平。

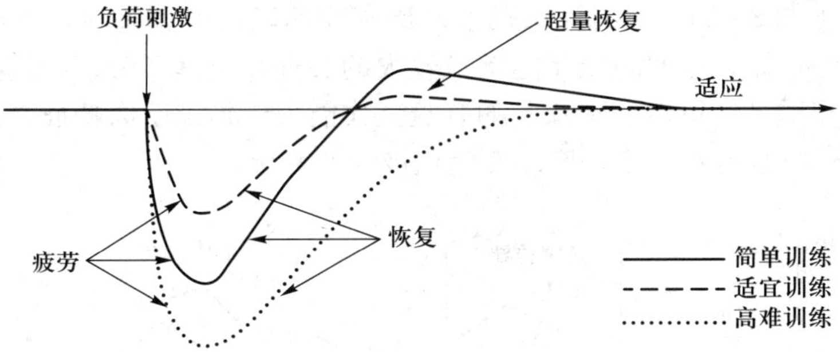

图 8-4　不同难度训练的恢复效应

在训练实践中，负荷施加通常是连续进行的，几次负荷之间不同的间隔与联系，会产生不同的效应（图 8-5）。在相同的负荷刺激下，如果在前次负荷后机体的超量恢复阶段再施加负荷，会使机体水平不断提高；如果前次负荷后运动员的机体尚未恢复时再次施加负荷，则会导致机能水平下降。在不同的负荷刺激下，即便是两次负荷的间隔相同，由于不同负荷后超量恢复出现的时间不同，同样会导致不同的训练效果。其中，适宜的负荷会使机体水平产生理想的提高幅度；较低的负荷无法引起预期的应激，连续负荷后仍只能保持初始水平；高强负荷超量恢复阶段出现时间延长，尚未完全恢复时再次进行会导致机能水平的持续下降。

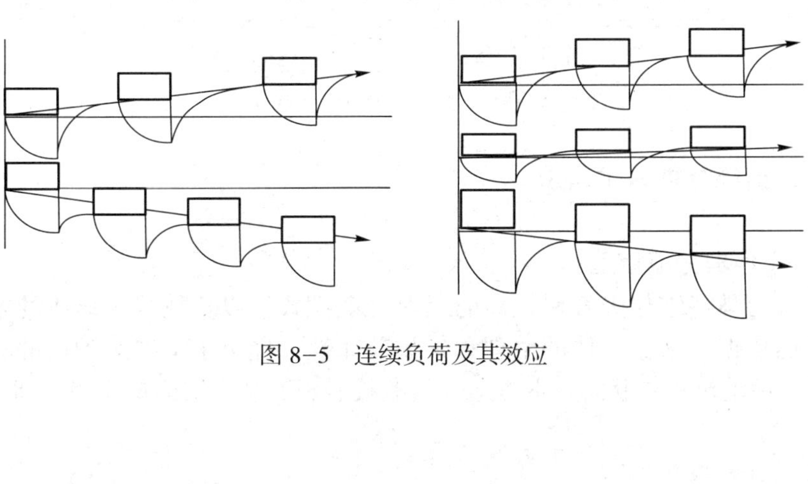

图 8-5　连续负荷及其效应

（五）“延缓传导”理论

竞技能力的增长必须建立在对训练负荷长期适应的基础之上，但专项成绩的快速增长不是出现在训练负荷达到最高水平，而是负荷量稳定并开始下降，负荷强度达到或逼近目标成绩强度水平时，这一规律被称为“延缓传导”。“延缓传导”揭示了负荷动态与运动成绩增长和竞技状态提升之间的动态联系（图 8-6）。在训练实践中，比赛前期较高的训练负荷具有整合竞技子能力的作用，同时也给予运动员较大的心理和生理疲劳，经过必要的恢复、调整和诱导，可以使运动员的有氧工作能力、神经肌肉特征、内分泌机能、抗氧化应激等在一定程度上发生积极性的变化。

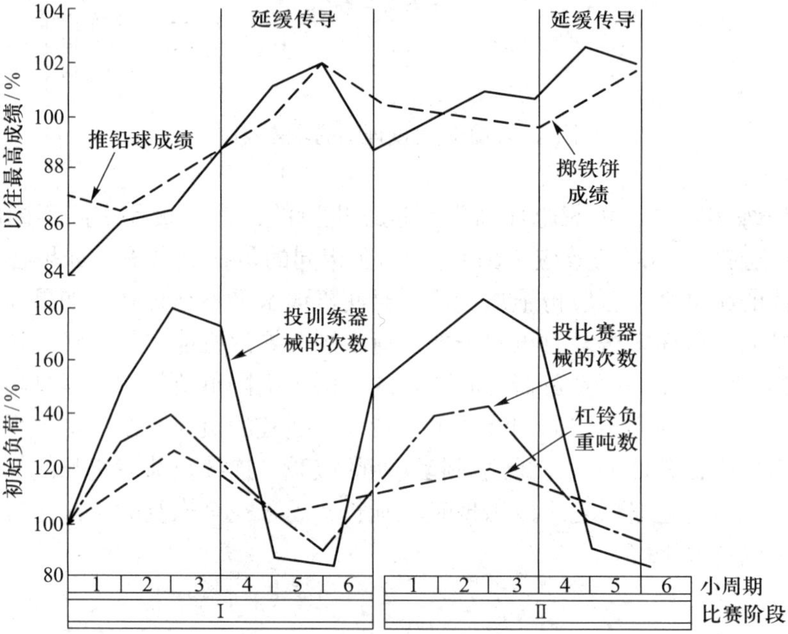

图 8-6 竞技状态与负荷量度变化

（马特维也夫，姚颂平译，1997）

三、训练分期多维认识

（一）经典分期模型

苏联的马特维也夫教授提出的经典分期模式，以竞技状态形成的客观规律为自然依据，根据人体的生理和生物节律性，提出了发展运动员的竞技能力，培养运动员竞技状态，促进运动员竞技表现的基本结构单元——训练大周期。该分期理论的主要特点是，依据运动员竞技状态形成与发展的规律以及参赛日程安排，将全年训练过程分为若干个训练大周期，每个大周期由准备期、比赛期、恢复期构成，每个训练大周期又分为若干中周期，每个中周期又包含若干小周期。通过层次性的分期设计，逐步诱导运动员出现最佳竞技状态，以便能在重大国际性赛事中最大可能地获得优异比赛成绩。

经典训练分期有两个主要的理论支撑点：一是不同训练阶段一般训练与专项训练的不同安排；二是不同训练阶段负荷量与负荷强度的不同比例。在训练内容与负荷的安排方面，经典分期理论强调训练的不同阶段，随着比赛的临近，一般训练比例降低，专项训练比例增高；负荷量逐步降低，负荷强度逐步提高，即一般训练与专项训练，负荷量与负荷强度保持着相对的负相关关系。这种安排有利于对整个训练过程的训练内容与负荷变化控制的协调一致，同时也为运动员训练后的恢复以及训练、参赛后机体的适应提供了有利的条件，并将“过度训练”的可能性降到最低限度（图 8–7）。

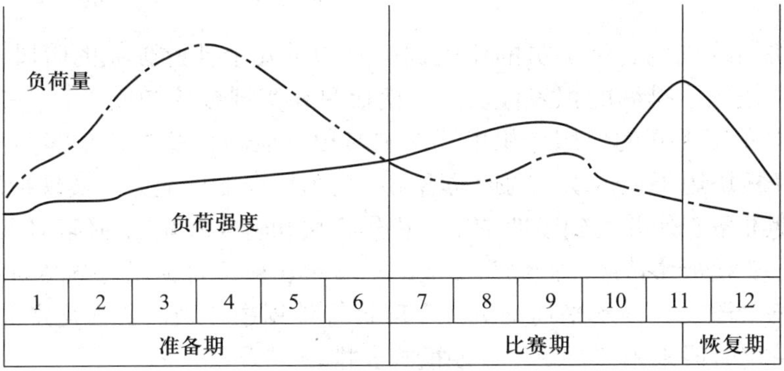

图 8–7　经典分期模型的年度负荷安排（单峰型）

（二）板块分期模型

20 世纪 80 年代，维尔霍山斯基提出了训练“板块”的概念，随后其本人、邦达尔丘克、伊苏林等学者对板块训练理论的内涵不断予以补充和完善。训练板块是指一种高度专项化集中式训练负荷的周期训练模式，即由几个训练因素组织集合成一种具有专项功能和彼此间紧密联系的单元。该理论认为，发展多种高度指向性的训练负荷不能同时进行，运动员需要的各种竞技能力要依次发展而并非同步发展，因此应该在一个时段的训练中采用专门训练手段集中刺激机体，重点发展关键身体能力要素，利用“集中负荷效应”实现运动员核心竞技能力的专门发展（图 8–8）。

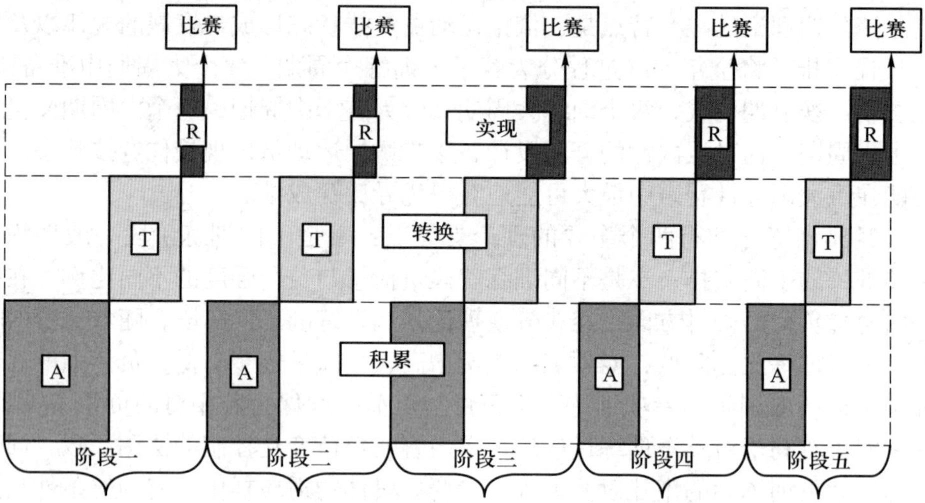

图 8-8 板块周期年度训练安排

（伊苏林，2007）

板块训练周期将运动员的年度训练分为了几个彼此独立的阶段，每个阶段由三个按顺序排列的积累板块、转换板块和实现板块构成（表 8-2）。三种板块分别发挥不同的作用，积累板块主要积累运动员基本运动能力和技术能力；转换板块用于将运动员的运动潜力转变为比赛专项能力；实现板块实现运动员比赛准备工作并达到预期结果。积累板块和转换板块的持续时间一般不超过 4 周，实现板块持续时间约为 2 周，三个板块被组合为以比赛结束为标志的独立训练阶段。在高水平运动员的年度训练计划中，当需要强化定向能力时，可以在特定时段采用"板块"分期模式安排。

表 8-2 三种板块类型的主要特点

	积累板块	转换板块	实现板块
训练内容	基础能力、有氧能力、肌肉力量、一般协调	专项能力、专项耐力、力量耐力、技术	综合准备、比赛模拟、最大速度、专项战术
训练负荷	高量，低强度	量减少，强度增大	低、中量，高强度
疲劳—恢复	促进机体形态适应的合理恢复	不可能提高足够的恢复，疲劳积累	全面恢复，运动员应得到很好地休息

（伊苏林，2007）

（三）其他分期模型简介

1. 波动分期模型

波动分期模型增加了训练内容和负荷量度的变化与波动，主要分为周波动分期模型和日波动分期模型。周波动分期模型以训练周为基本单元实现各训练要素的循环变化。例如，在为期 4 周的力量训练中，第 1~3 周分别主要进行增大运动员肌肉体积、最大力量、爆发力的训练，第 4 周通过调整促进适应的产生，与下一个 4 周循环中完成的训练任务相同，但训练负荷强度有所提高。日波动分期模型以日和训练课为单元循环变化各训练变量。例如，在为期一周的力量训练中，日训练之间有 1~2 天的休息，训练日负荷强度逐渐减小，以便增大肌肉体积，提高神经肌肉协调能力。

2. 钟摆分期模型

钟摆分期模型是一种主要针对力量训练的分期安排，该模型认为力量素质提高最有效的方式不是消极的休息，而是进行对比性的中小强度力量练习，即通过对照性小周期的节奏性变化获得力量素质的阶段式提高。钟摆分期通常以 5 周为一个基本单元，第 1 周进行改善肌肉结构性的训练，任务是增大肌肉体积并改进肌肉发展的不平衡；第 2~4 周进行提高肌肉功能性的训练，分别增强运动员的最大力量、最大功率和快速力量；第 5 周再进行改善型的结构性练习，采用低负荷强度的、慢速的、间隔时间较短的训练，给予身体和中枢神经系统调整，达到积极性休息的目的。

3. 邦达尔丘克分期模型

俄罗斯学者邦达尔丘克提出的分期模型认为，训练应聚焦于专项本身，过多的变化难以给予运动员有效的刺激，训练分期应向着专项竞技的需要进行设计。邦达尔丘克分期模型具有两个基本特点，一方面，不安排一般性准备阶段，而是与恢复阶段结为一体，其训练形式与专项比赛之间几乎不存在联系，仅为了促进运动员恢复而设计；另一方面，特殊性准备阶段是训练的主体，练习形式完全针对比赛的需要。其中，前半部分主要为特殊性的或专项性的练习，要求与专项比赛的能量供应和肌肉做功类似，后半部分采用比赛训练法，负荷相对稳定，仅有一些轻微的变化。

第二节　训练过程基本构架

运动训练过程是运动训练活动进行的步骤和程序，是运动训练在时间维度上的体现。通过科学设计、有序组织的训练活动，能够实现运动员竞技能力的定向发展。运动员竞技能力的持续发展既要保持连续性还应体现阶段性，在此过程中，紧密相连的各个训练阶段既要保持一致的目标，又要体现出各自的阶段性目标，以及选择各异的训练内容、训练负荷、训练方法。所以，正确分析运动训练过程的基本结构，有助于深刻认识运动训练过程的组织特性，进而对运动员的竞技发展过程进行科学的调控。

一、训练过程层级体系

运动员参与竞技运动的过程具有明显的层次性，一方面，任何阶段的训练都不是孤立的，它会与其他相关阶段交互作用后组成较高一级系统；另一方面，运动员各项竞技子能力的发展都不能一蹴而就，要按照特定的时序分解成较低一级子系统分步完成。不同训练层级有着特定的功能，有些是预期规划性的，有些是具体操作性的；同一层级内的训练各有明确的任务，有些为参加某次大赛进行专门性的准备，有些为发展某种能力组织专项性的应对。因此，对运动训练过程序列层级的设计，既要体现发展目标与整体规划的统一，又要强调不同层级训练的特异性以及层级间的有效衔接。

根据运动训练过程的核心目标和时长特征，可以把运动员的训练过程分成多年训练、年度训练、大周期训练、周训练、课训练五个层级。其中，多年训练和年度训练的目标较宽泛，历时较长，可变性较强，设计时更加注重系统性和全面性；大周期训练的目标较具体，历时较短，可控性较强，阶段性的设计应注重与其他大周期间的衔接；周训练和课训练是训练过程的基本单位，设计应尽量具体以保证可实施性，并直接指向训练操作（图 8-9）。

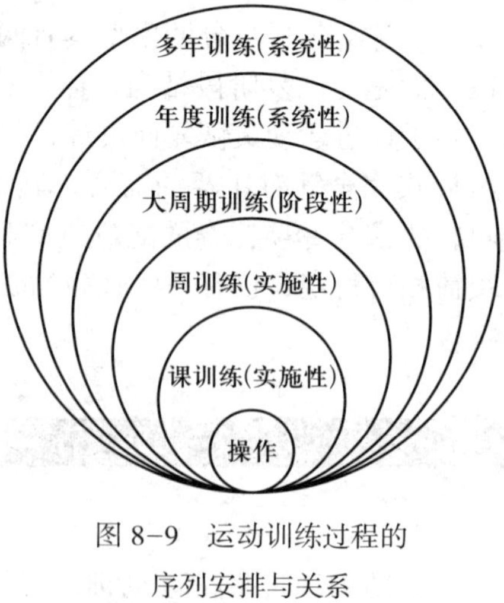

图 8-9　运动训练过程的序列安排与关系

运动员持续两年以上的训练即可称为多年训练。多年训练可分为全程性多年训练过程和区间性多年训练过程，前者是运动员从开始参加运动训练，直至最终退出竞技运动的整个过程；后者是若干个具有特定任务的、阶段性的多年训练过程。由于竞赛组织大多以年度进行设置，因此通常以年度训练作为组织参加重要比赛的基本单位。为了在一次或多次重要比赛中取得理想的成绩，会在一个年度里分解成若干个具有阶段性特点的完整或微缩大周期，每个大周期都包括了准备期、比赛期和恢复期三个时期，各时期又分别包含数量不同、任务不同的周训练、课训练等（表 8–3）。

▶ **表 8–3 运动训练过程的层级体系**

运动训练过程		时间跨度	基本任务
多年训练	全程性	10～20 年	系统培养高水平选手
	区间性	2～6 年	准备并参加阶段性重要比赛
年度训练		1 年	准备并参加年度重要比赛
大周期训练	准备期	5～20 周	提高运动员竞技能力
	比赛期	3～20 周	参加比赛创造好成绩
	恢复期	1～4 周	促进心理 / 生理恢复
周训练	训练期	4～10 天	提高运动员竞技能力
	比赛期		参加比赛创造好成绩
	恢复期		促进心理 / 生理恢复
课训练	综合训练课	0.5～4 h	综合完成多项训练任务
	单一训练课	0.5～4 h	集中完成一项训练任务

（田麦久，1999）

从课训练到周训练，从大周期训练到年度训练，直至构成运动员的多年训练，结构性地形成了竞技运动训练的多层级训练过程体系。需要关注的是，在系统设定的训练目标和任务体系下，各训练阶段通过训练内容、方法、负荷等训练学要素的有序安排实现着彼此的协调，由此使得各个阶段训练之间的统一与紧密衔接，共同构成一个发展与提高运动员竞技能力，获得并保持竞技状态的系统过程。

二、训练过程基本程序

运动训练过程由三方面因素共同发挥作用：一是操作性因素，由教练员和运动员共同制定与完成，可能是正确适宜的，也可能是错误不适宜的；二是生物学因素，例如，运动员机体的生物节律性、竞技状态变化的周期性、机体对负荷的“应激—适应”等；三是扰动性因素，主要是训练过程中受到的事先未预计到的外界扰动（如工作、生活、饮食条件、伤病等），有些扰动因素的出现及产生的负面作用通常难以做出估计，甚至难以察觉。训练实践中，要综合考虑上述三种因素的共同作用，在遵循生物规律性和规避扰动非可控性的基础上，通过程序性操作完成训练活动。

无论何种项目、何种训练层级，完整的训练过程均是按照一定的系统结构组织起来的，包括运动员起始竞技状态的诊断、运动训练目标的设定、运动训练计划的制订、运动训练活动的组织实施、运动训练成效的评估、运动训练目标的实现六个基本的环节（图 8-10）。

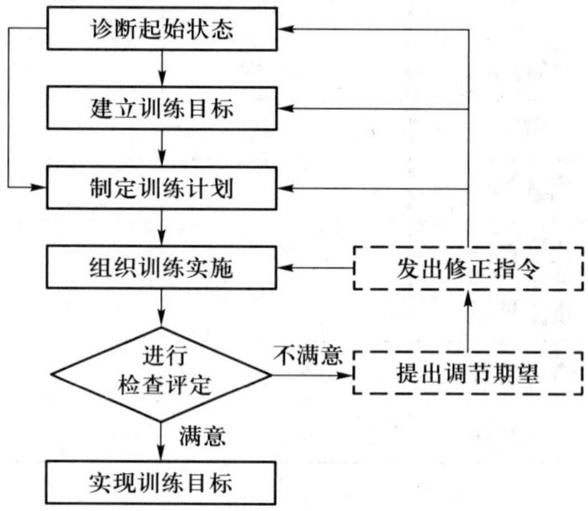

图 8-10 运动训练过程的基本程序
（田麦久，1988）

（1）在运动训练过程中，对运动员起始状态的全面诊断是重要的起点。只有经过全面、有效的状态诊断，才能全面把握运动员的竞技能力发展状况，为合理安排后续的训练环节提供基本依据。

（2）在状态诊断的基础上，确定合理的训练目标可以为运动训练过程确立一个理想的目标状态；这是整个运动训练活动的最终目的，也是检查运动训练过程发展状况的基本标准，具有定向与引导的作用。

（3）训练计划是对运动训练发展进程预先做出的理论设计，前提是对运动员现实状态的全面把握，根据训练目标以及客观条件等因素加以规划。而通过训练计划的具体实施，将预先做出的理论设计付诸实施，是实现运动员竞技能力发展的核心环节，也是控制运动训练过程最重要的组织手段之一。

（4）为了更好地控制训练过程，必须及时把握运动员竞技能力的发展状况，需要结合项目特点与训练目标，选择若干特定的竞技状态指标进行定期的科学检测，由此可以对前期训练活动进行有效的检查，从而客观地评价和把握前期训练的成效，进而确定后期训练的发展方向。

（5）通过将评定结果与训练的目标状态进行比较，训练组织者就可以确认前期的训练活动是否已经取得预期的发展目标。假如没有达到预期的发展目标，组织者可以根据检测结果全面核查训练过程的各个环节，确认导致运动员竞技能力发展迟缓的根本原因，进而提出具有针对性的解决措施，并将具体的完善措施反馈到相应的训练组织环节，从而促使运动训练过程的发展逐步趋近理想的状态，直至最终实现理想的竞技发展目标。

（6）在运动训练过程的各个组织环节中，运动训练计划的制定是对训练过程的整体设计和预先规划，训练计划的实施是对运动训练过程设计的操作与落实，而对训练状况的检查评定则是对训练进程的整体评价。三个方面既是运动训练过程必不可缺少的组织环节，同时也是对运动训练过程实施科学调控的重要手段，是教练员有效把握运动员竞技发展方向的重要途径，具有重要的管理意义。

上述六个环节是现代运动训练的基本流程，体现了典型的系统化特征。要想有效地提高运动员的竞技能力水平，必须正确地把握运动训练过程的基本结构，深刻认识运动训练过程的组织特性，进而对训练过程实施科学的调控。

三、训练过程规划要点

（一）运动训练过程规划的要点

虽然不同类型、不同阶段的训练计划各有特定的目标与要求，但是运动训练过程的基本内容与结构是类似的。在内容方面，主要包括以下十项基本要素：① 对运动员起始状态的诊断；② 确定训练的任务及指标；③ 划分训练阶段并确定阶段训练任务；④ 确定实现目标的基本对策；⑤ 安排比赛序列；⑥ 规划训练负荷的动态变化趋势；⑦ 选择训练方法和手段；⑧ 确定训练手段的负荷要求；⑨ 制订训练恢复措施；⑩ 规划检查评定训练效果的时间和标准。

根据训练计划基本内容在运动训练过程中的意义，我们可以把其归结为四个组成部分，即准备性部分（①②）、指导性部分（③④⑤⑥）、实施性部分（⑦⑧⑨）和控制性部分（⑩）（图 8-11）。其中，在制订多年训练计划和年度训练计划时，由于时间跨度长，变化因素多，应特别重视指导性部分，实现科学的宏观控制；而在制订具体的周、课计划时，则应更加详细地规划训练的实施性部分，尤其要强调对训练方法的选定与对训练负荷的控制，保证对于训练过程的实际把握。

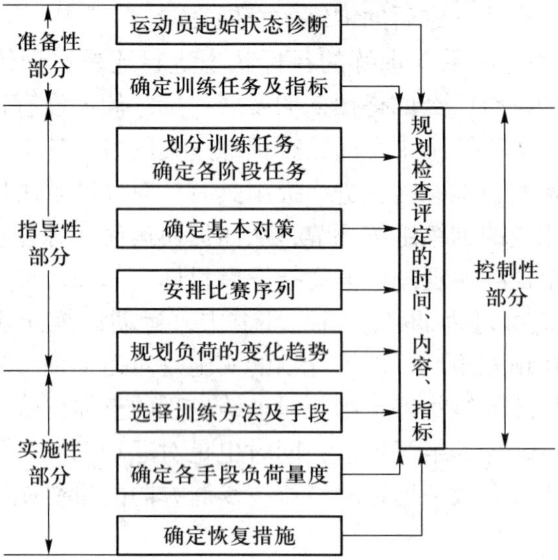

注：周、课训练计划中不包括此项内容

图 8-11　运动训练计划的基本内容及结构流程

（田麦久，1999）

1. 准备性部分

训练计划的准备性部分主要包括对运动员起始状态的诊断和确定训练任务以及指标两项内容，用以为训练计划的制订提供必需的指导信息和规划依据。对起始状态的诊断主要从训练负荷、竞技能力和运动成绩三个方面对运动训练过程进行评估，由此确立客观、准确的训练起点，为有效控制运动训练过程提供基本的保证。与之相对应，各阶段也要从运动成绩、竞技能力和训练负荷三个方面为运动训练计划的具体制订提供依据，这样既可以为训练活动提供明确的发展方向，还能够有效激发运动员和教练员的责任感和进取精神，提高训练效果，实现各项训练资源的合理配置。

2. 指导性部分

在训练计划的总体规划中，指导性部分属于对于训练活动全局性的整体决策。首先，要根据年度重大比赛的日程安排，合理划分训练阶段并确定具体的训练任务；其次，根据年度训练目标和任务，合理安排比赛的序列，力求实现训练与比赛的紧密联系；最后，根据不同阶段的训练任务和比赛安排的特点，规划训练负荷动态变化的基本趋势，从而完成对整个训练活动的整体配置。

3. 实施性部分

实施性部分涉及训练的具体手段和各种手段负荷量度的大小，主要设计训练活动的具体组织要素，需要更多地考虑运动项目的竞技特点和运动员的个人发展特点，如项目的专项特征、专项竞技需要的主导因素、运动员所处的训练阶段、运动员身体状态等。

4. 控制性部分

近年来，运动训练的控制问题日益受到教练员们高度的重视。要对运动训练过程实施有效的控制，必须通过有计划的检查与客观的诊断，全面、及时、准确地收集运动训练过程的有关信息。在起始状态诊断的基础上，为保证阶段性训练目标状态的实现，同样需要设置运动成绩检查、竞技能力检查和训练负荷检查，以便明确训练活动进行中存在的问题和改进的方向，及时修改或调整活动计划，以期获得更加理想的训练效果。因此，现代许多优秀的教练员，都把计划和组织训练过程中的检查评定列入训练计划之中，这正是现代运动训练重视控制运动训练过程的反映（图 8−12）。

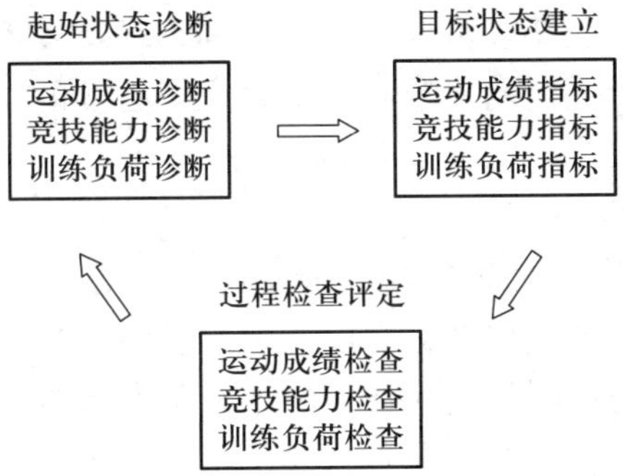

图 8−12 训练状态与过程控制体系

（二）运动训练过程规划的注意事项

1. 明确训练指导思想，科学建立训练目标体系

实现训练目标是训练活动的终极目的，包括运动成绩指标、竞技能力指标和训练负荷指标。训练目标体系由彼此协调的、不同级别的目标构成，是制订训练计划的重要依据。为了获得理想的训练效果，必须要以运动员（队）的实际情况和项目的竞技特点为基础，以科学预测结果为依据，建立结构合理、

层次清晰、联系紧密的训练目标体系，确定明确的训练指导思想，为科学制订训练计划奠定基础。

2. 注重竞技能力的持续发展与各类训练计划的整体协调

系统的发展具有时空统一性，在时间维度上表现为发展的持续度，在空间维度上则表现为数量维的发展度和质量维的协调度。而运动员竞技能力系统的持续发展既表现在空间维度上的各竞技能力要素的数量增长以及竞技能力系统结构的质量提高，也表现在时间维度上的竞技能力发展的持续性。

运动员训练的全过程由基础训练阶段、专项提高阶段、最佳竞技阶段和高水平保持阶段组成，各个阶段分别完成不同的训练任务，各个阶段的目标任务之间又彼此协调，为创造最优成绩的终极目标服务。与此相对应的是，在制订不同时空层次的训练计划时，要充分考虑计划与计划之间、计划内部各内容之间的彼此协调。训练计划所包括的竞赛安排、负荷确定、内容选择以及各种指标的选取等都应体现终极目标统一的原则，下一层次的计划必须参照上一层次的计划制定，必须保证训练计划体系的整体性。

3. 保证训练计划的相对稳定和适宜变更

训练计划是对训练过程的理论设计，是建立在科学预测基础之上的，保持计划实施的稳定性是训练活动有序运行的基本保证。但事物的变化是绝对的，不变是相对的，训练计划是对一个尚未进行的训练过程的理论预设，在训练实施过程中必然会涉及众多可变因素。在训练环境发生变化的情况下，根据具体情况对原计划进行适当的修改和调整是完全必要的，也是保证训练计划科学性的客观需要。

4. 充分重视多学科协作

运动训练过程涉及因素众多且富于变化，需要多学科的协同攻关。训练计划作为对训练过程的理论规划，其设计也需要教练员同各相关学科的科研人员协作，从各个学科的不同角度为计划的制订和实施提供有益的信息，充分保证训练计划的科学性。

第三节 训练计划及其实施

运动训练计划的制定与实施，是运动训练过程中的组织环节，是从时间维度上对运动训练内容、方法、手段、负荷等要素使用阶段做出的规定性安排。同时，作为实施科学控制的重要手段之一，它对于保证运动员竞技能力长期发展和竞技状态准确调控具有重要的作用。作为运动员进行运动训练活动的指导性文件，训练计划制定的科学、合理与否，将直接反映教练员及其团队的运动训练理论水平和实际执教经验。

一、多年计划及其实施

（一）多年训练过程的年龄特征

人体各项身体机能发育的时间和顺序，以及不同项目运动员竞技能力的专项需要，决定了优秀运动员的多年训练过程具有明显的年龄特征。运动员开始参加训练的年龄、进入专项训练的年龄、保持最佳竞技水平的年龄以及竞技能力开始下降的年龄都呈现出普遍性的规律。在最适宜的年龄阶段，使运动员处于最佳的专项竞技水平，是运动训练的最终目标，也是决定整个运动训练过程年龄特征的主要依据。

通常，我们把那些少年时期即有可能表现出世界级竞技水平的项目称为“少年”项目，而将其他仍然由成人占据优势地位的项目称为“成人”项目。虽然运动项目竞技能力主导因素的相同会使得运动员在发展过程中具有规律的相似性，但不可否认，同一项群不同项目专项需要的特异性有时也会决定运动员的成才规律。我国高水平运动员成才各阶段的界点年龄显示：不同项群之间差异明显，如技能主导类表现难美性项群各单项均为“少年”项目；某些项群内不同单项间也有着较大的不同，如同长距离竞速项目，田径长跑运动员的各年龄界点显著性高于长距离游泳。

（二）多年训练计划的阶段划分

由于运动训练过程具有连续性与阶段性特点，对于长达十几年甚至更长的训练过程进行合理的阶段划分，无疑是一项非常重要的工作。多年来，国内外学者对于运动训练过程阶段性特点的认识基本保持一致，都体现了“早期启蒙—打好基础—全面提高—实现最佳—保持水平—终止生涯”的基本组织构架。其中，田麦久总结前人研究成果，在充分考虑不同项目竞技特点的基础上，系统地提出了以有利于实现运动员最高竞技水平为核心的四阶段组织模式，即运动员的全程性多年训练过程通常由基础训练阶段、专项提高阶段、最佳竞技阶段以及高水平保持阶段组成（表 8-4、表 8-5）。

▶ 表 8-4 中国取得奥运会奖牌运动员成才过程的界点年龄（岁）

			开始基础训练阶段年龄		开始专项提高阶段年龄		开始最佳竞技阶段年龄		首次参加奥运会年龄	
			男子	女子	男子	女子	男子	女子	男子	女子
体能主导	快速力量	举重	10.8	11.4	14.8	14.5	19.0	17.5	22.5	23.3
		田径	—	12.3	—	14.7	—	19.0	—	22.0
	速度	游泳	—	6.2	—	11.8	—	16.6	—	20.0
		场地自行车	—	14.7	—	15.5	—	19.5	—	25.0
	耐力	划艇	9.5	—	16.0	—	17.5	—	22.0	—
		赛艇	—	13.7	—	15.4	—	17.8	—	22.3
		帆船帆板	—	12.5	—	14.0	—	19.0	—	23.0
		游泳	6.4	7.0	11.6	12.5	15.4	14.8	19.6	17.3
		田径	13.3	13.0	13.7	15.7	19.0	20.8	23.0	23.0
技能主导	难美	跳水	6.7	6.6	9.2	8.9	14.4	13.4	20.6	17.0
		体操	5.5	4.8	11.3	9.2	16.4	12.4	22.1	17.1
		蹦床	7.0	7.5	10.5	11.5	16.0	16.0	19.0	17.5
		花样游泳	—	9.0	—	9.6	—	16.7	—	22.7
		艺术体操	—	8.0	—	9.8	—	14.8	—	20.5
技心能主导	准确	射击	14.4	14.0	17.0	16.6	21.3	20.2	26.0	24.9
		射箭	14.5	13.6	16.0	14.5	19.3	18.5	23.8	23.4
技战能主导	同场对抗	曲棍球	—	12.0	—	14.8	—	19.1	—	22.1
	隔网对抗	乒乓球	6.3	6.9	12.2	11.1	15.6	14.6	22.4	21.1
		羽毛球	9.2	8.6	12.6	12.4	17.4	17.3	23.5	23.3
		网球	—	7.0	—	13.3	—	17.8	—	23.0
		排球	—	9.7	—	14.4	—	18.4	—	23.9
		沙排	—	12.3	—	15.5	—	16.8	—	21.0

续表

			开始基础训练阶段年龄		开始专项提高阶段年龄		开始最佳竞技阶段年龄		首次参加奥运会年龄	
			男子	女子	男子	女子	男子	女子	男子	女子
技战能主导	格斗对抗	柔道	—	13.0	—	14.4	—	18.1	—	24.5
		摔跤	11.0	10.8	15.5	13.3	21.0	16.0	22.5	20.5
		跆拳道	12.5	12.5	16.5	14.3	20.0	18.3	21.5	21.3
		拳击	13.8	13.5	15.0	14.5	20.3	19.5	23.5	24.0
		击剑	11.6	12.1	15.8	13.9	18.0	16.9	25.1	21.7

（陈亮，2014）

▶ 表 8-5 全程性多年训练过程的规划

训练阶段	主要任务	年限	训练的重点内容及顺序			负荷特点
			体能主导项目	技能、技战能主导项目	技心能主导项目	
基础训练阶段	依专项需要发展一般运动能力	3～5	1. 协调能力，基本运动能力 2. 多项基本技术 3. 一般心理品质 4. 基本运动素质			循序渐进留有余地
专项提高阶段	提高专项竞技能力	4～6	1. 专项运动素质 2. 专项技战术 3. 专项心理品质 4. 训练理论知识	1. 专项技战术 2. 专项运动素质 3. 专项心理品质 4. 训练理论知识	1. 专项技术 2. 专项心理品质 3. 专项运动素质 4. 训练理论知识	逐年增加逼近极限
最佳竞技阶段	创造专项优异成绩	4～8				在高水平区间起伏

续表

训练阶段	主要任务	年限	训练的重点内容及顺序			负荷特点
			体能主导项目	技能、技战能主导项目	技心能主导项目	
高水平保持阶段	努力保持专项竞技水平	2~5	1. 心理稳定性 2. 专项运动素质 3. 专项技、战术 4. 训练理论知识	1. 心理稳定性 2. 专项技、战术 3. 专项运动素质 4. 训练理论知识	1. 心理稳定性 2. 专项技术 3. 专项运动素质 4. 训练理论知识	保持强度明显减量

（田麦久，2002）

运动员竞技发展全过程的终极目标是创造优异的运动成绩，全部训练活动都围绕着运动员竞技能力的持续发展而展开。全程性多年训练过程的几个阶段，围绕着这个核心目标分别承担着一定的训练任务。同时，相邻的两个训练阶段是密不可分的。前一阶段是后一阶段的基础，后一阶段是前一阶段的延续。在系统设定的训练目标和任务体系的指引下，各个训练阶段通过训练内容、方法以及负荷等方面的有序安排而实现彼此的协调，使得各个区间性多年训练过程共同构成一个有效提高运动员竞技能力、获得并保持竞争优势的整体发展过程，实现各个训练阶段之间的统一与紧密衔接。

基础训练阶段的持续时间一般为3~5年，其基本任务是发展运动员的多种运动能力，根据人体机能发展的基本规律，首先要发展运动员的协调能力及基本的运动能力；其次学习和掌握多种运动项目的基本技术；进而通过多样化的练习和参加初级的比赛，培养运动员的一般心理品质，并相应地发展基本运动素质。

“少年”项目运动员通常从10~12岁起，“成人”项目运动员从14~16岁起，运动员便开始集中精力发展专项竞技能力，经过4~6年的系统专项训练，使运动员的体能得到较充分的发展，熟练地掌握专项运动技术，并培养出适应激烈比赛所必需的心理品质。专项提高阶段要优先发展决定专项竞技能力的主导因素。其中，体能主导类项目首先发展专项运动素质，同时不断完善专项运动技术；技能主导类项目首要提高运动员的技术水平，打好全面的技术基础，同时继续增强运动素质；技心能和技战能主导类项目，除技术外，心理能力和战术能力是训练中必须重点发展的要素。

最佳竞技阶段是运动员竞技生涯最重要的训练阶段，参加重大比赛并争取优异的运动成绩，是最佳竞技阶段的核心目标。由于重大比赛的举办多数以四年为一个周期，最佳竞技阶段的训练计划也常以四年为单位。皮划艇运动员费舍尔（德国）、羽毛球运动员张宁（中国）、射击运动员王义夫（中国）等许多著名运动员的运动生涯都表明优秀运动员的最佳竞技阶段一般可延续 4~8 年，有的甚至更长。最佳竞技阶段的训练紧密围绕比赛来规划，运动员应集中发展专项竞技能力的主导要素，同时完善对项目发展规律的认识，提高参赛能力，以便更好地完成各种比赛任务。

运动员度过自己的最佳竞技年龄区间后，其机体的发育过程会逐步出现体能下降的趋势，同时长时间的紧张训练和激烈比赛，也会使运动员产生心理上的饱和与疲劳。在这一阶段，首先要努力保持和提高运动员的心理稳定性，激励他们继续参加训练、比赛和创造优异成绩，并应根据专项竞技的需要，安排相应的素质训练和技术训练，延缓运动员竞技能力的消退，力求获得局部的提高，展现专项竞技能力的个人优势。同时，还应该加强训练理论的学习，充分利用自己丰富的实践经验和所学的理论知识，有效地参加运动训练和竞赛，延长自己的运动寿命。

（三）多年训练计划的训练要点

负荷是运动训练中最基本、最活跃的因素之一，贯穿多年训练的整个过程。运动员的形态、机能、素质的改善，专项技术的掌握与完善，战术配合的熟练等，都需要在有节奏的递增负荷刺激下才能实现，区间性多年训练计划应体现训练负荷的阶段差异性（图 8−13）。

1. 基础训练阶段

在基础训练阶段，训练负荷的安排必须严格遵守循序渐进的原则，使有机体通过“增加负荷—适应—再增加—再适应”逐步产生新的生物适应现象。由于少儿运动员处于生长发育期，承受负荷能力有限，过度的负荷会对其机体造成严重的损害，因此需要特别慎重地安排适宜的训练负荷。对于参加初始训练的少儿来说，每周安排 2~4 次训练，每次 1~1.5 h 为宜；对于进入专项基础训练阶段的儿童少年，以一周训练 4~6 次，每次 1~2 h 为宜。基础训练阶段的训练内容应避免过早专项化，多采用发展综合能力的练习，一般和辅助训练占比达到 85%~95%，而专项训练在 15% 以内。

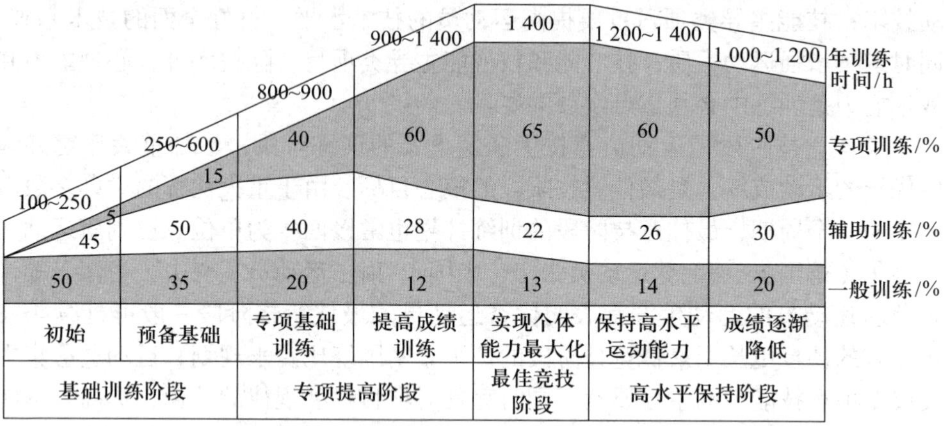

图 8-13 多年训练过程训练内容与负荷的变化

（普拉托诺夫，2014）

2. 专项提高阶段

进入专项提高阶段后，运动员已经具备了一定的身体能力，可以承受较大的训练负荷。对此，负荷安排要紧密结合专项需要和运动员特点，有些可以逐年提高，有些则呈波浪式发展。对于刚进入专项基础训练的青少年运动员来说，周训练可以提高到每天一练，每次 2~3 h；随着竞技水平的提高，可进一步增加周训练的课次，将一周中某些训练日的课次增为 2 次，使周训练课次达到 8~10 次，最后基本上做到每日 2 次训练。训练内容方面，与基础训练阶段相比，专项提高阶段的各内容比例发生明显改变，专项训练比例由 40% 逐步升至 60%，同时大幅降低一般训练比例。

3. 最佳竞技阶段

运动员进入最佳竞技阶段之后，由于多年承受高强度负荷与参加高水平激烈竞赛的影响，也常常由于伤病的积累致使许多运动员难以承受大负荷的训练。因此，在这一阶段训练中，要特别注意细致地安排训练负荷，通常呈波浪形并保持明显的节奏。与此同时，应结合专项训练的关键环节，对训练负荷进行全面的监控和评价，以防运动伤病和过度负荷的产生。最佳竞技阶段的运动员必须投入大量精力从事专项训练，年训练时间稳定在 1 400 h 左右，并进一步调整一般训练、专项训练和辅助训练的比例，使专项训练占据主导地位，达到总训练比例的 65% 或以上。

4. 高水平保持阶段

在高水平保持阶段，已渡过个人巅峰期运动员的训练负荷通常低于最佳竞技阶段甚至专项提高阶段。此时的运动员拥有丰富的训练与参赛经历和认知，可以更多地按照自身的实际情况，灵活地掌握和控制训练过程。在训练内容和负荷方面，首先，年度训练量有所回落，每年的训练时间逐步降低至1 000 h及以下，训练课次和单次课时间均有所降低；其次，继续保证专项训练的主导地位，但可以适当增加一般和辅助训练的比例。其中，保持高水平能力阶段的辅助训练和一般训练较最佳竞技阶段提高2%～4%，而在高水平保持阶段后期，当运动成绩开始下降时则增加7%～8%。

（四）多年训练计划的参赛安排

少年儿童运动员的竞赛，应该与基础训练阶段的训练负荷特征保持一致，特别要注意竞赛水平和竞赛负荷的循序渐进。一方面，注意结合少儿运动员的身体发育与能力发展特点，避免给运动员造成过大的参赛负荷，每年参加有组织的比赛次数通常不超过10次；另一方面，尽量避免正式比赛，以能检验该阶段少儿能力的发展水平为准，着重强调对基本运动能力和多项基本技术的考察（表8–6）。

► 表8–6 青少年参加比赛类型及数量

年龄	比赛类型	每年参加有组织的比赛的次数
4～7	不参加正式比赛，仅仅是为了娱乐	——
8～11	非正式比赛，强调技术形式而不是输赢，参与其他项目，仅仅是为了娱乐	集体项目：5～10
12～13	参加不以输赢为目的，而是以达到身体、技术、技巧上特定目标为目的的有组织的比赛	集体项目：10～15；个人项目：5～8
14～16	参加正式比赛	集体项目：15～20；个人项目：8～10
17～19	参加初级竞赛来取得参加省内或国内比赛的机会，为在高水平比赛中达到最佳竞技状态做准备	集体项目：20～35；个人项目：15～30；短时间项目：20～30；长时间项目：6~8

进入专项提高阶段后，比赛的安排同样需要根据运动员能力的发展节奏，做到与训练负荷的安排统一。该阶段运动员的参赛次数较之基础训练阶段有所增加。其中，集体项目由15～20次增至20～30次，个人项目由8～10次增至15～30次。为检验专项能力发展的水平，此时的运动员可参加初级、省内甚

至国内的正式比赛。该阶段的全年训练可以围绕参加重要比赛活动展开，依据项目、生理年龄、学龄期的不同，青年运动员的训练与参赛以相对集中为好，全年可安排 1~2 个比赛阶段，特别是当已具备了较强的训练与参赛负荷承受能力后，应力求在重要比赛中取得优异成绩。

必要数量的比赛，是运动员充分表现其竞技水平、创造优异成绩必不可少的条件，但过多的比赛也会导致运动员心理与生理过于疲劳。进入最佳竞技阶段的优秀运动员在比赛安排时，应注意有所选择、有所取舍，既保证比赛的数量，更要确保在重大比赛中处于最佳竞技状态。当代商业赛事的增多，使得运动员年度参赛数量大幅增加，比如刘翔在 2003 年参赛超过 20 次，NBA 一个赛季多达 82 场常规赛。这时，要特别注意对比赛性质的区分，明确其竞技性、训练性、检查性、适应性的赛事属性，以在重要赛事中取得优异成绩为目标，合理划分比赛阶段，把控比赛次数。

运动员渡过自己的最佳竞技年龄区间之后，体能开始下降，心理产生疲劳感，对参加竞技比赛、创造优异成绩的激情下降；加上训练伤病的积累，以及社会因素的影响，使运动员会产生退出竞技舞台的想法。而实际上，随着现代科技的发展与广泛应用，这个时期运动员的竞技水平仍然可以保持相当高的水平，能够继续在比赛中取得好的成绩。

二、年度计划及其实施

（一）年度训练计划的基本类型

由于各个项目的比赛特点以及运动员在比赛中消耗的能量不同，各个项目年度比赛安排也不相同，由此对运动员的竞技状态变化也有着不同的需求。其中，部分项目一年里主要服务一个重要比赛，有一个完整的训练周期；有的项目则安排两个乃至更多的大周期，以适应更多的年度重要比赛。

1. 单周期

全年训练按照一个完整的大周期组织实施，称为“单周期”，主要适用于马拉松、长距离竞走、越野滑雪等需要较长时间才能完成的项目，以及冬季项目等受气候条件限制较大的项目。此外，对于一些处于特定发展阶段的集体球类运动队，为了全面提高运动队的整体实力，需要较长时间的基本训练，也会按照一个周期的结构安排年度训练。这样，运动员全年的核心比赛主要集中在一个时期，运动员大多只有一次达到竞技状态的最高峰（图 8-14）。

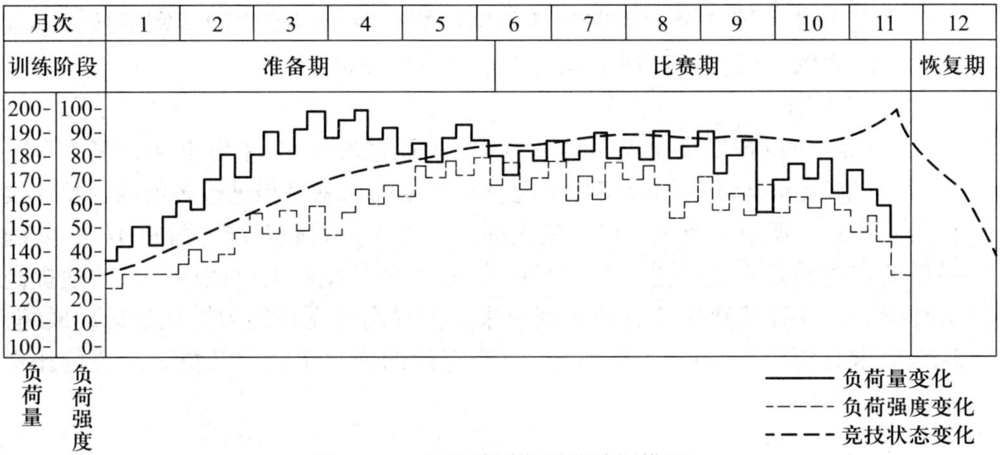

图 8-14 年度单周期训练计划模型

（Tudor O.Bompa，2009）

2. 双周期

在现代竞赛体系安排中，有些项目在一个年度里会安排两次重要的比赛或者两个重要的比赛阶段，运动员的训练也相应地按照两个大周期来设计和实施，称为“双周期安排”。虽然现代竞技赛事的数量较之以往有所增多，但是一个年份里最重要的比赛仍然是有限的。因此，很多项目全年度的训练过程仍分成上下半年两个大周期来实施，这属于现代竞技训练中一种常见的周期安排类型（图 8-15）。在双周期训练安排中，前一个周期结束并适度恢

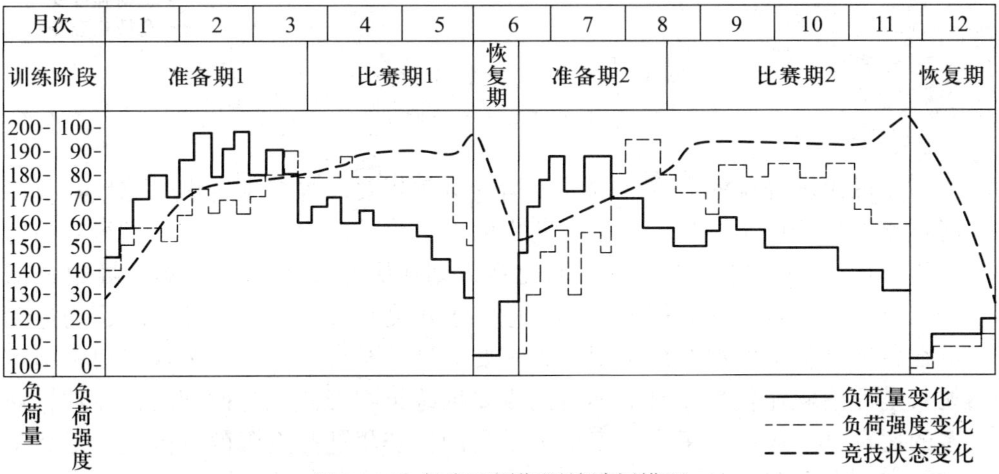

图 8-15 年度双周期训练计划模型

（Tudor O.Bompa，2009）

复后，马上进入第二个大周期的准备期训练。两个周期之间紧密衔接，不存在明显的间歇，保持了运动员能力水平的不断发展。

3. 多周期

现代运动竞技发展迅速，体育赛事不断增多，一个年份里会有多个重要比赛，这就要求运动队结合实际情况，对年度的训练过程进行多周期的整体设计。一年里出现三个及三个以上的大周期，称为多周期安排（图 8–16）。实施多周期安排的基本条件是，运动员能在 3~4 个月左右的时间内，有效地提高竞技能力，并在比赛中充分地表现出来，把提高的竞技能力转化为运动成绩，这就要求有更为科学的训练方法，更为有效的恢复手段以及更为理想的比赛条件。

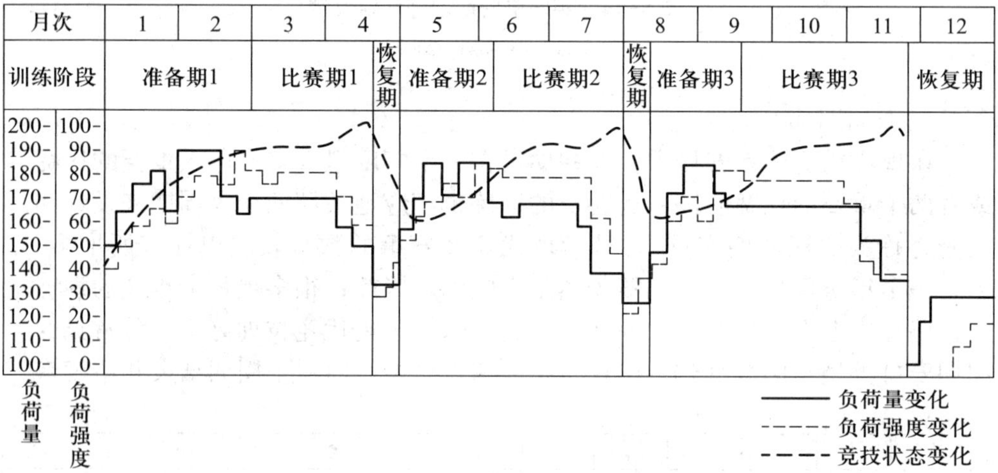

图 8–16 年度三周期训练计划模型

（Tudor O.Bompa，2009）

在现代多赛制的竞赛体制下，运动员每年要参加多项赛事，每项赛事可能要参加多场比赛。其中，重要赛事的准备自然应在年度训练中进行专门性安排，而一些重要性相对较低的比赛，则成为年度训练内容的重要组成部分。每年三个以上的大周期安排，适应了年度重要比赛的参赛需求，为运动员在各项比赛中取得好成绩提供了重要的训练基础，已经成为现代很多项目尤其是那些职业化程度高的项目的重要训练组织形式。与此同时，在数目众多的比赛中，运动员每个年度里最重要的比赛仍然是有限的。因此，虽然年度有多个竞赛期，但是最重要的比赛期仍然只有 2~3 个。

（二）训练大周期时间的确定

训练大周期是以成功地参加 1～2 次（组）重大比赛为目标而设计的，其时间的确定通常采用体现目标控制思想的“倒数时”充填式方法，以主要比赛日期为标定点，向回程方向依次确定比赛阶段和比赛时期，以及完整的训练周期（图 8–17）。这里，我们以总计 14～32 周的常规大周期为例，简述确定训练大周期日程的工作步骤。

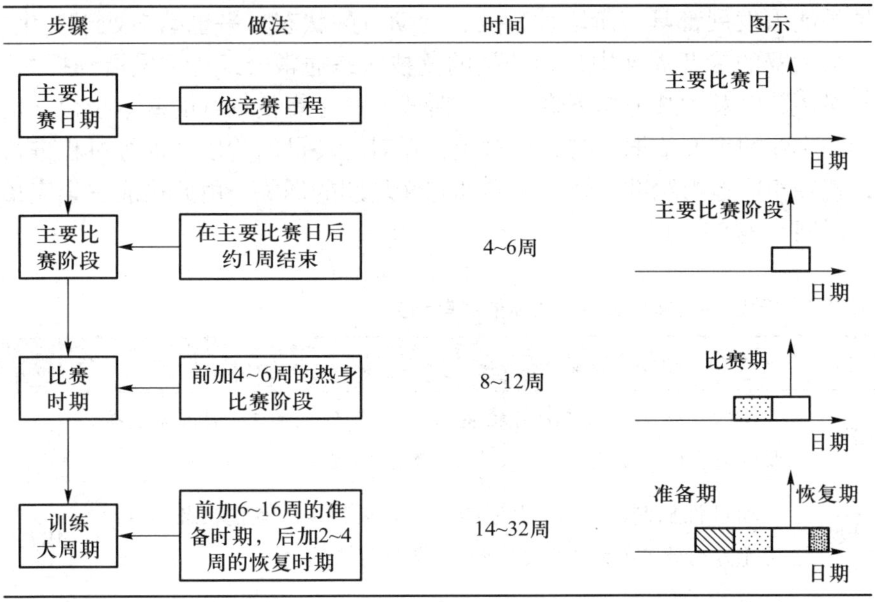

图 8–17　确定训练大周期日程“倒数时”充填式工作程序

（田麦久，2000）

1. 确定主要比赛日期

这是由竞赛日程予以确定的。重大国际比赛如奥运会常常在比赛前一年就确定竞赛日程，以便于运动员有计划地组织训练过程。

2. 确定主要比赛阶段

围绕着主要比赛日确定主要比赛阶段。在常规大周期中，主要比赛阶段持续 4～6 周，在主要比赛日后约一周结束。将主要比赛日安排在主要比赛阶段的结尾是不正确的，这是因为训练控制稍有不慎，极易出现参加主要比赛时，运动员的最佳竞技状态已然消退的现象。

3. 确定比赛时期

在主要比赛阶段前加上一个历时 4～6 周的热身比赛阶段，两个阶段合起来就组成了比赛时期，总时间 8～12 周，期间要注意安排必要的热身赛。

4. 确定整个训练大周期

在比赛时期前面加上 6～12 周的准备时期，后面加上 2～4 周的恢复时期，即构成了一个总时间 14～32 周，亦即 3.5～7.5 个月的完整训练大周期。

（三）大周期各阶段的主要任务

运动员参训的目的是参赛并取得优异比赛成绩。由于比赛的安排以及运动员的能力发展都具有阶段性特征，运动员的状态水平也始终处于变化之中。在一个大赛的参赛周期中，运动员的竞技状态通常会经历“发展与提高”“优化与保持”以及“减退与下降”三个阶段。这是竞技训练的基本规律，也是安排训练实践的重要依据。与此相对应，在对运动员的阶段性训练过程进行规划时，就要相应地组织准备期、比赛期和恢复期的训练，由此构成一个完整的训练大周期（表 8–7）。

表 8–7 竞技状态的阶段性发展与训练大周期的时期划分

竞技状态发展过程	生物学基础	训练任务	训练时期
发展与提高阶段	适应性机制：机体对外界刺激的适应性现象	提高竞技能力，促进竞技状态的形成	准备时期
优化与保持阶段	动员性机制：心理/生理能力充分动员，各系统高度协调	发展稳定的竞技状态，参赛创造好成绩	比赛时期
减退与下降阶段	保护性机制：机体自动停止积极的应激反应	积极恢复，消除心理与生理疲劳	恢复时期

（田麦久，2006）

与运动员竞技状态发展过程的第一阶段相对应，准备期训练要提高运动员的竞技能力，并促进竞技状态的形成。运动员竞技能力的发展和提高必须由低到高、由一般到专项、由局部到整体逐步实现，因此在准备期应着重发展运动员的基础性能力。在体能方面，要努力增进运动员健康水平，发展运动素质，增强身体机能整体水平；在技能方面，可以有重点地对运动员技术动作进行较大的“改造”，改进基本技术结构，提高核心技术水平；集体球类项目首先应该着眼于熟练掌握新战术配合所需的技术基础，然后由个人技术过渡到小组配合，再逐步过渡到全队的整体战术配合。

比赛期的训练任务包括发展运动员的专项竞技能力和使运动员在比赛中

充分表现自己已具有的竞技能力两个方面。在准备期训练的基础上，进入比赛期后运动员应努力发展专项的竞技能力。各项目的运动员此时应把对自己竞技能力影响最大、表现最集中的方面置于训练的首位，比如中长跑运动员的无氧耐力，集体球类项目的集体战术配合，乒乓球运动员的特长技术等。比赛期的第二个任务，就是要做好充分的准备参加比赛，最大限度地发挥自己已有的水平，创造优异的运动成绩，达到全年预定的训练目标。为了准备重大比赛，在训练安排上要注意做到以下几点：

（1）安排好负荷的节奏，使运动员的体能变化在比赛时处于超量恢复阶段。

（2）技术、战术的掌握达到高度熟练和自动化，但又不因过多的专项技、战术练习导致中枢神经系统对专项技术动作的超限抑制和重复泛化。

（3）通过适当的热身赛和其他适应性比赛，激发运动员强烈的竞赛欲望，但又不因过多的比赛引起运动员的厌烦，甚至对比赛的恐惧。

（4）采取各种措施（包括训练的、社会的、宣传的）激励运动员的进取动机，但又不能造成过高的激活状态。应使运动员保持适宜的兴奋性水平，以求机能最大限度地动员机体的潜力，高水平地参加比赛，又能保持高度的自控能力，有效地排除内外消极因素的干扰。

运动员经过几个月的训练和比赛，高度动员的心理和生理状态必须经过休整和调节才能开展下一阶段的训练过程。恢复期除了采用多样化的手段促进积极恢复，消除生理与心理疲劳之外，还包括总结全年训练的经验和教训，并制定下一年度的训练计划。

（四）大周期各阶段的训练要点

尽管不同项目的运动员在不同训练阶段的训练计划中有着鲜明的个体特点，但总体上看又都具有许多共同的基本特征。在此，以双周期训练安排中的一个半年训练大周期为例，展示了一个完整大周期中的比赛、负荷、方法与手段、恢复及检查评定的要点（表 8-8）。

▶ **表 8-8　历时半年的训练大周期中各时期阶段的训练学特征**

时期	准备期		比赛期		恢复期
阶段	一般准备	专门准备	赛前训练	集中比赛	——
时间	3 个月		2~2.5 个月		0.5~1 个月
	1.5~2 个月	1~1.5 个月			

续表

<table>
<tr><th colspan="2">时期</th><th colspan="2">准备期</th><th colspan="2">比赛期</th><th>恢复期</th></tr>
<tr><td colspan="2" rowspan="2">任务</td><td colspan="2">增进健康，发展素质，学习或改进基本技术，掌握新战术，增强意志品质</td><td colspan="2">发展专门素质，熟练完成技术，提高战术技巧，发展稳定的竞技状态、创造好成绩</td><td rowspan="2">积极恢复，消除生理和心理疲劳；总结经验、制定新计划</td></tr>
<tr><td>提高一般训练水平，改进技术环节，提高个人战术能力</td><td>提高专项技术水平，逐步过渡到完整技术，改进多人或全队战术配合</td><td>发展专项素质，发展竞技状态，参加热身比赛</td><td>保持最佳竞技状态，参加重要比赛，创造优异成绩</td></tr>
<tr><td colspan="2">比赛</td><td>有没或少</td><td>少</td><td>中</td><td>多</td><td>——</td></tr>
<tr><td rowspan="2">负荷</td><td>量</td><td colspan="5">中→最大或大→中→中或小→小或中</td></tr>
<tr><td>强度</td><td colspan="5">小→小或中→中或大→大或最大→最小</td></tr>
<tr><td rowspan="2">方法</td><td>发展素质</td><td>以持续法、间歇法为主</td><td>以间歇法、重复法为主</td><td>以重复法、间歇法为主</td><td>以比赛法、重复法为主</td><td>以游戏法、持续法、变换法为主</td></tr>
<tr><td>改进技术</td><td>以分解法为主</td><td>分解法、完整法</td><td>以完整法为主</td><td>以完整法为主</td><td>——</td></tr>
<tr><td colspan="2">手段</td><td>在进行专项练习的同时，辅以多样的一般练习</td><td>以专项身体练习为主，练习手段相对集中</td><td>以专项形式相近的练习为主，仍保持一定的身体练习</td><td>比赛，一般性积极恢复性练习</td><td>改变环境及练习形式，增加一般身体练习比重</td></tr>
<tr><td colspan="2">恢复</td><td colspan="2">注意负荷节奏，采用各种积极的与自然的恢复措施</td><td colspan="2">注重负荷节奏，采用各种积极的与自然的恢复措施</td><td>减少负荷，变换负荷的形式、地点与组合</td></tr>
<tr><td colspan="2">检查评定</td><td colspan="2">负荷及机体的适应情况</td><td colspan="2">负荷及机体的适应情况；技、战术水平</td><td>心理及生理恢复状况</td></tr>
</table>

（田麦久，1988）

1. 训练方法与手段

准备期的身体素质训练，以持续法和间歇法为主，负荷特点是负荷量较大，强度相对较小，这对于重点发展耐力类素质，特别是有氧代谢能力特别有益。准备期的技战术训练，均以分解法为主。由于拥有较充裕的时间，在破坏了旧的技术动力定性之后，还有时间重新建立起新的技术动力定型。因此，允许运动员对自己的技术动作进行较大的“改造”。运动员首先应着力于改进或完善技术中主要存在的问题部分，然后在这一基础上逐步向完善的技术过渡。在战术训练中，为了掌握和发展新的战术配合，运动员要安排时间进行个人技术训练，以便为配合战术训练做好准备。

比赛期的身体素质训练主要采用重复法，其特点是负荷强度较大，负荷量较小；发展技术主要采用完整法，并较多地采用比赛法，以便综合地发展与竞赛密切相关的专项竞技能力。当然，有时仍要根据需要适当地运用间歇训练法及分解训练法。对于某些多轮次竞赛的项目，运动员每天或隔天参加比赛，因此要特别注意组织好赛间训练。此时既要采用低强度的持续性练习作为积极性恢复，又要针对下一场比赛对手的特点进行有针对性的技术与战术分解或模拟性练习。

为了达到恢复的目的，恢复期宜多采用游戏法、变换法进行训练，这些练习能大大提高运动员的兴奋。在新的环境以新的组织形式完成新的内容和练习，可以激发运动员的练习兴趣，中枢神经系统会得到良好的调节，同时又能保持一定的体能水平。

2. 训练负荷特点

为满足改善身体机能，改进技术环节，提高个人战术能力的需要，准备期的一般准备阶段采用中等程度的负荷量和较小的负荷强度。但到了准备期的专门准备阶段，为了进一步提高专项技术水平，强化完整技术的使用能力，改进多人或全队战术配合，需要将负荷量逐步上升至整个训练大周期的最大值，同时将负荷强度略微提升至中等强度（图 8-18）。

由于任何竞技性比赛都要表现出最高的专项强度，因此从进一步发展专项素质以及培养竞技状态的目的出发。进入比赛期后，赛前训练的负荷要进一步增至中等或较大强度，负荷量降至中等水平。负荷的变化主要表现在以下几个方面：

（1）对于体能主导类项群，训练的速度、高度、远度、负荷重量增加，而重复次数、训练的时间则明显减少。

（2）对于技能主导类表现难美性项群，成套练习的比例增加，而单个动作的练习数量则大大减少。

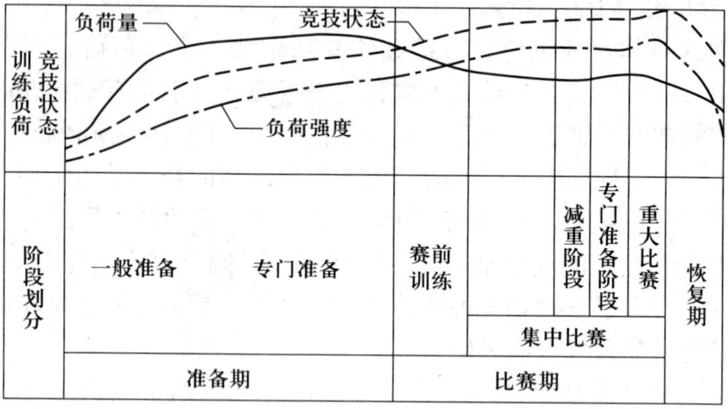

图 8-18 训练大周期负荷量度变化曲线

（3）对于单人参加的技战能主导类格斗对抗和隔网对抗性项群，一对一的实战练习比例增加，而无对手的个人练习比例减少。

（4）对于集体对抗类项目，两三人的配合训练，全队配合训练和实战训练的比重增加，个人技术的练习比重减少。

（5）对于技心能主导类表现准确性项群，实射的比例增加，对运动员造成巨大心理负荷的训练和比赛增多，而各种空枪预习、白靶射击则大大减少。

进入集中比赛阶段后，在比赛的初始赛次之前，必须采用 2~3 周的时间来相当显著地降低负荷量，同时采取保持和充实已有训练水平的负荷强度。之后进入的直接临赛训练阶段一般由一个中周期构成，其中前半部分总的负荷较大，后半部分要保证充分的恢复，大幅降低负荷量并保持达到最高的负荷强度，使运动员机体适应达到最佳状态，达到诱导最佳竞技状态的目的。

恢复期训练负荷的突出特点是要降低练习强度，可以根据运动员的具体情况保持一定的量。为此，在训练中多采用持续训练法，如慢速越野跑、较长时间的球类运动、骑自行车远行及划船等。

三、小周计划及其实施

根据不同时期的训练任务及训练内容的不同，可以把周训练分为基本训练周、赛前训练周、比赛周以及恢复周四种类型。不同的训练周，需要设计有针对性的训练内容，选取有效的训练方法，采用各有特点的训练负荷控制手段。

（一）周训练计划的基本类型

基本训练周是运动训练过程中最基本的训练阶段，运动员竞技能力的提高主要得益于这个阶段的训练，其主要任务在于通过大量反复的练习，有效提高运动员专项身体能力与技战术水平，通过训练负荷的深刻刺激全面改善身体的能力状态，以期实现竞技能力的全面提高。决定基本训练周训练内容的因素，主要包括特定训练阶段的竞技发展目标、实际训练条件、项目专项特征以及运动员自身特点等。由于基本训练周要全面发展运动员的竞技能力，因此会安排多项的训练内容，通过比重有所不同、方式各有变化的各种内容搭配，有效刺激运动员的机体能力的全面发展。

赛前训练周直接针对运动员参加重大比赛而展开，主要任务在于完善专项竞技能力的核心要素，为形成良好的竞技状态奠定基础。其特点是训练内容更集中，专项特点更突出，通过集中训练的定向整合，重点发展专项竞技能力中具有决定意义的关键能力。

比赛周的训练直接为完成比赛、争取好成绩服务，核心要点是培养最佳竞技状态并参赛制胜。在组织过程中，在前期竞技能力发展与状态调整的基础上，通过训练进一步整合竞技能力结构，在比赛日达到竞技状态的峰值，充分地表现出已具有的竞技水平。

赛间训练周主要是为比赛与比赛之间 3～10 天时间间隔而做专门准备的，其任务是消除前一次比赛后生理、心理的疲劳，促进机体的恢复，进行有针对性的技术与战术训练，迎接下一次比赛任务。也就是说，恢复与准备是赛间训练需要着重关注的要点。

高强度的训练和比赛结束后，运动员的身体能量消耗较大，身体处于疲劳的状态。恢复周通过负荷水平较低的训练适度地刺激运动员机体，保持机体的适度活性，以便更快、更好地消除运动员身心疲劳，并结合专项特征及个人特点，集中精力促进全面恢复（表 8–9）。

▶ 表 8–9 不同训练周的主要任务

类型	主要训练任务
基本训练周	通过特定的程序和反复练习使运动员掌握和熟练专项技、战术，以及通过负荷的改变引起新的生物适应现象，提高运动员的多种竞技能力
赛前训练周	使运动员的机体适应比赛的要求和条件，把各种竞技能力集中到专项竞技中去
比赛周	为运动员在各方面培养理想的竞技状态作直接的准备和最后的调整，并参加比赛，力求实现预期的目标

续表

类型	主要训练任务
赛间训练周	消除前一次比赛后生理、心理的疲劳，促进机体的恢复，针对下一次比赛进行针对性布置与训练
恢复周	消除运动员生理和心理上的疲劳，促进超量恢复的出现，激发强烈的训练动机，准备投入新的训练

（二）周训练计划的训练要点

决定周训练负荷与内容的主要依据是实现训练目标的需要和不同负荷后机体的反应及恢复状况，前者决定着应该把哪些内容列入训练计划中，后者则决定着这些内容应该怎样组合在一起。由于完成不同内容和负荷的训练课之后机体产生疲劳的程度和恢复过程不同，因此课次之间的搭配是决定单次课效果以及后续训练课计划的关键。在通常情况下，单次大负荷课之后需要 2~3 天才能获得充分恢复；次大负荷的恢复期缩短至 24~36 h；中等负荷的恢复过程一般不超过 10~12 h；而小负荷课后，机体能力的恢复仅为几十分钟或几个小时（表 8-10）。为此，不同类型单次或多次大负荷课后机体的恢复效果将是决定周训练内容与负荷交替安排的关键。

▶ 表 8-10 不同负荷后的超量恢复过程用时

类型	占最大负荷比例 /%	超量恢复用时 /h
大负荷	90~100	48~72
次大负荷	70~80	24~36
中负荷	40~60	10~12
小负荷	20~25	十几分钟或几个小时

（普拉托诺夫，2014）

（1）单次大负荷课

运动员参与不同类型的大负荷课训练之后，机体恢复的过程是不同步的。其中，与负荷主要性质相应的运动能力刺激最为深刻，疲劳产生最明显，恢复得也最慢。与此同时，其他运动能力的恢复时间则要相对短得多（图 8-19）。如果某次大负荷课仅为单一的负荷内容，那么速度、无氧、有氧负荷后，对应能力分别需要在 48 h、48～72 h、72 h 后进入超量恢复阶段。此时可以再次安排同一性质的负荷，与之相对，其他性质的负荷课可以提前进行。例如，单次速度性大负荷之后的 6～12 h 安排以有氧为主的负荷，24 h 之后安排以无氧糖酵解供能为主的负荷。

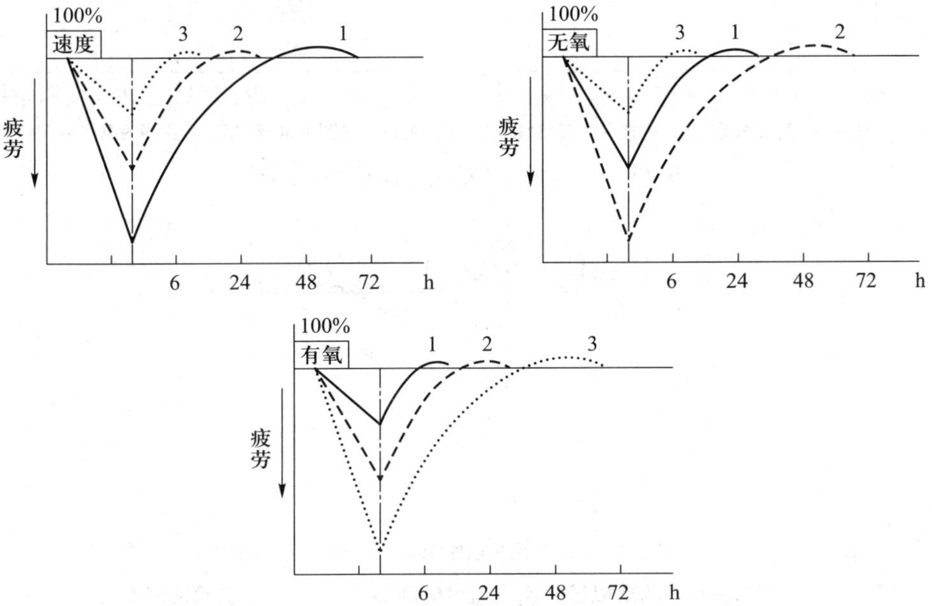

注：1、2、3分别为速度能力、无氧能力、有氧能力

图 8-19 不同代谢特点的单次大负荷课的恢复效果

（普拉托诺夫，2014）

在上综合训练课时，如果每种工作完成最高负荷的 30%～35%，那么第二天仅有速度能力产生超量恢复；如果每种工作完成最高负荷的 40%～45%，则会产生相当于大负荷的疲劳，并且疲劳具有整体性和深入性，24 h 后进行任何的训练，机体都难以表现出高度工作能力状态（图 8-20）。

（2）连续进行相同性质的大负荷课

对于高水平运动员而言，为了引起机体更深刻的变化，产生新的生物适应，会连续采用相同的大负荷刺激，即在第二次课开始时，机体能力处于尚未完全恢复状态，在第一次大负荷课后的 24 h，进行相同性质的大负荷课，会导致与上一次课性质相似的疲劳，但未改变疲劳的性质。通常来说，第二次课仅完成第一次课 75%～80% 的训练负荷，便可以产生深刻的刺激，并会伴随心理疲劳的产生（图 8-21）。因此，对于两次相同性质大负荷课的连续使用应

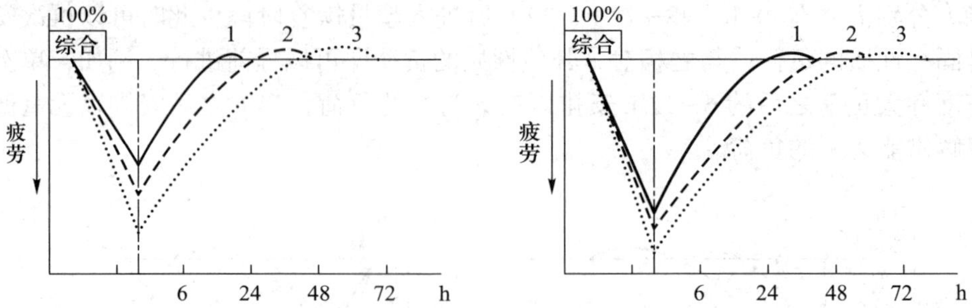

注：1、2、3分别为速度能力、无氧能力、有氧能力，左图为30%~35%，右图为40%~45%

图 8-20　不同负荷单次综合课的恢复效果

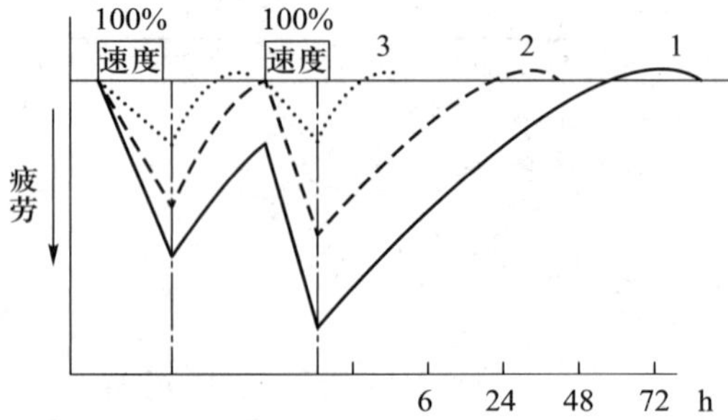

注：1、2、3分别为速度能力、无氧能力、有氧能力

图 8-21　两次以提高速度为目的间隔 24 h 大负荷课的恢复效果

（普拉托诺夫，2014）

当慎重，并且多在高水平运动员发展耐力素质时才可能采用，而如果是技术训练或发展速度和协调能力，这样的安排是不合理的。

（3）连续进行不同性质的大负荷课

如果性质不同的两次大负荷课间隔 24 h 连续安排，那么对于机体的累加作用和各自作用导向的影响有着根本的区别（图 8-22、图 8-23）。在前次课疲劳时，施加性质不同的第二次课，则第一次课的对应能力不会加深疲劳，但会抑制其他方面的工作能力。例如，速度训练课之后进行有氧耐力训练课，会使有氧训练产生更为深刻的疲劳，但速度能力没有明显的降低。相应地，如果性质不同的三次大负荷课间隔 24 h 连续安排，那么三次课结束后，运动员所有的工作能力均明显低于初始水平。这就意味着，在大负荷课之后，安排其他性质的小或中负荷课，有利于产生显著的恢复过程。

1. 基本训练周

基本训练周内容的结构安排，既要能够使运动员所需要的各种竞技子能

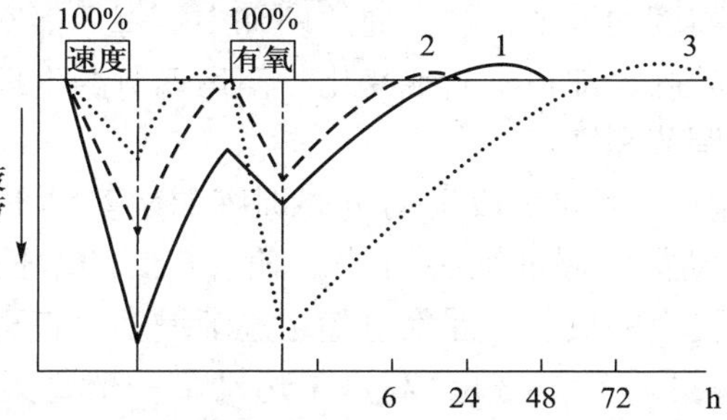

注：1、2、3分别为速度能力、无氧能力、有氧能力

图 8-22　两次分别为速度和有氧为目的间隔 24 h 大负荷课的恢复效果

（普拉托诺夫，2014）

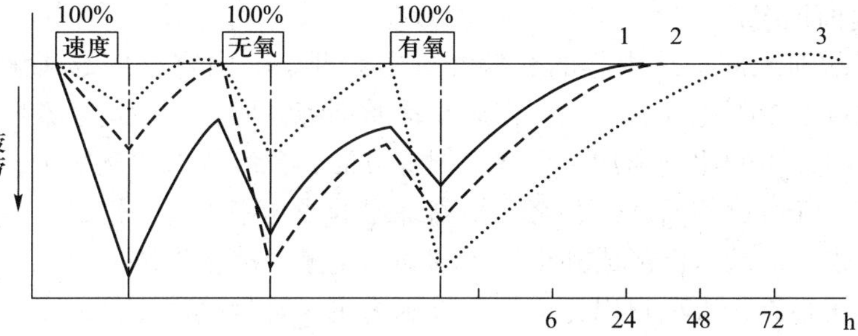

注：1、2、3分别为速度能力、无氧能力、有氧能力

图 8-23　三次分别为速度、无氧、有氧为目的间隔 24 h 大负荷课的恢复效果

（普拉托诺夫，2014）

力得到全面综合的发展，又要体现负荷量度的波动起伏，避免因负荷过于集中而导致过度训练的产生。由于竞技能力主导因素不同，各项群训练内容的交替安排有着各自鲜明的特点：

（1）体能主导类项群不同内容的交替，主要体现在各种运动素质和技术训练的安排上。例如，投掷项目周一、三、五安排一般或专项力量训练，周二、四、六安排分解或整体技术训练；速度滑冰运动员上午进行冰上训练，下午进行陆上身体素质训练等。

（2）在技能主导类表现性项群运动员的训练中，几乎每天都要安排技术训练，这时要注意根据项目的特点，使技术训练与身体素质练习交替安排，如跳台运动员除了安排陆上和台上的技术训练外，每周还会安排 3~4 次悬垂举腿、推倒立等专项素质练习。

（3）在技能主导类对抗性项群的训练安排中，对运动员的体能、技能、战术能力都应给予高度的重视。在一周的训练中，每天都安排体能与技战术训练，但每次课训练的内容却在不断地变化，使运动员的生理和心理都能在紧张训练中得到必要的调节和恢复。

在基本训练周中，不同阶段运动员的训练课次安排不同。处于基础训练阶段初期的少儿运动员每周训练3~4次。随着年龄的增长和水平的提高，运动员逐渐能够承受更大的负荷，课次也随之逐渐增多，直至高水平运动员每周训练12~14次，每次训练2~3 h。高水平运动员一般每天安排两次训练，其中一次为基本课，主要安排专项体能以及核心技术和战术的训练，训练负荷较大，持续时间较长；另一次为补充课，根据专项特点安排补充性的训练内容，目的在于弥补运动员竞技能力的不足，训练负荷相对较小，这种节奏性安排，有利于实现不同训练负荷结构的错落有致。

2. 赛前训练周

在赛前训练周训练内容的交替安排中，训练的内容更加专项化，采用的练习更加接近专项比赛的特点。在运动素质训练方面，一般运动素质的比例减少，而专项素质的比例增加。在技术训练方面，分解练习比例减少，结合特长技术的完整练习比例增加，并努力提高练习的成功率和稳定性，一般不再学习新动作或改变运动员已形成和巩固了的动力定型。战术训练应以如何发挥自己的优势为核心，个人项目以完成特殊战术为主，常规战术比例减小；集体项目以小组战术、全队战术为主，个人战术比例减小；另外，应针对比赛时的主要对手、竞赛环境、赛程等采用模拟训练。

赛前训练的核心训练任务是有效刺激运动员的机体，实现专项竞技能力的定向发展，并形成良好的竞技状态。此阶段训练的总体负荷水平保持在较高的层次，以强度刺激为主，并适当安排适应性的热身赛，不断强化机体能力的转化，逐渐形成预期的临赛状态。

3. 比赛周

由于不同内容、不同负荷的训练后，运动员机体主要能力达到超量恢复所需的时间不同，但又为了在比赛中表现出高度的竞技水平而要求运动员竞技能力水平处于最佳状态，所以就必须通过科学的设计，使各方面负荷后的超量恢复阶段都在同一时间内出现。一般来说，根据不同训练负荷后完全恢复所需时间的不同，可以把高强度的无氧代谢训练、速度训练、力量训练、高强度专项训练等安排在赛前3~5天中，把有氧代谢训练等中低强度的一般训练安排在赛前1~3天进行。这样，在比赛日，运动员竞技能力的各个要素都会处于最佳的水平，从而可以形成良好的竞技状态（图8-24）。

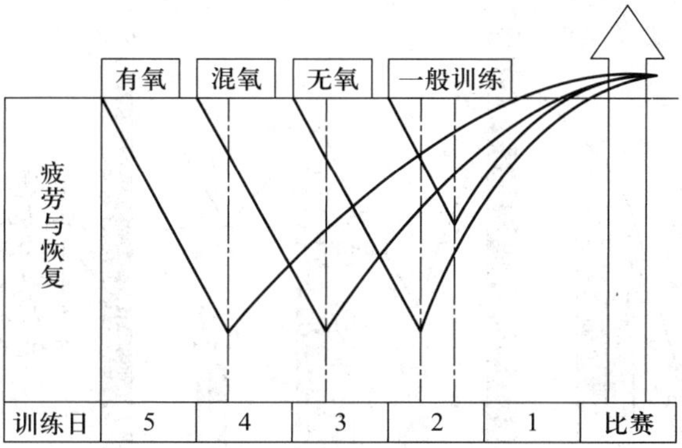

图 8-24　超量恢复集合安排模式
（据田麦久改制）

4. 赛间训练周

赛间训练周训练内容与负荷的安排应综合考虑比赛的特点和赛间时间的长短。基本要求是，安排好负荷的节奏，避免负荷强度与负荷量同步增加，恢复性小负荷的课次增加至 1/2，同时加强恢复措施，以保证运动员在下次比赛中表现出最佳体能水平。

现代职业赛事和赛会制大赛的赛间间隔相对密集，依据运动项目的竞赛规则与规程，有些每天一场甚至多场比赛，有些每周一场比赛。如果两次比赛的间隔时间很短，如短于 3 天时，训练的内容应避免单调，且应负荷小、练习次数少，尤其是力量训练和供能系统训练的强度和量都要小。如果两次比赛的间隔时间为 3 天左右，在内容上第一天应安排积极性恢复的练习；第二天安排一天两练的中等负荷，同时保证训练内容多样性，既包括小负荷的身体能力训练，还包含一般性的技术与战术练习；第三天则进行中等或较低负荷的针对下一场对手的技术与战术准备（图 8-25）。

如果赛制为每周一赛，那么负荷安排呈现明显的“凸”形，在赛中达到最大负荷；训练内容除了第一天和最后一天安排小负荷技术训练外，周中表现为身体素质训练与技、战术训练的差异化安排，即随着比赛的临近，素质训练比例降低，技、战术比例增高（图 8-26）。

5. 恢复周

在许多项目中，较为普遍地采用两个大负荷训练周之后，安排一个恢复周的负荷节奏形式，即“练二调一”式的安排。为了实现恢复周训练的主要目标，要求其训练内容广泛而灵活，应多选择以下两种内容：一是，一般性的身体练习。如非专项的球类活动、游泳、各种非竞技性的健身体操等；二

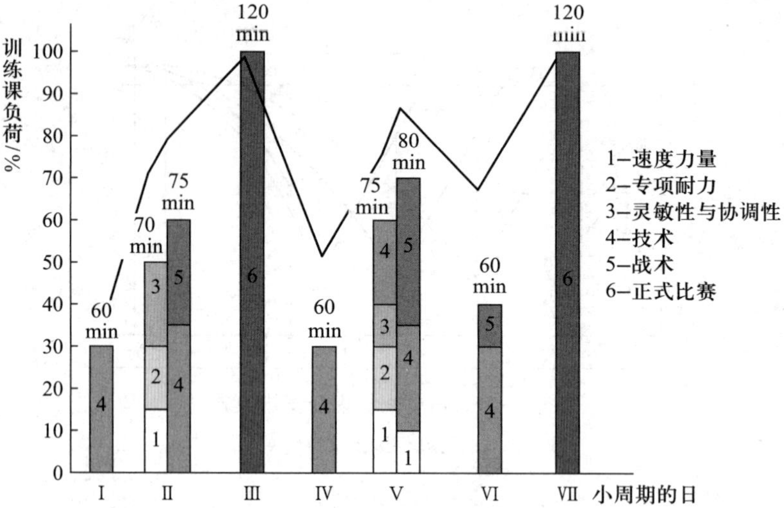

图 8–25 高水平足球队每周参加两次比赛的训练内容与负荷

（普拉托诺夫，2014）

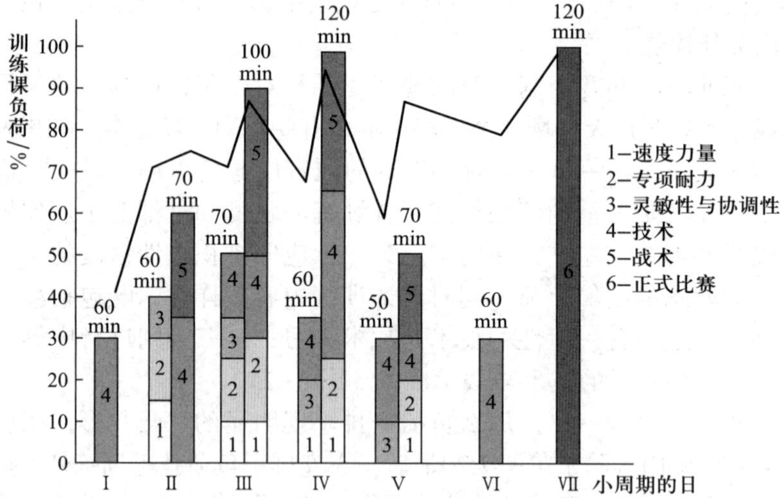

图 8–26 高水平足球队每周参加一次比赛的训练内容与负荷

（普拉托诺夫，2014）

是，带有游戏性的练习。恢复周通常大幅地降低负荷强度和负荷量，或者适当保持一定的水平。如果比赛周的负荷量很小，也可以在恢复周中适当地增加负荷量。

四、课的方案及其实施

作为运动训练活动最基本的构成单元，训练课由准备部分、基本部分和结束部分组成。根据不同任务和具体内容，尤其是重点发展的竞技能力要素，可以把训练课分成运动素质训练课，技战术训练课，综合训练课以及测验、检查和比赛课。

（一）课训练计划的类型

1. 运动素质训练课

运动素质训练课的主要任务在于通过多样的训练方法和手段，全面发展运动员力量、速度、耐力等各种一般和专项运动素质。这类课大多安排在大周期的准备期第一阶段，其他时期主要用于巩固运动员身体能力水平，以及作为调节负荷节奏来使用。

在运动素质训练课中，经常在一次课中安排两种或者两种以上素质的练习。由于各种素质练习需要的身体条件不同，因此需要把握各种素质间的有机联系，合理安排练习的次序，结构性地依次完成。一般来说，速度练习、快速力量练习、灵敏性练习等更强调爆发力的练习，安排在训练课的前半部分进行，以保证练习的质量，取得理想的效果。在训练课的后半部分，运动员身体出现疲劳时，主要安排以发展耐力素质或力量耐力为主的练习，以提高运动员的身体耐受能力。在运动素质训练课中，练习较多，负荷较大，要特别注意训练的间歇，重点把握训练负荷的变化节奏。

2. 技战术训练课

技战术训练课主要进行各类技术与战术训练，以及为专项技、战术训练服务的辅助性练习，其基本任务是学习、掌握和熟练专项技术和战术，提高技、战术能力和运用质量，及时纠正技、战术使用错误，多人及集体项目通过战术配合训练提高团队竞技能力。

技、战术训练课要注意安排好技、战术训练的程序，选择有效的练习手段。首先，技、战术教学与训练大都是分解法与完整法结合起来，在进行分解教学与训练时，要注意科学地安排练习的程序，以使得运动员能够循序渐进地掌握比赛所需的技术和战术。其次，技、战术练习手段众多，高水平运动员对于常规练习手段有时会产生高度适应，因此制定课训练计划时，应遵循效果明显、组织方便、激发兴趣等原则，选择适用于运动员个体的训练手段。再次，要紧密结合专项特点与实战要求，根据运动员技术与战术能力的优势与短板，从专项竞技需要的角度，合理选用各种训练手段。

3. 综合训练课

综合训练课依据运动员发展多种竞技能力的需要，在一节训练课中，通常安排两种以上的训练内容，运用包含体能、技能、战术能力、心理能力及知识能力紧密结合实战需要的综合性训练方法与手段进行训练。为了满足竞技比赛激烈的竞争，比赛次数的增多，训练时间相对有限的需要，当代运动训练广泛采用了综合训练课的安排形式，利用不同练习对身体不同部位、不同供能方式的交互刺激，在训练课中交替安排不同内容的训练，以保证充分地利用训练时间，提高训练效率。

在综合训练课中，要特别注意不同训练内容的安排次序。在一般情况下，训练课中要先进行技术和战术训练，后安排体能训练；先进行灵敏性、速度训练，再安排力量和耐力训练。在此基础上，还要注意训练负荷的合理分配，以便运动员能够高水平地完成各项训练内容，保证达到预期的训练目标。

4. 测验、检查和比赛课

在训练过程中的测验、检查和比赛是检验训练成果的手段，其任务是对运动员的训练效果进行检查。课的内容、测试的手段根据训练计划中的要求予以安排，负荷量可能不大，但负荷强度较大或很大，在某些时候，这种负荷对运动员机体的刺激相当强烈。

测验、检查和比赛课应根据比赛的目的进行安排，并采用符合计划要求的方法与手段，以便准确、客观地反映运动员的训练状态。针对重要赛事进行的特殊准备，课的安排应按照正式比赛的要求进行，程序化地组织实施，以起到赛前模拟与适应的作用。

（二）课训练计划的结构

1. 准备部分

准备部分的任务是使运动员调整心理状态、调动各种生理机能，准备承受基本部分训练负荷及完成所安排的训练内容，以获得理想的训练效益。从一般性的肌肉活动开始，运动员的体温开始升高，有机体各种调节系统、植物性系统和执行系统所固有的活动逐渐积极地动员起来，身体各系统逐步进入动员与运动状态。不同系统动员的速度是不同的，一些指标（心率、呼吸量）达到稳定的水平较快，而另一些指标（每分血循环量、需氧量）则比较慢。准备活动的时长依照运动员个人特点与竞技水平而定，一般而言，优秀运动员的准备活动可以较快地完成机体动员过程。

准备活动可分为一般性准备活动和专门性的准备活动两个部分。一般性准备活动的主要任务是全面调动有机体的各种器官、系统，并提高其活动性。通常从有氧活动开始，逐步提高工作强度，使心率达到130～140次/min，时长因人、因基本部分内容而异，练习手段多样，可采用慢跑和徒手操，或其他强度不高的练习。专门性准备活动的任务是直接为基本部分的内容服务，使机体适应特定的训练要求，并从技术上做好必要的准备。专门性准备活动的内容既可结合基本部分设计，也可采用专项基本练习，工作强度有时可接近于基本部分的要求，以便取得理想的训练效果。

2. 基本部分

基本部分安排训练课的主要训练内容。基本部分的结构和持续时间依项目不同而异，即使是同一项目的训练，在不同的训练时间内，这种差别有时也是很大的。造成这种现象的主要原因在于，每次训练课都必须纳入总体的训练计划，必须使每次课的训练效果能承上启下，使前次课的效果得以延续，本次课的效果得到积累，课的内容、练习手段和负荷等各项指标必须符合训练过程的发展趋势，这就必须根据运动员训练水平发展的需要，决定本次课基本部分的训练安排。

（1）单一内容训练课的基本部分

单一内容训练课基本部分的特点是，内容单一、任务明确、时间集中，适于完成需时较多的训练任务，如基本技术训练、各种运动素质的训练等，也可以施加较大的训练负荷，以促进运动员有机体产生深刻的生物学改造。这类课在耐力性项目的训练安排中较为常见，例如，公路自行车运动员的训练课常常以单一内容进行，一次课的总时间最长可达10 h以上。

在技能与技战能主导类项目中，如果一次课采用单一的训练内容，常常会出现身体的局部疲劳，影响运动员神经系统的兴奋性，因此应采用多种形式、不同练习密度和间歇，以适时调整运动员的体力状态。例如，在足球运动员的技战术训练课中，分别采用个人一对一技术练习、不同规格小场地练习、全场练习来改变练习的方式。

（2）综合内容训练课的基本部分

综合内容训练课由各种内容的练习组成，基本部分的变化较为丰富，因此在组织时，应考虑以下方面：

① 各种练习之间的顺序。各种练习内容对运动员所产生的刺激，会在运动员的机体留下有利或不利的痕迹。一般来说，应将要求神经系统较为兴奋、能量供应充沛的练习安排在课的前面，将容易产生疲劳或需要在疲劳状态下进行的练习安排在后面；将技术性强的练习安排在前面，素质练习安排在后面；将对其他练习产生良好影响的练习放在前面，将不产生影响或有不良影响的练

习安排在后面。例如，学习新的技术动作和战术配合，应当安排在准备活动之后；如果需要在对抗情况下完成已掌握的技术动作和战术配合时，那么就应该安排在课的末尾，当完成其他训练，机体疲劳逐渐加深时进行。

② 改变练习内容时必须做适应性的专项准备活动。若在综合内容的练习课基本部分中安排相互联系不紧密的内容，在更换内容时应做一些专项性的准备活动。例如，体操运动员吊环练习结束后换跳马训练，那就应在跳马练习前活动下肢关节和腕关节，并进行跑跳和推手练习，然后再进入正式的跳马练习。

③ 注意不同训练内容负荷的累积效应。综合内容训练课基本部分虽然安排的练习内容不同，但有机体接受的负荷性质可能是一样的，如果练习时产生的负荷作用于有机体的同一系统，那么运动员机体可能因负荷的积累效应而受到较为深刻的刺激。例如，在篮球运动员的训练课中，先安排双人快速跑动传接球 40 次，再安排 25 m × 20 次冲刺跑的练习，虽然看起来练习的形式不一，但其实都是以无氧系统参与工作，这两种练习的负荷效果重叠在一起，就会使该系统承受很大的负荷。因此，在对负荷性质进行判别的基础上，应考虑产生负荷的练习作用于机体的何种机能系统，应尽量安排不同的机能系统交替工作。

④ 在安排作用于同一机能系统的练习时，负荷应呈波浪形的变化。如果在基本部分安排作用于同一机能系统的练习，为使该系统适时的休整，那就应采用间歇、改变练习的密度等方式，使负荷产生波浪形的变化。综合课的负荷曲线根据内容的多少可能出现几次高峰，在换项的间隙中处于波谷。例如，下图是一次 120 min 的技术加素质综合训练课的结构示例，这种类型的综合课在体操、艺术体操、武术套路、举重及田径全能运动员的训练中被广泛应用（图 8–27）。

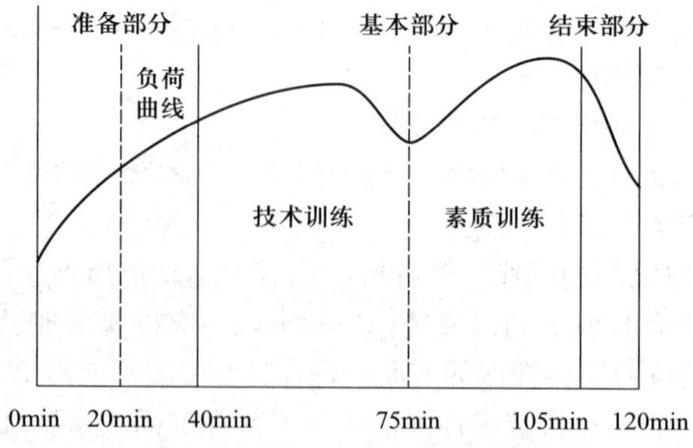

图 8–27 技术 + 素质综合训练课结构示例图（120 min）

在准备初期阶段的综合课中，提高有氧耐力的训练往往占据显著地位。而后，随着训练时期向着比赛期靠近，提高速度能力和专项耐力的比例有所提高。在准备部分结束之后，如果短距离爆发性练习安排在课的前半部分，那么训练量为总量的 20%～30%，如果安排在课基本部分的结尾，那么短距离练习不能超过训练总量的 5%～10%。

3. 结束部分

训练课结束部分的任务主要是消除训练课基本部分所造成的心理、生理上的紧张状态。现代运动训练把恢复作为训练的组成成分。当然，作为训练课的结束部分并不可能完全消除因紧张训练工作所带来的疲劳，训练课的结束也就意味着运动员机体全面恢复过程的开始。因此，有组织地进行课的结束部分对恢复过程的积极进行有着重要的作用。

（三）课训练计划的负荷

不同负荷等级给予运动员机体的刺激程度不同，因此表现出各异的作用价值。若要使运动员表现出更高的状态水平，就需要通过较大负荷课甚至大负荷课来打破机体的固有状态；与之相比，中负荷课只能使运动员保持已达到的水平，并解决各个局部的训练任务；而小负荷课只能加快前几次负荷课后的恢复过程。对于不同负荷课等级的划分，可以通过以下方式予以判定。

1. 依据主要训练手段训练量

在一次预定时间界限的训练课中，完成主要训练手段的最大训练量可作为大负荷训练课的判定标准，运动员所能承受最大负荷的 80% 以上为大负荷，50%～80% 为中等负荷，50% 以下为小负荷。例如，假设在 2 h 的训练课中，运动员用极限强度跑 100 m，即保证处于磷酸肌酸供能范围内的 100 m 跑，最多只能跑 20 次，那么 16～20 次就是该运动员一堂课中发展速度能力的大负荷，与其相应的 10～16 次为中负荷，10 次及以下为小负荷。

2. 依据训练课后恢复的状态

有机体在负荷刺激下产生疲劳，负荷越大，疲劳越深，需要恢复的时间也就越长。在比较同一时间长度的训练课结束后，机体疲劳恢复至原来水平时间的长短，即可判断训练课负荷的大小等级。其中，大负荷课恢复时间为 2～3 天；较大负荷课恢复时间为 1～1.5 天，负荷量为大负荷课的 70%～85%；中等负荷课恢复时间为 10～12 h，负荷量为大负荷课的 50%～70%；小负荷课恢复时间仅为几十分钟或几个小时，负荷量为大负荷课的 20%～25%。

3. 依据训练课中的疲劳程度

训练负荷能使运动员机体工作能力降低，疲劳产生后，运动员所表现出的能力，可以作为外在判断负荷等级的标准。大负荷课，运动员没有能力继续完成设定的训练任务；较大负荷课，在稳定工作状态下达到的训练量，并且不会引起工作能力降低，为大负荷课的60%~75%；中等负荷课，稳定工作能力的第二阶段，可保持动作的稳定性，为大负荷课的40%~60%；小负荷，稳定工作能力的第一阶段，为大负荷课的15%~20%。

五、赛前计划及其实施

训练计划制定与实施的目的，是不断发展运动员的竞技能力与培养运动员的竞技状态。通过准备期和比赛期前期的积累，运动员的竞技状态已得到优化，但若在年度重大比赛中发挥出最高的竞技水平，仍需要进行专门性的设计，通过赛前训练诱导出最佳竞技状态。

（一）时间时长

在赛前训练之前，运动员要经历高负荷的强化训练阶段，产生明显的生理和心理疲劳。为此，赛前训练既要保证疲劳得到消除，促进超量恢复的产生，又要使运动员在比赛中表现出可以承受高强度比赛所需的身体能力、技术与战术水平以及心理应激状态。

赛前训练阶段的时间长度通常为两周左右，但不同项群和项目间存在一定差异（表8-11），游泳和其他长距离竞速项目约为三周，技战能主导类对抗性项目只需10天左右即可。在安排赛前训练的时间长度时，应具体考虑如下因素：第一，不同专项的竞技需要，通常以有氧工作能力调整时间较长，高强工作能力、神经肌肉系统则相对较短；第二，运动员的个人特点，肌肉体积较大运动员和高龄运动员的恢复和状态诱导时间较长，赛前训练的开始时间较早；第三，前一阶段训练的性质和负荷量度，之前负荷的量度越大，机体能力下降得越多，赛前训练持续时间应越长。

▶ 表8-11 不同项群或项目赛前训练阶段的时长

时长	体能主导类	技能主导类	技心能主导类	技战能主导类
>2周	耐力性 游泳	——	——	——
≈2周	速度性（非游泳） 快速力量性	表现难美性	表现准确性	——

续表

时长	体能主导类	技能主导类	技心能主导类	技战能主导类
<2 周	——	——	——	隔网对抗性 格斗对抗性 同场对抗性

（陈亮，2017）

（二）训练负荷

为了实现运动员消除疲劳、保持比赛强度、诱导竞技状态等目的，赛前训练负荷安排的基本特点是，负荷量显著下降，负荷强度基本保持不变甚至略有提高。作为赛前训练阶段变化最为明显的负荷量，其降低规律具有“先快后慢”的指数下降特征。

在年度大周期的负荷安排中，赛前减量阶段之前的强化训练阶段通常达到或接近个人水平的最高值，此时要及时而准确地实施科学监控，避免过度训练。如果以强化训练阶段的负荷量作为基准，不同项群（项目）负荷量的降低幅度会呈现出明显的区别（图 8-28）。其中，游泳、表现性项群（表现准确性和表现难美性）比赛前负荷量仅为减量之前的约 40%，总减量比例达 60%；体能主导类速度性、耐力性、快速力量性项群（不含游泳）的减量幅度较为类似，约在 50% 左右；技战能主导类个人对抗项目负荷量的降低幅度最小，临赛前的负荷量仍保持减量前的 60%。

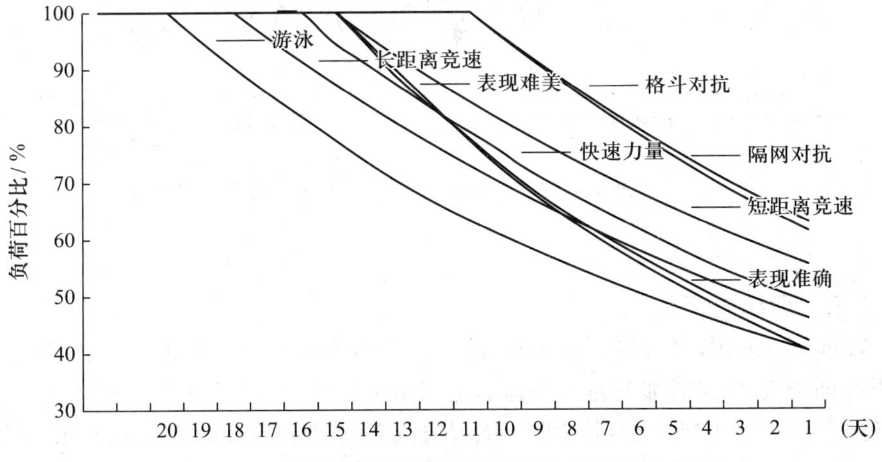

图 8-28　不同项群或项目赛前训练阶段负荷量变化

（陈亮，2017）

由于赛前训练目的与任务的特殊要求，此阶段需要着重突出负荷强度。连续进行的强负荷刺激，可以使机体产生更为深刻的适应性，与比赛强度接近的训练有助于训练水平向专项成绩的转化。当然，赛前训练的突出强度应有度地予以把握，不应盲目追求负荷强度的极限。安排时必须考虑运动员的恢复能力，过高的强度会对运动员机体的恢复造成困难，甚至导致伤害事故的发生。另外，数量过多的高强度负荷技术与战术练习，会导致中枢神经系统对专项技术动作的超限抑制和重复泛化，不利于比赛中的随机应变和变异组合，甚至进入技、战术水平的倒退和低效率重复。

虽然在不同项群的赛前训练时长存在差异，但大都以前往比赛地时间为界分为两个阶段（图 8-29）。前往比赛地前，训练安排多为练一调一，即大负荷训练一天后进行一天的调整或休息，训练日的负荷量有时达到甚至超过之前的强化训练阶段。前往比赛地后的训练安排有两种基本形式，一是练一调二，即大负荷训练后调整或休息两天，此时训练日的负荷量一般不会超过第一阶段；二是练一调一，即在中负荷量训练一天后安排一天小负荷量的调整或休息。而在赛前 3 天左右，通常不安排大或中等负荷量的训练，主要以略微起伏的小负荷技术练习、有氧训练、任意活动等为主。

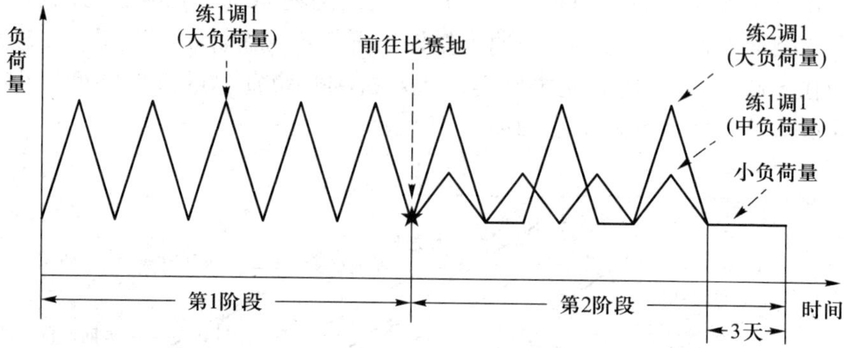

图 8-29 运动员备战赛会制大赛的赛前训练阶段负荷量变化

（陈亮，2017）

（三）训练内容

赛前训练的内容选择，应紧密围绕着不同项目专项竞技能力的需要展开，强调各训练要素的精细安排与搭配，强化训练质量的核心理念，具体表现在：训练内容更趋于专项比赛的需要，练习方式更加切合专项运动形式，组织方式更接近专项比赛的特点。

（1）竞速类项目的赛前训练内容，主要为高强度（含专项或短于专项距离的极限强度）、中等强度和低强度的长、短翼项训练的搭配。其中，高强度训练比例逐步增加至最后一周的近 40%，中等强度比例大幅减少，低强度训练比例始终保持在 50% 以上。

（2）体能主导类快速力量性项群的赛前训练内容，主要由专项练习、技术练习、运动素质练习构成。其中，专项练习始终保持在 30%~40%，高强度的强化技术训练与低强度的技术细节训练随着比赛的临近增加至 40% 以上，而运动素质练习在临赛前明显减少。

（3）技能和技心能主导类项群的赛前训练内容主要由完整比赛动作或模拟比赛击发（散放）练习、分解或一般性的技术练习以及运动素质练习组成。其中，专项训练比例增加至周训练内容的 50%，技术练习逐步增多，身体素质练习则明显降低至 10% 以内。

（4）技战能主导类项群的赛前训练内容主要包括实战练习，不足改进或特长强化的技战术练习，以及专项运动素质练习。其中，实战练习的比例相对稳定，占总训练量的 50% 左右；技战术练习，特别是针对对手特点的强化性练习在临赛前有所增加；运动素质训练，特别是无氧耐力的练习比例逐步降低，但同时保持了一定比例的有氧耐力和力量练习。

（5）多项组合项目的赛前训练多采用对不同单项减量的综合训练，并主要针对影响因素较大的内容进行训练。以男子十项全能为例，中、短距离跑所占比例逐步增大，投掷和跳跃训练随着负荷量的降低更多地采用专项本身进行训练，而长距离有氧训练比例大幅减少（图 8−30）。

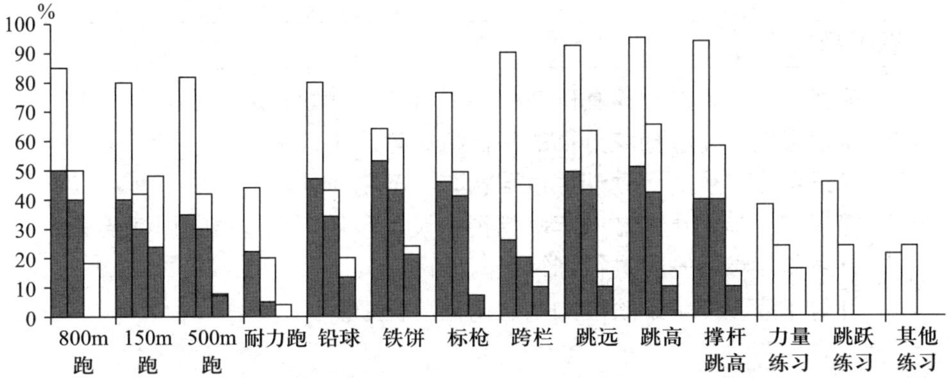

注：黑色表示最大或次最大强度训练内容，白色表示中等及以下强度训练内容

图 8−30　十项全能运动员赛前 3 周训练内容及负荷变化

（Maksimenko，1993）

面对竞争激烈的比赛，运动员的心理准备与自我调节是比赛获胜的关键因素。良好的赛前心理表现，应该有适度的紧张状态，神经活动的激活水平适当，既振奋又清醒；有高昂的斗志、充沛的精力以及坚定的取胜信心；有良好的抗干扰能力和自我控制能力。

赛前训练阶段心理训练的任务包括，帮助运动员明确比赛任务，建立适宜的参赛目标，激发良好的比赛动机，增强运动员取胜的信心，积极消除紧张或消极的参赛情绪等。赛前心理训练要遵循全面系统和冗余备赛的原则，力求在发生任何局面时都能做到游刃有余。所制定的训练方法包括：增强比赛自信心的方法，如成功参赛的表象与想象，进行积极的自我暗示等；面对不同比赛局面的心理应对措施，如面对比赛中不同的比分局面，不可控意外事件的自我心理调控；多赛次、多局赛制中保持稳定心理状态的方法；运用心理战术主动干扰对手发挥和裁判判罚的方法。

小结

本章从理论与应用角度，系统阐述了训练分期的主要意义、理论基础以及训练分期的主要类型与适用范围；框架性地指出了运动训练过程的层级体系、基本程序和规划要点；重点讨论了不同层级训练计划中的阶段划分、内容安排、方法遴选、负荷要求等要点和赛前训练计划制定的要求。指出训练计划是时空维度上的组织与安排，是保证竞技能力形成的科学设计。

思考题

1. 简述训练分期的理论基础在不同层次训练计划制定中的科学价值。
2. 试述经典分期和板块分期的各自特点与适用范围。
3. 简述结合专项的运动训练过程状态与控制体系。
4. 简述依据运动员成才的年龄特征，设计多年训练过程的训练要点。
5. 针对年度参赛安排进行训练大周期设计。
6. 针对年度不同训练阶段的制定周训练计划。

第九章

运动训练过程监控

本章导言

本章主要包括训练监控基本概述、基本理论、指标体系、组织体系四部分内容。其中，训练监控基本概述重点阐述训练监控基本定义、主要特点及意义；基本理论主要阐述三种支撑训练监控的理论；指标体系主要介绍训练监控基本指标及评价手段。组织体系重点说明监控主体、对象、目标、内容、方法等。本章旨在框架性地构建运动训练过程监控的知识体系。

学习目标

通过本章学习，学生能够掌握本章所涉及的有关术语的基本概念；基本认识运动训练过程监控基本理论和主要特点，基本理解运动训练过程监控基本内容及常用方法，基本掌握运动训练过程监控常用指标及评价手段。

第一节 训练监控基本概述

随着现代竞技运动职业化程度的不断提高，人们对有关竞技训练和参赛成本、效益和质量的关注不断增强，运动训练过程监控的重要性日益凸显。因此，科学认识和强化运动训练过程监控作用显得尤为重要。考虑到人们在提及“运动训练过程监控”时，常常将其简化成“训练监控”，因此，本章在提及“运动训练过程监控”相关词语时统一简称为“训练监控”。

一、训练监控定义

训练监控是指在训练过程中，为了最大限度地提高运动员的竞技能力与运动成绩，科研人员与教练员协同合作，对运动员竞技能力状态与各影响因素进行监测、评价，并根据反馈信息科学调整、控制训练过程的活动（图 9–1）。其中，训练过程是运动训练的主导，教练员指导运动训练的主体，运动员从事训练实践的整个持续过程。从时间跨度看，既包括一次从准备活动到结束训练的训练课，也包括不同周期、不同阶段乃至多年的训练累积，还包括训练课以外的日常生活时间；监控是“监”和“控”的有机结合，“监”是施控主体为实现预期目标监测与评价被控对象信息的活动，“控”是施控主体根据反馈信息调整与控制被控对象行为的活动。在训练实践中，监测是对运动员竞技状态信息的监督测试，评价是对训练质量的检查评定，调整是对训练计划的改进优化，控制是对训练进程的把握操控，训练监控是监测、评价、调整和控制的统一。

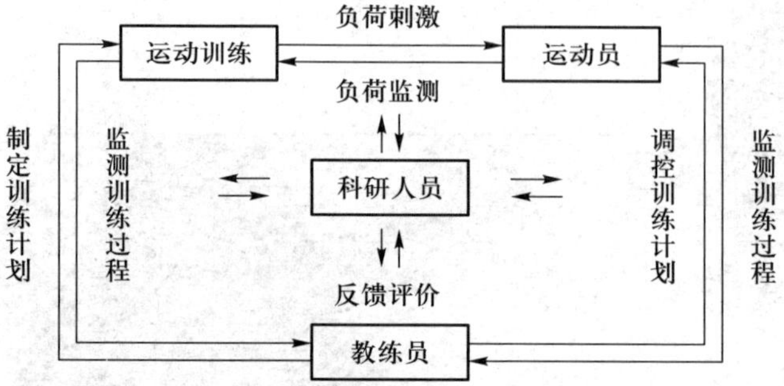

图 9–1 训练监控过程示意图（综合编制）

训练监控的基本特点体现在四个方面。其一，从时空角度看，训练监控是全程性与全面性的统一。全程性指训练监控应贯穿训练的全部过程，全面性指训练监控应包含训练的全部信息，训练监控应确保在整个训练中实现对训练信息的整合统一。其二，从测量评价看，训练监控是定量与定性的统一。定量评价指通过定量指标评价训练监控的量的特征，定性评价指运用定性方法评价训练监控的质的特征，训练监控应力求实现对反馈信息客观与全面的评价。其三，从结果性质看，训练监控是瞬时性与阶段性的统一。瞬时性指监测结果需要即刻提出控制措施，阶段性指监测结果需要一段时间的动态监测才能确定控制措施，训练监控应重视对不同性质结果的分辨与判别。其四，从应用范围看，训练监控是共性化与个性化的统一。共性指同一运动项目训练监控的共性规律，个性指每个运动员训练监控的个体差异，训练监控应在遵循共性规律的基础上实现个性化需求。

训练监控作为科学训练的基本环节和重要途径，具有重要的功能价值。对教练员而言，训练监控可以提供优化训练的客观依据。教练员可依据训练监控收集的信息，客观评价训练的计划是否合理，内容是否得当，方法与手段是否适宜，负荷安排是否适量，恢复措施是否有效，在及时、准确、客观、完整地检查训练效果的基础上有效控制相应环节，以不断缩小现实状态与目标状态的距离。就运动员而言，训练监控可以提供自我监控的数据参考。运动员可以即时了解自身的身体机能、技战术能力、心理能力和专项智力水平的现实状态，并结合直接感知，实现更为准确、客观的自我监控，预防和避免训练不足或过度疲劳。就管理人员而言，训练监控可以整体了解训练实施成效。管理人员可随时发挥运动训练监控作用，深入论证专项运动训练的各种规划和计划，全面检查运动训练实施的实质效果，统筹协调专项运动的设计、实施和监控关系。

二、训练监控意义

（一）训练监控为防范训练风险提供了系统控制的手段

训练监控的直接目的就是监测与调控运动员的竞技能力状态，通过科学诊断运动员的身体机能、技术能力、战术能力、心理能力等，为教练员实施有效控制提供准确而详细的信息。防范风险是实施训练监控的首要目的。一般来讲，优秀运动员的成材周期短则七八年，长则十几年，成材周期长、投资大，成长过程中往往受到多种因素的影响与干扰，承载着大大小小的风险，例如，小到一次训练课，可能存在准备活动不充分、运动负荷不合理、身体机能状态不良、心理状态不佳等风险；在阶段性的训练周期中，可能存在训练计划不周、训练实施不利、营养恢复不足等风险。这些风险贯穿于各种训练水平运动员的各种周期和各个阶段的训练过程之中。训练监控是防范训练风险的重要途径和有效措施，为有效控制运动员成材过程中的训练风险提供了一个强有力的抓手。

（二）训练监控为检查训练质量提供了全面及时的依据

运动训练过程的长期性、竞技能力结构复杂性等因素，直接导致训练效果的不确定性，需要及时检查训练质量，以保证预期训练目标的实现。训练监控是保证训练质量的重要环节。例如，训练学监控指标与生理生化监控指标结合，可以整体性分析训练方法是否有利于提高运动员竞技能力；心理指标与生理生化指标结合，可以多维度评判运动员的竞技状态及疲劳程度；运动学、动力学与生物学指标相结合，可以综合性评价与诊断运动员技术能力发展水平。训练监控通过对运动员专项系统指标的长期跟踪与监测，综合评价运动员的专项体能、技术、战术、心理等状态的变化特征，并形成多维度的综合评价报告，为改进专项训练方法与调控竞技状态提供科学依据。从这个意义上说，训练监控为及时全面检测运动员某一时点、某一时期的训练质量提供了重要保障。

（三）训练监控为制订训练计划提供了客观准确的起点

在一个完整的运动训练过程中，不论其时间跨度多大，运动员在每一个特定时刻的状态，都是其前一时刻状态的延续，又都是后一时刻状态的起始。根据运动员的现实状态诊断，包括竞技能力状态、运动成绩水平、运动负荷程度等方面，既是对前一阶段的训练目标、训练内容、负荷安排、训练方法与手段、恢复措施等运动训练过程重要环节的科学评定，又是对后一训练阶段的训练确立科学的起点。只有建立在科学诊断基础上的训练监控，才有可能对运动训练结果作出准确的预测，才有可能设立适当的训练指标，才有可能制订出为实现指标所必须而又切实可行的训练计划，才有可能实现科学训练，从而避免经验训练带来的随意性、局限性和不完整性。可见，训练监控为运动训练过程确立了一个客观准确的出发点，为训练设计和训练实施提供了一个清晰的思路。

三、训练监控发展

（一）国外发展概况

1. 早期形成阶段（19 世纪至 20 世纪 40 年代）

早期的训练监控是在生理学、生物化学学科发展基础上开始的。19 世纪，西方生理学家就开始关注运动对人体生理指标的量化研究，例如，比利时的生理学家贝路恩奎特利运用统计学方法监测到运动使肌围增大。20 世纪初，学者们开始从不同角度探索运动对人体机能影响机制的研究，主要集中于心血管、肌肉、血液、代谢等方面。例如，丹麦生理学家科汝（J. Krogh）对运动时肌肉内毛细血管调控机制、肺内气体交换机制等进行了探索，并研究和设计了自行车测功计；1920 年，科汝（J. Krogh）和林德哈德（J. Lindhard）首次描述了运动后摄氧量的变化曲线，发现摄氧量在运动后 5～10 分钟内仍高于基础代谢水平；20 世纪 30 年代，克里斯特森（Christensen）等人研究了大强度运动时心输出量、血糖、血乳酸的变化以及训练后的适应性反应。40 年代，美国的布鲁阿（Brouha）提出著名的台阶实验，以台阶运动后的心率恢复来判定运动员的心血管系统功能水平。由此可见，早期的训练监控主要运用生理生化理论与方法探索运动对人体机能的影响并进行简单的机能评定。

2. 快速发展阶段（20 世纪 50 年代至 90 年代）

20 世纪 50 年代后，训练监控进入多学科的快速发展时期。简单的机能评定已无法满足训练监控的要求，新指标、新方法相继在运动训练中尝试，例如，血乳酸、最大吸氧量、无氧阈、TRIMP 等，通过量化训练负荷来评估训练效果。苏联和东欧国家最早开始利用生理生化方法对运动员进行监测与评定，苏联雅科夫列夫继 1955 年出版《运动生化概论》后，在 1974 年又出版《运动生物化学》，对运动员训练负荷的生化评定、提升训练效果生化途径以及超量恢复规律等方面进行了系统总结。1982 年国际运动生物力学学会（ISBS）正式成立，运动生物力学诊断与分析逐渐在改进运动技术训练方案中应用。此外，在运动心理学方面，在早期主要关注个性、唤醒、焦虑等与运动成绩的关系及运动认知过程等基础理论研究的基础上，90 年代后，将基础理论研究应用于运动员训练监控实践中，例如，通过监测运动员心理能力与情绪状态，提出心理训练措施以促进运动表现。

3. 系统发展阶段（21 世纪至今）

进入 21 世纪，训练监控向学科应用系统化、测量技术数字化、数据分析智能化等方向发展。从学科角度看，重视训练监控向多学科、多因素整体综合的监控模式转变。例如，在训练基地设立生理、生化、生物力学、训练学、心理、营养、医学等多学科实验室，各学科专家与教练员密切合作开展训练监控工作。从监测技术看，随着计算机技术、无线通信技术、微电子技术等快速发展，GPS 运动定位系统、惯性动作捕捉系统等运动监测方法被广泛使用，使教练员和科研人员能实时、准确进行数据监测。从数据分析角度看，大数据在训练监控中扮演着重要角色，例如，在 NBA 赛场上，运用光学传感技术、大数据分析技术等对运动员运动表现进行评估。快速的信息反馈可以协助教练员从海量的比赛数据中发现规律，为科学选材、训练方法优化与比赛战术调整等提供智能参考。

（二）我国国内发展概况

1. 简易监控阶段（20 世纪 50 年代至 70 年代）

我国真正意义上的运动训练监控开展始于 20 世纪 50 年代。当时，国家队为备战第 15 届赫尔辛基奥运会，以学习和推广国外训练的经验和训练方法为主，但是并未明确提出“训练监控”一词。这段时期，广大教练员对于训练的把握，除了凭借自身经验结合运动员自我感觉外，主要依靠一些简易医学指标，例如，1953 年《武装部队体育训练中检查脉搏的规则》中提出，脉搏是检查身体和体力锻炼对身体影响最简单的一种方法，在训练前、中、后均应检查，可以说是我国训练监控的雏形。而后，十年“文化大革命”使我国运动训练理论研究处于停滞阶段，训练监控研究也随之中断。该时期的显著特点是，人们已经意识到训练监控的重要意义，开始关注训练监控，但因现实条件所限，只能自发地采用不借助实验仪器的单一简易医学指标监测专项训练或专项训练的某一方面，没有形成规范化、制度化和系统化。

2. 综合监控阶段（20 世纪 80 年代至 90 年代）

随着竞技体育的竞争日益激烈，局限于运动训练单一或局部因素的训练监控已不能满足训练实践的要求。为此，在 20 世纪 80 年代初期，体育科学界提出，应从多学科、多指标对运动训练过程进行综合监控的理念。运动生理学、运动生物化学、运动生物力学、运动心理学、运动医学等学科的理论、方法与手段开始综合应用于训练监控中。训练监控集中在通过监测心率、血红蛋白、血乳酸、血睾酮、皮质醇等生理生化指标对运动员的机能水平及其发展状况进行诊断与评价。90 年代以后，以微电子、计算机和网络技术为代表的信息技术迅猛发展。例如，基于计算机的足球运动员跑量和跑速遥测电脑记录仪的研制等，有力推进了训练监控中监测数据采集方法与手段的数字化。该时期的显著特点是，多学科交叉监控成为主流，重视对运动项目共性问题的监控，偏重于训练结果的监控。

3. 科学监控阶段（21 世纪至今）

21 世纪是科技的时代，训练监控也迎来了科技的革命。在训练监控指标方面，一些新的生化指标不断被应用于训练监控中，例如，血液肌钙蛋白指标评价运动对心脏损伤的影响程度等；在训练监控信息采集方面，高科技仪器设备应运而生，例如，基于 UWB（超宽带）技术的室内厘米级的运动定位系统，基于 SW（智能可穿戴）惯性动作捕捉系统；在训练监控数据分析方面，大数据成为热议术语，从运动员选材到运动成绩预测，从效果评价到伤病预防，从疲劳诊断到恢复评估，训练监控大数据分析方法渐为潮流；在学科领域方面，计算机图像信息、电子与工程力学、分子生物学包括转录组学、蛋白质组学、基因组学和代谢组学等学科与技术手段正在尝试应用到训练监控不同场景。该时期的显著特点是，从指标到方法，从过程到结果，从技术到手段，训练监控的方方面面无不与科技接轨，训练监控迎来了科学监控时代。

第二节 训练监控理论基础

一、系统控制理论

系统控制理论是指为实现一定目标，从整体的角度对系统进行分析的原理、原则和方法的总和。从系统控制理论的角度来看，运动训练过程具有训练目标、训练人员、训练技术、训练设施、训练方案、训练设计、训练实施、训练监控、训练质量、训练周期、训练环节等基本要素，这些基本要素相互影响与作用，构成了一个完整的有机整体，同时又是竞技体育系统的重要组成部分。可见，运动训练就是一个独立的有机系统，深刻认识运动训练的系统本质属性，遵循系统控制理论，从整体出发协调整合运动训练系统的各个子系统，是科学从事运动训练的前提。运动训练系统控制的结构如图 9-2。运动训练系统主要包括规划、实施和评价三个重要环节，具体包括：规划，主要由竞技状态诊断、训练目标确定和训练计划设计构成；实施，主要由训练条件保障、训练过程监评和训练方案调整构成；评价，主要由训练计划评价和训练实施评价构成。

训练监控也是一个复杂的系统，同样遵循系统控制理论对其进行有效控制。可以说，训练监控的系统控制就是从训练监控的整体出发，研究训练监控的规划、设计、组织、实施、管理和评价，从而对训练监控实施最佳管理和调控的科学方法的综合，其控制重点是训练监控的计划与实施。训练监控计划从理论层面对训练监控的各个环节进行设计，以确保训练监控实施的最佳化，主要涉及训练监控的目标确定与分解、任务内涵与要义、方法对应与选择、阶段划分依据与衔接、经费预算与成本等。训练监控实施从实践层面对训练监控的组织进行监督，以实现训练监控实施的最优化，主要涉及训练监控的指标筛选与确定、方法选择与安排、测量严格与规范、数据处理与分析、诊断客观与准确、调控合理与到位等。训练监控计划是训练监控实施的行动纲领，训练监控

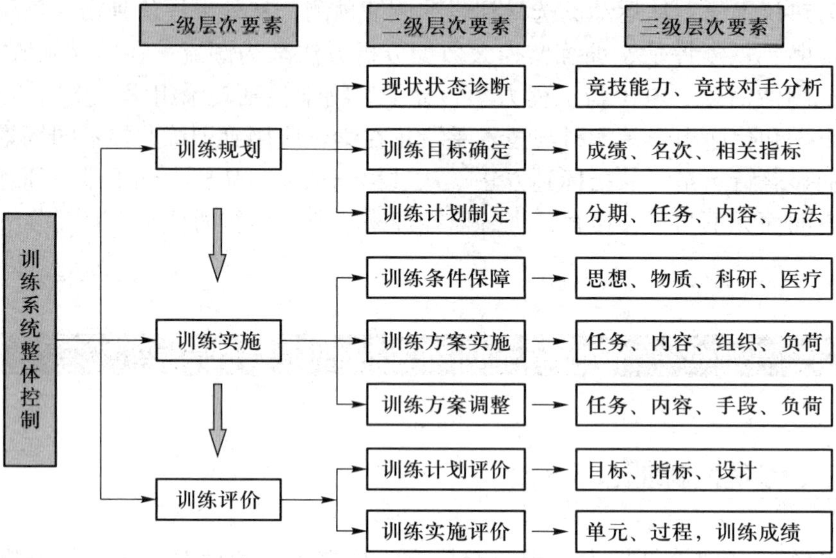

图 9-2 训练系统整体控制结构图

（胡亦海，2014，并整理）

实施是训练监控计划的具体操作，两者的高度结合是训练系统控制的核心。

二、反馈控制理论

反馈控制理论是指在反馈控制系统中，控制装置对被控对象施加的控制作用，通过取自被控量的反馈信息，不断修正被控量与输入量之间的偏差，实现对被控对象进行控制。在运动训练实践中，运动技能的形成过程可以看成是一个由施控主体（教练员）、控制对象（运动员）、控制通道（训练方法）、反馈信息（运动员自我感觉、运动成绩、运动技术相关信息）等要素构成的具有控制功能的复杂系统。运动员技能水平的高低，主要取决于对运动技能训练过程的控制，而运动技能训练的控制是通过信息的传递和反馈得以实现的，反馈是运动技能学习的关键。在实施控制作用过程中，教练员采用多种方式收集运动员技能学习的反馈信息，在了解运动员技术掌握实际状况与预期目标的差距基础上，及时对技能训练方法与手段进行调控，提高运动技能训练质量。运动员通过接受来自教练员的评价与反馈信息，及时调整动作技术与训练方式，从而促进技能的有效学习。

训练的实时反馈是训练科学化的重要标志，训练反馈是教练员对训练实施控制的重要方法。运动训练是一个长期的、系统的动态过程，由多种因素构成，这些因素又都是处于不停地运动变化之中。由于各种干扰因素的影响，运动训练过程的实际效果与预定目标并不一定相同。运用训练反馈控制可以发现训练的实际效果与预期目标的偏离情况，并及时调控，使训练恢复到预定的轨道上来，保证最佳训练目标的实现。一方面，教练员制订训练计划，实施运动训练，对运动员施加训练刺激，通过训练反馈控制，可以测量运动员机体对训练刺激的反应，从而辅助教练员评价训练效果，为制订更加科学的训练计划提供参考；另一方面，运动员完成训练计划，通过训练反馈控制可以测量运动员机体在训练过程中的反应，辅助教练员对照训练计划中的标准评价运动员完成训练的质量，从而为控制运动员训练过程的质量提供依据。

三、质量控制理论

质量控制是指为达到质量要求所采取的作业技术和活动，也就是说，质量控制是为了通过监视质量形成过程，消除质量环节上所有阶段引起不合格或不满意效果的因素，以达到要求、获取效益而采用的各种质量作业技术和活动。质量是指产品或工作的优劣程度，其主体是实体，这种实体可以是活动或过程，例如，运动训练活动或运动训练过程，也可以是活动或过程结果的有形产品或无形产品，各种训练规划、训练实施和训练监控都属于质量的主体。控制表示驾驭、调控，两者构成一个沿着“测—评—调—控”的路径周而复始的闭环过程。质量控制是对主体进行全方位、全过程和全员参与管理的一套“操作系统”，是主动加强自我约束而不断提高质量的有效机制。质量控制的关键环节是通过比较实际测得的质量特性与相关标准，采取相应措施纠正出现的差异或异常现象，从而使主体处于有效的控制状态。

质量控制理论是指根据有关规定和产品特点，对活动全过程实施全面、有效的质量监控。运动训练质量控制是影响训练质量的重要因素。高质量训练的形成不仅与训练本身有关，而且还与所涉及的其他许多环节、因素和过程有关。对运动训练进行的质量控制就是动态监测训练过程的各个环节和要素，及时调控出现的偏差与失误，以确保训练质量的不断提高。也就是说，只有将运动训练过程中的所有影响因素都纳入管理的轨道，保持系统、协调的控制，才能确保实现高水平的训练质量。因此，提高运动训练质量的实质就在于：在详细了解运动员现时状态的基础上，科学制订训练目标和计划，选择有效的训练方法，对训练过程进行严密的控制，并且合理安排运动员的恢复，使运动员的专项竞技能力得到快速提高。现代竞技体育发展的进程证明：运动训练质量控制是提高运动员竞技能力和运动成绩的重要方法。

质量控制是运动训练系统的重要结构要素，是运动训练系统建设中不可或缺的重要部分。训练监控能否促进训练质量的提高，与训练监控本身的建设和运作的质量有着非常密切的关系。训练监控是一个动态、开放的过程，其体制、机制、主体、对象、内容、指标、流程、方案、方法、时段等要素不是一成不变的，它们会因为不同训练阶段以及不同控制目的而有所变化。在训练监控实践中，只有保证训练监控的主体、对象、目的、内容、类型、方法等要素的设计是科学、合理、可行、有效的，才有可能保障训练监控结果的真实可靠；只有提高训练监控本身的质量，才能发挥训练监控在运动训练中的作用。提高训练监控质量的实质是成立训练监控质量控制小组，将训练监控过程中的各个环节、要素纳入管理的轨道，对训练监控过程进行动态监督与控制，从而保障训练监控活动真正起到对训练质量的全过程、全方位进行监督、规范、控制的作用。

第三节 训练监控指标体系

一个完整的训练监控过程包括测量、评价和调控三个部分。科学确立训练监控评价指标体系，是评价运动员的竞技能力、训练状态和健康状态的一个核心和关键的环节。指标体系涵盖的是否全面、层次结构是否清晰合理，直接关系到训练监测与调控质量的好坏。训练监控评价指标体系主要分为两类：一类是以人体的运动科学为学科基础的指标，另一类是以运动的人体科学为学科基础的指标。采用前者目的是揭示人体的专项运动特征及其变化规律；采用后者目的是揭示运动的人体内部现象及其变化实质。这里主要阐述运动素质、技术、战术等人体运动基本指标和运动生理、运动生化、运动心理等运动人体基本指标的监测与评价。

一、人体运动指标

（一）专项素质评价指标

专项运动素质评价指标是指反映运动员专项运动素质发展状况的指标，主要包括专项力量、专项速度、专项耐力等。专项力量指标反映在完成专项技术动作时力量的时间、空间和负荷特征。专项速度指标反映在不同专项中反应速度、位移速度、动作速度的能力，例如，田径的径赛、游泳等周期性竞速项目的专项速度主要表现在出发时的反应速度与出发后的位移速度；投掷和举重项目等快速力量性项目的专项速度主要是动作速度。专项耐力指标反映运动员有机体长时间承受专项负荷并保持工作的能力，例如，短跑项目不仅要求运动员具有较快速度水平，还要具备保持速度的专项耐力；速度滑冰项目除了要求运动员具备良好的腿部力量，还要具有保持较长时间发挥力量能力的专项耐力。对于专项运动素质指标的监测与评价，可以反映前期专项训练效果并揭示训练中的潜在问题，为科学开展后续的专项训练工作提供重要的参考依据。

对专项运动素质评价指标的监测以运动场测量方法为主，其优点是紧密结合训练的专项特点，将运动员在专项训练中的具体情况综合地反映出来。专项力量指标主要通过专项力量训练手段来监测，例如，通过专项跳跃训练手段测量跳远运动员的下肢专项力量。专项速度指标的监测以非接触式的运动生物力学测量方法为主，通过红外线光电分段计时、雷达测速、激光测速及录像解析等方法测量运动员在专项运动过程中的速度指标，例如，在比赛中使用激光测试系统（LAVEG SPORT）可以对 100 m 跑和直道跨栏全程以及对 200 m 跑的最后 80 m 直道跑等项目的瞬时速度进行测量。专项速度指标与监测手段如图 9-3。常见耐力指标的监测方法有两种，一种是通过训练器械来诊断专项基础耐力训练水平，例如，通过在专项训练器械上完成某一动作的最大重复次数来检查和评定运动员的局部耐力，另一种是通过专项耐力训练手段来检查和评定运动员的专项耐力水平。

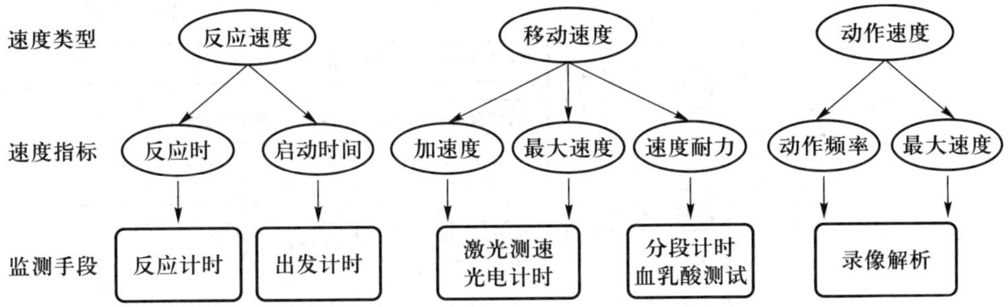

图 9-3 专项速度指标与监测手段图（综合编制）

专项运动素质评价主要运用定性与定量相结合的方法构建专项运动素质评价模型，用于专项运动素质的选材、诊断与预测。常用的建立专项运动素质模型的方法分为五种：经验分析模型法、均数与百分率建模法、级差建模法、系数建模法和回归方程法。根据模型中包含专项素质因素的数量，专项素质评价模型有单因素模型与综合因素模型两种类型，例如，陈超（2013 年）通过专家访谈、问卷调查、数理统计等方法建立了我国优秀青年女子速滑短距离500 m运动员专项力量素质发展的评价模型与评价标准；周文福（2014年）采用文献资料、专家访谈、测量、数理统计等方法建立了我国优秀撑竿跳高运动员专项运动素质评价模型，主要指标包括助跑阶段的速度、协调性；起跳阶段的爆发力、最大力量；摆体、转体阶段的爆发力、协调性、最大力量；推竿阶段的平衡性、协调性等，及其综合评价标准。

（二）运动技术评价指标

运动技术评价指标主要包括运动学和动力学指标。运动学研究人体或器械在空间的位置随时间变化的规律性。运动学指标可确定技术动作的时间特征、空间特征和时空特征。技术动作的开始和结束时刻、持续时间、频率等可反映动作技术的时间特征；身体姿势、运动轨迹等可反映技术动作的空间特征；动作速度、动作节奏则反映技术动作的时空特征。动力学研究人体或器械运动的外部规律所包含的动力学原因。动力学指标可反映技术动作的力的特征、冲量特征和能量特征。力的特征是指用力的大小、方向和作用点；冲量特征是指人体和肢体在运动时所受外界或给予外界的力及时间等指标；能量特征是指人体在运动过程中的功、功率和能量、效率等指标，可以判断人体运动的经济性与有效性。可见，运动生物力学是技术评价指标的学科基础，通过对运动员技术动作的实时监测与诊断，可为技术训练的改进方案提供参考。常用运动技术评价指标如图9–4。

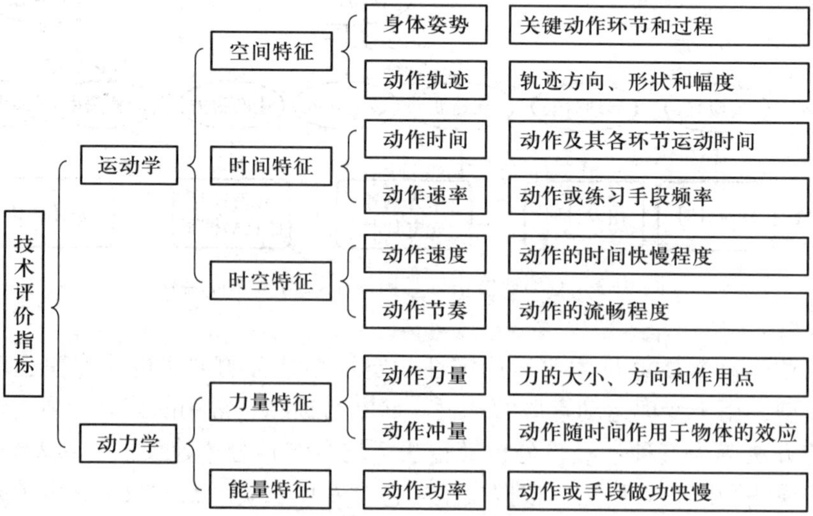

图9–4 常用运动技术评价指标要素图（综合编制）

对运动技术评价指标的数据采集一般可分为运动学和动力学数据采集两类。运动学数据采集常用方法是以摄影、摄像、光点反射（激光，红外光等）类设备为主的运动现场测量。例如，激光测速系统（比利时 FAST 测速系统）可用于 100 m 跑、跨栏跑以及跳远、撑竿跳高的助跑等人体直线运动速度的测量；动作视频解析系统（Simi Shape 三维高速摄像解析系统）可实时监测并快速反馈技术动作分析，适用于短道速滑、三级跳远、武术、举重等项目。动力学数据采集常用方法主要包括多分量三维测力台、专用运动器械上的力传感器测量仪和多种专用测力设备等，主要在实验室条件下进行。相对而言，运动学数据的采集方法不会干扰运动员的正常训练与比赛，而且更加灵活。因此，对运动员动作技术的诊断与评价，常以运动学数据采集为主，动力学数据采集为辅。当然，在条件允许的情况下，采用综合测量方式更佳。

运动技术评价主要采用常规技术评价、数学物理模型和专家系统评价三种方法。其中，常规技术评价是运用运动生物力学的原理与方法，依据测量类别对运动技术诊断进行运动学、动力学等指标的划分，通过比较指标优劣标准作出诊断结论，大致可分为评定框架基础上的技术评价法、优秀运动员模板法、小样本技术评价法和无参照个体技术评价法等；数学物理模型评价，以运动过程为对象，在合理假设的基础上建立运动模型，推理演绎运动过程，是对常规技术评价的补充，主要包括经验模型、数学模型、力学模型、优化模型等；专家系统评价，主要是指多位专家立足于数据资料对运动技术进行集体决策，主要分为人类专家系统和人工智能专家系统，前者指数据资料提供给多位技术分析专家，由专家组对技术提出诊断意见，后者指由计算机作出决策，决策方法主要依靠计算机智能推理算法、预置的系统知识库等，模拟人类专家决策。

（三）运动战术评价指标

运动战术评价指标主要包括运动技术串联与衔接程度、运动战术组成与成功率、运动战术形式及其变化效果。战术是指在比赛中为发挥自身优势而采取的计谋和行动，从本质上看，战术是技术在时间上的前后连贯和空间上的位移表现，也就是说，战术不但反映了战术对抗中时间的延续性、顺序性，而且还反映了战术对抗中空间的广延性与伸缩性。运动战术与专项特征密切相关，以体能为主要竞技能力特征的周期性项目，例如，径赛、游泳等，临场变化单一，对战术的要求较低；以技能为主的非对抗项目，例如，跳水、射击等，没有对手同场干扰，战术安排具有较大自主性；以技能为主的对抗性球类项目，例如，乒乓球、足球等，运动形式多元易变，对战术训练水平要求最高，其战术运用成功与否往往是比赛胜负的关键因素。可见，球类项目的战术监控较为重要。常用球类战术评价指标主要围绕时间和空间、进攻与防守、攻防转换三个角度展开。

球类战术评价指标的数据采集主要包括现场摄像与观察、录像观察以及录像技术统计与现场观察相结合等方法，收集战术运用时的时空、攻防以及攻防转换等相关资料和数据，并对战术的运用情况和得分情况进行分析。鉴于战术运用过程与运用效果的不确定性，战术评价指标的处理以统计学理论为基础，即，以统计的概率性和多种可能性为基本特征，规律的必然性只能在大量随机现象的偶然性中体现出来。球类战术评价主要通过人工统计与视频分析软件完成。其中，乒乓球三段统计表、排球轮次和位置统计表、足球进攻与防守技术统计表是常用的人工统计手段；德国的 Simi Scourt、澳大利亚的 Sports Code、瑞士的 Dartfish TeamPro 都是较为成熟的技战术视频分析软件，用以分析运动员的战术表现。技战术视频分析软件已在各项球类运动中广泛应用，例如，刘丹（2012）在中国女足备战 2008 年奥运采用计算机视频系统辅助技战术训练。

球类战术评价主要采用综合分析法。从发展历程看，战术评价经历了由定性到定量再到定性与定量相结合，由简单数理统计到数据挖掘再到智能决策支持的过程，主要分为数理统计和数据挖掘、专家评价三种类型（图 9-5）。其中，数理统计法主要包括百分位法、离差法、逐步回归分析法、灰色关联分析法、模糊综合评判法等，对运动员技战术运用情况进行量化分析。数据挖掘是指从大规模技战术数据中提取和挖掘潜在的、未知的而且有价值的战术特征与规律，用以弥补传统数理统计手段所反映的战术运用情况信息的不足，进而获得和发现更多的有价值的未知战术制胜信息和规律，为比赛中战术决策提供科学的决策依据。专家评价成员一般包括科研人员和具有较丰富运动经历和专业技能的人员，根据专项情况，进行定性与定量的综合评价，通过计算机辅助分

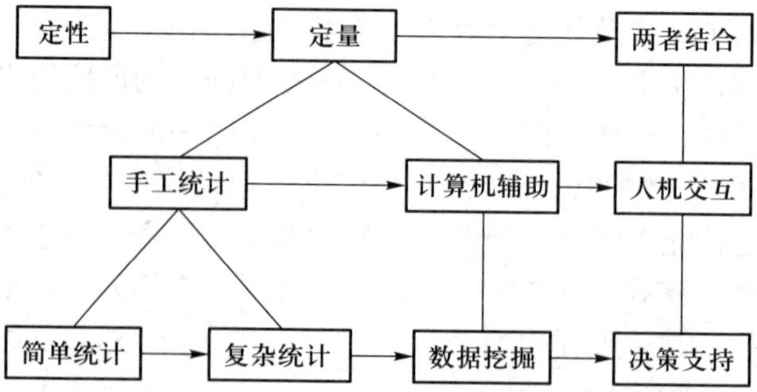

图 9-5 战术评价方法结构图

（王清，2004）

析、主观判断等方法，对运动战术做出切合实际和具有较强针对性的综合决策。

二、运动人体指标

（一）运动生理评价指标

运动生理评价指标主要包括体重（Body Weight，Wt）、心率（Heart Rate，HR）、血压（Blood Pressure，BP）、无氧功率（Anaerobic Power，AP）、无氧阈（Anaerobic Threshold，AT）、最大摄氧量（Maximal Oxygen Uptake，$\dot{V}O_2max$）等。常用运动生理评价指标见表 9-1。运动训练过程的生理本质是有目的地通过不断的身体练习给运动员机体施加适宜的生理负荷刺激，使运动员在形态结构、生理功能等方面发生一系列适应性增强，促进运动员竞技能力的提高。机体内生理指标的一系列变化是运动员所承受的训练负荷刺激的直接表现，可以客观地反映机体对运动训练的应激能力。如，训练负荷太小，竞技能力不能明显提高；训练负荷过大，会导致运动性疲劳或损伤。因此，采用运动生理学的原理、指标和方法，定期系统测试运动员机体在训练前、中、后或某一训练阶段的主要生理指标的变化，是了解和掌握运动员身体机能发展、训练负荷适应及机体恢复等情况较好的方法。

► 表 9-1 常用运动生理评价指标一览表

指标	生理意义	监控目的
体重	一般情况下，如果呈持续性下降，有可能出现过度训练或患有某种疾病	阶段性训练效果
心率 HR	一定范围内，心率与运动强度呈线性关系	一次 / 组动作的动作强度、阶段性训练效果
血压 BP	安静时收缩压升高 20% 左右，并连续 2 天以上时，可能是机能下降或过度疲劳	阶段性训练效果
无氧功率 AP	处于疲劳或过度疲劳状态时，无氧功率下降	一个训练周期无氧训练效果
无氧阈 AT	无氧阈值下的负荷强度越高，说明机体的有氧能力越强	一个训练阶段机体运动能力和训练效果
最大摄氧量 $\dot{V}O_2max$	机能状态不佳时，$\dot{V}O_2max$ 降低；恢复良好时，$\dot{V}O_2max$ 可逐渐恢复到原有的最高水平	一个训练周期无氧训练效果

（综合编制）

常用的生理测量系统

运动生理指标的数据采集主要通过实验室和运动场两种方式实现。实验室采集是指在实验室条件下，采用生理学测量系统，监测运动员机体的相关生理指标变化。常用的生理学测量系统主要包括：运动心肺功能仪、遥测心率仪、心电图测试仪、气体代谢分析仪等，分别测量运动负荷刺激所导致的心率、心电图、气体代谢变化，从而反映出与训练相关的生理学特征，为训练调控提供数据支持。运动场采集是指通过专门的训练器械或者专项训练手段诊断和评价运动员的专项训练水平。例如，在游泳池递增速度训练中，通过专项水上牵引器设定速度和间歇时间，运用便携式血乳酸测试仪测量运动员训练后的血乳酸，用以评价运动员的个体无氧阈训练水平。运动场采集的优点是紧密结合训练的专项特点，将运动员的训练情况快速、实时、综合地反映出来，为运动场实时监测专项训练提供了支持。

运动生理评价常采用多指标的综合评定方法，通常由若干单个指标组成。这些指标单独评价各自能够反映有机体承受训练刺激后的独立的变化特征。同时，将这些指标综合考虑又能够揭示有机体在运动训练过程中的整体机能状态。在训练实践中，应根据不同监控目标选择相应的评价指标与方法，例如，评价运动员身体承受训练负荷能力，可选择体重、心率、血压等生理指标进行监测与评定。此外，还应根据专项的代谢能力要求选择相应的评价指标与方法，例如，孙建华（2012 年）通过监测备战 2010—2011 年赛季全国女子排球联赛的优秀运动员在递增负荷运动过程中的各阶段气体代谢等指标的动态变化，发现我国优秀女子排球运动员在有氧、无氧代谢能力、心肺功能、速度耐力和耐乳酸能力上存在位置特征，大致表现为：副攻 > 二传 > 主攻 > 接应 > 自由人，提示我国女子排球训练应重视场上不同位置有氧、无氧代谢的能力特征。

（二）运动生化评价指标

运动生物化学评价指标主要包括血乳酸（Blood Lactic Acid，Bla）、血红蛋白（Hemoglobin，HB，HGB）、血清肌酸激酶（Creatine Kinase，CK）、血尿素氮（Blood Urea Nitrogen，BUN）等。常用运动生化评价指标见表 9-2。这些指标可以从分子水平上分析研究运动时身体机能的变化，能够较为准确地揭示运动员机体在训练中的物质代谢和能量供应特点，客观评定机体的运动负荷水平。不同运动员承受同一运动负荷后，其机体内的某些化学物质及物质代谢的特点是不同的；同一运动员在不同时间、不同环境中承受同一运动负荷，其机体内的某些化学物质及物质代谢的特点也是不同的。因此，负荷大小可根据体内的生化指标变化进行评定，从机体内某些生化指标以及物质代谢的产物了解运动中的变化规律。在训练监控的实践应用中，常采用血乳酸、尿蛋白、肌酸激酶等评定运动负荷强度；采用血尿素、血红蛋白、血清睾酮和尿胆原评定负荷量。

▶　**表 9–2　常用运动生物化学指标一览表**

指标	生理意义	监控目的
血乳酸 Bla	极限强度下 Bla 检测，可以定量确定耐力项目的负荷等级；同样强度下的负荷，Bla 检测下降，说明有氧能力提高	一组或一次训练课的负荷反应；阶段机能评估
血红蛋白 Hb	诊断血液携氧能力；小周训练后明显下降，说明不能适应负荷	一次训练课或一个训练日的训练负荷效果
血氨	极限强度时，血氨变化较大，可作为评定磷酸原代谢系统和极限负荷强度的指标	一组或一次训练课的负荷反应
血清睾酮 T	运动后的恢复后期 T 值高，表明恢复能力高，机体状态好；否则，说明机体恢复能力低，未产生训练适应	
血清皮质醇 C	运动后恢复阶段 C 值高，且不能及时恢复，说明机体状态差；阶段训练之后，同等负荷下 C 值幅度低，说明产生运动适应	
血清睾酮与皮质醇比值 T/C	大量负荷后，血睾酮下降，皮质醇上升，表明训练过度或机能较差；一般血浆游离睾酮 / 皮质醇比值下降超过 30% 评定为过度疲劳	一次训练课的恢复评估 一个训练阶段的机能评估
血清肌酸激酶 CK	一次课后 CK 异常升高，表明肌肉损伤或负荷强度过大；陆续多日的监测，强度不变，CK 上升减缓，说明逐渐适应	
血尿素氮 BUN	持续时间为 30～60 min 时 BUN 才明显增加，负荷量越大增加越明显，次日晨起恢复也较慢	
尿蛋白 UP	训练课后或次日清晨检测为阳性，说明训练负荷过大或机体恢复不足	一次训练课的负荷程度

（综合编制）

运动生化指标的采集主要分为两大类：一是身体机能类，主要包括心脏功能、血液机能、肝功能等；二是生理反应类（内分泌），主要包括不同周期的生理反应，如激素的分泌情况。运动生化指标的采集方法已经从化学方法发展到了仪器法，测试仪器也从半自动转变为全自动，具有实时测试、快速评定的特点。例如，采用普通的化学方法测定血乳酸的含量往往需要一个多小时，而便携式乳酸自动分析仪则仅仅需要几十秒就可以完成。需要注意的是，不同的生化指标具有不同的生化特征，在运动训练中的变化特点与规律也存在较大区别。因此，生化指标的测试时间要求较为严格，例如，血乳酸可安排在运动后 1、3、5、7 分钟取血样，尿蛋白应在运动后 20 分钟左右取尿样，血尿素、血清肌酸激酶应在运动后即刻取血样，血红蛋白、尿肌酐等的测试一般应在早晨安静时取样。可见，对生化指标的测试时间的掌握是训练监测的关键。

运动生物化学评价常采用多指标的综合评定。为了使评价更加准确，有时还需要经过一个阶段的追踪测试、综合研究，例如，血红蛋白的变化，要求在一段时间内多次测试、系统分析，找出其本人的血红蛋白平均值、最高值和最低值之后，再与其他生化指标进行比较。运动生物化学指标的选择与竞技专项特征密切相关。一般来说，以游泳、中长跑等耐力素质为主的项目主要以血乳酸等指标作为监控指标，以举重、排球等力量或灵敏素质为主的运动通常以血清肌酸激酶（CK）、血清睾酮（T）作为主要监控指标。例如，赵鹏（2013）对备战 2012 年奥运选拔赛和奥运备战赛的国家男子举重队重点运动员的尿素氮（BUN）、肌酸激酶（CK）、睾酮（T）、皮质醇（C）等生化指标进行 6 周的跟踪监测，通过数理统计等方法分析、评定运动员机能状态并对比现有的两种赛前训练模式，为教练员及时调整训练负荷、保证运动员在大赛前机能处于良好状态提供参考。

（三）运动心理评价指标

运动心理评价指标主要分为运动心理能力指标和运动心理状态指标。常用运动心理能力评价指标主要有：赛前情绪状态、个性特征、注意特征、感知觉能力、意志品质、竞技心理能力等；常用运动心理状态评价指标主要有：情绪状态、动机水平、中枢神经疲劳、自信心水平、注意特征、动作表现清晰度等。此外，还包括可选用的生理指标，主要有前额肌电（EMG）、手指皮肤电传导性（SC）、心率（HR）、呼吸（RSP）等。良好的心理能力和最佳的心理状态是提高运动员技战术水平、形成良好竞技状态以及在比赛中取得优异成绩的重要因素，运动员心理能力和心理状态的评价，为教练员调控运动员赛前心理状态、最大限度地调动运动员的心理潜能提供了直接依据。

运动心理评价指标的采集主要采用多维检测方法，系统地监测运动员的心理状态和运动性心理疲劳，例如，运动生物化学方法（睾酮、血红蛋白）用于检测运动员身体机能的变化；神经生理方法（ET）用于诊断运动员的中枢神经疲劳；心理量表（ABQ）用于评估运动员的主观感受；躯体症状和行为症状的自评报告用于了解运动员的情绪、精神、注意、睡眠等情况；行为观察和访谈调查用于核实测评结果是否与运动员的现实情况相一致。采用哪些方法更能可靠、有效地检测运动员的心理状态和心理能力仍有待探索，但多维的、长期的、个性化的检测方法是一种必然趋势。例如，张韧仁（2017）监测国家跳水队队员备战国际大赛的身心状态，心理指标采用心境状态量表 POMS 之疲劳—精力分量表测评疲劳、精力，结合 HGB、WBC、RBC、HCT、CK、BUN、TSTO、COR、T/C 等生理生化指标，监测国家队备战 2015 年喀山跳水世锦赛的身心状态。

运动心理评价主要是以各心理量表的评定标准为依据，综合评定运动员的心理活动特点与水平。运动心理评价具有个性化、专项化特征，不同的运动心理指标有不同的心理测量量表，各个心理测量量表又包括不同的指标参数以及相应的评定标准。因此，应根据专项特征选择适宜的、相应的运动心理评价量表。例如，李杰（2018）对我国优秀散打运动员心理技能与失败应对策略研究时，采用运动员心理技能量表（PSIS）问卷共 45 道题，由焦虑控制（AX）、注意力（CC）、信心（CF）、心理准备（MP）、动机（MV）和集体重要性（TM）6 个维度构成，采用 5 点计分法测量与优秀运动员表现相联系的运动心理技能，信心（CF）、心理准备（MP）、动机（MV）的再测信度分别为 0.67、0.66、0.62，可以接受（$r > 0.60$）；运动员失败应对量表包括 24 道题目，每个维度包括 6 个条目，由容忍与失助性反应、情感求助与宣泄、问题解决、幻想与回避 4 个维度构成，分量表条目得分相加即为该量表得分，总趋势是得分越高说明运动员采用该种应对方式的可能性越小，得分越低说明运动员采用这种方式的可能性越大。

三、两类指标的关系

（一）两类监控指标反映了训练监控中稳态与动态的辩证统一关系

运动人体指标描述运动训练过程中运动员有机体系统机能状态的内部参量，其性质是一种状态量；人体运动指标描述个体行为动态过程的外部参量，其性质是一种过程量。这两类指标具有稳态与动态的辩证关系，主要表现为运动员有机体在适宜的训练负荷刺激下，打破原已形成的适应性“平衡”状态，在高层次上建立新的适应性“平衡”稳态，竞技运动能力呈现波浪式前进、循环往返上升的动态过程。同时，随着生物学、计算机科学、人工智能等相关学科的快速发展，一些新的监测指标与评价手段相继出现，例如，2018 年俄罗斯世界杯 adidas 公司推出植入智能芯片的球鞋，通过采集海量的运动数据借助大数据分析手段，精准分析赛场上运动员的技战术表现。为此，应坚持用发展的角度看待已建立的训练监控指标体系，力求寻找更能准确反映训练效果的新指标、新方法。

（二）两类监控指标反映了训练监控中显性与隐性的辩证统一关系

训练监控指标中的人体运动指标反映了运动员有机体的运动外部特征及其变化规律，是运动训练过程的外部表象；而运动人体指标则揭示了运动训练过程中运动员有机体内部变化规律，是运动训练效果的内在体现。这两类指标具有对立与统一的关系，对立表现为两类指标显性与隐性特征对立的属性，统一表现在两类指标双方相互依存并共处于运动员这个复杂机体中，当运动负荷作用于机体时，两类指标的负荷效应同时存在。因此，在训练监控中采用哪种监控指标与方式应服从于运动项目训练的本质特性，取决于专项运动的特点和运动形式。对于体能类周期性项目的训练监控，采用生物科学的监控指标意义更为重要；对于技能类对抗性项目的训练监控，采用运动科学的监控指标意义相对重要。同时，要避免忽视运动训练实践，仅仅借助在实验环境下采集到的“真实伪数据”进行训练监测、评价的现象。

（三）两类监控指标反映了训练监控中独立与联系的辩证统一

人体运动监控指标用于诊断或评定运动员的素质、技术、战术等竞技能力发展过程，例如，技术表现监控指标可诊断技术动作的分化程度、技术运用的熟练程度等；运动人体指标用于诊断或评定运动员机能状态的发展现状，例如，生物学指标可评价负荷强度的反应效果、运动训练的适应程度等。这两类指标具有独立与联系的辩证关系，独立体现在两类指标涉及不同学科的理论与方法，联系体现在多学科、多因素的交叉综合监控体系。竞技能力影响因素具有复杂性，任何一类指标的变化都只是对训练效果的局部反应。例如，生物学科的监控方法较为成熟，但单一或若干指标只能反映个体的机能状态，却无法反映技战术表现的动态变化，技战术表现评价必须依靠专项运动的技战术指标体系。因此，两类指标独立与联系的统一才是全面评价训练效果的保障（图 9–6）。

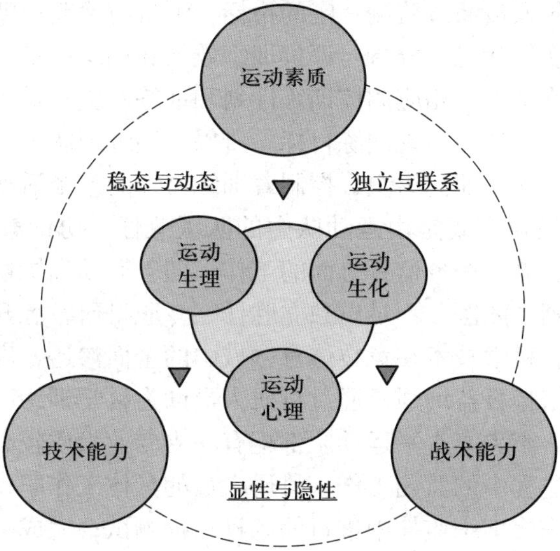

图 9-6 两类指标辩证关系图

第四节 训练监控组织体系

训练监控组织体系分为广义和狭义两类：广义的训练监控组织体系由监控体制、监控机制、监控主体、监控对象、监控内容、监控指标、监控流程、监控方案、监控方法、监控时段等内容组成；狭义的训练监控组织体系主要由监控主体、监控对象、监控目的、监控内容、监控类型、监控方法等内容组成。本节主要阐述狭义的训练监控组织体系的基本内容和构成要素。

一、监控主体与对象

（一）训练监控主体

训练监控主体主要由科研人员和教练员构成。科研人员由影响竞技能力因素的训练学、生物学、心理学、营养学等不同学科的专家组成。教练员主要由人数适量、称职合理、专业配套和人际融洽的教练员群体组合而成。在现代高水平竞技训练中，教练员职能不断细化，合作日益增多，呈现出团队执教的发展趋势。训练的基本组织人员结构也变为由主教练、专项教练、体能教练、科研人员、医务人员、管理人员等组成的复合型训练团队。训练监控主要由训练团队中的科研人员通过监测一定的指标，测量与诊断运动员的身体机能状态、训练负荷、恢复状况，分析与评价训练效果和训练质量，教练员根据科研人员的诊断和评价结果，相应调控训练计划和训练实施，最大限度地避免出现运动性疲劳或损伤，从而实现训练目标。所以，训练团队中的科研人员和教练员是训练监控的主体，他们组织、控制着训练监控的整个活动过程。

科研人员，最初主要是由运动队中的队医兼任，协助教练员完成训练过程中的一些康复营养、医务监督方面的工作。随着运动训练过程对科学研究的需要，工作繁杂到“队医”不足以独立胜任，专职科研教练开始出现在运动队中。近年来，随着科学技术在竞技体育领域中的全面渗透，高水平竞技体育激烈竞争对科技的依赖日益增强，通过科研人员助力科学训练已经成为竞技体育界的共识。为此，不少高水平运动队都配有一支专业素质较高的科技团队，全面负责运动训练过程中的监测工作。科研人员的具体工作职责是：完成训练监控计划的制订；完成训练监控中进行的各种指标测试；完成不同运动训练过程中起始阶段的训练诊断与分析任务；完成监控结果评价；协助教练员制订训练调控计划；落实赛前情报收集事宜；积极配合教练组做好赛后总结工作等。可见，科研人员已成为教练员和运动员不可或缺的重要资源。

教练员，最初在运动队中“单兵作战”，承担着选材、训练设计、训练组织、后勤保障、思想教育、文化学习等全方位的角色。在现代高水平竞技训练中，为适应训练和竞赛活动的系统复杂性，融合多学科、多层次、多成员的复合型教练团队成为必然趋势，形成了高水平运动队中集体决策的工作局面，以“主教练 + 专项教练 + 体能教练 + 科研教练”的教练团队模式最为常见，例如，备战 2016 年里约奥运会的国家男篮教练组，除主教练宫鲁鸣外，还包括专项教练 5 人，体能教练 1 人，科研教练 1 人，科研助理教练 1 人等。教练员是训练活动的计划、组织、实施者，是训练的主导者，科研人员的调控信息只有通过教练员才能够付诸训练实践。因此，教练员在监控人员组织系统中处于关键地位，主要职责是：协助科研人员组织运动员进行各项测试；认真分析科研组监测的结果，并同科研人员一起调整或维持下一步的训练计划。

（二）训练监控对象

运动训练的监控对象主要指运动员的训练过程与竞技能力发展进程。作为训练的主体和竞技能力表现的载体，运动员亦是运动训练的监控对象。运动训练的目的是提高运动员竞技能力并实现比赛目标。要达到这个目的，提高训练的质量是关键，而训练监控的直接目的就是通过监测与评价运动员训练过程，并对运动训练计划制订调控信息，从而提升训练质量。训练过程是一个复杂的、开放的动态过程，运动员竞技状态的水平既受训练因素、环境因素影响，又受个人心理因素及生物节律的影响。训练监控可以掌握训练过程中竞技能力发展状况以及影响因素，协助教练员全面掌握训练中的信息并调整训练计划，从而实现比赛目标。传统训练监控强调教练员与科研人员的主导作用，忽视运动员的主观能动，现代训练监控强调多方协调配合，重视运动员的自我监控，并将其作为教练员和科研人员获得运动员信息的一个重要途径。

运动训练过程与运动员的竞技能力发展进程是训练监控的直接监控对象。训练过程是运动员在约定时间点上实现初始竞技状态向目标竞技状态的转移过程，这种状态在时间维度上是由不同训练阶段组成的训练过程，在空间维度上则为通过训练内容、方法和手段所形成的竞技能力发展进程。因此，为了确保训练目标在约定时间点上的稳定实现，必须对训练过程制订科学的训练计划。训练计划是对训练过程中训练时间、内容、方法等的顶层理论设计，由于训练过程的不稳定性以及运动员竞技能力的复杂性特点，只有对训练过程中各相关要素及其竞技能力发展进程实施长期的、系统的科学监控，才能探索运动员竞技能力的发展规律，确保运动员在比赛中表现出最佳的竞技状态。

运动员，作为训练的主体，亦是训练监控的对象（图 9-7）。运动训练的直接目的是提升运动员的竞技能力，运动员完成训练计划是提升竞技能力的主要保证。训练监控可以检测运动员机体在训练过程中的反应，辅助教练员对照

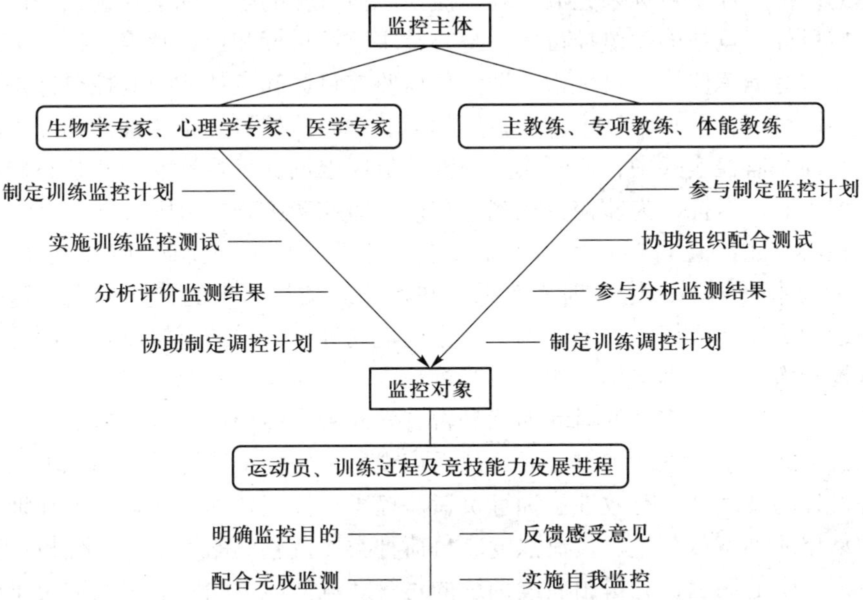

图 9-7 训练监控主体与训练监控对象

训练计划中的标准，评价运动员训练效果，从而为控制运动员的训练质量提供依据。因此，运动员是教练员的指导对象，更是训练的监控对象。传统运动训练理论尽管肯定运动员的主体身份，实质更为强调教练员的主导作用；现代运动训练理论则高度肯定运动员的主体身份，同时注重教练员的指导与督导作用，更强调运动训练是包括教练员、运动员和其他相关人员在内的多方共同协作的活动过程。因此，运动员对训练监控的主要职责表现在：在监控前参与监控计划制订、明确监测目的；在监测中配合教练员与科研人员完成数据采集工作；在监测后及时、客观向教练员与科研人员反馈主体感受与意见，为教练员调控训练计划提供参考。

二、监控目标与内容

（一）训练监控目标

训练监控的总体目标主要为：确定有效的训练监控指标，采用合理的训练监控方法与手段，遵循高效的训练监控活动实施程序，及时检查运动员训练的效果并分析各种效果产生的原因，提出针对性的具体对策。同时，保障运动员的身心健康状况，确保运动员运动训练实践活动的正常进行，以最佳的竞技状态参加比赛并取得优异运动成绩。训练监控总体目标的实现，主要通过各个具体的训练监控子目标来完成。训练监控总体目标的子目标主要包括：训练负荷监控目标、竞技能力监控目标、身心健康监控目标和运动营养监控目标。其中，在这些训练监控子目标中，训练负荷监控目标和竞技能力监控目标是核心和主导性目标，而身心健康监控目标和运动营养监控目标是条件性和保障性目标。在训练监控实践中，科研人员与教练员应根据训练目标、现实状态确定适宜的训练监控目标，为监控方案制订与训练监控实施确立科学方向。

核心和主导性目标具体为：竞技能力监控子目标主要通过对运动员竞技能力发展水平的测评检查训练效果，并预测运动员未来的比赛成绩。竞技能力是运动员比赛成绩的决定性因素，也是运动训练效果的直接反映。因此，构成竞技能力的各个因素均应作为被监控的内容。对运动员竞技能力发展状况的监控，主要检查所实施的运动训练是否有效改善身体形态、身体机能、技术能力、战术能力、心理能力等方面，从而审视所采用的训练计划、训练方法与手段等设计的合理性与有效性。训练负荷监控子目标主要通过对运动员在训练过程中承担的训练负荷量、负荷强度、负荷种类以及它们的构成比，分析运动训练效果产生的原因，并提出后续训练的对策。竞技能力的发展主要取决于施加给运动员的运动训练负荷，因此，无论运动员的竞技能力能否取得理想的提升，均应从运动员在训练过程中实际承受的训练负荷进行监控与分析。

条件性和保障性目标具体为：身心健康监控子目标主要监测运动员在训练过程中可能存在的身心健康风险、身心疲劳风险，并提供预防措施；在运动员处于伤病状态、过度疲劳状态时，监控运动员伤病与疲劳的变化趋势，对运动员状态恢复提出干预方案，并为下一阶段训练计划提供建议；确保运动员训练正常进行和身心健康发展；预防运动员误用违禁药品（兴奋剂）等。营养状况监控子目标主要通过对运动员日常热能消耗、营养摄入、身体成分等的监测与诊断，提出运动员个性化营养需求建议，确保运动员完成运动训练实践活动与参与专项竞技比赛所需要的能量和各种营养需求；同时，监控运动员在控制体重期间的各种能量和其他营养素的合理水平，通过营养物质状况监测，辅助检查运动员的身体机能恢复和身体健康状况；预防运动员误食违禁物质（兴奋剂）等。训练监控目标与内容见图 9-8。

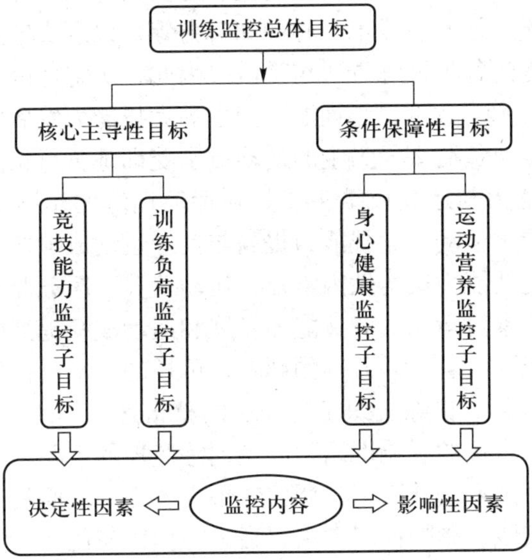

图 9-8 训练监控目标与内容

（二）训练监控内容

建立全面、系统、有效的训练监控内容是实施科学训练监控的前提和基础，其中，训练监控内容的确立是各个运动项目训练监控需要解决的首要问题。运动员参加运动训练活动的最终目的就是力争在比赛中取得良好的运动成绩，良好运动成绩的获得则主要是通过科学的运动训练实践来实现的。训练监控就是确保运动员在训练过程中科学训练，进而在比赛中取得良好运动成绩的重要环节与途径。因此，训练监控的内容主要包括影响竞技能力和运动成绩的主要因素。通过对这些因素进行监控，以保证各个因素朝着有利于运动员最终取得良好运动成绩的方向运行。影响竞技能力和运动成绩的因素包括决定性因素和影响性因素，因此，训练监控内容包括决定性因素监控内容和影响性因素监控内容。其中，决定性因素监控内容主要包括竞技能力监控和训练负荷监控；影响性因素监控内容主要包括身心健康监控和运动营养监控。

运动成绩是运动员参加比赛的结果，是根据特定的评定行为对运动员及其对手的竞技能力在比赛中发挥状况的综合评定。这一评定既包括运动员在比赛中表现出来的竞技水平，也包括竞赛的胜负或名次。决定运动成绩的主要因素有运动员在比赛中的竞技水平表现、对手在比赛中的竞技水平表现以及竞赛结果的评定行为。其中，运动员在比赛中所表现的竞技水平是影响运动成绩的决定性因素，是最根本和最重要的原因，也是训练监控重点控制的方面。决定性因素是内因，主要是指运动员自身竞技能力及其他因素，包括运动员的身体形态、机能、素质、技术、战术、心理和智力等，以及决定运动员竞技能力提高的、运动员承受的各种训练方法与手段。因此，决定性因素监控内容具体应包括：以体能、技术、战术、心理能力为主的竞技能力发展状况监控；以各类负荷量、负荷强度及负荷手段为主的运动员承受训练负荷状况监控。

运动员竞技能力与运动成绩主要是在运动训练的作用下逐步提高的。从运动训练实践来看，运动员竞技能力提高与良好运动成绩取得的影响因素庞大而繁杂，除涉及竞技能力决定性因素外，运动营养、医务监督等影响性因素亦不可忽视。这些因素对运动员竞技能力发展和运动成绩提高的重要程度各不相同，对运动员的成长有着千差万别的影响，可控的、不可控的，动态的、稳态的，直接的、间接的，错综交织于运动员的整个运动训练过程中。相较而言，可控的、稳态的、直接的影响性因素亦是训练监控的主要内容。与决定性因素相比，这些影响性因素是外因，其调控效果不一定一蹴而就，有时需要在日常训练过程中逐步实践。影响性因素主要指影响训练与比赛正常进行的运动医务保障、运动营养保障等条件。因此，影响性因素监控内容具体包括：侧重于对运动员身心疾病等的监控与预防，运动营养监控等。

三、监控类型与方法

（一）训练监控类型

训练监控的类型是多种多样的，可以依据不同的标准进行划分（图 9-9）。按照训练监控实施的间隔时间长短的不同，可以分为瞬时监控、日常监控和阶段监控。运动员状态转移所需要时间的长短不一，人们通常将运动员的现实状态分为三种类型，即瞬时状态、日常状态、阶段性状态。所谓瞬时状态，是指运动员在完成一次技术动作或一组身体练习的影响下，身体状态即刻发生变化，而且这种变化持续的时间非常短暂；所谓日常状态，是指在一次或几次训练课的影响下，身体状态在较短时间训练的作用下所处的状态；所谓阶段状态，是指运动员在较长一段时间内，例如，一周、一月、数月，身体状态经过训练效果累积而获得的相对稳定的状态。对运动员的瞬时状态、日常状态和阶段性状态进行的监控，分别称为瞬时监控、日常监控和阶段性监控。在训练过程中，教练员通过瞬时监控、日常监控和阶段性监控，可及时了解运动员的训练状态。

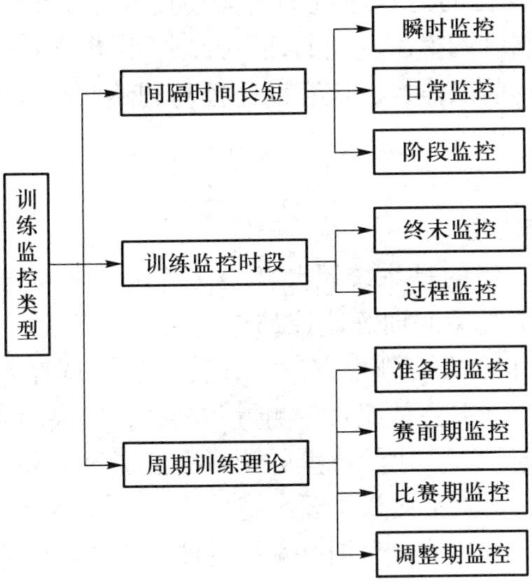

图 9-9 训练监控类型图

依据训练监控的时段，可以分为终末监控和过程监控。所谓终末监控，通常指经过一段时间后，对运动员竞技能力和身体机能状况进行检查评定，以检验训练的效果，即在某一个时间点上进行的监控。终末监控实施的间隔时间相对长些，如一周，一月，或一个训练周期。所谓过程监控，即在一个时间序列上进行的监控，主要指对每次训练课所采用的训练方法和手段对运动员机体产生的影响以及运动员每天的饮食、伤病等进行监控。在以往的训练监控中，科研人员主要侧重于一段时间内对运动员竞技能力和身体机能变化情况的终末监控，而忽视了对训练过程的监控。如果说终末监控可以了解一段时间训练效果的话，那么，过程监控就可以发现这一训练效果产生的原因。可以说，过程监控是为了更好地解释、说明产生终末训练结果的原因。从时间角度来看，瞬时监控和日常监控可以看作过程监控，阶段性监控可以看作终末监控。

依据周期训练理论，训练监控可以分为准备期监控、赛前期监控、比赛期监控与调整期监控。准备期监控主要目的是通过系统、长期的训练监控，摸索训练过程中运动员竞技能力的发展规律，为实施科学训练提供保障。赛前期训练监控主要目的是通过运动员竞技能力、身心健康、运动营养等指标的监测与评价，制订有效的赛前训练方案，为将运动员竞技能力调整到最佳竞技状态做准备。比赛期训练监控主要目的是通过对运动员竞技能力、训练负荷等指标的监测与评价，为赛间训练合理安排与最佳竞技状态科学调控提供参考依据，同时，监测运动员在专项比赛中的表现，为下阶段训练提供数据参考。赛后调整期的训练监控主要目的是对通过赛后运动员身体机能、身心健康等指标的监测与评价，科学制订调整恢复期的训练计划，以确保运动员迅速消除身心疲劳。准备期监控、赛前期监控、比赛期监控与调整期监控构成了一个完整训练周期的监控过程。

（二）训练监控方法

训练监控方法，指的是系统展开监控工作的一种标准化方式，从监控实施程序看，任何一个类型的训练监控都包括测量、评价、调控三方面。因此，训练监控的具体操作方法由测量方法、评价方法、调控方法组成。测量过程是训练监控的第一步，主要是记录、测量和测试，解决信息收集的问题。不同指标采用不同的测量方法，比较成熟的测量方法通过两种模式实现，即实验室测量和运动场测量。实验室测量主要以身体形态、身体机能、局部身体素质指标测量为主，例如，运动员耐力训练水平的测量由以实验室测量为基础的生理生化学指标测量系统构成。运动场测量主要以训练和比赛中的身体机能、身体素质、技战术指标测量为主，例如，无线心率监测器、便携式血液乳酸分析仪等，能够在不影响训练和比赛情况下及时监测运动员的机能状态。当然，在条件允许的情况下，采用运动场测量与实验室测量相结合的模式更佳。

训练监控评价方法，按照指标评价范围，可以分为单指标评价、多指标评价和综合性评价。单指标评价主要是指运用单一的监控指标评价运动员训练状态或竞技能力的某一方面。例如，监测运动员训练前、中、后的某些生理指标，揭示运动对机体的刺激程度。多因素评价主要是指运用多个监控指标评价运动员训练状态或竞技能力的某一方面。多指标评价可依据监控目的以及专项特征与个性化特征，选择相应的竞技能力指标，例如，身体运动的姿势、轨迹、时间、速率、速度等运动学指标，动作力量、动作能量等动力学指标，常用于诊断运动员专项技术能力的发展水平；综合性评价是指从多学科、多指标的角度，综合地、多维地对运动专项训练中竞技能力结构要素及其影响因素进行系统评价，从而揭示竞技状态的变化规律，为专项训练与竞技状态的科学调控提供参考依据。

训练调控方法实际上就是对训练活动进行调整、控制的行为。训练调控方法的核心环节是反馈与调整。反馈是将评价结果所暗含的训练意义以适宜的手段反馈给训练对象，使其训练状态按预期效果发生改变。因此，反馈环节在提交评价结果时，应充分考虑到评价意见的呈现形式、可接受的程度、实施的可操作性等，需要教练员、科研人员及运动员的密切协作。训练监控调整方式主要有两种类型，一种是训练期调控，科研人员在长期、系统的科学监测的基础上，对诊断结果进行分析，并向教练员提供监测数据和诊断报告，作为教练员调控训练计划的科学参考依据。另一种是赛前训练调控，其目的是在约定的时间点上实现最佳竞技状态。赛前调控以训练期调控为基础，只有在训练期对运动员竞技状态进行持续、动态的阶段性监控，才能有效对赛前训练进行科学调控。可见，有效的训练调控方法是实现科学训练调控的重要保障。

（三）监控质量评价

一个完整的训练监控过程主要由训练监控计划与训练监控实施两大部分组成，训练监控计划是理论设计，训练监控实施是具体操作。训练监控是一个复杂、动态、开放的过程，其监控主体、监控对象、监控指标、监控模式不是一成不变的，它们会在不同训练阶段、不同监控阶段而有所改变。因此，为提升运动训练监控质量以实现科学训练，需要对训练监控计划的质量和训练监控实施的质量进行评估。训练监控质量评估内涵包括以下几个方面：首先，训练监控质量评估的目标是为了保证训练监控顺利实施，提高训练监控运行绩效。其次，训练监控质量评估不仅对训练监控计划质量进行评估，而且对贯穿于整个训练监控实施过程中各个系统环节进行质量评估。再次，训练监控的质量评估信息用以调整训练监控的运行偏差，从而改进训练监控方案，不断促进训练监控的良性发展。

训练监控计划是训练监控的顶层设计，其质量评价要点为：监控计划的整体安排，应体现出指导思想、整体结构、内容系统、组织布局、方法手段及进度安排，以图表或图文并茂的方式呈现；训练监控的目标及其内容，应体现出监控目标设置合理、监控内容全面详尽，且监控目标定量化，监控内容具体化；现实状态诊断分析，应体现出现实状态客观、诊断分析可靠、数据内容具体、基本结论准确，并预测运动员未来的可能变化与趋势；分期内容与手段，应体现出过程分期合理、内容手段搭配、阶段要点突出、过程衔接连贯；训练监控指标设置，应体现出负荷性质准确、负荷安排适宜、结构设计合理、整体动态分明、状态变化科学；负荷与状态趋势，应体现出训练监控相关指标科学可靠、监测方法简单实用、监测时间合理可行；训练监控措施要求，应体现出训练监控措施具体、人员职责明确、过程步骤清晰、内容要求细化。

训练监控实施是训练监控的运行过程，其质量评价要点为：数据采集，主要评价人员搭配、指标设置、仪器装备、方法选择和手段安排的质量，即，是否根据不同性质的指标，配备了相应学科背景的专业人员，以及与指标相匹配的采集设备、方法和手段；数据分析，主要评价数据处理与分析方法、手段的质量，即，是否通过先进合理的软件系统与统计方法，准确、快速地从收集到的海量数据中筛选、挖掘并呈现有价值的数据反馈信息；信息反馈，主要评价训练监测的信息以及反馈的方式、速度的质量，即，是否准确、客观地描述了训练监控系统在某一时刻运行状态的信息，以及将信息反馈给教练员的传递手段方式是否有效、及时；调控措施，主要评价调控措施的计划、方案、内容、方法和手段的质量，即，是否根据定期检查训练监控阶段性效果的反馈信息，评价调控措施对解决训练监控实施过程中存在问题的有效性。

小结

本章主要阐述训练过程监控理论及其应用，其中，训练监控基本概念、训练监控基本原理、训练监控评价指标体系、训练监控组织体系等内容，是本章重点讨论的内容。只有深刻地、辩证地认识训练监控的体系及其要素，才能全面地掌握和科学地提高运动训练的质量水平。

思考题

1. 简述训练监控的定义及其意义。
2. 简述训练监控的指标分类。
3. 简述训练监控的目标与内容。
4. 简述训练监控的类型及其方法。
5. 如何理解训练监控的主体与对象？
6. 结合所学专项，谈谈常用的运动生理生化指标在训练监控中的具体应用。

第十章

重大赛事赛间训练

本章导语

本章主要包括赛间训练基本概述、竞技状态赛间调控和赛间训练具体实施等重点内容。其中，赛间训练基本含义、赛间训练基本原则、赛间训练主要特点、赛间调控基本含义、赛间调控基本策略、赛间调控基本内容、赛间调控基本要素、不同赛制赛间训练和不同赛式赛间训练是重点介绍的内容。本章旨在构建重大赛事赛间训练的知识体系。

学习目标

通过本章学习，学生能够掌握本章所涉及的有关术语的基本概念，基本理解赛间训练的基本原则和主要特点，基本认识赛间调控基本策略、基本内容、基本要素的内容和基本掌握不同赛制赛间训练和不同赛式赛间训练的基本知识。

第一节 赛间训练基本概述

一、赛间训练基本含义

（一）重大赛事的界定

重大赛事是指影响力大、重要性高的竞技运动赛事。一般来讲，重大赛事对于不同人群的含义是不同的。例如，对于职业选手，国际职业联赛，如足球欧洲俱乐部冠军赛就是属于重大赛事；对于精英选手，夏奥会和冬奥会、世界杯、世锦赛就是重大赛事。对于各省市体育局的全运会、省运会，对于青少年运动员的世界级、洲际、全国性青年赛、少年赛等都属于重大赛事。显然，重大赛事不仅具有层次性，同时也有相对性含义。另外，对于希冀参加奥运会的选手，奥运会的资格赛或选拔赛也是重大赛事。总之，重大赛事是指对个人、集体、国家的荣誉及利益具有重大影响力的赛事。

（二）重大赛事的类别

由表 10–1 可见，依据竞赛目的、任务、组织形式等可将比赛分为不同的类型。依据赛事的组织层次，可将比赛分为地区赛、市级赛、区域赛、洲际赛和奥运会赛事等；依据赛事的主要任务，可将比赛分为测验赛、分级赛、选拔赛、积分赛、观摩赛等赛事；依据赛事的基本性质，可将比赛分为公开赛、内部赛、友谊赛、对抗赛、冠名赛等赛事；依据赛事的年龄规定，可将比赛分为少年赛、青年赛、成年赛、元老赛等赛事；依据赛事的职业规定，可将比赛分为职业赛、业余赛、校园赛、军事赛、行业赛等赛事。因此，重大赛事的类别根据参赛人群特点、职业、年龄等因素有所区分（表 10–1）。

▶ 表 10–1 重大赛事的基本分类

主要划拨依据	赛事种类	备注
依据赛事的组织层次	地区赛、市级赛、区域赛、洲际赛和奥运赛	
依据赛事的主要任务	测验赛、分级赛、选拔赛、积分赛、观摩赛	
依据赛事的基本性质	公开赛、内部赛、友谊赛、对抗赛、冠名赛	
依据赛事的年龄规定	U16、U18、U20、U23 等赛事	
依据赛事的职业规定	职业赛、业余赛、校园赛、军事赛、行业赛	

（三）赛间训练的定义

赛间训练具有广义和狭义之分。广义的赛间训练是指整个赛事期间除去比赛过程的所有训练活动，例如，足球世界杯的赛事期间的训练活动都可称为赛间训练；狭义的赛间训练是指整个赛事期间两场赛事之间的训练活动，例如，温布尔登网球赛的两个轮次之间的训练活动可称为赛间训练（图 10–1）。可见，狭义的赛间训练是广义赛间训练的最小单元，广义的赛间训练是由狭义赛间训练组成。因此，赛间训练含义是：在重大赛事期间为保持、提升竞技状态所进行的旨在比赛中创造优异运动成绩的训练活动。显然，赛间训练具有上场赛后调整与恢复和下场赛前准备与模拟参赛之功效。

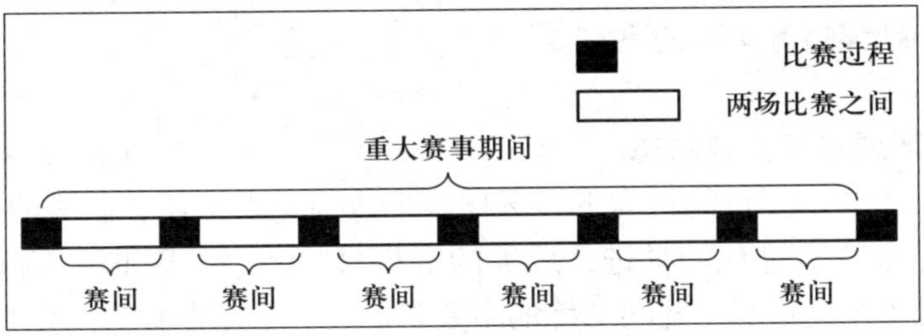

图 10–1 赛间训练的过程示意图

一般来说，赛间训练主要是指赛会制的赛事之间或赛程较短的联赛制的赛事之间的训练。例如，属于赛会制的俄罗斯足球世界杯赛事期间，参加小组赛和淘汰赛的各队在赛事期间的训练，就是典型的赛间训练；再例如，属于“一周双赛”或“一周一赛”的联赛制赛事期间训练，也是典型的赛间训练。显然，赛间训练不仅是运动训练的重要组成，也是竞技参赛的重要部分。赛间训练的质量高低与否不仅直接影响到参赛的最终成绩，同时关系到训练的效果检验。因此，赛间训练历来都是精英选手和职业教练甚为关注的内容。由此可见，赛间训练是以保持和提升竞技状态为核心目标的活动。

二、赛间训练的基本意义

（一）及时消除赛后疲劳

赛间训练的首要任务是及时做到缓解肌肉疲劳程度，清除机体代谢物质，尽快恢复参赛体能，适度获得超量恢复。这一任务明确指出了重大赛事之后尽快采取的措施，应能促进运动员积极消除肌肉疲劳，清除体内代谢物质，以便尽快恢复参赛体能和得到超量恢复。

（二）恢复最佳参赛心态

赛间训练的重点任务是缓减竞技参赛压力，调整不良比赛心态，转移过度焦虑情绪，控制过度亢奋状态，消除赛后沮丧心情等。这一任务明确指出了重大赛事之后尽快采取的措施，应能尽快缓减运动员神经疲劳和心理疲劳，以便尽快恢复参赛体能和保持适宜心理状态。

（三）强化训练的针对性

赛间训练的重点内容是为下一场比赛做好针对性的工作准备。准备的内容主要是针对对手情况做好技术、战术和心理准备。这一点明确指出了赛间训练的主要方向：必须研究对手和针对对手，演练具有针对对手的技术打法、战术对策和心理谋略等主要的事宜。

（四）形成良好竞技状态

赛间训练的主要目的是为下一场比赛形成与赛事性质相匹配的竞技状态。应该说，随着赛事进程的推进，后程的赛事日趋激烈。因此，赛间训练的意义更为重要（图 10–2）。赛间训练的主要目的：就是不断提升运动员的竞技状态，以便应对更为激烈的赛事对抗。

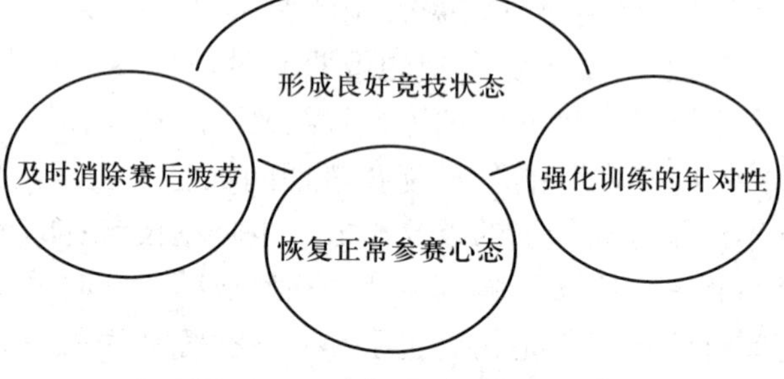

图 10–2 赛间训练基本意义

三、赛间训练基本原则

（一）遵循适应规律的原则

如前所述，运动适应是指运动员通过长期不间断的训练，机体各项竞技能力不断发生与创造优异运动成绩相匹配的生物适应过程。显然，适应或运动适应是运动训练和竞技参赛的重要生理基础。通常，重大赛事的过程、环境、负荷、条件要比平时训练更为复杂。因此，运动员必须通过多次参赛获得应对重大赛事的运动适应或是比赛适应。运动员应对重大赛事的适应能力，始终是在一个“改造—适应”“再改造—再适应”的机制中得以提高与发展的（图10–3）。正因如此，必须深刻地认识竞赛期所产生的运动适应规律，必须结合重大赛事积极形成应对重大赛事的运动适应。

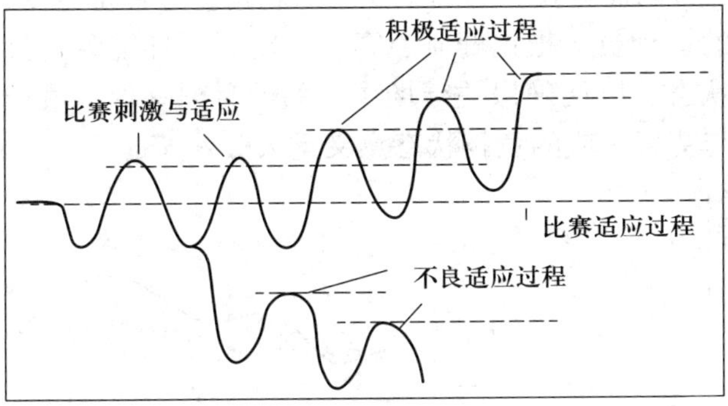

图 10–3 重大赛事的适应规律

（二）实现融合规律的原则

众所周知，竞技能力是由运动员的运动机能、运动素质（竞技体能）、运动技术、运动战术、运动心理、运动智力和运动知识等多种要素组成。通常，准备期竞技能力的训练是分解性地融合训练。但是，竞赛期竞技能力的体现则是完整性地综合展示。因此，重大赛事之前的许多赛事的目的是：将各个竞技能力因素通过赛事进行有效融合，进而形成竞技状态（图 10–4）。由此可见，积极参加赛事是竞技能力融合的主要途径，是提高个人“制胜技”的有效方式，是有效弥补竞技能力短板的重要举措。其中，有针对性的赛间训练更是科学提高和有效促进竞技能力融合的重要过程。

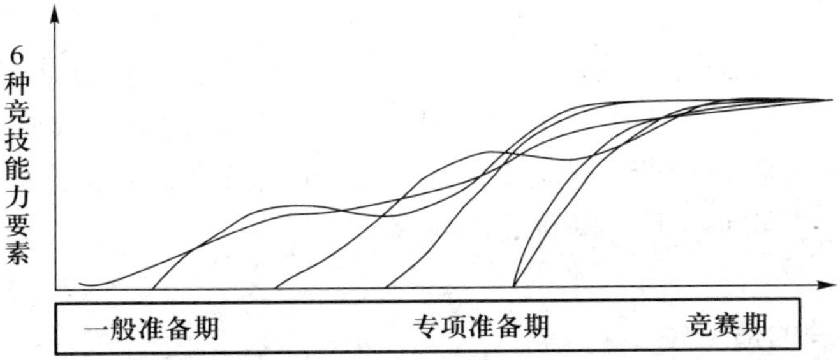

图 10–4 竞技能力的融合规律

（三）形成递进规律的原则

一般地说，竞技状态具有广义和狭义之分，广义的竞技状态是指运动员参加训练和比赛的准备与现实状态。狭义的竞技状态是指运动员参赛时获取本人最佳成绩的最适宜状态或最佳状态。这里主要取狭义的含义。由于重大赛事的对手和环境不同，运动员的心理压力也会不同，加之竞技状态的形成过程具有波浪形特征，因而竞技状态的呈现会随着比赛进程发生变化（图 10-5）。通常，有经验的运动员会根据赛制、赛程、对手、环境和自身情况，适时适度地调整竞技状态，以便确保关键场次、关键时刻呈现出最佳竞技状态。可见，积极形成与赛事适应的竞技状态意义重大。

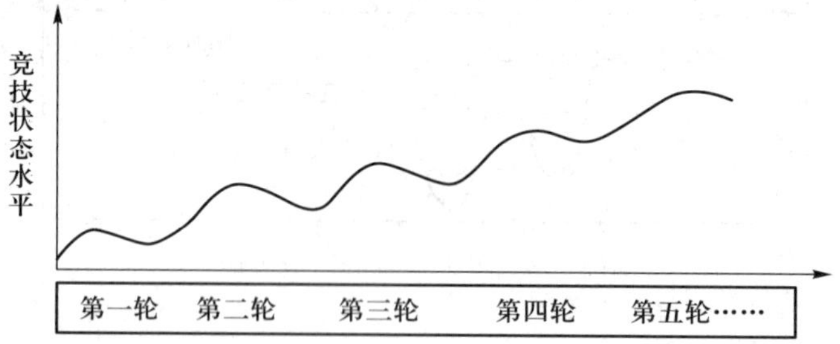

图 10-5 理想的竞技状态的递进规律

四、赛间训练的主要特点

（一）训练的针对性

训练的针对性是赛间训练的首要特点。实践中，运动员的赛间训练往往需要根据对手、赛程、赛制、环境的变化和自然状况，有针对性地安排符合下一场比赛需要的相应的训练内容与训练负荷，以便熟练地做到“以己之长，克彼之短”或“避之所长，补之我短”的比赛打法。

（二）恢复的及时性

恢复的及时性是赛间训练的重要特点。在实践中，运动员在赛事之后需要及时采取赛后恢复的举措。例如，肌肉按摩、冰水泡浴、放松练习等手段。其目的就是缓解肌肉疲劳，清除代谢物质，补充微量元素，准备再次参赛等等。显然，这是赛间不可或缺的重要内容。

（三）心理的适应性

心理的适应性是赛间训练的关键特点。在实践中，进入多轮次赛事之后，运动员的心理变化明显，特别是面对淘汰赛的多轮赛、循环赛的出线赛、奥运会的夺金赛等，运动员心理压力巨大。因此，赛前正确引导，赛中及时调节，赛后心理疏导等工作至关重要。

（四）体能的节约性

体能的节约性是赛间训练的主要特点。在实践中，由于运动员参赛过程的体能消耗与比赛负荷具有一定的线性关系，因此赛间训练的负荷强度通常不大。这样做的目的不仅希冀促使机体尽快恢复，同时也为即将来临的赛事积蓄体能。因此赛间训练的体能消耗并不大。

（五）损伤的防治性

损伤的防治性是赛间训练的显著特点。在实践中，能够参加重大赛事的精英选手或多或少地都会出现一些骨骼或肌肉方面的损伤。因此，竞技参赛或赛间训练的一个重点就是对损伤的防治。参加重大国际赛事的各队，往往配置富有专项运动经验的防护师就是此举措施。

当然，赛间训练的主要特点并不仅是如此。其中，手段的趣味性、内容的简单性、活动的随意性和个人的区别性也是赛间训练主要特点（图 10–6）。我们必须针对重大赛事的特点和运动员重大赛事之前、期间的身心反映，做好赛间训练的各项训练工作。

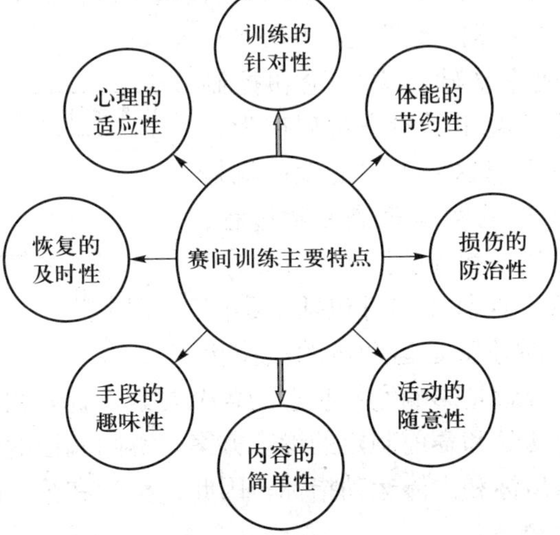

图 10–6 赛间训练的主要特点

第二节 竞技状态赛间调控

一、赛间调控基本含义

赛间调控是指在重大赛事期间，利用两次比赛间隔的过程中，对运动员竞技状态进行调整的方式与方法的总和。显然，这里所指的赛间调控不是两个重大赛事之间（如每年 1 月举办的澳大利亚网球公开赛到 5 月底举办的法国网球公开赛之间）间隔期间的调控，而是指单次重大赛事（如法国网球公开赛）期间运动员的竞技状态赛间调控，包括轮次之间的赛间调控。赛间调控一直是运动训练理论与方法的重要组成部分，也是运动训练学课程难以回避的一个重要内容，同时也是运动训练实践和运动训练科学领域的攻关课题。显然，竞技状态的赛间调控具有十分重要的现实实践意义。

概括地讲，重大赛事期间运动员竞技状态赛间调控的意义主要集中在如下几个方面：一是适宜的赛间调控，可以促使优秀运动员在重要的比赛和关键的比赛之中，创造优异的运动成绩；二是适宜的赛间调控，可以促使具有潜质的运动员逐步产生与赛事重要程度相匹配的运动适应；三是适宜的赛间调控，可以促使初次参加大赛的运动员将竞技能力转化成适宜的竞技状态；四是适宜的赛间调控，可以促使运动训练过程质量科学地转为竞技参赛最终成效。由此可见，赛间竞技状态的调控是何等的重要。赛间竞技状态调控，不仅需要科学的理论指导基础，同时需要艺术的实践经验方法。

赛间调控的理论基础是系统论和控制论。如果将某一重大赛事的参赛过程视为一项系统工程，可以看出这一工程的设计就是参赛计划，这一工程的实施就是参赛过程，对这一工程的监理就是参赛监控（图 10–7）。其中，重大赛事的工程监控本身包括了赛间调控。赛间调控的对象就是运动员的竞技状态。赛间调控的内容就是影响竞技状态的各个要素。赛间调控的依据就是参赛前运动训练过程的功效和赛前制定的参赛方案。赛间调控的依据就是比赛期间所反映的运动人体指标和人体运动指标。因此，科学和艺术的赛间调控反映着工程思想的基本精髓。

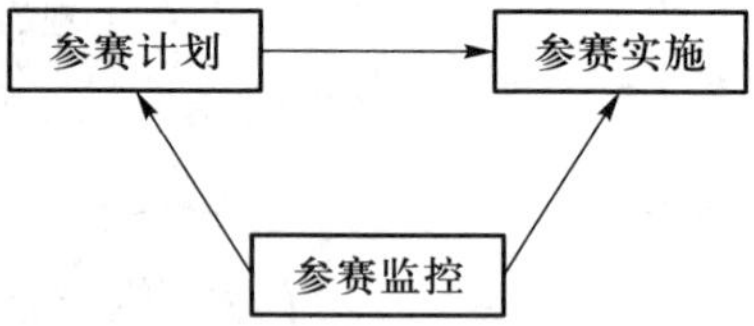

图 10–7 参赛工程结构示意图

中国自由式滑雪空中技巧冬奥会程序化参赛方案

二、赛间调控基本策略

赛间调控基本策略是指赛间调控运动员竞技状态的计划与谋略。表 10-2 就是一种具有竞技状态调控思想的参赛方案。众所周知，重大赛事期间，运动员的竞技状态并不是始终处在最高水平或始终稳定在较高水平之中的。换言之，无论参加重大赛事的新秀选手还是精英选手，其竞技状态都会表现出一定的波浪式的变化趋势（图 10-8）。导致这种状态原因很多，其中，环境、气候、场地、时差、温差、饮食、睡眠等，都是造成竞技状态难以稳定的原因。另外，主要对手的打法不同、裁判的执裁水平不同、上场赛事结果的不同、观众思想倾向的不同也会影响到竞技状态的稳定性。

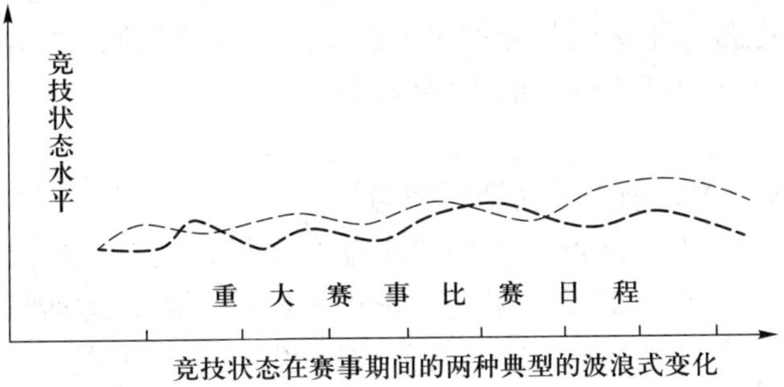

图 10-8　重大赛事期间竞技状态的波浪式变化

因此，必须将赛间调控的基本策略与赛前训练计划、进驻赛区计划、具体赛事计划有机地衔接和无缝地对接。只有如此，竞技状态赛间训练过程中的调控方有成效。通常，在重大赛事之前，应遵循的竞技状态赛间调控的基本策略主要有如下几点：一是模拟赛间调控方法；二是储备多种战术打法；三是养成生活自律习惯；四是建立良好的人际关系；五是形成独立处事能力；六是摸清主要对手状况；七是掌握规则规程内涵；八是获得赛区基本资料。这些都是做好重大赛事赛间调控的基本方法和策略。

（一）重大赛事之前模拟赛间调控方法

所有即将参加重大赛事的执教团队都会在赛前三周或一个月，对运动员的竞技能力开始进行有计划、有步骤地整合。其中，体能与技能的融合训练、战术与心理的协调训练、针对赛事对手的模拟训练、应对大赛环境的适应训练、为获取优异运动成绩的强度训练等都是赛前训练阶段的主要训练内容。一般地说，随着重大赛事的日趋接近来临，富有经验的精英选手在执教团队的指导下，通过赛前的种种模拟训练，已经做好了参加和应对重大赛事的各种准备。这种应对准备就是运动员参加重大赛事期间的赛间调控的基础。因此，科学的赛前准备是赛间训练调控的前提条件。

（二）重大赛事之前储备多种战术预案

运动战术，是精英选手和执教团队为充分展示个人或集体最大竞技能力所制定或展开的比赛方式或形式。运动战术通常包括：战术原则、战术思想、战术阵型、战术形式、战术指挥、战术配合、战术行为、战术协同、战术联络等系列要素。按照战术类型可以分为进攻战术、相持战术和防守战术等。一般地说，精英选手和执教团队都会在重大赛事之前，通过各种内部赛、热身赛、适应赛、拉练赛等方式，明确几种能够充分地显示团队最大竞技能力的战术打法。这种战术准备也是运动员参加重大赛事期间的赛间调控的基础。因此，战术的赛前准备是赛间训练调控的主要内容。

（三）重大赛事之前养成生活自律习惯

在重大赛事的半年之前，主办或承办赛事机构就会正式公布这一赛事的竞赛规则和日程。由于时差、温差、赛程不同的原因，运动员应在执教团队的精心指导下，争取在重大赛事之前养成与比赛时段一致的生活规律。如果上午、下午或晚上有赛事，就应适当变化时段训练，以便产生良性运动适应。一般地说，精英选手和执教团队都会在重大赛事之前的一个月，除严格规定作息制度之外，还会主动采用与比赛日比赛时段相一致的时间进行适应性训练或比赛。应该说，这种作息准备就是运动员参加重大赛事期间的赛间调控的依据。因此，作息的赛前准备是赛间训练调控的重要举措。

（四）重大赛事之前建立良好的人际关系

重大赛事之前的一个月，是队内营造良好和谐氛围的关键阶段。在重大赛事之前形成良好的人际关系，对于加强队员之间的信息沟通、情感交流、训练效益、预防干扰、增强信心等具有十分特殊的意义。只有心灵相通，才能做到技术串联无缝对接，才能做到战术行动配合默契，才能做到充分发挥团队的力量。一般地说，执教团队都会在重大赛事之前一个月，为营造团队和谐氛围而创造各种机会、各种方式、各种条件，如举办歌会、游园、谈心、会餐、游戏等形式。应该说，构建和谐关系就是运动员参加重大赛事期间的赛间调控的条件。

（五）重大赛事之前形成独立处事能力

重大赛事的参赛过程与运动训练的训练过程相对具有较大的差异。其中，显著的差异就是一旦进入赛场，多数项目的运动员必须独立应对比赛过程中的各种局面。因此，在重大赛事之前，运动员必须养成独立参赛、决策、执行、应对赛事的能力，即独立处事的能力。这一能力的形式意义十分重大。一般地说，执教团队都会在重大赛事之前一个月，为培养运动员独立处事能力，积极创造各种方式和机会，如轮流主持会议、领操放松、整理场地等方式。应该说，强化独立能力就是运动员参加重大赛事期间的赛间调控的关键。

（六）重大赛事之前研判主要对手状况

古语说："知己知彼，百战不殆。"这是一切竞技、竞争活动的取胜之道。为此，在重大赛事之前，必须摸清主要对手、潜在对手的各种情况。其中，对手的生理机能、竞技体能、运动技术、心理素质、习惯战法、制胜技法、生活习惯、情感趋向、教练关系、人际关系、社会评价等因素都是探索的范畴。对这些情况的了解和掌握，不仅能够大致判别对手的基本特点，更使赛前训练具有明确的指向，同时为制定赛前计划和赛间调控提供详实的依据。应该说，摸清对手状况也是运动员参加重大赛事期间的赛间调控的依据。

（七）重大赛事之前掌握规则规程内涵

竞赛规则是竞技运动运行的法则。任何一项竞技运动都是依靠一部规则运行赛事、普及运动、提高水平的。由于竞技运动各个项目发展的不平衡，竞技运动的规则会因竞技水平的提高、参赛队伍的增加、观赏价值的变化等因素，定期地予以修改。修改后的竞赛规则通常是以法文、英文公布。一般地说，规则的定期修改和外文的语种公布，会造成使用其他语种且文化素养不高的运动员和教练员产生困惑，甚至屡次犯规进而遭到取消参赛资格的窘遇。应该说，掌握规则内涵应是运动员参加重大赛事期间的赛间调控的保证。因此，深入地研究规则是赛间训练调控的基本条件。

（八）重大赛事之前获得赛区基本资料

赛区就是战区。教练员就是指挥员，运动员就是战斗员。因此，任何参赛队员或者队伍必须充分了解和完全掌握重大赛事举办地的赛区情况。在参加国际重大赛事之前，几乎所有参赛国家都会在启程之前，详细地介绍赛区的风土人情、文化信仰、食宿交通、民族情感等内容。除此之外，教练员还会关注赛区的天文地理、气候变化、时差数量、赛场环境、观众趋向等因素，以便有的放矢地模拟环境、模拟行程进行训练。应该说，掌握赛区资料也是教练员参加重大赛事期间的赛间调控的依据。因此，深入地研究赛区是赛间训练调控的基本任务。

三、赛间调控基本内容

（一）赛间基本调控思路

进入赛区之后，应主动收集对手情报和观察队员情况。根据情况，检查赛前制定的参赛计划与实际差异。然后迅速调整参赛方案或细化参赛细则。随后转入符合赛区要求和条件的适应性训练之中。其中，做好首战的一切准备至关重要。这是赛间调控的重要的一道程序。

（二）明确基本战术打法

在两场比赛之间，应忘却上场比赛的畅快或不悦，全力思考即将来临的赛事谋略。其中，首要注意的就是明确基本战法和应变预案。基本战法明确，心中就会有数。应变预案设立，参赛就会自信。这是提升竞技状态的意识基础。因此，要详细地制定和说明基本战法。

（三）强化赛区生活自律

由于环境、条件、饮食、时差因素的干扰，运动员应主动积极地尽快适应这些变化。其中，严格按照作息时间休息、吃饭、训练是赛间调控的主要方式之一。只有严格执行作息时间，才能保证机能不被无效耗损。因此，要严格地制定和执行作息制度。

（四）积极创造和谐氛围

教练员应安排与战术关联较高的队员多做交流，应鼓励选手做些相互服务的琐事，有意缓减比赛带来的各种压力，主动承担上场赛事的失利，积极表彰上场赛事表现突出的选手，这是营造和谐氛围和提升竞技状态的方式。因此，要艺术性地掌握有关方法和方式。

（五）协助独立处理事务

由于赛区比赛环境更为复杂，即便富有独立性的运动员也会出现意想不到的问题。因此除了平时在训练中设置种种疑难杂事让其独立处置之外，教练员应在进入赛区之前和之后，面对可能出现的任何赛事现象写出应对方案。这是保持竞技状态的一条行之有效的方式。

（六）摸清主要对手状况

教练员应在比赛轮空或赛事期间，主动带领队员现场观摩主要对手的比赛状况。如果条件所限，应采用录像分析的方式让参赛队员做到心中有数，知道自己的主要比赛职责和责任分工，同时明确下场赛事的比赛任务和目标。这是竞技状态化为优异成绩的有效手段。

（七）再次明确赛事日程

教练员应该事先掌握和随时确认比赛日程。由于交通、气候、场地、设备的缘故，有时赛事举办方不得不临时改变赛场或时间，这就需要教练员随时了解赛程可能临时出现的变化。这样做的目的是确保竞技状态不受此影响。这是选手竞技状态得以保持的有效举措。

（八）主动适应赛场环境

由于重大赛事赛区的风土人情、文化信仰、民族情感、观众倾向、比赛场地等因素存在巨大差异，因此应该积极地适应这种变化甚至差异。赛间训练的一个重要方面就是，利用两场赛事的间隔主动适应可能出现的干扰。这是确保竞技状态得以出现的有效方法。

四、赛间调控基本要素

由下图可以看出，重大赛事期间的赛间调控主要因素很多，其中，训练、睡眠、饮食、放松、交流、服装、鞋袜、器材、休闲、交通、环境等因素对竞技状态的影响甚大（图 10–9）。有关训练的内容与方法，可在第三节专题讨论中了解。这里主要讨论非训练因素安排。

赛后睡眠质量对调控竞技状态至关重要。研究认为睡眠具有损伤修复、代谢合成、细胞再生、消除废物、清洁血液等作用。因此，比赛后最好的恢复方式就是充足的睡眠。质量较高的睡眠与情绪淡定、精神豁达、环境幽静、适宜室温和作息习惯等因素高度相关。

赛事期间饮食对调控竞技状态格外重要。研究认为不同项目赛后的营养补充并不相同。为防误服，所有食物应由赛会提供或者亲自料理。食物的营养成分应以碳水化合物、富有微量元素的水果和氨基酸的饮料为主。赛后立即补充水分和睡前喝些牛奶是颇有益处的。

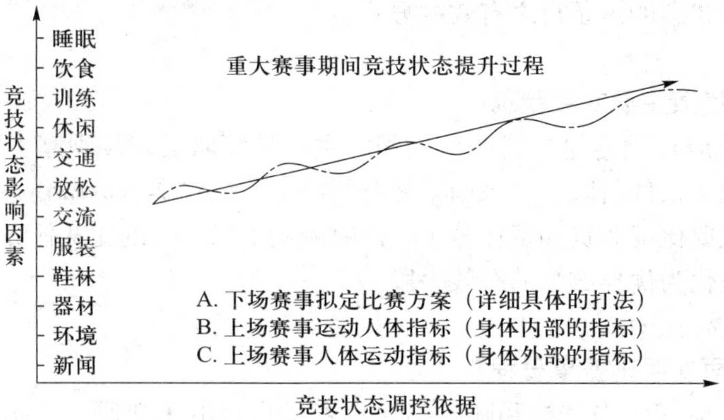

图 10-9 竞技状态调控依据与要素

赛后放松肌肉是赛间训练不可或缺的内容。除了一般放松活动外，这里主要是指冰水浴和按摩。其中，国外运动员赛后泡浴习惯水温为 15 ℃左右。按摩则是所有项目运动员赛后或睡觉之前的必做功课。按摩通常需要具有防护师资质的人来做。

赛后及时交流是调控竞技状态的有效方法。教练员正是通过交流，才能确认运动员赛后心理活动和思想动态；才能根据交流情况，有的放矢地展开心理抚慰或心理干预；才能将隐秘亢奋和假象坚毅，化为淡定心态和真实信心。因此，不可忽略信息和情感上的交流。

赛事服装配置是调控竞技状态的重要因素。在重大赛事期间，应至少配置两套以上的训练服装，包括内衣、内裤、相应的毛巾、洗漱用品、保护带等，还应配有专用装备袋。所有的服装等物必须归置整齐，以免因东寻西找干扰了竞技状态。总之，赛间装备齐整十分重要。

赛事鞋袜配置也是调控竞技状态的重要因素。鞋袜的配置通常分为比赛使用和训练使用两类。赛间训练通常使用的是训练鞋袜。重大赛事期间，务必确保鞋袜适宜、干燥和鞋带结实。必须消除容易出现意外伤害的隐患。

赛事携带器材可分为比赛器材和训练器材。赛事期间应注意放置好携带到赛区的训练器材，或深入了解赛区提供的训练器材的使用方式和功能；防止因训练器材原因出现意外，进而影响竞技状态。对于比赛和训练需要同一类器材时，务必在赛事前的晚上再次检查。

赛事期间休闲是赛事之间的一种放松方式。适度的休闲活动可以加快恢复进程和缓解心理压力，减轻赛前焦虑和调控竞技状态。通常，赛间的休闲方式，主要是通过改变活动环境、方式，达到休闲目的。例如，足球运动员去游泳池戏水就是一种有益且惬意的休闲方式。

赛事期间环境可分为生活与训练两种环境。生活环境需要保证寝室和就餐环境的卫生、整洁、舒适，以便避免疾病的出现和睡眠的不安。训练环境需要保证器材摆位的整齐、适应、合理，以便避免伤害的发生和意外的出现。营造赛事期间良好环境对于参赛至关重要。

赛事新闻发布是赛事前后的一种例行公事。参赛人员对此务必重视。接受采访时务必穿着大会指定服装和鞋袜，以免受罚影响状态；务必注意尊重对手，以免受到无谓指责；务必鼓励本队队员，以便激励再接再厉。对这些细节的注意有助于预防不良因素干扰竞技状态。

第三节　赛间训练具体实施

一、不同赛制赛间训练

（一）淘汰赛赛制的赛间训练

1. 淘汰赛赛制的种类

淘汰赛是指所有参赛队按照排定的顺序进行比赛，胜者进入下一轮次，负者退出比赛，直至产生最后一名获胜者（冠军）的竞赛法。典型的淘汰赛赛制可分单、双淘汰赛制两种。操作方式也分两种：第一种是按一定顺序，让参赛者（队或组）分批地不同时、但同地地进行比赛，通过及格赛或资格赛、预赛、复赛、决赛来优胜劣汰地比出名次，如田径、游泳和举重等项目普遍采用此法；第二种是通过设立种子选手，依次划到上下半区的方式，然后两区按照比赛轮次各自优胜劣汰地比赛，胜者进入下个轮次，直至上下半区胜者在决赛相遇（图 10-10）。网球、拳击等项目多用此法。

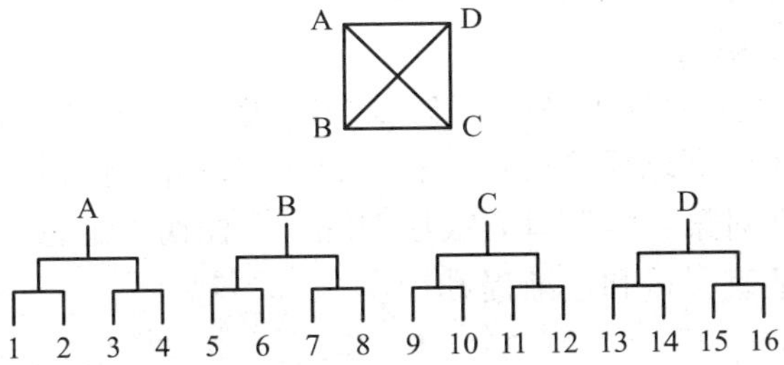

图 10-10　淘汰赛制的对阵表

2. 淘汰赛赛制的特点

淘汰赛赛制的主要特点：一是比赛容量极大，它能在最短的时间内、较少数量的场地条件下，安排更多的选手参赛；二是比赛对抗激烈，由于采用优胜劣汰的晋级方式，比赛双方没有妥协可能，负者将失去下轮比赛资格。因此，比赛双方很难受到其他选手的影响，能较充分地体现出运动竞赛的竞争性。当然，淘汰赛存在着一些缺陷：例如，除第一名外很难合理排定其他参赛者的比赛名次；强者之间可能过早遭遇从而使决赛缺乏悬念；三是容易让黑马式的选手获胜从而让很有实力的选手只因一战状态欠佳遭到淘汰；参赛者的比赛次数较少，从而减少了参赛者相互交流、互相学习的机会。

3. 淘汰赛的赛间训练

（1）训练安排特点

快速力量性项目如从短跨等项目的预赛到复赛之间的赛间训练安排主要特点是：训练内容多为热身活动、拉伸练习和关键技术细节训练；负荷强度适中，负荷总量较小；表象训练偏重于重映技术形象和关键环节，注意力高度集中；整个训练时间短，以便恢复体能。

速度耐力性项目如划船、游泳、中长跑、速滑等项目赛间训练安排主要特点是：预赛和复赛后即刻进行清酸活动，或按摩相关肌群或慢速运动清酸；赛间训练的负荷强度和负荷总量均小；赛前训练内容主要为拉伸练习较多；整个训练时间较短，仍以恢复体能为主。

格斗类对抗性项目如跆拳道、摔跤、柔道、击剑项目赛间训练安排主要特点是：由于同一级别或同一剑种需一天内决出冠军，故而赛间间隔时间短暂；赛间的安排多为积极性的休息，或者针对下一轮赛事对手进行表象和意念训练；主要目的是保持适宜的应激状态。

某些对抗性项目如网球、羽毛球、拳击等运动项目的赛间训练安排主要特点是：其通常的赛程是一天一场比赛，因此赛间训练内容相对复杂一些；赛间训练内容主要是观看对手比赛录像，进行思维训练和想象训练；如果碰到轮空，可以适度地进行针对性的战术训练。

（2）训练方法运用

训练方法必须符合专项特点，练习手段实用简单，训练负荷总量要小，练习形式富有趣味，训练环境相对安静，战术演练针对性强，心理训练偏重表象，思维训练重在对策，强调身心放松训练，严控伤害隐患出现。另外，还要注意竞技状态的适宜保持和逐渐提升。

（二）循环赛制的赛间训练

1. 循环赛赛制的种类

循环赛是指参赛队或个人之间要互相轮流比赛，最后按照各参赛队或个人在全部比赛中的胜负场数和积分排定名次的比赛方法。典型的循环赛主要是指单循环、双循环两种方法。至于比赛采用哪种循环赛制，往往取决于参赛队伍或选手的多少、比赛赛程可能安排的期限和举办赛事的主要目的等因素。通常，参赛人数较少可以采用单循环赛制；为了增加赛事次数可以采用双循环赛制；如果参赛人数（队数）较多且赛程较短可以采用分组循环赛制。大球项目如篮球、排球、足球往往采用单、双循环赛制，或者采用分组循环赛制。最终选择何种赛制取决于赛事目的（表 10-2）。

▶ 表 10-2 单循环或分组循环对阵表

队别	A1	A2	A3	A4	积分	得失分率	名次
A1							
A2							
A3							
A4							

所有参赛者相互之间都轮流比赛一次，最后按其在同一循环赛中积分多少排定名次，这种竞赛方法称为单循环赛。所有参赛者相互之间都轮流比赛两次，最后按其在两个循环比赛中的得分多少排定名次的竞赛方法，称为双循环赛。循环赛轮次表的排法与单循环赛相同，只要排出第一循环，第二循环可重复一次，也可重新抽签另排位置。双循环赛的轮次与场次，均为单循环赛的一倍。分组循环赛是指在参赛人员数或参赛队比较多时，通过分组方法在各组内进行单循环。一般应在赛前确定种子选手或种子队，使种子选手或种子队分入各组，以免强手或强队集中。

2. 循环赛赛制的特点

循环赛赛制的主要特点：一是参赛队（人）机会均等，实战和相互观摩学习的机会多，能够较为准确地反映参赛队（员）之间竞技水平的真实状况，能够客观地排定参赛队的名次，能够最大限度地降低比赛最终成绩的偶然性；二是比赛时间较长，占用场地多，异地赛事增多，可以满足不同时间或不同地域观众的现场观赏需要。当然，循环赛赛制的缺陷也十分明显，如循环赛赛程初期赛事激烈程度较低；容易让强队和弱队之间产生“协议”赛事的不良后果；容易让已经出线的选手或队伍消极参赛；容易导致赛事举办单位制造腐败的现象。因此需要强化赛事管理和比赛监督。

3. 循环赛的赛间训练

（1）训练安排特点

隔网对抗性项目如排球的赛制采用循环制时，多为一天一场赛事或者隔一天一场赛事。如果是后者，赛间训练的特点就较为明显。通常的安排是：替补队员进行补偿性训练，主力队员进行针对性训练；负荷强度较高，负荷总量不大，以保持和提升竞技状态为主。

同场对抗性项目如足球的赛制采用循环制时，往往会因比赛强度较大，所以赛事间隔较长。通常，赛间训练放在赛后第二天；训练内容主要是针对性战术和关键性技术的质量训练；训练负荷总量较小，课时训练时间不长；期间会穿插一些恢复性的游戏或智力训练。

值得注意的是，无论何种同场对抗性项目如果采用循环赛制，赛间训练的主要内容安排应是：串联技术、得分技术和局部战术。这类内容练习负荷安排的特点是：训练质量要求较高，单元训练时间较短，负荷强度适中。总之，以不影响竞技状态的保持为要义。

（2）训练方法的运用

训练方法必须符合战术特点，串联练习配合流畅，衔接练习无缝对接，训练质量要求甚高，强化得分技术练习，训练环境相对安静，战术演练针对性强，心理训练偏重表象，思维训练重在对策，注重游戏放松训练，严控伤害隐患出现，注意逐渐提升竞技状态水平。

（三）混合赛制的赛间训练

1. 混合性赛制的特点

混合赛赛制是循环赛和淘汰赛混合运用的一种竞赛方法。它在球类集体项目的竞赛中采用较多。当参赛队为 12 个以上时，选用混合赛制比赛最为适宜。国际重大赛事的比赛往往将竞赛分成两个阶段：第一阶段采用分组循环赛的赛制进行预赛，第二阶段采用交叉淘汰赛的赛制进行比赛，直至进入决赛。2018 年俄罗斯足球世界杯的竞赛就是采用这种混合赛赛制，将 32 支队分成 8 组，进行分组循环赛；每组积分前两名的队伍进入 16 强后，采用上下半区交叉淘汰赛的方式进行比赛，直至决出上下半区的胜者进入决赛。混合赛赛制是目前国际上通用的一种发展比较成熟的赛制。

这种赛制的主要特点是：参赛队伍或选手较多，选手得到锻炼的机会较大；整个比赛过程异常激烈，对于优秀选手晋级的机会较大；比赛的赛程相对较长，例如，2018 年俄罗斯足球世界杯的竞赛赛程长达一个月；异地参赛的比赛地点较为分散，对于运动员的远程参赛能力要求较高；所有参赛队伍的参赛间隔时间相对较长，期间有助于保护选手的机体恢复；对于因比赛中受到不同部位轻伤的选手，能够获得充足的时间得以治疗；对于职业运动员的成长极为有利；对于提高赛事组织和承办各方的经济利益具有促进作用；便于地域较广或人口密集地区的观众更多地到场观战。

2. 混合赛制赛间训练

（1）训练安排特点

通常，采用混合赛制的项目多为参赛选手水平较高、对抗强度较为激烈，比赛赛程相对较长的项目，因而赛前训练的频度较多，赛前训练的意义更为显著。比如篮球、足球、排球等项目。

赛间训练主要目的是：及时进行机体放松，积极促进机体恢复，主动加强机体营养，积极谋划比赛对策，做好下场赛事准备，保持良好竞技状态。明确赛间训练目的，对于合理安排赛间训练内容和负荷具有十分重要的现实意义。

赛间训练主要内容是：个人技术的衔接训练、集体战术的串联训练、得分技术的关键动作、局部战术的对抗演练、情感方面的心理抚慰、亢奋状态的心理调整等一系列的影响下场赛事的因素。赛间训练的具体内容，则需因人而异、因时而异、因地而异、因赛而异。

赛间训练负荷安排是：课时训练的负荷总量相对较小，关键技术的质量训练要求较高，局部战术的演练质量类似比赛要求，训练课的训练密度相对较低，替补队员的赛间训练类似平常训练，部分受伤队员的训练由其自我控制。总之，训练负荷具有明显的专项特征。

（2）训练方法运用

赛间训练所采用主要训练方法是：游戏训练、重复训练、变换训练、模拟训练等方法。采用游戏训练法是为了促进身体机能恢复；采用重复训练法是为了提高技术训练质量；采用变换训练法是为了提高战术配合质量；采用模拟训练法是为了提高针对性的训练效果。

二、不同赛式赛间训练

重大赛事举办方式主要有两种：一是“赛会式”赛事，即综合性或专项性的举办方式，如全运会、青运会、奥运会、军运会、世界杯、世锦赛等均属此列；二是“联赛式”赛事，即专项性的举办方式，如联赛、积分赛等均属此列。下图表示的是两种主要赛事形式（图 10-11）。

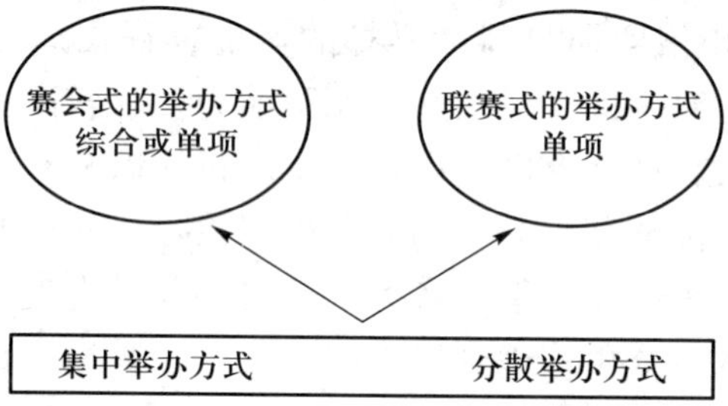

图 10-11　两种赛式的主要特点

仅就专项运动而言，“赛会式”或“联赛式”赛事是指在一定空间和时间内所进行的一系列比赛的总和。“赛会式”或“联赛式”赛事是由多次、多轮、多场比赛组成。显然，“赛会式”或“联赛式”赛事具有“战役性”的特征，单场比赛具有“战斗性”的特征。

“赛会式”的赛事往往是由多个项目（如全运会）或者专门一个项目（如世锦赛）组成的赛事，且往往集中在一个城市或者一个国家举办，这样便于赛事举办和管理；“联赛式”的赛事则由专项赛事举办，且赛区分为多个异地举办，这样便于扩大专项运动赛事影响。

（一）赛会形式的赛间训练

1. 单项赛事的赛间训练

（1）训练安排特点

单项赛事是指各个项目独立举办的专项赛事，如排球世界杯、田径世锦赛等赛事。相对综合性的赛事而言，单项赛事的干扰因素较少。赛间训练主要围绕着下场赛事展开；对于体能类项目而言，赛间训练的重点就是积极休整身心、恢复机体机能；对于表现性技能类项目而言，赛间训练的重点就是温习技术动作的关键环节；对于隔网或同场对抗性项目而言，赛间训练的重点就是针对性的技战术实操训练或想象训练。总体而言，赛间训练的负荷总量偏小，关键技术的负荷质量不变，关键环节的负荷强度适中。同时，必须高度注意适时心理抚慰和情绪控制，以便有效提升竞技状态。

（2）训练方法的运用

对体能主导类项群而言，赛间训练以恢复性训练方法为主，突出赛后训练放松的目的，主要采用医疗按摩、营养补充、心理疏导等手段。对技能主导类项群而言，赛间训练多以游戏训练、重复训练、变换训练、模拟训练等方法展开训练。总之，方法应多种多样。

2. 综合赛事的赛间训练

（1）训练安排特点

综合赛事是指由不同项目共同举办或综合性体育组织举办的综合赛事，如奥运会赛事。相对单项而言，综合赛事的干扰因素较多。其中，赛间训练的困扰因素就是场地和交通。对于体能类项目而言，赛间训练的重点仍是积极休整身心、恢复机体机能；对于表现性技能类项目而言，赛间训练的重点也是温习技术动作的关键环节；对于隔网或同场对抗性项目而言，赛间训练的重点还是针对性的技战术实操训练或想象训练。总体而言，赛间训练的负荷总量偏小，关键技术的负荷质量不变，关键环节的负荷强度适中。同时，必须高度注意适时心理抚慰，以便有效提升竞技状态。

（2）训练方法的运用

由于综合性赛事制约比赛的干扰因素较多，因此，不易采用适宜的训练方法。通常，赛间训练的训练方法主要是因地制宜地采用低强度的游戏、重复或变换训练方法训练，练习的内容多为趣味游戏方式或录像分析方式、想象训练方式，旨在有效保持竞技状态。

（二）联赛形式的赛间训练

1. 主客场赛式的赛间训练

（1）训练安排特点

主客场制是指两支参赛队各自在自己主场进行一次比赛，两场比赛间隔通常为一星期，最后由双方的总分或积分决定比赛的名次。主客场赛多见于一些国际和国内大型体育竞赛，如欧洲冠军联赛、中国篮球职业联赛等。一般地说，主客场赛最大的特点就是赛季时间较长。以中国男子篮球职业联赛（CBA）为例，历时可达 5 个月。美国男子篮球职业联赛（NBA），历时可达 9 个月。显然，职业联赛期间的赛间训练虽然具有小周期训练特征，但是训练内容、训练负荷、训练方法与经典理论相比具有明显不同。因此，我们必须认真研究高水平运动联赛期间的赛间训练理论方法。

一般而言，职业竞技运动一周一次赛事的赛间训练目的是：积极弥补竞技能力短板的因素，适时推进竞技状态水平的提升。一周赛间训练的频度大约为 8~10 次训练课；其中两次为调整课，两次为大强度训练课；每次训练的课时时间约为两个小时；训练内容多为技巧性、对抗性和针对性的内容；赛后的第一次课为恢复性训练，赛前的最后一次课为调整性训练；心理训练和体能训练往往融入技术和战术训练之中，即体能训练技术化、技术训练战术化、战术训练体能化的特征十分显著。整个负荷安排突出训练强度、训练密度和训练质量。当然，不同项目的赛间训练会略有不同。

（2）训练方法运用

赛间训练所采用的训练方法主要视专项特征和训练任务不同而有所不同。但是所有训练方法的应用需要一致性地集中体现“从难从严从实战出发”的训练思想。所有训练方法应将竞技能力的各个因素融为一体地进行训练。唯有如此，才能促进竞技状态的保持与提升。

2. 积分制赛式的赛间训练

积分制赛事与一般主客场联赛制不同，它是以取得比赛积分（如职业网球选手的排名赛）为主要目的的赛制。获得比赛胜利的级别越高，运动员的积分就越多，运动员综合排名就越靠前。这是鼓励运动员多参加比赛的一种赛制。如网球每年一次的四种公开赛，即澳大利亚网球公开赛、温布尔登网球公开赛、法国网球公开赛、美国网球公开赛等，就是一种基于赛事积分结果来抽签排名参赛的赛事形式。采用积分制赛式的赛事，是目前许多运动项目为普及项目发展而采取的重要举措。从这种赛事的举办形式看，它具有显著“赛会式”特点，从积分赛事的举办形式看，其具有明显的“联赛式”特点。

（1）训练安排特点

从“赛会式”的角度上看，可以参照本文相关内容所指出的训练安排进行赛间训练；但是，从“联赛式”的角度上看，似乎积分赛的赛间训练并不同于上文所指的“联赛式”赛间训练特点，这是由于若干积分赛的赛间间隔时间更长。一般来说，间隔时间较长的积分赛不太容易保持良好的竞技状态，或者不太容易提高排名的积分档次。为此，许多运动员在两个或两个以上的重大赛事期间，往往积极参加某些积分较少的赛事。下表就是我国高水平网球选手曾经安排的赛事日程（表 10-3），这种重大赛事之间的赛间训练，明显体现出全年多周期训练安排的基本特征。

▶ **表 10-3　网球全年训练多周期安排模式**

月份	10	11	12	1	2	3	4	5	6	7	8	9
赛事	☆ ★					★	★	★	☆			
训练	◇…………	…………	◆◆◆	◇◆	▽▽	◇…………	………◇	◆◆◆	▽◆◆	▽▽	◆◆	▽◆
地点	德国		北京	深圳	澳国 北京	深圳		北京 法国	德国	英国 北京	美国	北京

周次	2	4	6	8																					51	
分期	训练期					强化适应			比赛	休整	训练期						强化训练		比赛	调整训练	比赛	调整	强化	比赛	调整训练	比赛
重点	体能			专项		适应赛			比赛	休整	强化专项体能和技能						强化训练		比赛	调整训练	比赛	调整	强化	比赛	调整训练	比赛

注：★重大比赛赛季；☆次大比赛赛季；◇体能训练；◆针对性训练；▽休整性训练

（胡亦海，2014）

（2）训练方法运用

积分制赛事之间赛间训练所采用的训练方法，仍然主要视专项特征和训练任务不同而有所不同。所有训练方法的应用，仍是需要一致性地集中体现“从难从严从实战出发”的训练思想。只是所用训练方法突出表现出专项性、竞技性、针对性和弥补性的训练内容。

小结

本章着重从应用角度，明确指出重大赛事赛间训练是运动训练理论与实践不可或缺的重要组成部分，重点讨论赛间训练基本原则、赛间训练主要特点等有关赛间训练必须遵循的训练规律；详细阐述赛间调控若干策略和影响赛间调控的基本内容；具体提出不同赛制赛间训练和不同赛式赛间训练的安排方式。特别说明赛间调控的多种基本要素和训练时应注意的事项。

思考题

1. 简述赛间训练的定义和意义。
2. 简述赛间训练的特点与注意事项。
3. 简述淘汰赛制赛间训练的组织安排要点。

4. 简述综合赛会制赛间训练的组织安排要点。
5. 简述竞技状态赛间调控定义。
6. 竞技状态赛间调控策略主要有哪些?

第十一章

少儿训练及其特征

▶ 本章导语

本章主要包括少儿运动训练概述、少儿运动训练规律、少儿运动素质训练、少儿运动技能训练四个板块内容。其中，少儿运动训练概念与原则；少儿生长发育规律、心理成长规律和敏感期规律；少儿运动素质训练特点；少儿基本动作、运动技能、运动技术和运动技巧训练特点是重点内容。本章旨在构建少儿运动训练理论与方法的知识体系。

▶ 学习目标

促使学生能够掌握少儿训练意义、目标、阶段划分，深刻认识且能够在少儿运动训练的实践教学中遵循少儿运动训练基本原则、规律和主要特点，科学设计少儿运动素质训练和运动技能训练，提高其理论和实践相结合的水平。

第一节 少儿运动训练概述

一、少儿运动训练释义

少儿运动训练是指在遵循少儿身心发育规律的前提下，为了提高其竞技能力，而专门组织的有计划的体育活动。少儿以兴趣、爱好为目的参与体育活动，为了获得优异运动成绩需要接受系统、科学的运动训练。从生物学角度上分析，现代竞技运动优异成绩的取得，实质上是人体生物学长期改造的结果，而其改造具有不可逆性、阶段性、不可重复性特点。由此，现代运动训练领域高度关注少儿运动训练，其主要是在遵循少儿身体发展规律、心理成长规律和敏感期（sensitive period）规律的前提下，制定区别于成年人的训练计划，从而为终身体育锻炼、跨界选材奠定基础。更为重要的是，可避免早期专项化、早出成绩和过早结束运动生涯，从而助力其在高级专项训练阶段取得优异运动成绩。

运动训练是一个科学且长期的过程，一名运动员从少儿时期到最终培养成为世界级优秀选手必须遵循阶段性特点。少儿初期参与运动训练主要是在学校运动队、校外运动培训班、青少年体育俱乐部、业余体育运动学校等机构，从一般运动训练的角度，其目的是培养基本运动素养，包括形成动作技能、提升运动素质等；从专项运动训练的角度，其目的是通过多样化手段使少儿对某一项目有基本认识，掌握该项目基本技术所需要的动作技能，以及基本技术和战术，为步入专业化训练阶段奠定训练基础。

二、少儿训练阶段划分

从运动训练阶段划分的角度，少儿训练属于基础训练阶段，随着运动训练精细化的发展趋势，势必需要对少儿训练阶段进行科学的划分和目标的设定。

运动员长期发展模式是为了给予少儿在身体活动和运动训练中年龄划分、训练目标及每个阶段的具体内容进行科学指导，提高其身体活动和运动训练质量而创建的，旨在为从事少儿运动训练的从业人员提供建议。该模式将运动员成长划分为6个阶段，分别为运动入门阶段、启蒙训练阶段、技能发展阶段、一般训练阶段、专项训练阶段和强化训练阶段（图11-1）。

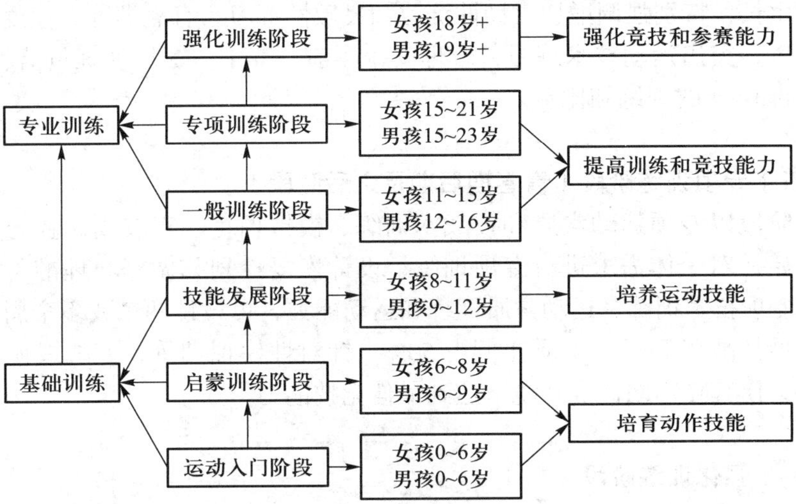

图 11-1 运动员运动训练发展模式

（柳鸣毅，2018，根据相关文献整理）

（一）运动入门阶段（女孩 0~6 岁、男孩 0~6 岁）

该阶段以使儿童积极地“玩”起来为主要目的，使其掌握走、爬、跳、跑、掷、滚、翻等基本动作技能，让孩子从具有趣味性、挑战性和非竞争性的活动和游戏中找到快乐、体验舒畅的感觉。

（二）启蒙训练阶段（女孩 6~8 岁、男孩 6~9 岁）

该阶段以结构化和非结构化的身体活动为手段，全面发展儿童的综合身体素质和基础动作技能，通过为儿童设计适宜年龄特征的体育活动，为儿童参加专项化的运动训练打下基础，发展基础动作能力并激发其参与运动训练的信心和渴望。

（三）技能发展阶段（女孩 8~11 岁、男孩 9~12 岁）

该阶段以发展速度、协调、柔韧及一般性耐力等各种身体素质为手段，以阶段性、周期性训练计划设计为指引，使青少年学习训练的方法和手段，在学习运动项目一般技能的基础上，提高基础运动技能，建议安排 7∶3 的训练和比赛。

（四）一般训练阶段（至青春期中后期）

该阶段青少年进入生长高峰（PHV）后，骨骼、肌腱、韧带、肌肉等出现了快速生长，特别强调增加柔韧性练习和灵敏性练习、有氧训练、速度训练和力量训练，突出运动技术练习，合理安排赛前、赛中、赛后训练负荷和内容，建议安排 6∶4 的训练和比赛。

（五）专项训练阶段（青春期后期及之后阶段）

该阶段以专项运动素质和技战术训练、模拟训练、实战或比赛为主要手段，开始针对个体需求进行专项训练、设计恢复计划和做好心理准备，提高青少年专项技术训练、运动素质训练和运动能力，可设计两个或多个周期性训练，发展技战术和运动素质比例占 50%，针对性模拟训练、实战或比赛比例占 50%，使其在不同比赛环境下达到最佳竞技能力。

（六）强化训练阶段

该阶段完全建立了运动员的运动素质、技术、战术、心理、智力等能力，以专项技战术和运动素质训练为主要内容，突出训练高强度和高密度的特点，合理安排间歇，防止过度训练和运动损伤，使运动员每次比赛时竞技状态达到巅峰，建议安排 1∶3 的训练和比赛。

总之，运动员运动训练发展模式是基于生理学、教育学等运动训练基础科学，从运动员终身运动发展的视角而提出的，该阶段使运动员通过基础训练达到专业训练，乃至最后职业训练阶段。该模式主要目标是通过设计遵循少儿生长发育规律、心理发育规律和敏感期规律的训练计划，培育少儿体育兴趣爱好、接受科学训练、培育终身体育习惯，使青少年在竞技体育中获得优异运动成绩，教会其促进身体健康的方式和途径。

该模式的前三个阶段是少儿青春期阶段之前，以参加各种形式的运动为手段，培养孩子的运动兴趣和综合的身体素质、基本的动作与运动技能。更为重要的是，在少儿成长的这三个关键阶段，运动训练目标设定、运动负荷和内容等安排都是以儿童的生物年龄为指引，而非生理年龄（或实际年龄），少儿的运动训练计划设计遵循其敏感期速度训练、灵敏训练和动作技能形成的规律，使其在遵循生长发育规律的基础上加速适应教练员的训练计划。

三、少儿运动训练要点

（一）少儿训练负荷安排要点

训练负荷是指培育、发展运动员竞技能力时运动员在训练过程中完成和承受的负荷量度和强度。在少儿训练过程中，训练负荷安排是少儿训练中的重要内容，主要表现为强度和量的关系、增加负荷和减小负荷的关系、负荷内容简单与复杂的关系、一般训练负荷和专项训练负荷的关系等。从运动训练实践的角度，少儿训练负荷有以下要点：

1. 渐进发展

从少儿生长发育的特点分析，儿童少年的肌肉组织、骨组织、心血管系统和神经系统等正处于生长发育中，儿童少年的肌肉中水分多，蛋白质、脂肪和无机盐类少，收缩机能较弱，耐力差，易疲劳；软骨成分较多，水分和有机物质（骨胶原）多，无机盐（磷酸钙、碳酸钙）少，骨密质较差，骨富于弹性而坚固不足，不易完全骨折而易于发生弯曲和变形。儿童少年的心脏重量和容积均小于成人，但相对值（即按体重的比值）却大于成人，幼儿心脏重量占体重的 0.89%（成人占 0.48%~0.52%），且心肌纤维较细，心肌收缩力量较弱，心容量较小，神经系统对心血管活动调节还不够完善。因此，在安排运动负荷时，应遵循渐进发展的要点，具体可从短时间到长时间，周课时数逐渐增加，训练方法中组数和次数逐渐增加，在保证运动技术规范性和标准性的前提下逐渐增加难度。

2. 有氧负荷

不同运动项目竞赛规则中的时间和训练过程中的方式等决定了运动员的能量代谢主要方式。从人体运动时能量代谢的角度分析，运动员在训练过程中的负荷可分为有氧训练负荷和无氧训练负荷。以有氧负荷作为基础是运动训练负荷承载的基本规律。儿童少年由于胸廓狭小、呼吸肌力较弱且呼吸表浅，故肺活量小，呼吸频率快，其氧运输系统或心脏泵血功能和肌组织利用氧的能力较弱，因而最大摄氧量和承载氧债的能力较弱。所以，在安排运动负荷时，应遵循有氧负荷的要点，具体可为以一般性身体素质训练为主，逐步增加专项性身体素质训练，以长时间、低强度、多次数的训练安排为主，依照速度、灵敏、力量的训练序列逐步增加无氧训练负荷比重，重视多次数的运动技能练习。

（二）少儿训练内容设计要点

少儿训练内容的安排是从启蒙训练阶段逐渐过渡到专项深化训练阶段中的关键环节，在竞技能力的运动素质、技术、战术、心理和智力训练内容方面，需要遵循少儿运动员生长发育规律，训练内容需要遵循从基础训练到高难度训练的原则和一般训练到专项训练的要点：

1. 基础训练

基础训练是指在少儿训练周期安排中，以基础身体素质练习和简单技战术训练为主。基础训练要点是要求少儿训练身体素质以一般性且促进其全面发展为主，如在身体素质训练方面，在 8 岁以前，儿童的肌肉生长和肌肉力量的增长速度较慢，可以大量的徒手操以及不负重的跑、跳练习为主的一般性速度素质、灵敏素质和柔韧素质为主（表 11–1），从运动素质、技术、战术、心理和智力等方面，国际式摔跤少儿运动员基础训练内容从徒手身体练习逐步到较复杂的技战术训练。在 12～15 岁，随着肌肉体积和力量增长速度加快，可采用一些阻力和较轻的负重练习来发展肌肉力量。15 岁过后，可增加阻力或负重等身体素质练习，以有效地发展肌肉力量。在技战术方面，可以人体动作发展原则训练其基本动作，以专项运动所需要的运动技术和运动技能为主。

表 11–1 国际式摔跤少儿基础训练内容

竞技能力	主要指数	训练内容	发展趋势
运动素质	▲▲▲	滚翻、跑跳、协调、灵敏、徒手基本功、双人基本功、专项轻器械、长距离有氧跑	逐步提高强度
技术	▲▲▲	站立技术（抱大腿、抱小腿、抱腰、前抱肩颈、各种背的技术、过胸、手法等） 跪撑技术（滚桥、抱提、交叉等）	逐步强调制胜
战术	▲	进攻战术、防守战术 佯攻战术、边线战术	逐步强调多变
心理	▲	注意力、意志品质	逐步趋于稳定
智力	▲▲	一般文化知识、摔跤训练知识	逐步形成自动

（柳鸣毅，2018）

2. 一般训练

为了避免少儿训练早期专项化，应采取一般训练的要求。少儿早期专项化训练会出现运动成绩快速提高且适用于专项训练，但专项技术基础不牢，会导致竞技状态不稳定和易于过度训练和运动损伤，过早终止运动生涯。按照一般训练要求，可遵循少儿生长发育规律，按基本动作、运动技术、运动技能序列逐步提高专项化程度，采取多样化的一般训练内容，重点突出提高少儿运动员健康素质，改善其具有专项特征的身体形态和全面提高少儿运动员身体素质（表 11–2）。

▶ 表 11-2 少儿早期专项化和早期多样化训练的区别

早期专项化训练	早期多样化训练
运动成绩快速提高，违背敏感期训练原则	运动成绩提高缓慢，遵循生长发育规律
快速适应专项训练，过早地出现最好成绩	生理心理逐渐成熟，专项阶段成绩提升
专项技术基础不牢，缺乏稳定的竞技状态	专项技术表现稳定，竞技状态较为稳定
易于出现过度训练，过早地终止运动生涯	科学适宜负荷调控，有效提高运动成绩
易于产生运动损伤，影响运动员训练质量	预防运动疲劳损伤，保证专项训练质量

（柳鸣毅，2018）

（三）少儿训练方法运用要点

少儿训练方法是在遵循少儿生长发育规律的前提下，为促进身心健康、发展运动素质和提高运动技能而采取的途径和方法。在运动训练过程中，少儿训练既需要全面促进身体素质发展，也需要为专项训练储备一般训练能力，既需要发展有氧能力，也需要发展速度素质等无氧能力，针对其训练负荷和训练内容特点，少儿训练方法遴选需要遵循综合运用和简单适用的训练要点。

1. 综合运用

在发展少儿基本动作、运动技术、运动技能和运动技巧方面，可采用分解法和完整法，有利于少儿掌握动作和技术的能力从泛化向自动化发展，以至于提高娴熟运用技战术的能力，为专项技战术训练打下基础。在发展运动素质方面，可采用持续训练法、间歇训练法提高运动员的一般身体素质和专项速度、灵敏和柔韧素质，在青春期后期，采用间歇训练法和重复训练法提高专项力量和耐力素质。

2. 简单适用

运动训练方法是教练员执教团队和运动员为实现共同目标共同完成训练任务的办法。少儿运动员的身体条件、心理调节、运动智力等还处于运动训练的启蒙阶段，在运动训练方法遴选中应遵循简单适用的要点，应将完成组数、完成次数、完成时间、练习质量、负荷强度等作为运动训练方法设计的重点因素，避免以训练组合复杂、训练条件多变、训练难度较大的方法设计。

（四）少儿训练手段遴选要点

少儿训练手段是少儿运动训练过程中的重要内容，也是构成少儿运动训练方法的重要组成因素。它既是一种具体的有目的的身体活动方式，也是现代运动训练方法的一种具体表现形式，更是全面发展少儿运动员运动素质、运动技能等竞技能力的练习方式。由于少儿运动训练需要全面发展其运动素质和运动技能，结合其年龄、发育和心理等特征，少儿训练手段需要遵循多样变换和趣味技巧的要点。

1. 多样变换

少儿训练是运动训练的初级阶段，也是启蒙阶段。少儿运动员需要通过多样变换的身体练习或练习手段，促进其跑、跳、投、滚、翻、旋、转的基本动作全面提高。因此，应按照严格规范动作标准的基本要求，通过徒手练习手段、器械练习手段对其实施训练，并且通过训练环境、练习条件、组织方式的多样性和变化性，全面安排少儿运动员身心发展所必需的运动素质和运动技能。

2. 趣味技巧

少儿训练手段需要通过趣味性的游戏活动等方式引导其积极参与，且通过各种趣味性游戏活动提高其对运动训练的表象认识和身体感知。游戏训练是少儿运动训练常用的手段，在幼儿、儿童、少年等不同时期，游戏训练内容设置都不一样，幼儿游戏训练较常用感统训练方法，通过以基本动作为内容，对其身体感知能力进行培养；儿童游戏训练则以速度、灵敏、柔韧素质练习与注意力、记忆力等心理能力训练相融合，以趣味性方式组合而成，如“贴膏药”“老鹰抓小鸡”等游戏。少年柔韧训练则是以突出与专项竞技特征相一致的练习进行安排，如足球项目的“盘球”练习等。同时，发展少儿运动员灵敏和速度素质所运用的绳梯类、标志杆（桶）类训练手段，就增添了跑动、移动、跳动等练习的趣味性和组合性。技巧性是少儿运动训练阶段的重要环节，应在运动训练过程中采用可促进少儿柔韧、协调等专项所需要的技巧训练手段。

第二节 少儿运动训练规律

一、少儿生长发育规律

生长是指身材大小、体格、身体成分和身体各系统可被测量到的变化。在生长过程中，随着年龄增长和青春期变化，运动员身体特征存在很大差异，随之竞技能力也会出现明显变化。少儿生长发育受遗传因素影响，同时也受营养、疾病、气候、季节、社会因素和体育锻炼等非遗传因素的影响，因此，在运动训练过程中须遵循少儿生长发育规律。

（一）生长发育的质变性规律

人体生长发育是从婴儿、幼儿、少年、青年、壮年直到老年的完整过程，其肌肉、骨骼、各器官等生长会出现量变到质变的发育规律。如在少儿进入青春期后，随着骨骼的增大，皮下脂肪明显增多，其骨密质也明显增高且身高、肌肉体积等形态明显变化，如男子骨骼肌质量比例从出生时占总体重 25%，随着其生长发育的影响，在青年时期会达到 40%~45% 或更多，其力量素质也明显提升。但是，少儿生长发育规律绝不是成年人的缩影，其生长发育是从微小的量变到根本的质变的复杂过程，呈现出在体积增大的过程中，完成结构和机能的分化和成熟的特点，随着遗传因素和非遗传因素的影响，其身体机能仍可进一步完善，其运动能力可逐步提升。

（二）生长发育的阶段性规律

人的生长发育过程是分阶段且按照一定序列规律进行的。从人的生命周期来分析，生长发育最快的时期是婴儿期和幼儿期。从运动训练的过程而言，童年期、少年期和青春期则是生长发育的较快阶段。在运动训练过程中需要遵循人体生长发育的连续性和阶段性规律，例如，3~6 岁阶段是大肌肉动作发展的关键时期，此时期大肌肉动作的发育及其训练可直接影响少儿运动技能的发展水平，还可影响其脑的发育以及认知、情绪等身心发展。例如，青春期前，由于上下肢的增长早于躯干，而下肢的增长又稍早于上肢，故四肢各环节的发育顺序为足长→下肢长→手长→上肢长（表 11-3）。总之，童年期、青春期身体各部分的形态发育顺序是：下肢先于上肢，四肢早于躯干，呈现自下而上、自肢体远端向中心躯干的阶段性规律变化。

▶ 表 11-3 青春期四肢发育阶段性规律

四肢发育规律	阶段性特征
下肢发育领先于躯干	在 7 岁以后领先发育且较早结束的顺序依次是足长→小腿长→下肢长→坐高
上肢发育领先于躯干	发育顺序为手长→上肢长→坐高
下肢发育领先于上肢	足长的发育领先于手长，下肢长的发育领先于上肢，其生长发育顺序大体上是足长→下肢长→手长→上肢长

续表

四肢发育规律	阶段性特征
长度的发育领先于围度、宽度	各肢体围度发育的高峰期和结束期较长度发育推迟 2~3 年；骨盆宽的发育高峰期和结束期较下肢长推迟 2~3 年出现 坐高的发育略早于肩宽、胸围，其高峰期出现的时间与肩宽、胸围相同，提早 1 年左右结束
身高的发育领先于体重	身高的发育明显领先于体重，直到青春期的后期，体重达成年人的程度时才逐渐追上身高达到成年人的程度

（柳鸣毅，2018，根据相关文献整理）

（三）生长发育的波浪式规律

人体的生长发育不是匀速直线上升，而是呈现具有一定规律的时快时慢的波浪式发展。以身高和体重为例，从胎儿到青春期结束，身高和体重等形态指标的发育经历了 4 个阶段，即第一生长突增期是胎儿期至出生后 1 岁末，为第一个生长发育高峰期；相对稳定期（2 岁至青春期前）；第二生长突增期是青春期突增期（10~12 岁）；出现第二个生长发育高峰期直至生长停滞期（青春期突增后至生长逐渐停止）。而身体形态其他指标的显著变化则主要出现在青春期。在运动训练过程中，训练内容和负荷就要遵循其波浪式规律，由于耐力素质与身高、体重和心肺系统等发育关系密切，男孩 10 岁时，耐力素质伴随着生长发育高峰会出现首次大幅度提高；13 岁时，再次出现较大幅度的提高；15 岁时，耐力有最本质的提高；16 岁时，男孩已进入性成熟期，此时耐力增长明显减慢。

（四）生长发育的差异性规律

在儿童少年期间，人体各部位和各器官、系统发育的时间和速度不同，因而各系统的发育程度也具有极大的差异性。一般来讲，神经系统比生殖系统发育早；大肌群比小肌群发育快；骨骼生长发育又比肌肉生长发育快。同时，少儿生长发育的差异性也体现在不同个体和不同性别方面，因而其生活年龄、生物年龄以及心理年龄之间也会有所不同。女子青春期发育较男子早，各项发育指标的增长值和增长率曲线出现高峰的年龄女子比男子早 1~2 年，青春期发育的结束时间女子比男子早 2~3 年，在体格和体型方面也存在较大差异。少儿生长发育状况可影响少儿竞技能力的发展，更会影响其一生的发展。

二、少儿心理发展规律

少儿心理发展对其天赋、兴趣、能力、特长等影响较大，受遗传、环境、教育、家庭、社会等诸多因素的影响。从少儿心理发展的规律分析，少儿心理发展呈现方向性、连续性和差异性的规律。

（一）心理发展的方向性规律

在成长过程中，少儿心理发展具有不可逆性和不可逾越性的显著特点，并在不同的文化背景下和不同的少年儿童个体上表现出较高的一致性，且具有一定的方向性规律（表 11-4）。0~3 岁儿童思维发展主要发展直观行动思维，3 岁~6、7 岁儿童主要发展具体形象思维，6、7 岁~11、12 岁少儿主要发展抽象形象思维，随着少儿认知能力的提升，11、12 岁~14、15 岁少儿主要发展以经验型为主的抽象逻辑思维，14、15 岁~17、18 岁少儿主要发展以理论型为主的抽象逻辑思维。

▶　表 11-4　少儿思维发展序列

年龄段	思维发展序列
0~3 岁	主要发展直观行动思维
3 岁~6、7 岁	主要发展具体形象思维
6、7 岁~11、12 岁	主要发展抽象形象思维
11、12 岁~14、15 岁	主要发展以经验型为主的抽象逻辑思维
14、15 岁~17、18 岁	主要发展以理论型为主的抽象逻辑思维

（柳鸣毅，2018）

（二）心理发展的连续性规律

少儿心理发展也是一个不断矛盾运动的过程，是一个不断从量变到质变的发展过程。少儿心理发展连续性在其前后发展之间不是没有联系的。一般而言，少儿心理意识、行为等都是先由较低级的发展逐渐过渡到较高级的发展。少儿心理时刻都在发生量的变化，随着量变积累到一定程度，就会发生质变，出现少儿心理状态不同阶段和不同个体之间比较的本质性差异，这些显著性差异的变化使少儿发展呈现阶段性特征。在运动训练过程中，训练内容应由简单到复杂，使之与少儿心理认知相适应。训练负荷应由小到大且科学调控，使少儿心理承受能力与其相匹配。

从少儿心理训练的角度，少儿运动技能训练可采用表象训练帮助其建立技能框架和提高熟练程度。从遵循少儿心理发展连续性的视角分析，表象训练能够提高少儿记忆力、注意力和创造力，开发大脑功能。从运动技能提升的规律，可使少儿逐渐掌握运动技能的顺序和要素，不断提高运动技能表现水平。

（三）心理发展的差异性规律

少儿心理发展具有不同阶段、不同方面和不同个体的不均衡性规律。少儿心理发展不是等速的，在不同时期变化速度是不一样的，儿童学前期和青春期是发展的两大加速期，如儿童青少年认知能力是随着年龄增长逐渐加速的。在运动训练过程中，随着青春期后期，少年运动员意志品质、注意力发展速度也在加快。少儿心理发展不同方面也是不均衡的，儿童感知觉能力在出生后就可达到较高水平，而思维能力却发展缓慢。在不同个体方面，不同少儿心理活动能力差异较大。

三、少儿敏感期训练规律

（一）少儿成长敏感期的释义

从少儿生长发育的角度，敏感期是指由于少儿在此阶段智力、秩序感、节奏感、行走、观察力等方面的发育特征，而产生的一段对环境、秩序、感官、动作和社会规范等一系列的敏感情况。教育家蒙台梭利认为少儿在早期发展阶段存在多个“敏感期”，也可称为“关键期”。在敏感期阶段，少儿接受外界刺激的能力是异乎寻常的，例如，婴儿时期其语言能力和爬、走等动作技能发展最为明显，如在此时期给予身心发育相适应的刺激，将有助于其在敏感期的相关能力得到迅速提升。

（二）少儿敏感期训练的规律

从运动训练的角度，敏感期是指少儿运动素质和运动技能在运动训练过程中增长速度快的阶段。在敏感期（图 11–2、图 11–3），少儿女子运动员的运动技能在 10 岁开始逐渐出现增长期，直至 13 岁达到高峰期。此阶段主要以运动技能规范性、稳定性、全面性、标准性训练为主，为专项深化阶段其承担高强负荷训练打下基础。在此阶段速度素质和耐力素质随着其身高等生长发育也呈现增长高峰期。少儿男子运动员的运动技能在 12 岁开始逐渐出现增长期，直至 14 岁达到高峰期。此阶段同样主要以运动技能规范性、稳定性、全面性、标准性训练为主，为专项深化阶段其承担高强负荷训练打下基础。在此阶段速度素质和耐力素质随着其身高等生长发育也呈现增长高峰期。

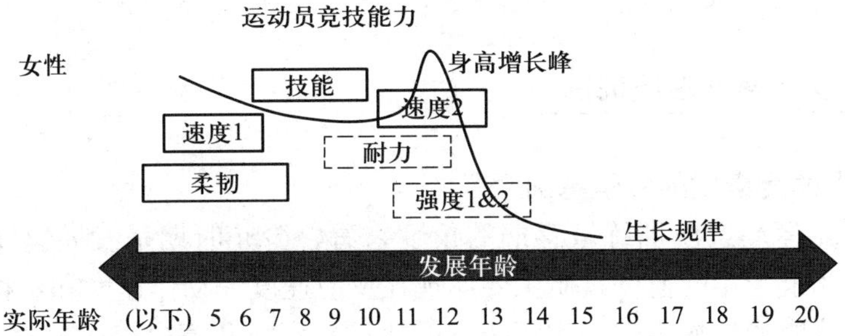

图 11-2　女子运动员竞技能力发展示意图

（柳鸣毅，2018，根据相关文献整理）

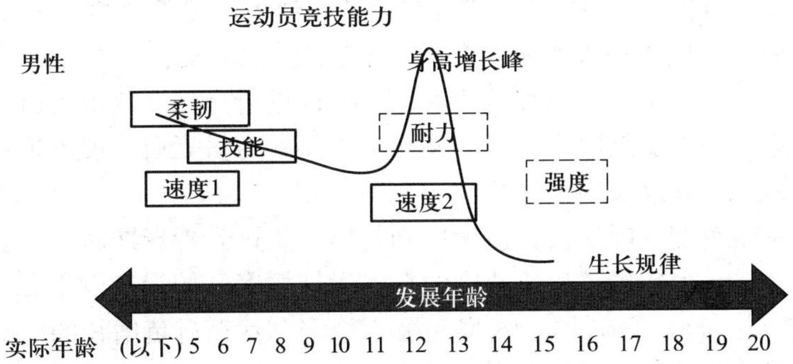

图 11-3　男子运动员竞技能力发展示意图

（柳鸣毅，2018，根据相关文献整理）

在运动训练过程中，少儿运动训练需要遵循其生长发育的基本规律和身体素质自然发展的特点。少儿身体素质的发展与儿童少年生长发育的不均衡性、波浪性、阶段性特征相对应，在不同年龄阶段将显示着不同变化的特征，尤其是运动素质训练作为一般训练阶段的重要内容，其速度、协调、耐力、灵敏及其子能力的训练序列、比例等都需考虑其年龄因素。

在儿童少年时期，有关运动机能方面的身体素质（运动素质）各个因素的自然增长速度明显不同。一般认为，运动素质增长较快的年龄阶段可称之为运动素质发展的敏感期。如少儿男子力量素质训练敏感期出现在 13～16 岁之间，尤其是 14～15 岁阶段最大限度的增长比例为 23.4%，少儿女子力量素质训练敏感期出现在 11～13 岁之间，此阶段力量素质最高程度增长比例为 39.7%。如科学地施加训练因素，将有助于少年儿童的运动素质快速发展。

第三节 少儿运动素质训练

一、少儿速度素质训练

（一）速度素质的科学基础

从少儿运动素质训练敏感期的角度来看，少儿时期是发展速度素质的关键时期。儿童少年的速度素质主要体现在反应速度、动作速度和位移速度上。

反应速度的快慢由遗传因素决定的比例较大，儿童少年在6~12岁反应速度大幅度提高，在12岁时反应速度达到第一次高峰点。在性发育阶段，反应速度稍减慢。到20岁左右出现第二次高峰点；动作速度的自然发展较快时间为7~9岁，在此年龄阶段，有效地发展动作速度，是使该素质达到最快水平的关键。随后速度素质发展减慢，约在15岁时，男女少年的徒手动作速度可接近成年人水平。从运动训练的角度，不建议进行高强度负重负荷调节下进行动作速度练习，主要是因为这一时期男女少年的力量素质发展不足；位移速度是由动作频率、幅度及磷酸原代谢水平所决定。以跑为例，在7~12岁，男女儿童跑的最高速度发展最快，但无性别差异。当进入青春期时，男女间的速度差异开始显露，少年男子最快速度的自然发展幅度开始大于少年女子，并持续发展到17岁；而女子在13~16岁间极不稳定，甚至有负增长的情况，形成此状况的原因主要是与女子体重增长过快，内分泌激素增加有关。

（二）速度素质的训练特点

（1）从速度素质的安排顺序方面，由于速度练习的关键因素是“快”，因此，该练习需要在少儿运动员体能充沛的状况下进行，速度素质训练应安排在每一节训练课的前面部分进行，不易安排在基本部分的结尾时间段，不易在运动员疲劳的状态下进行速度练习。

（2）从速度素质的负荷安排方面，负荷时间应在10 s内，强度可以在90%~100%最快速度范围内，练习次数不宜过多，可适当采取重复训练法和间歇训练法相结合。随着其专业化水平逐渐提高，负荷时间可增加至30 s，强度保持在80%~90%之间。

（3）从速度素质的训练手段方面（表11-5），将各种动作速度、反应速度和位移速度的训练手段与游戏、绳梯、标志杆（桶）、徒手练习及与专项身体素质相结合进行训练。

▶ 表 11-5 少儿跑动速度素质练习实例

跑动方式	练习安排	练习要领
"Z"字形路线跑	30 s 计时跑	快速启动、移动、转身
10 m 往返跑	30 s 计时跑	快速启动、移动、转身
绳梯跑动	10~15 m、10 趟	快递移动、反应速度
标志杆（桶）障碍跑	10 个标志杆（桶）、10 趟	步伐快速变换、移动
30 m 上（下）坡跑	5 组、组间完全间歇	下肢支撑、身体控制

（柳鸣毅，2018）

二、少儿协调素质训练

（一）协调素质的科学基础

从人体生长发育的角度，神经系统是最早发育的系统。协调素质是其综合神经技能能力的体现，其表现形式是运动协调。人体运动协调能力由反应能力、空间定向能力、本体感知能力、节奏能力、平衡能力、与动作认知有关的认知能力等多种要素所构成。从认知神经理论的视角来看，协调素质是在大脑皮质中建立相关中枢之间的暂时联系，并形成动力定向，与少儿神经系统、肌肉系统、骨骼系统等生长发育密切相关。同时，从运动训练的视角来看，少儿运动员随着其年龄增长和训练年限增加，其协调素质对其完成基本动作和技术动作，提高运动技能水平直至获得高水平的运动技巧密切相关。如动作协调是动作在不同阶段、不同环境相互有序配合、相互连结的状况，因此，对少儿运动员在启蒙训练阶段，就需要通过反应能力、平衡能力、节奏能力、空间定向能力、时间感知能力、距离感知能力和专门感觉能力，遵循由一般到专项、由简单到复杂、由单一到多元、由单个到组合的原则对其实施训练。

（二）协调素质的训练特点

（1）从协调素质训练的类别来看，少儿运动员协调能力受到完成运动技术的时间、空间或动力控制等多种因素的影响。应结合专项性的特点，兼顾反应能力、平衡能力、节奏能力等全面性和针对性特点，在提高和改善少儿运动员协调能力的过程中，既要关注某一种协调素质，也应注意全面改善综合协调素质。

（2）从协调素质训练的手段来看（表 11-6），少儿运动员协调素质训练手段应以基本肢体运动、跑动、跳跃、滚翻等练习手段为主，随着其专项训练的不断深入，再结合专项所需的运动素质、技术、战术、心理、智力等特征实施专项协调素质练习。

▶ **表 11-6 少儿协调素质练习手段**

动作形式	手段类型	手段名称
单一动作	上肢运动	同向肩绕环、前后肩绕环
	下肢运动	交叉步、滑步、马蹄步、碎布、垫步
	跳跃	纵跳、前后跳、转向跳、跳绳
	滚翻	前后滚翻、前后滚翻直腿起、翻腾
组合动作	组合	全身波浪起、鲤鱼打挺、波比跳

（柳鸣毅，2018）

（3）从协调素质训练的顺序来看，从事非周期性运动项目的少儿运动员在启蒙训练阶段需要进行专门的协调素质训练，如花样游泳项目少儿运动员在技术动作学习的初级阶段就需要通过上肢、下肢的配合对其协调素质进行练习，以至于能够连贯、有序地完成技术动作。从事非周期性项目的少儿运动员专项的协调素质练习较少，一般都是随着运动技术水平的逐步提高，在完成运动技术练习的同时开拓更多的协调素质练习手段，如扩大技术动作幅度的练习器材和利用专门设备训练其协调能力。

三、少儿灵敏素质训练

（一）灵敏素质的科学基础

6~9 岁年龄段的少儿是发展一般灵敏素质的敏感期，此阶段少儿神经系统发展较为迅速，大脑皮层神经活动过程的灵活性及分析综合能力是灵敏素质的重要生理基础；随着少儿专项训练比例加大，9~14 岁可发展专项灵敏素质。随着发育的成熟及掌握运动技能越多且越熟练。由于灵敏素质是运动技能、神经反应和各种素质的综合表现，从 11~12 岁起开始运动素质训练，力量、速度及耐力则可较快地发展。此阶段，大脑皮层中暂时神经联系的接通越迅速、准确，动作也越灵巧。灵敏素质的自然发展在 13~14 岁（个别人到 15 岁）达到高峰，其灵敏素质在学习技术动作的过程中可从灵活性、空间定位能力和节奏感等方面表现出来。

（二）灵敏素质的训练特点

（1）从灵敏素质训练的顺序来看，由于少儿易于疲劳，灵敏素质训练一般安排在训练课的前半部分，此时少儿体力充沛、精神饱满，每次负荷持续时间不宜过长，重复次数也不宜太多，间歇时间要充分，以不产生疲劳为限度。

（2）从灵敏素质训练的负荷来看，灵敏素质是一种综合素质，与力量、速度、协调等素质有密切关系，尤其是反应速度、动作速度、爆发力和协调性等对灵敏素质影响最大。一般训练强度随着少儿训练水平不断提高和阶段不断深化逐渐加大、速度逐渐加快；在训练中，一般练习时间和休息时间比例为1∶3。

（3）从灵敏素质训练的方法来看，灵敏素质训练可采用变换训练法，增强少儿训练过程中的趣味性，使其在跑、跳等练习中迅速、准确、协调做出各种动作。

四、少儿柔韧素质训练

（一）柔韧素质的科学基础

少儿时期是发展柔韧素质的最佳时期，主要由于其发展柔韧素质与少儿肌肉、肌腱和韧带等生长发育密切相关，少儿与成年人相比关节面角度大、关节面的软骨厚、关节内外的韧带较松弛。同时，关节活动范围、肌腱和韧带伸展程度具有一定可塑性，少儿运动员可通过主动柔韧练习提高关节活动幅度和肌腱、韧带伸展程度。一般来说，男女少儿在7岁可进行柔韧性练习，12岁以前柔韧性可得到较好的发展。同时，少年在13~16岁之间生长发育较快，其身高和体重明显增加，柔韧性下降。

（二）柔韧素质的训练特点

（1）少儿柔韧素质练习应以主动性练习和缓慢式练习为主，遵循循序渐进的原则逐步提高其肌肉、韧带的伸展能力。肌肉、韧带组织的弹性不仅取决于性别、年龄，而且取决于中枢神经系统的兴奋度，少儿运动员情绪高涨时，柔韧性会增大。

（2）在少儿训练阶段，可每天安排发展柔韧性练习，可将一般性柔韧练习和专项性柔韧练习相结合，其中，一般性柔韧练习主要在一节课热身阶段时练习，专项性柔韧练习具有长期性、持续性和基础性特点，尤其是运动员学习新运动技术时需要具有专门柔韧素质作为基础。

（3）少儿柔韧练习负荷强度和量不宜过大，应根据少儿训练年限的增长而逐渐加大。

五、少儿力量素质训练

（一）力量素质的科学基础

儿童少年的力量素质主要包括绝对力量、相对力量、速度力量及力量耐力等方面。其中，绝对力量的发展特点是儿童阶段其力量素质无显著性差异。随着年龄的增长，7 岁以后，绝对力量随着其骨骼、肌肉等生长发育及各器官、系统机能的发展产生显著性差异。10 岁后，随着少儿步入青春发育期，男女少儿力量素质发展受性别影响差异较大。其中，男子少儿自然发展幅度较大，且持续增长，在 10~13 岁间为绝对力量的突增时期，随后进入稳定发展阶段，直至 25 岁或更长，达到人生最大力量水平。在少年女子身上，绝对力量的发展呈阶梯状，其中 10~13 岁为突增时期，14~15 岁为稳定时期，15~16 岁间为回升阶段，此后处于稳定阶段；在相对力量方面，男女少年相对力量发展增速不明显，虽然绝对力量快速增长，但相对力量增长的速率并不大。甚至在个别年龄阶段，由于体重增长较快和在身高增长的最快时期肌肉横断面增长缓慢，少儿 12~14 岁，每年只增长 2%~3%。一般来讲，男子在 14 岁后，女子在 11 岁后两年间，相对力量自然发展的速度较快，是发展相对力量的最佳时期。要增加相对力量可进行全面训练，通过改变肌肉重量与体重的比例，改善相对负荷与肌肉力量的相互关系，不使肌肉出现过度肥厚，而提高相对力量。

在速度力量方面，男女少年速度力量增长较快，且早于绝对力量和相对力量发展，这主要是少儿速度素质自然发展的敏感期较早呈现的原因所致，男女少年在 7~13 岁速度力量增长都很快。13 岁后，男女之间的差别越来越大，男孩的增长速度大于女孩，到 16~17 岁时增长速度下降。所以，在少儿时期发展速度力量可收到较好的效果。在这一时期速度素质超前发展影响在先，力量素质（绝对力量）的影响在后。在 7~13 岁后期阶段，男女少年会出现性别差异，造成这种差异是男子雄性激素开始发挥作用和女子皮下脂肪开始堆积所致；在力量耐力方面，男女少年力量耐力敏感期产生较晚，且增长幅度并不像前者那样明显。男孩在 7~17 岁，力量耐力的发展是直线上升；女孩 15 岁前是持续上升，但 15 岁后则开始停滞，甚至下降。

（二）力量素质的训练特点

（1）在各种力量素质的安排序列上，首先，速度力量应优先发展，以速度训练为导向，力争使速度素质超前发展，以便携带速度力量的整体发展；其次，应注意发展绝对力量；而后是注意力量耐力的发展。应结合力量素质自然发展的敏感期，使各力量因子在各自敏感期中，得以充分的发展。

（2）在力量素质的运动负荷安排方面，应注意在一定的强度下，通过量的积累来发展绝对力量。因为儿童少年体内的无机物含量尚不多，肌肉并不大，应防止因强度过大，造成骨骼肌及骨骼受伤。可安排较轻强度的负荷和较多负荷量的力量耐力训练。

（3）在力量素质训练中，应首先强调力量素质训练手段动作的标准性、规范性，切勿因强调速度和重量而影响其规范性。

六、少儿耐力素质训练

（一）耐力素质的科学基础

少儿耐力素质与其能量代谢发展和心肺功能发展的影响较大。从能量代谢的角度，男女少年在安静状态下能量的氧化过程比成年人旺盛，氧消耗量多，但血红蛋白、肌红蛋白的含量相对较少，心肺功能较弱。因此在运动训练过程中，无氧代谢水平较低，负氧债能力较差，承受短时耐力（无氧耐力）的能力不高。男子少年进入 10 岁时，其无氧耐力的水平开始逐渐提高；13 岁时，再次出现较大幅度的提高，直至 15 岁时可达到成人无氧耐力水平的 92%，这一年龄段是男子少年无氧耐力发展的敏感期。女孩 9 岁时，耐力素质出现首次大幅度提高；12 岁时，耐力指标再次提高；14 岁后，即进入性成熟期，耐力水平逐年降低；女子少年在 14~16 岁间，有氧代谢水平发展较快，可达到成年女性的最高水平，16 岁后下降速度减慢。

（二）耐力素质的训练特点

（1）从耐力素质训练的顺序来看，由于少儿糖酵解能力较低，其无氧代谢活动的能力受到限制，应以有氧训练为主，可有助于提高机体在运动中能量代谢的水平，增加心肺功能，为专项深化阶段一般和专项耐力（无氧）的发展奠定基础。

（2）从耐力素质训练的负荷来看，无氧耐力的训练强度不宜过大，心率强度最高控制在 170 次 /min 以下，负荷量不宜大。在 15 岁后，无氧耐力的训练可逐渐以间歇训练法为主，心率可控制在 160~180 次 /min 为强度的指标内。

（3）从耐力素质训练的方法来看，训练方法可采取持续匀速训练法，间或穿插变速训练法和重复训练法。在练习手段的选择上应多注意趣味性。

第四节 少儿运动技能训练

一、少儿基本动作训练

基本动作是指关节在空间及时间上的特定状态及变化。婴儿天生就具备习得基本动作的能力，且具有阶段性特征。0~3 岁是儿童建立基本动作模式的敏感期，在此阶段，儿童以俯卧、抬头、胸起抬头、用手支撑身体、翻身等逐步获得人体生存所必需的基本动作。随着儿童精细动作技能的形成与认知的发展，4~6 岁儿童可将基本动作转变为具有一定精细程度、熟练程度、复杂程度的基本动作技能，7~12 岁少儿已形成能够按一定要求和目的合理运用技术方法的能力。从运动训练的角度，少儿基本动作训练应注重以下特点：

（1）由于少儿基本动作模式敏感期较早，少儿基本动作训练应提早进行。从滚翻、爬动、步态、下蹲等各种基本动作练习都应以标准化的身体练习手段对其实施练习，基本动作练习也是幼儿运动训练的核心内容（表 11–7）。

► 表 11–7 少儿基本动作的学习与发展

基本动作	日常生活实例	身体练习手段
滚翻	下地或上床翻身	身体翻转练习
爬动	爬楼梯台阶	动物爬行练习
步态	行走 / 跑步	冲刺跑
下蹲	坐下 / 站起	前、后下蹲
弓箭步	上楼梯 / 跳跃	前、后弓箭步
弯身	弯腰捡物体	腰背提拉
转体	转身拿玩具	斜拉练习
提拉	拉小车	坐立拉练习

续表

基本动作	日常生活实例	身体练习手段
推撑	推小车 / 支撑跳	俯卧撑
上举	上举皮球	推举

（柳鸣毅，2018，根据相关文献整理）

（2）少儿基本动作训练应遵循少儿动作技能发展顺序，具体为优先发展视、听、嗅、味、触摸、平衡和本体的感觉发展，逐步向身体部位、体态和身体移动等发展，按照从单一到组织、从简单到复杂的原则设计动作训练步骤和计划。

（3）少儿基本动作训练应注重完成动作的质量，即动作幅度、动作速度、动作标准化程度等，尤其是强调动作完成的质量，有助于少儿建立正确动作的动力定型，为将来专项技术动作练习和动作技能形成奠定基础。

（4）少儿基本动作训练应遵循仿生学规律，将少儿爬、扑、倒立、飞鸟、搂抱、跳跃等基本动作采用运动仿生学情景设计、动作设计、游戏设计等融合性手段实施，以增加基本动作的真实性、有效性和针对性。

二、少儿运动技术训练

运动技术是指在实战状态下能合理、有效地充分发挥运动员身体能力的动作方法。少儿运动技术训练是运动训练过程中的基础内容，尤其是少儿从接受某一专项的训练开始，少儿在运动技术训练中需要经历泛化、分化、巩固和动作自动化的过程。在此阶段，少儿运动技术训练具有基础性、渐进性和专项性三个特征。

基础性是指在运动训练过程中，少儿应以基础性运动技术训练为主，即基本技术训练、运动技术的各个环节、简单的串联技术等，如足球专项中的带球、传球练习，篮球专项中的传球、运球和投篮等练习，摔跤专项中的各类抱腿（抱腰）练习等，为此后的高难技术、组合型技术、绝招技术和关键技术训练打下基础。

渐进性是指在运动训练过程中，少儿运动技术训练应在技术动作的基础上，遵循少儿生长发育规律，合理地对其进行运动技术训练，应在运动技术训练中较好地掌握其规范性、标准性后，再训练其灵活运用、组合配合、对抗实战运用的能力。

专项性是指在运动训练过程中，少儿基本动作训练是区别于运动技术，基本动作与运动技术具有不可分割性，运动技术是由基本动作按照专项特征组合而成，因此，少儿运动技术训练应遵循专项实战运用、技战术特征和竞赛规则的要求，对其实施技术训练。

从运动训练的角度，少儿运动技术训练应注重以下特点：

（1）在少儿阶段的初期，运动技术训练的方法可采用分解法和完整法，直观教学法和重复、游戏、循环训练法，其目的是提高少儿运动技术的规范性和准确性，尤其注重其运动技术的身体姿势、动作轨迹、动作节奏等。

（2）运动技术训练手段种类应具有多样性，手段功能应具有诱导性，手段形式应具有关联性，手段内容应具有趣味性，尽快、尽多地使少儿大脑皮层建立较多的暂时性神经联系。

三、少儿运动的技能训练

运动技能是能够按一定要求和目的合理运用技术方法的能力。这种能力包括在大脑皮质主导下的不同肌群间的协调性。换言之，运动技能也就是指在准确的时间和空间内大脑精确支配肌肉收缩的能力，这需要用精确的力量和速度依一定的次序和时间去完成所需要的动作。少儿在运动训练的过程中，通过有规律、科学、反复的训练使其建立运动条件反射，使少儿运动员逐步学习和掌握运动技能。运动技能的形成是由简单到复杂的过程，并有其建立、形成、巩固和发展的阶段性变化和生理规律，最终建立复杂的、连锁的和本体感受性的运动条件反射。

从运动训练的角度，少儿运动技能训练应注重以下特点：

（1）在体育教学和训练中充分发挥位觉与本体感觉间的相互作用，也会加速运动技能的形成。人体各种感觉都可帮助肌肉产生正确的肌肉感觉，没有正确的肌肉感觉就不可能形成运动技能。在运动训练过程中，需要少儿运动员按照正确的运动技术反复实践练习，才能建立精确的分化，区别正确运动技术和错误运动技术的肌肉感觉，才能巩固正确的运动技术，消除错误的运动技术。

（2）在运动训练过程中，少儿运动技能形成过程并不是截然划分的，而是逐渐过渡的，各过程的出现和持续时间的长短，受许多因素的影响，既与教学方法、身体素质发展状况、训练水平等因素有关，又与学生学习的积极性和目的性有密切关系。因此，教练员要使运动员建立正确的运动动力定型，为运动员运动中枢能够有顺序、有规律地完成运动技能，使其在专项深化训练阶段能接受高强度、复杂的运动技能训练。

四、少儿运动的技巧训练

运动技巧是运动技能达到高度娴熟、精细、灵巧的程度。从运动训练的角度，运动技巧与灵敏素质、速度素质、柔韧素质关系密切。从少儿生长发育规律的角度看，随着少儿的肌肉和骨骼发育日趋成熟，运动技巧训练的难度会逐渐加大。因此，在少儿训练阶段，教练员应在掌握基本运动技能的基础上，培养运动员娴熟、精细、灵巧的身体练习能力，及练习与专项技战术需求相匹配的运动技巧。如在世界高水平足球赛事中，国际顶尖运动员在完成"凌空射门""倒勾射门""盘带球过人"等运动技术时，实质上是表现出娴熟、精细、灵巧的空翻、腾跃等运动技巧，而这些运动技巧均是在少儿运动训练敏感期需要提高的关键内容。

从运动训练的角度，少儿运动技巧训练应注重以下特点：

（1）少儿运动技巧训练应始于一般性身体素质。在少儿启蒙训练阶段，应以一般性身体素质全面发展少儿基本动作和运动技术，遵循趣味性、组合性、全面性的练习方式，促进其身体素质全面发展，为完成精细化的运动技巧打下基础。

（2）少儿运动技巧训练应与专项特征高度结合。少儿运动技巧训练应与专项运动技术的结构、功能、动作序列等相一致，使运动技巧练习能够促进其运动技能的提高，尤其是在实战中能够制胜。

（3）少儿运动技巧训练应运用加难训练法实施。运动技巧训练需要运用加难训练方法，使少儿运动技能训练处于"学习区"，可采用增加运动技术的标准、完成运动技术的难度等方式增加难度，以提高运动技巧水平。

小结

本章着重从应用角度，重点讨论了少儿生长发育规律、心理成长规律和敏感期的身心发育规律和运动训练规律；提出了区别于成年人运动训练的内容、负荷、方法与手段的基本训练原则。在运动素质训练方面，强调了速度、协调、灵敏、柔韧、力量、耐力素质训练应遵循其少儿特点；同时讨论了少儿基本动作、运动技能、运动技术和运动技巧训练及其特点。

思考题

1. 简述少儿训练的阶段划分及其特征。
2. 简述少儿训练的要点。
3. 简述少儿敏感期的训练规律。
4. 简述少儿运动素质训练的要点及其特征。
5. 简述少儿基本动作、运动技术、运动技能和运动技巧训练特征。

第十二章

教练员的职业素养

本章导语

本章主要包括教练员职业素养概述、教练员执教团队、教练员执教能力三部分内容。其中，教练员职业素养概述重点阐述基本定义、构成要素、现实意义、执教作用；执教团队主要阐述团队结构、功能管理、角色培养；执教能力主要阐述执教能力概念、执教能力学科基础、执教能力培养路径等。本章旨在框架性地构建教练员素养的知识体系。

学习目标

通过本章学习，学生除能掌握教练员职业素养的基本概念外，还能在实际训练中，基本掌握教练员职业素养的构成及意义。同时，在理论上，基本理解执教团队的职责、教练员执教能力的主要内容和发展趋势，在执教实践中，深刻领会其含义。

第一节 教练职业素养概述

一、职业素养基本定义

“教练员”一词可追溯到在希腊时期的竞技神会，依据当时的社会背景及人们对体育的模糊认识，“教练员”的作用体现在：提高古代奥林匹克竞技神会参与者的竞技能力，取悦于观众，满足当时社会发展的需求。《辞海》中对“教练员”的定义为：运动训练过程中直接负责培养和训练运动员的人。

“职业”通常指服务社会并作为主要生活来源的工作，在特定的组织内它表现为职位，其岗位要求具备相应的知识、技能、态度等。“素养”通常指“平日的修养”，即在某一方面所达到的境界高度。“职业素养”是通过自身努力和实践所达到的最高职业境界的高度。教练员的角色受社会期望、运动员期望以及教练员自我期望的制约影响。从本质上来讲，这是社会经济、社会需求、社会观赏等变化的共同结果，竞技体育、社会体育以及校园体育赋予了教练员角色全新的内涵。教练员的主要职责是负责运动员素质能力的提升，进而获取优异的运动成绩。熊焰教授等在其主编的《竞技教练学》一书中指出，教练员职业素养集中体现在训练实践活动以及其他各种辅助于训练、提高竞技能力的各种综合活动中，是驱动教练员胜任工作和成功执教的各种个性特征的集合。本书中强调了教练员的职业道德、职业意识和职业态度在执教中的重要作用。

综上所述，教练员职业素养是指教练员在训练过程中表现出来的一种特质，是职业道德、职业技能、职业行为、职业作风和职业意识的综合体现。它反映了教练员在从事运动训练的过程中，执教和管理的修养所达到的高度，是教练员职业素质的价值体现。

二、职业素养构成要素

教练员职业是一个勇于担当、乐于奉献的职业，这一职业要求教练员必须具有较高的职业素养和职业境界。在临场指挥过程中，不仅应具有专业能力素养、知识能力素养、心智能力素养、协调能力素养、团队能力素养、责任担当素养，而且应具备较强的沟通能力素养。

实践表明，教练员的执教素养主要包括：政治素养、专业素养、知识素养、心智素养、能力素养、道德素养、团队配合素养等。其能力素养主要表现为：战略思维能力、环境适应能力、训练比赛指导能力、赛场应变能力、负荷调控能力、协调关系能力等。

三、职业素养现实意义

（一）敬业精神是前提条件

随着竞技体育的飞速发展，运动成绩的不断刷新，竞技需求及社会观赏程度的不断提高，对教练员的执教素养和能力提出了新的要求。除了提高运动员的运动成绩这一核心目标以外，教练员还肩负着培养运动员的国家荣誉感、敬业奉献精神和责任担当意识的使命。

（二）执着精神是必要条件

运动训练过程是对运动员的身心能力不断改造的过程。教练员与运动员心智高度的统一，是运动训练和参赛的最高境界，也是对教练员执教过程的严峻考验。它不仅需要教练员的满腔热血和工作激情，更需要其在逆境中执着的精神和永不言败的职业精神。

（三）担当精神是重要条件

训练过程是一个培养人才的过程，不仅需要教练员“慧眼识才”，更需要教练员完美地“雕刻人才”。在教练员和运动员和谐相处、心灵高度默契的训练环境中，教练员应具有担当精神，应当珍惜每一位后备人才，尽自己最大的努力培养运动员，做到面对训练问心无愧。

职业素养在执教过程中不仅体现教练员执教生涯的成功与失败，更重要的是体现一个教练员的执着精神。不同执教能力和执教水平，会产生不同的效果。具有精湛的专业技能、扎实的专业知识、良好的心理素养、和谐的沟通能力的教练员，能够让运动员感到训练充实有效。这种效果是教练员高度的敬业精神、执着和担当精神的具体体现，是获得运动员良好信任的体现，是教练员树立良好威望的重要条件。

四、职业素养执教作用

（一）职业素养是精神体现

奥林匹克体育精神让运动员时刻挑战自我，向着更高的目标迈进，展现人类无穷的智慧和力量。教练员良好的职业素养，能让运动员自觉遵守比赛规则，维护良好的比赛氛围，正确看待各种不良的比赛现象，净化不良比赛环境，积极促进竞技体育事业健康发展。

（二）职业素养是品质取向

教练员的职业素养，直接影响着运动员的成长。教练员不仅是运动训练的执行者，还扮演着管理者、沟通者和谈判者等多重角色。教练员不仅给运动员传道、授业、解惑，而且还要对其训练、比赛、生活以及情感进行沟通与管理，引导他们走向正确的人生方向。

（三）职业素养是终极利器

教练员的职业信念和职业素养，对运动员道德观的形成起到一定的促进作用。运动员的训练及竞赛的价值取向，实质上是教练员职业素养的延续。教练员的一切理念，会潜移默化地改变运动员的理念，进而改变比赛的环境，使比赛朝向公平、公正的方向发展。

五、职业性质及其任务

教练员是训练过程的制定者和执行者，其职业性质具有鲜明的特征。教练员的职业性质是提高运动员竞技能力，获取优异的运动成绩。随着竞技体育的快速发展，其工作职责也呈现出多样化，对教练员的职业性质和职业作用也提出了不同的要求（表 12–1）。

▶ 表 12–1 不同国家教练员职业性质任务

职能＼国家	欧盟	美国	中国	国际体育
职业性质	国家认可的规范性职业	协会认可的规范性职业	国家认可的规范性职业	国际认可的规范性职业
职责任务	1. 技能培养 2. 身心教育 3. 理解与尊重 4. 合作共赢	1. 专业与社会生存培养 2. 和谐执教 3. 管理者 4. 促进全面发展	1. 专业技能教育训练 2. 爱岗敬业 3. 教育管理 4. 开拓创新	1. 技能教育 2. 设计、组织和实施训练 3. 促进全面发展

（一）教练员的职业性质

教练员的职业性质是：为国家培养最高水平的运动员，使之养成完美的竞技品质，培养高尚的道德情操，具有体育担当、爱国情怀和奉献精神，参加各级国际大赛，为国家争取荣誉。教练员是属于国家编制人员，是国务院直属机构中国家体育总局以及各种体育协会管理的人员。

（二）教练员的职业任务

教练员的职业任务是：分析项目格局，把握制胜规律；组织实施训练，合理安排训练内容，做好运动训练调控与负荷监督；培养运动员的意志品质和国家情怀；协助团队做好其他事务等。教练员不仅是训练计划的设计师，也是训练实施的工程师，更是训练质量的监控师。

教练员的职业任务是由教练员所承担的不同角色决定的。在多角色模式下，教练员要协调好各种角色之间的关系。因为在角色转换的过程中，每一种角色行为都可能受到其他角色形式的干扰。因此，教练员在角色及角色行为转换的过程中对角色的认知要准确，对角色行为对象与角色行为情景的把握要准确，尽量避免角色之间的冲突，提高角色的互补性（表 12–2）。

▶　表 12–2　教练员的不同角色

角色	指导教师	兄长朋友	培训管理员	外交家	科研人员
内容	教练员要像教师那样给运动员传道、授业、解惑，给运动员传授新的知识和思想	生活的挚友，家庭的亲人，父母般的关爱。教练员对队员提出建议，给予帮助，传授自身的比赛经验和赛场趣事。了解和把握运动员的所思、所想	全面负责运动员日常生活的管理和组织，包括对行政、后勤的人、财、物、时间、信息等诸因素进行管理。对运动员的表现进行奖赏和惩罚	教练员要同新闻媒体、观众和外界保持良好的接触，妥善处理来自新闻媒体、观众和外界的压力	教练员要不断地对自己和队员、对本队和对手的训练和比赛进行分析、评估并做出结论

第二节　教练员的执教团队

一、执教团队内部结构

《管理学大辞典》中对于团队的解释是：由一些知识或技能互补、彼此承诺协作完成一项共同目标或一系列绩效目标的成员组成的特殊群体。成员都负有共同的责任，但承担着不同的角色。团队不同于群体，工作群体的绩效只是个体绩效的总和，而团队的任务必须由每个成员共同努力、积极协同才能完成，其绩效大于个体绩效的总和。运动训练亦是如此，为了提高运动员的竞技水平，不同领域的专家学者聚集在一起，共同形成了一支执教团队。团队的成员各自担负着自己的工作任务。既相对独立，又密切合作。通过有效的沟通、信息的共享、有效的组织来共同完成最终的目标。

团队可分为不同的等级：各省市单项运动的职业运动俱乐部，属于优秀运动队的组织机构；优秀运动队的二线和三线队伍、国家体育总局优秀后备人才队伍，属于后备人才的组织机构；各省市的一线运动队，属于专业运动队的组织机构；各级学校竞技项目的运动队，属于业余组织机构。团队成员包括驻队领队、主管教练、助理教练、科医人员、后勤人员和运动员。驻队领队、后勤人员是队伍的管理人员，主要负责队伍的组织和后勤管理；主管教练、助理教练、科医人员则是队伍的指导人员，主要负责队伍的训练组织和实施进度。不同等级执教团队的共同使命是完成训练任务。

（一）执教团队构成要素

目前，竞技运动项目的训练机构日趋完善，其人员构成也有别于传统运动队那种仅仅由运动员、教练员或领队组成的组织结构。目前参加世锦赛、世界杯或奥运会的各个项目运动队的人员大幅增加，某些单项运动如 100 m 短跑、跳高或网球项目的优秀运动员，由一个 5~8 人的教练团队参与平时的训练或比赛。集体性的球类项目除了运动员外，更是由众多的管理、科医和服务人员共同组成教练团队或参赛集体。例如，参加 2013 年世界女排大奖赛的意大利队、美国队、日本队等国家队，仅报名参赛的教练员和辅训人员就有 7 人以上。可见，平时训练和辅助的人员肯定高于这一数字。

国际上高水平运动员或运动队的训练执教工作，都由一支高水平的复合型教练团队承担。团队的组成因国情不同略有差异。我国竞技项目的管理中心往往根据项目特点、成员素质和参赛目标，在国家队内相继组建队委会、总教练、主教练、领队领导下的教练复合团队。一支复合型执教团队的组成成员，至少是由领队、主教练、助理教练、体能教练、科医人员、后勤服务人员组成。其中科医人员包括生理监控、技术摄像、战术分析和心理咨询师等，必要时需相关专家加盟。随着重点赛事的逼近，执教团队的成员会有所变动，但是主要骨干始终监控着训练过程和参赛过程。

（二）执教团队不同分工

和谐的执教团队，必定职责分明、协调合作来完成训练任务。一支执教团队只有通过协同合作，各自承担相应的责任，发挥出各自的能力，才能实现最终的训练目标。其中，主教练是整个训练过程的设计师，统筹规划训练的各个环节和细节，并组织相关人员实施训练和比赛计划，同时还监督和监控训练及比赛工作。领队则做好运动队的日常管理、思想教育、心理疏导和制度建设等管理工作，以及协助教练团队其他人员完成相应的工作。科医人员则是在训练过程中要做好科研、训练监控、恢复和医疗等保障工作。助理教练的主要工作是协助主教练完成训练中的工作。

（三）执教团队各自职责

实践表明，运动训练实施机构的成员职责分明，是运动训练工作得以顺利实施的组织保证。依据运动训练工程结构、训练过程和比赛指挥的主要环节，运动训练工程实施机构的内部具体分工如图所示（图 12−1）。主管教练员、驻队领队、科医人员的主要职责是不同的。其中，主管教练自始至终起着主导作用，驻队领队与有关人员共同负责机构管理和过程监督，科医人员则与相关人员负责训练诊断和监督评定工作。除主管教练外，所有的其他相关人员在相应的工作范围内起着特定的辅助作用。正是这种辅助才使运动训练的任务得以落实，唯有如此，才能充分发挥团队的作用。

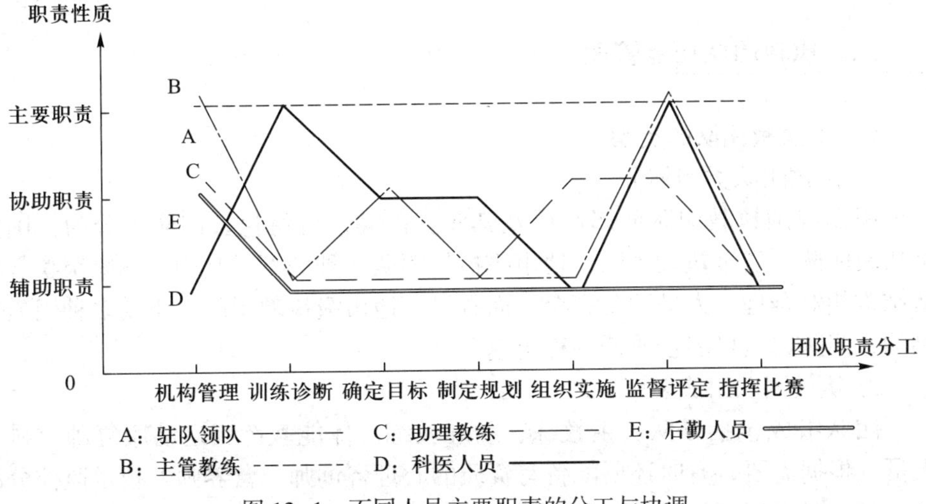

图 12−1 不同人员主要职责的分工与协调

1. 主管教练职责

主管教练的职责主要是协助领队共同做好运动员的教育管理、生活管理等工作。例如，负责组织所有业务人员钻研业务、分析形式、总结经验、接受考核，制定训练计划，具体落实训练计划，训练检查与监控，组织人员做好赛前准备、临场指挥和赛后总结，配合科医人员做好运动技术诊断、医务监督等。

2. 驻队领队职责

负责组织相关人员做好教育、生活管理工作，主要承担训练组织检查与评定工作，协助制定训练计划、训练实施、赛前准备等工作，协助做好临场指挥的幕后工作，积极配合主教练做好赛后总结等。驻队领队不仅承担运动队的领队责任，也是科学运动训练的助手。

3. 科医人员职责

负责训练过程分析和诊断任务，协助制定训练计划，承担训练负荷检查、机能评定和医务监督工作，协助落实赛前情报收集、医疗配备、营养调理等各项事宜，积极配合主教练做好赛后总结工作。可见，科医人员已经成为教练员和运动员不可或缺的重要资源。

4. 后勤人员职责

后勤人员主要职责是协助驻队领队、主教练、助理教练及科医人员做好队伍服务管理工作，积极参与队伍确定目标、制定规划、组织实施等辅助工作，确保队伍训练、参赛的各种后勤保障工作。可见，后勤人员已经成为教练员和运动员不可或缺的重要资源保障。

二、执教团队功能管理

（一）执教团队的类型

1. 执教团队类型划分

根据我国执教团队所属性质及其职责范畴，可将执教团队划分为：国家级执教团队、省级执教团队、地市级执教团队三种类型。其中，国家级执教团队结构相对合理，人员配备齐全。而省级、地市级执教团队由于受多种因素的制约，团队成员可能会兼任多种角色。

2. 执教团队组成要素

团队组成包括领队、主教练、助理教练、体能教练、运动康复师、科医人员，根据需要，有时还要配备有资质的心理咨询师、营养师、技术监控分析师等。有时根据项目的实际需要，还会聘请国外教练担任主教练。成员之间分工合作，精诚团结，共同服务于训练队伍。

（二）执教团队的功能

1. 训练实施与组织管理

执教团队负责训练计划的组织与实施，进行素质能力、技战术能力及心理能力的调控，完成训练及参赛任务。各种训练的协调、生活及后勤保障管理，协调分工各负其责，实现共同的参赛目标。训练组织与管理是训练过程的核心环节，是训练取得效益的关键要素。

2. 运动监控与效果评估

执教团队应对整个训练过程和训练效果进行监控与评估。掌控运动员的竞技状态、竞技能力和训练负荷情况。实时掌握运动员机能状态、技术状态、心理变化。通过监控反馈的信息，及时调整训练方案，调控训练过程。通过有效监控，提高训练的针对性和有效性。

3. 疲劳诊断与医疗恢复

训练会产生机体疲劳，但若不能及时采取措施减缓疲劳，将会给运动员带来不良后果，甚至是致命的打击——因伤病而结束运动生涯，这时恢复就显得极为重要。所以及时补充营养物质，减缓运动员的身心疲劳，尽快医治其运动疲劳与损伤，是进行持续训练和比赛的重要条件。

（三）执教团队的管理

一支高效的执教复合团队组成具有周期性特点（图 12-2）。通常一个周期的开始阶段为团队形成阶段，他们共同合作的意识较高，配合工作效益较大；接着团队进入一个震荡阶段，此阶段的成员由于个性、处事方法、价值观念等不同，开始出现分歧、矛盾和摩擦，整体工作效益出现了低潮；随后团队进入

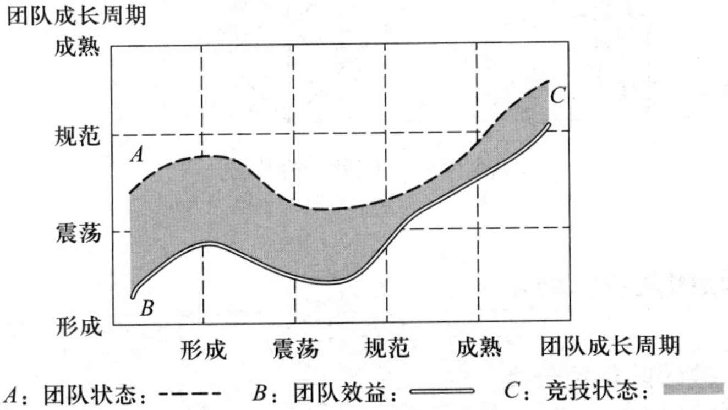

图 12-2 教练复合团队成长周期

一个规范阶段，这是复合型教练团队成长的关键时期，有经验的负责人会通过制度建设和机制建设，找到约束和鼓励团队成员的办法，使团队成员能够相互协调地工作；最后团队进入成熟阶段，此阶段的重要标志是：成员定位准确，熟悉工作流程、语义环境清晰、相互协作默契。

复合团队通常由一支人数适量、人员称职、人才配套和关系融合的队伍组成。国际上的团队管理大致分为四种模式，即独裁式、精英式、参与式和目标式的管理。其管理模式的选用主要依据运动项目的复杂程度和竞技赛事的目标难度（图 12–3）。独裁式管理是为了确保责任权利的高度集中；精英式管理的目标是充分发挥整个管理班子的智囊、决策作用；参与式管理是为了调动所有团队成员的积极作用；目标式管理是将总体任务和目标分成子类，规定人人肩上有目标，个个身上有责任。根据不同队伍的性质和阶段，各种管理模式应相互融合，灵活运用，以期达到理想的管理效果。

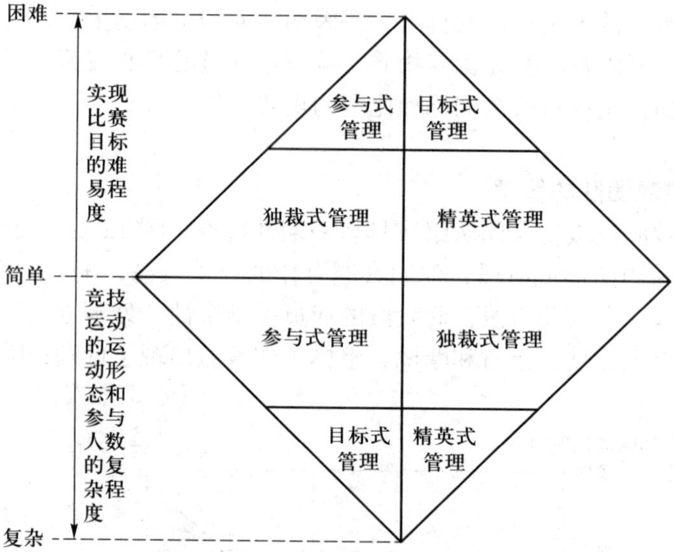

图 12–3 四种管理模式

三、执教团队角色培养

（一）执教团队角色分类

运动训练执教团队，是由不同人员、不同领域、不同专业共同构成的一个系统组织。体现出多形式、多领域、全方位的特征，执教团队设计、监管、鉴定运动训练的整个过程。20 世纪 60 年代起，运动训练的探索由对运动员机能、心理素质、技战术能力方面，提升到对运动员机能诊断、状态评估、负荷监控、技术分析、数据影像、状态调控、伤病预防、合理膳食、理论学习等方面。数据化训练服务平台能准确地给教练员和运动员提供信息反馈，便于教练员实时调整训练方案，精准且合理有效地执教。运动员能第一时间清晰掌握自己的训练情况，结合自身体会，提高训练效率。

（二）执教团队培养方式

1. 政策支持

团队执教在项目管理中心支持下管理运行。政策支持是执教团队培养的先决条件。政策制定以项目发展为核心，长远规划。管理层面需要大力扶持，给予教练团队工作温馨的政策环境，不要过多地用政策杠杆干预训练。确保训练按照项目发展的内在规律顺利进行。

2. 经费保障

经费投入是团队运转的必要条件。没有资金的支持，很多训练的实际问题将无法得到解决。常言说："兵马未动，粮草先行。"体现的就是后勤保障和经济支持的道理。资金得到一定保障，才能够从经济上调动各成员的积极性，确保各项训练及参赛事宜的正常运行。

3. 团队规范

任何一个执教团队，都需要通过各种制度规范，为执教训练目标的实现提供制度保障。团队规范为领队、主教练、助理教练、科医人员、保障人员之间的协调配合制定了规则。合理的团队规范将凝聚各方面力量，推进各成员之间的通力合作，实现训练效益最大化。

（三）执教团队凝聚方法

良好的执教团队氛围，和谐的团队关系，高效的执教合力，是取得最佳训练效益的重要条件。反之，则执教不力、人心涣散、出工不出力、敷衍了事。由此看来，形成良好的执教团队氛围是执教团队顺利执教的必要条件。执教团队的凝聚方法主要体现在以下几个方面：

1. 树立远大奋斗目标

把培养世界级水平的运动员作为团队训练的最高目标。精诚团结，紧密配合，无私奉献，确立集体荣誉信念和担当意识。保持思想上的高度统一，围绕金牌与荣誉、责任与担当各司其职，在充满正能量的氛围中敬业执教。这种奋斗目标是教练员团队执教的原始动力。

2. 形成和谐训练氛围

执教团队成员在训练过程中，应以提高竞技能力为主体，围绕既定的训练计划和目标，各尽所能取长补短。服从主教练的工作安排，不折不扣地完成训练任务。主教练应该能够听取不同的声音，尊重所有成员的劳动。相互理解与尊重，相互支撑与配合，形成愉悦和谐的训练氛围。

3. 打造良好团队文化

团队文化是一支队伍蓬勃发展的生命力，良好的团队文化能够形成强大的凝聚力。团队的每位成员都为大家经营的团队文化感到自豪，特别是在取得最高荣誉的时刻，大家的获胜感、自豪感、荣誉感不言而喻。这就是团队文化的魅力所在，也是凝聚人心的重要环节。

4. 奉献无私团队精神

成功的团队案例告诉我们，任何一个团队要想取得成功，团队任何成员必须最大限度地工作，投入百分之百的精力，形成团队工作凝聚力，舍弃工作分歧，不考虑个人荣誉与得失。当团队成员不再考虑谁获得的荣誉最大时，团队的力量将胜过一切，团队将战无不胜。

第三节 教练员的执教能力

一、执教能力概念释义

（一）执教能力基本定义

教练员的执教能力是指教练员运用智力、知识、技能、经验等参与运动训练过程的各种能力的总称。钟秉枢教授认为，执教能力可理解为在教练员带领下，改善参与运动训练的个体或者集体竞技能力的过程。胡亦海教授将执教能力诠释为教练员职业素质、职业能力、品德素养、执业理念的综合体，是教练员执教的核心要素。我国学者对该领域的研究，为今后教练员执教能力的提高提供了支撑。

综上所述，执教能力是指：教练员依据项目的本质特征，合理有序地提高运动个体或运动集体的竞技水平，进而转化为运动成绩的能力。教练员的执教能力是专业素养和职业修养的综合体现。教练员的执教理念、运动背景、学科基础等能力是成功执教的核心和灵魂。

（二）执教能力专业基础

不同项目（群）教练员的知识结构不同，因此，不同项目（群）教练员的职业能力与素养的要求也不一样，其专业基础也有很大的差异。实践表明，不同项群教练员的职业能力和素养主要体现在：素质能力、技术能力，组织能力、评价能力、调控能力等（表 12-3）。

▶　表 12-3　不同项群教练员应具有的基本职业能力和素养

项群	力量性	速度性	耐力性	准确性	难美性	隔网性	同场性	格斗性
专项技术能力	△△	△△	△	△△	△△△	△△△	△△△	△△△
训练观察能力	△△△	△△△	△△	△△	△△△	△△△	△△△	△△△
训练分析能力	△△	△△	△△	△△	△△	△△	△△	△△
训练计划能力	△△△	△△△	△△△	△△△	△△△	△△△	△△△	△△△
训练组织能力	△△	△△	△△	△△	△△△	△△△	△△△	△△△
训练监控能力	△△△	△△△	△△△	△△△	△△△	△△△	△△△	△△△
训练创新能力	△△	△△	△△	△△	△△△	△△△	△△△	△△△
人际交往能力	△△	△△	△	△△	△△△	△△△	△△△	△△
语言文字能力	△△	△△	△△	△△	△△	△△	△△	△△
身体素质能力	△△	△△	△△	△	△△	△△△	△△△	△△
临场指挥能力	△△	△	△	△	△△	△△△	△△△	△△

注：△△△必要能力；△△重要能力；△一般能力

（胡亦海，2005，并改制）

现实表明，教练员与运动员之间的沟通至关重要。若沟通不畅则容易产生思想分歧，造成团队氛围不和谐，甚至出现团队解体、更换教练等严重后果。沟通能力构成要素见下图（图 12-4）。沟通能力是教练员职业素养、业务水平等因素的集中体现。沟通的权重又有阶段性差异。

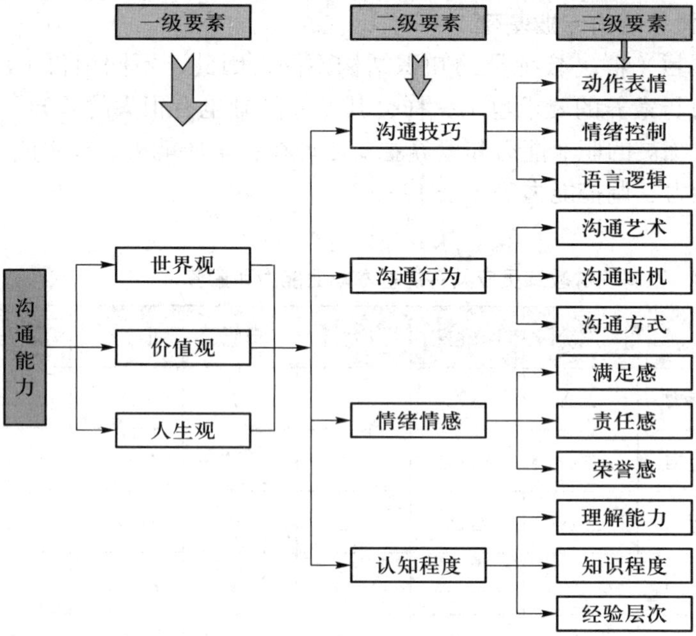

图 12-4 沟通能力构成要素

二、执教能力学科基础

（一）执教能力种类划分

国内外学者对执教能力有不同的研究。雷纳·马腾斯认为建立正确的执教理念、目标等是教练员应具备的基本素质。田麦久教授认为认识、计划、组织和教学等能力，是教练员执教的基本能力。胡亦海教授从生物、社科、自然、训练等学科类知识结构进行了研究。实践表明，教练员的执教能力主要包括业务素质、品德素养、职业能力三部分（图 12-5）。业务是基础、品德是主导、职业是主体。其中，业务素质主要由规划、组织、创新能力构成。品德素养主要由政治、思想、道德素质构成，这是教练员必须具有的基本素养。职业能力是教练员专业技术职能体系中的主体。教练员的职业能力主要包括技术能力、素质能力、观察能力、分析能力、监控能力、交际能力、文字能力、指挥能力等。优秀的教练员应当具有全局、系统、动态、人才、竞争、效率、信息、市场等意识，还应具有健全的体魄、良好的心理素质和独特的人格魅力。

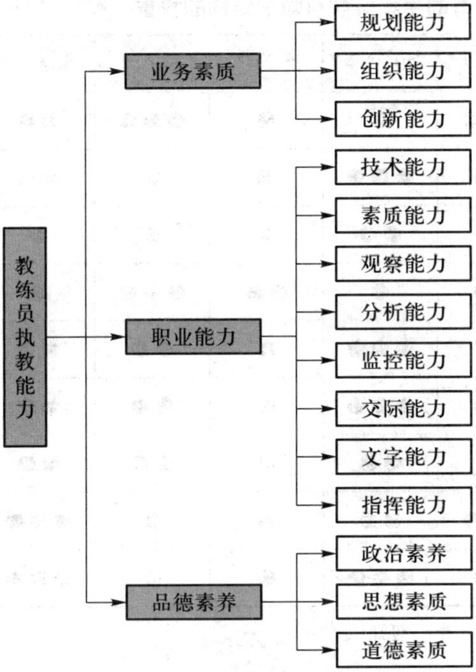

图 12-5　教练员执教能力结构

（二）学科知识结构权重

教练员的执教能力不仅包括专业基础能力，还应具有较全面的学科基础能力。对于学科知识结构能力，胡亦海教授进行了深入的研究。他认为：不同项目的主导因素、动作结构和比赛形式，客观地决定了不同项目教练员专业知识结构的权重（表 12-4 至表 12-7）。

运动训练的过程，是教练员和运动员精诚合作、默契配合的过程。在训练参赛过程中，教练员和运动员对训练过程心灵的高度统一，必将对训练参赛的结果起到至关重要的作用。眼睛是心灵的窗口，教练员的眼神能释放出心灵的暗示。运动员的表情能传递出训练参赛的实时信息。赛场是一个教练员与运动员展示个人风采的舞台，教练员及运动员的心智能力是比赛取得成功的关键性因素。教练员的心智能力主要包括：观察能力、记忆能力、想象能力、逻辑能力、推理能力、预判能力、抽象思维能力、哲学思辨能力、意志品质能力、心理感知能力、自控能力、执行能力。

▶ 表 12-4 不同项群教练员应具有的生物类学科知识结构的权重

项群	力量性	速度性	耐力性	准确性	难美性	隔网性	同场性	格斗性
运动解剖学	●●●	●●●	●	●	●●●	●●	●●	●●●
运动生理学	●●	●●	●●●	●	●	●●	●●	●●
病理学	●●●	●●	●●	●	●	●	●	●
运动生物力学	●●●	●●	●	●●	●●●	●	●	●●
运动医学	●●	●●	●●●	●	●●	●●	●●	●●●
运动营养学	●●	●●	●●●	●	●●	●●	●●	●●
运动生物化学	●	●	●●	●	●●	●●	●●	●●
运动康复学	●●●	●●●	●●	●	●	●●●	●●	●●
运动损伤学	●●●	●●	●●●	●	●	●●●	●●	●●

注：●●●必要知识；●●重要知识；●一般知识

（胡亦海，2005，并改制）

▶ 表 12-5 不同项群教练员应具有的社科类学科知识结构的权重

项群	力量性	速度性	耐力性	准确性	难美性	隔网性	同场性	格斗性
教育学	▲▲	▲▲	▲▲▲	▲▲	▲▲▲	▲▲	▲▲	▲▲▲
体育哲学基础	▲▲	▲▲	▲▲	▲▲	▲▲▲	▲▲▲	▲▲▲	▲▲▲
体育人文学	▲	▲	▲	▲	▲▲▲	▲▲	▲▲	▲▲
运动心理学	▲	▲	▲	▲▲▲	▲▲▲	▲▲	▲▲	▲▲
体育社会学	▲▲	▲	▲	▲▲	▲▲▲	▲▲	▲▲	▲▲
体育伦理学	▲	▲	▲	▲	▲▲	▲▲	▲▲	▲▲▲
体育美学	▲▲	▲	▲	▲	▲▲▲	▲▲	▲▲	▲▲
体育法学	▲	▲	▲	▲	▲	▲▲	▲▲	▲▲
体育艺术学	▲	▲	▲	▲	▲▲▲	▲	▲	▲

注：▲▲▲必要知识；▲▲重要知识；▲一般知识

（胡亦海，2005，并改制）

▶　表 12-6　不同项群教练员应具有的自然类学科知识结构的权重

项群	力量性	速度性	耐力性	准确性	难美性	隔网性	同场性	格斗性
体育统计学	◇	◇	◇	◇◇	◇◇	◇◇◇	◇◇◇	◇◇◇
测量与评价	◇◇◇	◇◇◇	◇◇	◇◇◇	◇◇◇	◇◇	◇◇	◇◇
体育控制理论	◇◇	◇	◇◇	◇◇◇	◇◇◇	◇◇	◇◇	◇◇
体育科研方法	◇◇	◇◇	◇◇	◇◇	◇◇	◇◇	◇◇	◇◇
计算机基础	◇◇	◇◇	◇	◇◇	◇◇	◇◇	◇◇	◇◇
现代信息技术	◇◇	◇◇	◇	◇	◇◇◇	◇◇◇	◇◇◇	◇◇◇
体育经济学	◇	◇	◇	◇	◇◇	◇◇	◇◇◇	◇◇
体育管理学	◇	◇	◇	◇	◇	◇◇	◇◇	◇◇
影像与分析技术	◇◇	◇◇	◇◇	◇◇	◇◇◇	◇◇	◇◇	◇◇

注：◇◇◇必要知识；◇◇重要知识；◇一般知识

（胡亦海，2005，并改制）

▶　表 12-7　不同项群教练员应具有的训练类学科知识结构的权重

项群	力量性	速度性	耐力性	准确性	难美性	隔网性	同场性	格斗性
竞技体育理论	◎	◎	◎	◎	◎	◎◎	◎◎	◎◎
运动训练学	◎◎◎	◎◎◎	◎◎◎	◎◎	◎◎◎	◎◎◎	◎◎◎	◎◎◎
项群训练理论	◎◎	◎◎	◎◎	◎◎	◎◎	◎◎	◎◎	◎◎
体能训练学	◎◎◎	◎◎◎	◎◎◎	◎	◎◎	◎◎	◎◎	◎◎
技能训练学	◎◎	◎	◎	◎	◎◎◎	◎◎	◎◎	◎◎
技术诊断学	◎◎	◎◎	◎	◎◎	◎◎	◎◎	◎◎	◎◎
运动方法学	◎◎	◎◎	◎◎	◎◎	◎◎	◎◎	◎◎	◎◎
运动选材学	◎◎	◎◎	◎	◎◎	◎◎◎	◎◎	◎◎	◎◎
运动竞赛学	◎◎	◎◎	◎	◎	◎◎	◎◎	◎◎◎	◎◎
奥林匹克史	◎	◎	◎	◎	◎◎	◎◎	◎◎	◎◎

注：◎◎◎必要知识；◎◎重要知识；◎一般知识

（胡亦海，2005，并改制）

三、执教能力培养路径

（一）执教能力形成过程

我国教练员梯队基本上由优秀运动员转型和岗位培训两部分组成。由优秀运动员转型的教练员，执教能力主要来自运动经历和借鉴运动员时期教练的执教模式、方法方式、训练理念，进而通过初期的执教、经验积累和教育培训，逐步形成自己的执教能力。岗位培训的教练员执教能力主要来自教育、学习、培训。通过长期执教过程，积累和总结带队经验，逐步形成自己的执教能力和执教风格。随着我国教练员培养体制的不断完善，教练员的上岗学习和培训也越来越规范。国家教练员学院及山东省教练员学院等，为我国教练员的岗前学习提供了极大的帮助。

（二）执教能力培养路径

目前，我国教练员队伍呈现出“中间粗、两头细”的人才结构布局。中间部分多为优秀退役运动员转型而来，两头部分是通过学历教育和教练员学院学习以及各种培训获取资格的上岗人员。因此，教练员执教能力培养的路径也不太相同，主要从以下三个方面予以阐述：

1. 退役运动员培养路径

优秀退役运动员转岗任教的，因其运动成绩优异，对自身竞技能力的形成有深刻的认识。依据自我感知形成最初的执教能力，即“感性认知”能力。通过长期的执教而形成一定的“理性认识”能力。通过初期的执教、经验积累和培训，逐步形成了自己的执教能力、执教理念和执教风格。随着竞技体育国际化程度的不断提高，教练员的流动速度也不断加快，一些优秀的退役运动员也开始前往世界各地执教，借鉴国际先进训练理念和方法，不断提升自身的执教能力和水平。国际教练员的广泛交流，拓宽了运动员的训练视野，在一定程度上促进了优秀退役运动员执教能力的形成。

2. 学历运动员培养路径

这一类的运动员，因其通过高校高水平招生或推免进入学校，通过学习拿到毕业证书和学位证书后从事教练员职业。他们既有一定的专业技术水平、参赛能力和经验，又具有相应的从业资格证书。一种情况是退役后先进入高校学习，完成学业并获取相应的学历证书，正式加入教练员行业。另一种则是在役运动员，他们一边训练一边学习，获取相应的等级资格证书，进而上岗从事执教工作。随着竞技水平的发展，知识影响因素在教练员的执教过程中越来越重要。因此，我国有些知名的运动员开始走出国门进行深造，学习国际先进的训练理念和方法，满足自身从事训练执教的需要。

3. 培训运动员培养路径

该路径包括教练员岗位培训、短期培训和外出学习等方式。依据实际情况进行不同形式的培训学习。岗位培训学习的资格证书，是教练员职称晋级和等级晋升的必备条件。因此，岗位培训是我国教练员岗位学习的一种主要形式。我国教练员岗位培训实行国家和省（自治市、直辖市）两级培训。国家体育总局教练员学院是我国教练员在职培训，特别是国家队的岗位培训机构，教练员学院不定期地举办各种培训活动，邀请国内外资深著名专家交流和理论界专家现场授课。另外，山东省教练员学院也对教练员的培训提供平台。

国家体育总局教练员学院主要负责国家级教练员岗位培训、继续培训班和授课教师的审核与培训，以及国家教练员考核和证书发放工作。各项目管理中心负责组织所管辖项目的高级教练员岗位培训班、继续培训班和授课教师的审核与培训，并监督指导和检查中、初级教练员岗位培训班。各省、自治区、直辖市体育局，负责制定本地区教练员岗位培训规划，监督、检查、评估教练员岗位培训中、初级班、继续培训班和授课教师的审核与培训工作。各有关院校和基地则是教练员培训教学工作的主要单位，负责做好教练员培训计划和各种形式的授课、管理、考核、发放证书等工作。

小结

本章着重从理论角度，重点讨论职业素养定义、构成要素、意义作用以及职业性质任务，概括阐述执教团队的内容结构、不同分工、各自职责的具体内容，特别提出执教能力专业基础、执教能力学科基础、执教能力角色培养的实践运用。特别强调了职业素养在执教中的重要作用。本章突出强调：沟通能力在训练实践中的重要性，是训练取得成功与否的重要环节。

思考题

1. 如何理解教练员职业素养的意义？
2. 简述教练员的素养在执教中的作用。
3. 谈谈你对教练员执教团队凝聚方法的具体认识。
4. 谈谈你对执教团队各自职责的具体认识。
5. 教练员执教应具备哪些学科基础能力？
6. 如何培养教练员的执教能力？

扫一扫查看相关案例

主要参考文献

［1］B．H．普拉托诺夫．运动训练的理论与方法［M］．陆绍中，等译．武汉:《高等学校》出版联合会总出版社，1984．

［2］B．H．普拉托诺夫，等．竞技运动理论［M］．基辅：基辅高等学校出版社，1987．

［3］L．P．马特维耶夫．竞技运动理论［M］．姚颂平，译．上海：华东师范大学出版社，1997．

［4］田麦久．运动训练学［M］．北京：高等教育出版社，2017．

［5］田麦久．项群训练理论［M］．北京：人民体育出版社，1998．

［6］田麦久，熊焰．竞技参赛学［M］．北京：人民体育出版社，2011．

［7］胡亦海．竞技运动起源辨识、历程断想、功能启迪［J］．武汉体育学院学报，2009，43（5）：5-8．

［8］胡亦海．竞技运动特征研究［M］．北京：人民体育出版社，2013．

［9］胡亦海．竞技运动训练理论与方法［M］．北京：人民体育出版社，2014．

［10］Tudor O．Bompa，Greg Haff．Periodization：Thoery and Methodology of Training-5th Edition［J］．Human Kinetics Publishers Inc，2009．

［11］Anatoliy Bondarchuk，Michael Yessis．Champion School：A Model for Developing Elite Athletes［M］．Pubished by Ultimate Athlete Concepts，2015．

［12］Anatoliy Bondarchuk，Bryan Man．Transfer of Training in Sports Vol. III［M］．Ultimate Athlete Concepts，2017．

［13］Vladimir Issurin，Michael Yessis．Block Periodization［M］．Pubished by Ultimate Athlete Concepts，2008．

［14］熊焰，王平．竞技教练学［M］．苏州：苏州大学出版社，2016．

［15］B．H．普拉托诺夫．奥林匹克运动员训练的理论与方法［M］．黄签名，张江南，等译．天津：天津大学出版社，2014．

［16］Tudor O．Bompa，Michael C．Carrera．Periodization Training for

Sports [M]. Human Kinetics Publishers. 2005.

[17] 威尔默，著. 运动生理学 [M]. 王瑞元，汪军，译. 北京：北京体育大学出版社，2011.

[18] 邓树勋，王健，等. 运动生理学 [M]. 北京：高等教育出版社. 2015.

[19] 林文弢，等. 运动生物化学 [M]. 北京：人民体育出版社，2008.

[20] 冯连世，张漓. 运动员训练中的生理生化监控实用指南 [M]. 北京：人民体育出版社，2007.

[21] 石岩. 体育运动心理理论与应用 [M]. 太原：山西人民出版社，2016.

[22] 姚颂平. 运动训练分期理论的本质、现状和发展前景 [J]. 体育科学，2012，32 (5).

[23] 杨世勇. 体育院校通用教材体能训练 [M]. 北京：人民体育出版社，2012.

[24] 金成平，胡亦海. 解释学视角下竞技运动与竞技体育的本质解构 [J]. 天津体育学院学报，2015，30 (3)：244-248.

[25] 余银. 我国男子拳击奥运冠军竞技制胜特征模型 [M]. 武汉：科学技术出版社. 2016.

[26] 徐本力. 运动训练学 [M]. 北京：人民体育出版社，1999.

[27] 徐寅生，金大陆，吴维. 乒乓球运动的创新之路——《我与“国球”—徐寅生口述历史》章节选登 [J]. 体育与科学，2016 (1)：4-8.

[28] 高平，余银，鲁凡. 新规则下我国女子跆拳道运动员吴静钰技战术特征分析 [J]. 北京体育大学学报，2013，36 (10)：136-139.

[29] 余银. 国家皮划艇队重点项目奥运基础年训练模式特征研究 [D]. 武汉体育学院博士学位论文，2015.

[30] 杨桦. 竞技体育实战制胜案例 [M]. 北京：北京体育大学出版社，2006.

[31] 王清，等. 我国优秀运动员竞技能力状态诊断和监测系统的研究与建立 [M]. 北京：人民体育出版社，2004.

[32] 刘鸣. 系统评价、Meta-分析设计与实施方法 [M]. 北京：人民卫生出版社，2011.

[33] 王积伟，等. 控制工程基础 [M]. 北京：高等教育出版社，2001.

[34] Thomas Kurz, Mikolaj Zagorski. Science of Sports Training: How to Plan and Control Training for Peak Performance-2th [M]. Stadion Publishing

Co，2001.

［35］陈小平．运动训练长期计划模式的发展——从经典训练分期理论到“板块”训练分期理论［J］．体育科学，2016，36（2）：3-13.

［36］陈亮，田麦久．高水平个人项目运动员赛前减量训练阶段的负荷变化特征［J］．天津体育学院学报，2017，32（1）：8-15.

［37］陈亮，吴瑛．运动员最佳竞技状态的培养与保持［J］．中国体育教练员，2015，2：9-12.

［38］郑晓鸿．线性与波动——两种训练分期模式评析［J］．体育科学，2008，28（9）：94-96.

［39］李捷，王力先．竞技《系统训练监控学》构建的理论原理及应用研究［J］．北京体育大学学报，2016（3）：111-117.

［40］Carl Foster et al．Monitoring Training Loads：The Past，the Present，and the Future［J］．International Journal of Sports Physiology and Performance，2017（2）.

［41］Mike McGuigan．Monitoring Training and Performance in Athletes［M］．Human Kinetics，2017.

［42］徐本力．构建“立体训练计划”框架结构模式的初步探索［J］．体育科研，2007，28（1）.

［43］田野，等．优秀运动员运动训练科学监控与竞技状态调整［J］．体育科学，2008（9）.

［44］杨霞，等．运动训练监控的指标体系［M］．北京：人民体育出版社，2007.

［45］刘丹．足球运动训练与比赛监控的理论及实证［M］．北京：人民体育出版社，2012.

［46］陈小平．运动训练生物学基础模型的演变—从超量恢复学说到运动适应理论［J］．体育科学，2017，37（1）：3-13.

［47］李世明．运动技术诊断概论［M］．北京：科学出版社，2014.

［48］陈超，米靖．我国优秀青年女子速滑短距离500 m运动员力量素质发展的评价模型与标准［J］．成都体育学院学报，2013，39（11）：71-77.

［49］蒋志学．2008年奥运会中国体育代表团科研攻关服务组织与管理［J］．北京体育大学学报，2009（1）：1-5.

［50］张韧仁，张忠秋．国家跳水队队员备战国际大赛的身心状态及测评指标相关性探析［J］．上海体育学院学报，2017（4）.

［51］胡亦海．竞技参赛理论与方法纲要［M］．全国田径教练员培训教材

(内部),2016.

[52] 巴尔-奥尔. 儿童青少年与体育运动[M]. 高崇玄,译. 北京:人民体育出版社,2008.

[53] Amanda J. Visek, Brandonn S Harris & Lindsey C. Blom. Mental Training with Youth Sport Team: Dvelopmental Cinderations and Best-Practice Recommendations [J]. Journal of Sport Psychology in Action, 2013 (4): 45-55.

[54] Matthew A. Pain & Chris Harwood. The performance environment of the England youth soccer teams [J]. Journal of Sports Science, 2007 (12): 1307-1324.

[55] 钟秉枢. 简析教练员的知识、能力与素质[J]. 运动,2013(13):1-3.

[56] 王家力. 我国教练员教育的发展与改革对策研究[D]. 华中师范大学,2015.

[57] 凯尔. 功能解剖:Functional Anatomy: Musculoskeletal Anatomy, Kinesiology, and Palpation for Manual Therapists(肌与骨骼的解剖、功能及触诊)[M]. 汪华侨,等译. 天津:天津科技翻译出版有限公司,2013.

读者意见反馈

为收集对教材的意见建议，进一步完善教材编写并做好服务工作，读者可将对本教材的意见建议通过如下渠道反馈至我社。

咨询电话　400-810-0598

反馈邮箱　gjdzfwb@pub.hep.cn

通信地址　北京市朝阳区惠新东街 4 号富盛大厦 1 座

　　　　　高等教育出版社总编辑办公室

邮政编码　100029

防伪查询说明

用户购书后刮开封底防伪涂层，使用手机微信等软件扫描二维码，会跳转至防伪查询网页，获得所购图书详细信息。

防伪客服电话

（010）58582300